JN436380

제12차 개정판

사회복지의 역사와 사상

김 태 진 저

대구대학교출판부

[저자 약력]

김태진

대구대학교 사회복지학과(문학사)/ 동 대학원 사회복지학과(문학석사)/
동 대학원 사회복지학과 박사학위과정 수료(철학박사)/
대구대학교(학부, 대학원, 사회복지대학원) 사회복지학과장/
대구대학교 신문사 주간/ 사회과학대학장/ 사회복지대학원장/
한국사회복지학회 대구·경북포럼위원장/ 한국사회복지정책학회 편집
및 논문심사분과위원회 위원/ 한국사회정책학회 대구경북지부장/
여성부 성희롱예방교육 강사은행 운영협의회 위원/ 대구·경북사회복지
사협회장/ 21세기 경북발전위원회 위원/ 대구광역시 시정연구위원회 위원/
대구광역시 요보호자선도대책위원회 위원/
경상북도 사회복지공동모금회 부회장/ 경북사회복지협의회 부회장/
대구경북개발연구원 연구자문위원 / 한국사회복지학회 이사
경북사회복지사협회장/ 대구광역시 건강산업추진위원회 위원
대구광역시 여성정책위원회 위원/
경상북도 출산·양육후원협의회 공동의장 등 역임
(현) 대구대학교 사회복지학과 교수/
경상북도 사회복지위원회 위원, 경북발전위원회 사회복지분과위원장
대구광역시 복지옴부즈만 자원위원회 위원

〈저서·논문〉

사회복지개론(공저)/ 현대사회의 여성복지론/ 사회보장론/ 사회복지발달사/
한국 근로자사회보험제도의 통합방안/
부녀복지의 서비스체계에 관한 연구 외 다수

1판1쇄 | 2005년 2월 28일
2판1쇄 | 2008년 8월 20일
3판1쇄 | 2012년 8월 30일
지은이 | 김태진
펴낸이 | 홍덕률
펴낸곳 | 대구대학교출판부
경북 경산시 진량읍 대구대로 201
전화 053) 850-5661~3 | 팩스 053) 850-5669
http://press.daegu.ac.kr/
찍은곳 | 대호문화사
ISBN 978-89-7794-594-4-93370
정가 | 13,000원

머리말

사회복지발달사는 학문적 의의를 가지고 사회복지의 역사적 전개과정을 고찰하여, 사회복지의 학문적 성격을 구명하는 것이 목적이므로 연구의 대상은 과거로부터 현재에 이르는 광범위한 사회복지의 제 이론과 제도뿐만 아니라 정치·경제·사회의 제 현상이 포함된다. 이러한 속성 때문에 방대한 역사적 사실을 체계적으로 분류, 정리, 분석하는 일은 쉬운 일이 아니다.

사회복지학이 실천성을 강조하는 실용학문적 성격을 강하게 띠고 있기 때문에 우리나라에서는 사회복지의 역사와 사상에 대한 연구가 다른 영역에 비해 우선 순위에서 밀려나 있으며, 소수의 국내 연구자에게만 관심 영역이 되어 왔기 때문에 정책론이나 기술론, 분야론에 비해 이론적 연구가 미진했다고 할 수 있으며, 교재 개발에 있어서도 타 영역에 비해 부족한 실정이어서 사회복지학도들이 동·서양의 사회복지 발달과정과 사상의 변화과정을 비교 연구하는데 어려움이 많았다. 또한 상대적으로 사회복지발달사에 대한 학생들의 관심과 이해가 부족함을 느껴 부족하지만 교재 개발을 하게 되었다.

사회복지의 역사에 대한 이해는 단순히 역사적 과정을 검토하는 것으로 끝나는 것이 아니라 그 시대와 상황에서의 사회문제를 이해하고 그러한 사회문제에 대한 대응으로서의 사회복지제도와 활동 등을 고찰하고, 나아가 그러한 대응책이 어떤 이데올로기하에서 생성·변화·발전해 왔으며, 또한 대응책의 효과가 어떠했는가를 이해함으로써 향후 전개되는 시대상황을 예견하고 이에 따른 사회복지문제의 발생 예방과 효과적인 대응책을 수립하는 지혜를 갖추고자 하는 데에 있다고 할 수 있다.

이러한 측면에서 볼 때 사회복지의 역사와 사상은 과거와 현재 그리고 미래를 연결시켜 주는 가교역할을 하는 것이며, 이에 대한 이해 없이 현상의 사회복지문제의 발생 배경을 이해하고 거기에 합당한 대응책을 마련하기란 불가능하다고 할 수 있다.

따라서 본 서에서는 새로운 이론적 연구 결과물로서가 아니라 기존의 연구들을 참고로 하여 정리함으로써 사회복지학도들이나 일반인들이 사회복지의 전개과정을 통해 사회복지를 이해하여 향후의 시대상황에 대응할 수 있는 사회복지방안을 모색하는 데 필요한 자료를 제공하는 데 목적을 두었다.

본 서의 구성 내용은 제 Ⅰ편에서 서론적 내용으로 사회복지의 사상적 원천을 살펴보았으며, 제 Ⅱ편에서는 서양의 사회복지발달과정을 주로 정책론의 변천과정을 중심으로 하여 영국, 미국, 프랑스, 독일의 제도들을 시대별로 살펴보았으며, 특히 영국을 중심 대상으로 삼았다. 또 복지국가시대 이후 생성된 복지 이념의 생성·변화과정을 살펴보았다. 제 Ⅲ편에서는 우리나라 왕조별, 통치권의 변화과정별로 살펴보고, 정부 수립 이후는 연대별로 시대상황과 사회복지제도의 특징을 살펴보았으며, 마지막으로 우리나라 사회복지의 과제와 전망을 정리하였고, 부록으로 주요 국가별 사회복지연대표를 정리하였다.

이 책이 출판된 후 내용 면에서 오류가 발견되고 다소 미진한 부분이 있어 개정판을 준비하였는데, 개정판이 출판될 수 있도록 성원해주신 대구대학교 사회복지학과 교수 제위께 감사를 드리며, 자료수집과 편집을 도와준 후학의 노고를 치하하면서, 사회복지현장에서 사회복지사의 책무를 다하고 있는 졸업생들에게도 감사를 드린다. 아무쪼록 사회복지학도들의 사회복지발달사에 대한 관심과 이해가 높아져 학문적 발전으로 이어지기를 기대한다.

본인의 교수생활을 마감하는 마지막 연구물로 이 책을 내 놓게 되어 감개무량한 심정을 담는다.

2012년 8월

진량벌 연구실에서

저 자 김 태 진

차 례

PART 01. 사회복지의 원천

PART 02. 서양 사회복지의 발달과정

PART 03. 우리나라 사회복지 발달과정

PART

01

사회복지의 원천

Chapter 1

사회복지와 역사

Section 1 인류생활과 사회복지

1. 인류생활상의 문제와 대책

인류사회의 역사적인 과정 속에서 전쟁에 의한 황폐, 빈곤과 기아, 질병 특히 전염병의 집단발생 등이 얼마나 비참한 상태를 발생시켰느냐 하는 것은 각국의 역사적 사실이 이를 증명해주고 있다.

역사가 발전하면 할수록 그 시대마다 사회문제의 복잡화도 이에 비례하였으며, 따라서 어느 시대에 있어서나 사회문제는 그 국가의 존립 내지 발전과 밀접한 관계를 가지고 있는 것이 사실이지만 이러한 여러 가지 사회문제 중에서도 빈곤문제는 해결하기 힘든 중대한 문제로 존재해 왔다.

어느 국가이든 사회복지의 역사는 종교, 경제, 정치와 밀접한 관련이 있다. 또한 어떤 사회에서나 빈부의 격차가 존재하고 있었던 곳에서는 고대의 노예제 경제에 있어서나 중세의 봉건적 농노제 경제체제하에 있어서나 그와 같은 모순으로 인하여 사회문제가 발생하였으며, 그와 같은 사회문제는 그 시대의 경제제도에 의해서 규정된 독자적인 원리와 방법에 의해서 해결책이 강구되어 왔다(장훈, 1984). 이와 같이 사회복지의 역사는 지구상에 공동체가 존재한 이후부터 시작되었다. 따라서 사회복지는 그 사회의 정치 경제적 상황이나 시대적 변화와 불가분의 관계가 있다.

인간의 생존을 위한 제도와 행위가 곧 사회복지이다. 사회복지는 사회현상이며, 역사 속에서 생성·확립·전개되어 왔다. 사회복지의 연원(淵源)으로는 상호부조, 구제, 보호, 보장 등의 용어들이 있는데, 사회복지의 연원적 행동체계는 각기 그 시대의 정치적, 경제적, 사회적 구조에 따라 특수한 형태나 방법으로서 발달해 왔음을 알 수 있다. 따라서 사회복지의 변화와 발전의 양상은 그 시대의 사회구조나 사상적 흐름 속에서 찾아 볼 수 있다.

사회복지의 의미를 지닌 용어는 시대와 국가에 따라 그 의미가 다르게 나타나는 것은 인간의 사회생활이 오랜 역사성을 지니고 있기 때문이며, 사회변화와 함께 제기되는 사회문제와 관련되어 있기 때문이다. 따라서 사회복지의 내용과 수준 등의 속성은 특정 국가나 시대의 사회복지 전반적 수준과 위치를 반영한다고 할 수 있다.

사회복지라는 용어는 사회적 지원에 대한 책임이 국가에 있다는 전제(前提)에 의해 현대적 의미로 발달하였다. 국가에 책임이 있다는 전제는 정책과 프로그램이 단일하고 가시적인 형태로 그리고 정치적 압력과 과정에 반영된 사회 경제적 환경에 대한 반응으로써 개발될 수 있다는 배경을 만들게 되었다(NASW, 1995).

사회복지의 객체 즉, 대상은 시대상황에 따라 다르게 나타나는데, 봉건사회에서는 그 시대가 신분적 사회였으며 사회복지 대상문제는 개개의 궁핍자였다. 초기 자본주의 사회에서는 절내주의 국가였고 대상은 빈민(pauperism)이었으며, 산업자본주의 사회에서는 시민사회였으며 5대 사회악이 주된 대상이 되었다. 그러나 독점자본주의 사회에 들어와서는 생존권 보장에 중심을 두어 전국민의 생활문제 전반이 사회복지의 대상이 되었으며, 사회적 욕구와 사회적 문제가 중요한 관심의 대상이 되었다. 이러한 다양성과 복잡성을 지닌 사회문제에 대한 다양한 접근방법이 모색되어 왔다.

사회복지정책을 사회문제에 대한 사회적 반응 내지는 대책이라고 할 때 어떤 국가의 사회복지정책의 변천이나 성격을 파악하기 위해서는 사회문제를 파생시킨 사회적, 정치적, 경제적 환경과 그 문제에 대처하고자 하는 노력 즉, 사회복지정책간의 관련성을 사회발전단계에 따라 체계적으로 검토할 필요가 있다.

사회복지의 발달을 이해하는 데는 여러 가지 접근방법이 있을 수 있다. 사회복지는 초역사적 존재도 아니며 하나의 단순한 이념도 아니다. 사회복지는 사회현상이며, 인류사회 어디서나 존재하고 있다. 즉, 사회복지는 사회현상의 하나로서 그 사회의 독특한 역사 속에서 생성·확립·전개되고 또한 소멸하는 것이다. 그러므로 사회복지는 하나의 생명력을 가지고 있다고 할 수 있다.

2. 사회복지발달사의 연구방법과 대상

일반적으로 사회복지발달사의 본질은 사회복지에 관한 제 사실들을 역사적 배경과의 관계하에서 그 특징을 확인함과 동시에 그 사실들간의 인과관계를 구명(究明)하는 것이라고 할 수 있다.

사회복지의 역사를 고찰하는 것은 사회복지가 실천적 학문이라는 특수성 때문에 또한 과거의 사회, 경제, 문화적 측면이 사회복지제도의 중요한 측면을 차지하였으며, 현재의 제 측면들이 오늘날의 사회복지제도의 형성과 성격에 영향을 미친다는 데 그 의의를 가진다.

사회복지학이 실천성을 강조하는 실용학문적 성격을 강하게 띠고 있기 때문에 사회복지의 역사에 대한 고찰은 우선 순위에서 밀려 날 수밖에 없었다. 역사적으로 사회복지학은 사회현상 속에 내재하는 법칙이나 규칙을 발견하려 하기보다는 바람직하지 못한 사회상태를 개선하여 보다 바람직한 사회적 상태로 이끌려는 문제해결적이고 가치지향적인 성격을 띠어 왔었다.

사회복지학의 궁극적인 존재 목표는 사회복지제도와 관련된 제반 현상에 대한 이론의 개발이다. 즉, 사회복지는 어떠한 사회현상에 내재하는 사회문제에 대처해 나가기 위한 시책으로서 인간의 생존을 위한 행위이다. 따라서 사회복지는 현실적인 문제의식에서 출발하여 문제 해결의 노력과 결과로 발전하는 것이므로 사회현실의 모순과 갈등을 해결하고 있다.

사회복지발달사는 학문적 의의를 가지고 사회복지의 역사적 발전을 고찰하며, 사회복지의 학문적 성격을 구명하는 것을 목적으로 하는 것이다. 사회복지제도발달론이 갖는 사회정책학적 의미 중의 하나는 그것이 사회정책학의 학문성에 기여한다는 것이다(김상균, 1987). 그러나 사회복지에 관한 제 이론을 단순히 평면적인 관점에서 분석 혹은 나열하는 것이 아니라 역사적 관점에서 분석 · 나열하는 것이다. 따라서 사회복지발달사의 연구대상이 되는 것은 과거로부터 현재에 이르는 사회복지의 제 이론과 제도들이다.

사회복지의 역사를 살펴보기 전에 알아야 하는 것은 사회복지발달사 연구의 관점과 방법이다.

먼저 연구의 관점을 살펴보면 사회복지발달사 연구에서 연구자가 어떠한 입장에서 연구대상에 접근하느냐의 문제이다. 사회현상이 사회구조를 형성하고 있기 때문에 사회제도로서의 사회복지는 사회의 모든 현상과 직접 관계를 맺으면서 생성·발전해 왔으므로 크게는 정치현상, 경제현상, 문화현상 등이 사회복지의 현상과 본질에 작용한다. 구체적으로는 사회복지 구조가 사회복지의 대상, 주체, 방법으로 구성되어 있으므로 사회복지의 역사도 대상사, 주체사, 방법사 등으로 다양하게 구분된다. 사회복지발달사 연구의 대상을 설정하는 문제는 사회복지의 개념을 어떻게 정립할 것인가의 문제와 직결된다. 즉, 어떠한 제도나 프로그램들을 사회복지적인 것으로 볼 것인가 하는 문제이다.

사회복지 개념의 구성요소를 욕구체계와 자원체계로 나누어 볼 수 있고 나아가 양자를 결합하는 전달체계를 포함시킬 수 있다. 욕구체계와 관련해 볼 때, 문제를 가진 대상의 존재는 어느 시대, 어느 사회를 막론하고 사회복지제도나 프로그램의 필수조건이 된다. 자원체계와 관련해 볼 때 자원체계의 중심 문제는 어떤 집난에 의한 어떤 내용의 서비스를 연구의 대상으로 할 것인가의 문제이다. 전달체계는 욕구체계와 자원체계가 어떤 형식으로 결합하느냐의 문제로서 사회복지 서비스가 어떤 경로로 대상자에게 전달되느냐의 문제는 서비스의 성격을 규정하는 데 있어서 서비스의 내용 못지 않게 중요성을 지니고 있다. 이와 같이 사회복지발달사의 연구대상은 개념과 관련된 일체의 제도가 포함된다.

둘째, 사회복지 연구방법상의 문제로, 여기에는 두 가지 형태가 있다. 하나는 사회복지 발달을 사회, 경제적 조건의 변동과 관련시켜 시대적 특징을 명백히 하려고 하는 것으로 사회복지 외부에 있는 일반적인 정치, 경제, 사회적 조건으로부터 사회복지를 비판하고 평가하는 것이다. 이러한 연구방법은 사회복지의 제 사실들이 갖는 시대적 배경과 밀접한 관련성을 명확히 할 수 있다는 장점을 가지고 있다. 다른 하나는 사회복지에 있어서 원조대상자의 처우원칙 즉, 사회복지적 원조의 목적과 그 목적을 실현하기 위한 방법의 변천에 착안하여 여러 가지 사회복지활동을 관찰하고 그 특징에 의해 이것을 유형화하여 그것들 사이의 일정한 발전의 맥락을 발견하려는 것이다. 이러한 연구방법은 사회복지의 내부로부터 그 원조 원칙의 합리성을 비판하고 평가하려는 것이다. 전자는 역사 연구의 외재적(外在的) 방법이고, 후자는 내재적(內在的) 방법이라 할 수 있다.

사회복지가 생성·확립·전개되어 발전되려는 동기 즉, 사회복지의 발달동기는 과연 무엇인가 하는 것도 연구의 대상이 된다. 사회복지 발달의 동기로 마카로브는 다음과 같은 5가지를 들고 있다(Macarov, 1978).

첫째, 상부상조의 정신이다. 이는 인간의 욕구충족의 가장 오래되었고 보편적인 동기인데 가족, 이웃, 종족을 중심으로 하여 적대적인 외부세계로부터 자기네들을 보호하기 위한 수단으로 발전하여 집단 내의 빈곤자와 다른 사람들로부터 원조를 받거나 베푸는 행위로서, 나아가 사적 사회복지조직 및 여타의 분야에서 상호부조활동을 확대시키는 것을 목적으로 하는 사회복지 프로그램들을 발전시켜 왔다.

둘째는 종교적 계명(誡命)이다. 거의 모든 종교는 같은 종교를 믿는 사람들끼리 또는 곤경에 처한 사람들에게 자선(慈善)을 베풀도록 가르치고 있다. 자선에 관한 개인의 행동은 주로 종교의 계명을 충실히 수행하는 결과로 나타났다고 할 수 있다.

셋째, 정치적 이익 추구이다. 정치가 사회복지분야에 개입하게 된 정치적 동기는 대략 정치권력의 획득, 사회불안의 방지, 정치과정 자체의 부산물 등으로 볼 수 있다.

넷째, 경제적 고려이다. 사회복지 프로그램을 운영하기 위해서는 많은 재원이 필요하다. 따라서 사회복지에 대한 경제적인 동기는 무엇보다도 사회문제로 야기되는 사회적 비용을 줄이기 위한 필요성이나 사회문제로 인하여 피해를 입는 사람들이 여러 가지로 경제를 해치기 때문에 일어났다고 볼 수 있다.

다섯째, 이념적 요인이다. 민주주의, 인간의 존엄성, 공동체 의식, 인도주의, 평등의 실현 등의 이념을 추구하고자 하는 동기에 의하여 사회복지가 발전되어 왔음을 역사 속에서 찾아볼 수 있다.

이렇게 여러 가지 동기에 의해서 사회복지의 변화와 발전이 있어 왔음을 알 수 있다. 그러나 이러한 동기가 시순적(時順的)으로 이어져 왔다기보다는 어떤 시기에는 중복·중첩되어 나타나기도 하였다.

3. 사회복지발달론

개인의 욕구가 사회의 공식적인 대책으로서 사회복지로 연결되는 인과적 과정은 욕구의 불충족→개인문제→사회문제→사회정책→사회복지행정→직접적 사회복지실천(사회사업)→사회복지대상자 등의 일련의 인과적 과정으로 이루어진다.

여기서 중요한 것은 사회복지의 생성과 변화에 크게 영향을 미치는 환경 요인이 매우 많다는 것이다. 사회복지가 왜 생성되었으며, 변화를 겪게 되는가를 설명하는 이론을 사회복지제도 변천론, 사회복지발달론, 사회정책발달론 등으로 표현되고 있다.

1) 체제의 내부적 논리에 기반한 사회복지발달론

체제의 내부적 논리란 산업화 과정, 계급관계의 역동성, 이익집단의 활동, 정치 경제구조와 특성 등이 한 국가의 체제 내부에서 이루어진다는 의미로서 국가단위를 중심으로 생각하는 것을 말한다. 이러한 국가단위 체제의 내부적 논리에 기반한 사회복지발달 일반 이론을 살펴보면 다음과 같다.

(1) 책기론

책기(責己)란 민생구휼(民生救恤)의 책임이 국왕에게 있음을 뜻하는 단어이다. 국왕이 그러한 책임을 져야 하는 논리적 근거는 선정(善政) 또는 인정(仁政)과 같이 군주가 이른바 도덕정치를 실현하는 데 필수적으로 갖추어야 할 의무사항에서 발견된다. 따라서 책기론(the prince's obligation theory)이란 사회복지제도의 변천을 국왕이 책기를 얼마만큼 충실하게 구현하느냐에 따라 좌우되는 것으로 해석된다.

책기론이라는 가설의 설정 배경은 20세기 이후 서구에서 등장한 복지국가를 전제로 하고 있는 기존 사회복지발달론이 농경사회와 군주제에 기반을 둔 중앙집권적 국가형태의 고대사회에는 부적합하다는 것이었다. 따라서 책기론의 강점은 산업화 이전의 사회복지제도의 변화를 보다 적절하게 설명할 수 있는 이론이라고 할 수 있다(하상락, 1989).

(2) 사회양심 이론

사회양심 이론(the social conscience theory)은 1950년대 영국 사회정책학의 통설로서 애용되었을 뿐만 아니라 오늘날에도 다수의 사회복지사들과 박애주의자들로부터 지지받고 있는 이론이다. 이 이론에 따르면 첫째, 인간이면 누구나 갖게 마련인 타인에 대한 사랑이 국가를 통해 구체화된 것이 사회복지제도이다. 둘째, 사회복지제도는 사회적 의무감의 확대와 사회적 욕구에 대한 국민들의 인식 제고라는 두 요인에 의해 변화된다. 셋째, 사회복지제도의 변화는 축적적이며 제도의 양과 질은 개선된 방향으로 진화한다. 넷째, 사회복지제도의 지속적 개선은 불가피하며, 현행 제도는 지금까지의 것 중 최선의 것이다. 다섯째, 역사적으로 볼 때 현행 제도가 완전하지는 않지만 사회복지의 주된 문제는 이미 해결되고 있다고 볼 수 있으므로 지속적인 발전을 기대할 수 있다는 것이다.

(3) 산업화 이론

산업화 이론은 사회복지제도 생성 및 변화의 배경을 현대사회의 산업화라는 맥락에서 찾고 있다. 즉, 어떤 형태의 사회이든 산업화되는 과정에서는 필연적으로 각종 사회문제가 파생되는데, 이때 합리적 이성을 지닌 인간이 고안해 낸 합리적 문제해결책이 사회복지제도라는 것이다. 이러한 성격에 비추어 산업화 이론은 합리적 결정론이라고도 불려진다. 따라서 이 이론은 자본주의 사회의 속성인 생산양식, 노동력 재생산, 자본축적, 계급관계 등을 무시하면서, 자본주의 사회든 사회주의 사회든 산업화만 되면 사회복지가 필요하게 된다는 점을 강조한다. 따라서 영국의 경우 산업혁명에 의해 야기된 사회적 변모는 당시 존재하고 있었던 미약한 국가 차원의 구빈제도에 대한 결정적 도전으로 이어졌기 때문에 사회복지제도의 확대 및 개선을 당시 영국의 사회문제에 대한 합리적 반응이었다는 것으로 설명한다.

(4) 테크놀로지론

테크놀로지론(the technology theory)은 테크놀로지결정론이라고도 불리는데, 이 이론은 사회복지제도의 변화를 테크놀로지, 특히 사회행정 및 사회공학의 기술적 발달과 같은 비사회적인 힘에 의해 결정되는 것으로 설명한다. 그리하여 19세기 영국의 경우는 사회복지를 담당하는 관료들에게 집합주의적 사회가치가 고조됨으로써, 개인의 복지에 대한 국가 개입이 확대된 결과 사회복지제도가 확대되었다고 설명한다. 그런가 하면 각종 사회복지 서비스의 제공을 위한 공·사 사회기관과 사회사업전문직을 산업사회 내에서 주요 조직으로 간주하면서, 이러한 조직의 전문성이 사회복지 서비스의 변천을 초래한다는 분석도 있다. 특히 현대 사회복지 서비스의 변천에서 행정관료들의 영향은 지대한 것으로 믿어지고 있다. 최근에 이르러서는 기획의 기술, 정책분석의 기법, 예산편성이 갖고 있는 정책상의 이점인 지속성과 테크놀로지의 축적은 더욱 위력을 발휘하고 있다고 설명한다.

(5) 시민권론

사회복지제도의 변친은 시민권의 변전이란 측면에서 진화론적으로 설명하는 것이 시민권론(the citizenship theory)이다. 이때 시민권이란 완전한 사회구성원으로서 인정되는 지위의 향유라고 해석되는데, 인류역사를 과거로 거슬러 올라갈수록 시민권의 미분화현상이 현저했다. 그러나 영국의 경우 18세기에서 19세기에 걸쳐 공민권이 확립되었고, 이어 19세기와 20세기 사이에는 정치권이 그리고 마지막으로 시민권은 20세기 중반에 와서 획득되었다. 그리하여 복지국가로 지칭되고 있는 현대사회는 개인의 생활수준이 그 사람의 계급적 신분이나 경제적 교섭능력과는 무관하게 정치적 결정에 의해 합의된 수준으로 보장된다는 것이다. 결국 시민권론은 사회복지제도의 변천을 시민권이 분화현상과 사회권의 확립이라는 진화적 과정에 따라 개선 내지 확대되는 것으로 설명한다.

(6) 사회정의론

사회정의론(the social justice theory)은 사회복지 발달의 기본 요소를 사회정의의 개념 변화로 보는 것이다. 사회가 치밀한 인정적 대인관계의 그물로 싸여져 있던 원시시대에는 사회정의의 개념보다 관대함이 복지의 기본 요소였고, 사회적 계급이 엄격히 존재하면서 계급간의 인정적 대인관계가 제한되어 있던 봉건시대하에서의 사회정의란 1차적으로 기득권의 보호였기 때문에 극빈자에 대한 구호는 2차적 사회정의로 통용되었다는 것이다. 이후 몰인정한 교환에 근거를 둔 대인관계가 지배하는 시장체제 중심의 사회를 지배한 사회정의는 개인의 업적에 대한 보답이며, 욕구에 따른 분배 원칙은 보조기준으로서 일부 적용된다는 것이다. 그러나 시장 중심의 사회에 정착하지 못한 채 고통받고 있는 다양한 집단들로부터 호응받는 일종의 일탈적 사회정의의 개념은 욕구에 따른 분배 원칙이라고 해석된다.

(7) 독점자본 이론

독점자본 이론은 신마르크스주의 이론의 하나로서 변화된 자본주의 즉, 고도의 독점자본주의를 분석하여 계급갈등과 국가의 역할이라는 두 가지 측면을 기본으로 사회정책이 발전한다고 설명한다.

독접자본주의 이론은 다음 몇 가지 점에서 기여한 바가 크다. 첫째, 산업화 이론이 무시한 자본주의의 문제 - 계급문제, 노동력 재생산 - 등을 분석하여 복지국가 발전을 설명하고 있다는 점이다. 둘째, 이러한 분석을 통해 누가 복지국가의 정책을 통해 이익을 보느냐는 문제에 대한 답을 명확히 해주고 있다는 점이다. 산업화 이론은 이러한 문제에 대해 모호하여 복지국가에서는 사회 전체의 이익이 확대되는 것으로 본다. 셋째, 이러한 관점을 통해 복지국가의 성격을 좀 더 거시적으로 파악할 수 있다는 점이다. 넷째, 이 이론을 통하여 국가의 역할을 산업화로 야기된 문제에 대한 피동적인 대응으로 본 반면, 독점자본 이론에서는 왜 국가가 적극적으로 자본주의 발전단계에서 경제체제에 개입해야 하는가를 보여준다. 다섯째, 구체적인 복지국가 정책이 내용을 분석하는 데 도움을 준다는 점이다. 예를 들면 오늘날 고도로 발전된 복지국가에서도 여전히 구빈법의 잔재(殘滓)를 갖고 있는 복지 프로그램이 존재하는 이유를 구명하는 데 기여한다.

(8) 사회민주주의 이론

사회민주주의 이론은 독점자본 이론처럼 자본주의에서의 계급갈등에 초점을 맞추고 있지만, 독점자본 이론이 계급갈등에서 자본의 일방적인 이익추구라는 관점에서 설명한 것과는 달리 사회민주주의 이론은 노동의 정치적 세력 확대의 결과로 사회정책 발달을 설명한다. 즉, 사회정책은 노동자계급을 대변하는 정치적 집단의 정치적 세력이 커질수록 발달한다는 것이다.

사회민주주의 이론은 사회정책 발달을 설명하는 데 몇 가지 장점을 가지고 있다. 첫째, 사회민주주의 이론은 전술한 산업화 이론과 독점자본 이론이 무시한 정치적 요소들에 대한 분석이 중요하다는 것을 보여준다. 특히 이 이론은 의회민주주의에서의 계급들간의 힘의 역학관계가 변할 수 있다는 점을 보여주는 데서 뛰어나다. 둘째, 사회민주주의 이론은 독점자본 이론과는 달리 사회복지 발달을 설명하는 데 실증적인 연구에 의하여 뒷받침된다는 점이다. 특히 이 이론은 실증적인 연구를 통해 산업화 이론을 비판하고 그 한계를 극복한다.

(9) 이익집단정치 이론

사회민주주의 이론이 맑시스트 이론의 계급갈등의 정치적 측면을 강조했다면 이익집단정치 이론은 산업화 이론의 정치적 측면에 초점을 맞추었다고 할 수 있다. 사회민주주의 이론은 전통적인 계급 즉, 자본과 노동의 정치적인 권력투쟁에서 사회복지의 발달을 설명하는 반면, 이익집단정치 이론은 다양한 이익집단들의 정치적 힘에 초점을 맞춘다.

(10) 국가중심적 이론

국가중심적 이론은 산업화, 독접자본, 이익집단, 노동자계급 등의 요인들이 복지국가 발전에 영향을 준다는 것은 인정하지만, 이 이론이 강조하는 점은 이러한 영향들이 독립적인 국가조직에 의해서 매개된다는 점이다. 지금까지의 이론들에서 복지국가 발전에서의 국가의 역할은 단순 시행자(산업화 이론)가 아니면, 자본가의 하수인(독점자본 이론)이 아니면, 다양한 이익집단들 요구의 중재자(이익집단 이론) 혹은 노동자계급 요구에의 타협자(사회민주주의 이론)로서의 소극적인 역할이었다. 반면에 국가중심적 이론은 국가의 적극적인 역할을 강조하여 상기의 복지국가 발전을 설명하는 거시적 그리고 사회적인 배경과 구체적인 한 국가의 사회복지정책 사이의 관계는 각 국가들이 갖고 있는 국가구조의 특수성에 의하여 결정된다고 본다.

(11) 음모 이론

음모(陰謀) 이론(the conspiracy theory)은 사회통제 이론으로도 불리며, 사회복지제도의 변천은 인도주의나 사회양심의 실현에 따라 좌우되는 것이 아니고 사회안정 및 질서유지와 사회통제에 따라 영향받게 된다고 주장함으로써 사회양심론에 정면으로 도전하는 입장을 취하고 있다. 사회정책의 변화 시기를 지배계층이 기존의 사회질서가 위협받고 있는 때라고 본다. 그리고 사회복지제도의 변천을 줄곧 진화의 과정을 밟아 발전만 하는 것이 아니라 개선과 악화의 양면이 교차되는 것으로 해석된다.

2) 체제의 외부적 상호규정 관계에 기반을 둔 사회복지발달론

체제의 외부적 상호규정 관계란 한 국가의 체제 내부 논리에 치중하는 기존의 전통적인 논리에서 벗어나 국가간의 관계 및 자본주의, 사회주의체제간의 모순을 체제 내부 논리와 관련시키는 상호규정 관계를 말한다. 이러한 체제의 외부적 상호규정 관계에 기반을 둔 사회복지발달론을 살펴보면 다음과 같다.

(1) 종속 이론

종속(從屬) 이론(the dependency theory)은 제2차 세계대전 후에 새롭게 독립한 국가들의 사회복지제도 발달을 설명하려는 시도에서 나온 것이라고 말할 수 있다. 이 이론은 제3세계 국가들의 사회복지제도 발달의 특성을 한마디로 저발전으로 특징짓고, 저발전의 이유를 식민(植民) 영향에서 찾고 있다. 식민 영향이란 식민시대에 종주국들이 그들의 이익에 이바지할 수 있는 방향으로 사회복지제도를 운영했던 것이 식민 종식 이후에도 그대로 답습되거나 유지되는 현상을 말한다. 예컨대 특권계층의 지위를 유지하거나 강화시키기 위한 수단으로서 사회보장제도가 실시되었던 식민시대의 악습이 독립 후에는 자국 내의 지배계급들에 의해 전승되고 있다는 것이다. 종속 이론은 여기에서 한 걸음 더 나아가 식민 영향이 잔존하는 이유를 외국지향적 경제발전 및 이와 연관된 사회형태에서 찾고 있다.

이 이론에 대한 비판으로는 첫째, 지역간의 불평등문제는 유독 주변국과 중심국 사이에서 뿐만 아니라 주변국과 주변국, 중심국과 중심국 또는 한 국가의 여러 지역간에서도 발견되기 때문에 종속적 사회복지제도와 비종속적 사회복지제도를 엄격하게 구분해야 한다는 것이다. 다시 말해 종속의 개념에 대한 엄격한 질적 규제를 가해야 한다는 지적이다. 둘째, 종속 이론은 제3세계에 대한 선진국의 영향력을 과대 평가하는 반면, 개발도상국 자체의 잠재력 내지 책임을 과소 평가함으로써 자기들의 민족사에 대한 정확한 이해를 방해할 가능성이 있다고 비판받고 있다. 셋째, 종속 이론의 주장들 중 검증되지 않는 것들이 발견되며, 분석 개념으로 유용성이 부족하여 일종의 이데올로기에 지나지 않는다는 지적이 있다.

(2) 확산 이론

확산 이론(the diffusion theory)은 사회정책의 확산과정을 바탕으로 하는데, 개별국가의 사회정책 발달이 인접한 국가간에 공간적으로 확산되는 경우(예를 들어 독일 사회보험의 유럽으로의 확산) 혹은 선진국의 사회복지제도가 후진국으로 확산된다는 위계적 확산 등의 논리가 그것이다.

이 논리의 핵심은 사회정책의 도입을 모방과정의 결과로 인식하며, 각 나라들은 선구적인 복지국가의 노력들을 복사한다는 것이다. 그러나 이러한 사회정책의 확산 이론은 두 체제간의 모순적 관계를 강조하는 진영모순 개념과 근본적으로 상이할 뿐만 아니라 냉전체제가 사회복지에 미친 복잡한 과정을 설명하기에는 근본적 한계를 갖는다.

(3) 진영모순론

진영모순론(two camps contradiction theory)은 제1차 세계대전, 1920년대 후반의 대공항 그리고 제2차 세계대전 등으로 표출되는 세계적 수준에서의 자본주의의 전반적 위기의 원인을 설명하는 이론으로 소련 맑시즘에서 생성되어 세계 자본주의를 정치 경제학적 시각으로 분석하는 데 주요한 개념으로 사용되어 왔다. 제1, 2차 세계대전 및 대공황 등으로 나타난 자본주의의 전반적 위기와 이의 격화현상은 종래의 세계자본주의 분석 개념인 일국적 단위에서의 노동과 자본간 모순(계급모순), 제국주의와 식민지간 모순(민족모순) 그리고 제국주의 국가간의 모순 등 세 가지 모순관계로는 충분히 설명되지 않으며, 러시아혁명과 그 이후의 사회주의 국가의 출현으로 인해 자본주의 세계시장이 협소화되고 자본축적 조건을 악화시킨 사회주의 국가와 자본주의 국가간의 새로운 모순관계 즉, 양 진영의 모순관계를 파악해야 충분히 설명될 수 있다는 것이다.

특히 제2차 세계대전을 경험하면서 세계가 자본주의와 사회주의 양대 진영으로 분열된 이후 본격적으로 격화되기 시작한 양대 진영의 모순관계는 사회의 각 방면에서 여러 가지 현상을 수반하며, 이것은 각국의 사회복지제도의 형성에도 직·간접적으로 영향을 미치게 된다는 것이다. 진영모순과 사회복지의 관계에 대한 첫 번째 논리는 양 진영의 대립, 경쟁관계가 자본주의권과 사회주의권의 사회복지 발달에 부정적 영향을 주었다는 부정적 영향론이며, 두 번째는 오히려 진영모순이 사회복지의 확대에 긍정적 영향을 주었다는 긍정적 영향론이다.

Section 2 사회복지의 발달단계

사회복지의 역사적 생성·전개과정은 사회복지의 기원으로서 자연발생적인 상호부조활동에서 출발하여 고대와 중세에 이르기까지 행해졌던 종교적 동기에 의한 활동기, 근세에서 19세기 초기까지의 인도주의적 동기에 의한 계몽기, 19세기 중엽에서 20세기 초기까지의 공리주의적 동기에 의한 성립기 그리고 20세기의 20년대 이후의 전문직업적 동기에 의한 발전기로 나누어 볼 수 있다.

여기에서는 사회복지의 전개과정을 크게 사회복지 이전 단계와 근대 사회복지 단계로 나누어 살펴보기로 한다.

1. 사회복지 이전 단계

사회복지 이전 단계에는 중세 봉건사회에까지 자연발생적으로 생성되어 행하여진 상호부조 활동과 종교적·박애적 동기에서 생긴 자선사업을 포함할 수 있다.

상호부조(mutual aid)는 집단생활에 있어서 집단 내의 생활곤궁자가 타인으로부터 원조를 받거나 또는 집단 상호간에 원조를 베푸는 가장 원시적인 복지활동이며, 생활곤궁을 구제 내지 원조하는 행위의 단서(端緖)적인 것으로서, 그들은 동류(同類)의식과 공속(共屬)의 감정 때문에 타인의 고통을 자기의 고통으로 느낄 수가 있었기 때문이다. 따라서 특별한 논리를 필요로 하지 않고 자연발생적 동기에 기인하게 된다.

이와 같은 상호부조의 특징은 성원 상호간에 있는 연대의식을 기초로 하기 때문에 피원조자에 대한 상·하 지배의 관계와 사회적 기생자(寄生者)라는 낙인(烙印)을 피원조자에게 강제하지 않는다. 이의 본질적인 특징은 동시에 상호부조가 행하여지는 범위를 좁게 제한한다는 폐쇄적인 성격을 동반하고 있다. 또한 사회구성원의 자연적인 연대의식이 성립하는 범위는 일정한 제한을 가지고 있기 때문에 생활곤궁자에 대한 원조의 부담능력에도 자연히 제한이 따른다. 따라서 대규모의 천재(天災)나 전염병의 발생 혹은 경제제도의 결함으로부터 생겨난 대량적인 생활곤궁자에 대한 상호부조의 원리는 무력할 수밖에 없었다. 이러한 상호부조는 중세 유럽의 동업조합(guild), 교구(parish), 장원(manor), 도시에서 그 형태를 찾아 볼 수 있다. 이와 같이 상호부조는 사회복지의 가장 원초적인 형태이며, 오늘날에까지 분화되지 않은 형태로 남아 있다.

한편 종교적 계명에 따라 생겨난 자선사업(charity work)의 사회복지적 논리는 빈곤자의 구제가 빈곤자 자신의 필요성으로부터 출발한 것이 아니고 시여자(施與者) 자신의 필요에서 출발했다는 점이다. 따라서 그저 보시(布施)를 주는 일(almsgiving) 자체가 목적이고 상대의 형편은 상관할 바가 아니었다. 이러한 보시는 직업적 걸식을 조장하게 되었고, 이로 말미암아 재해를 입은 빈궁자에 대한 구제를 중단하지 않으면 안 되는 모순을 낳게 되었다.

이러한 종교적 자선사업은 구제의 대상자인 빈곤자의 정신을 구제하는 일이었다. 중세 유럽의 'Hospital'은 정신의 회복·격려를 위한 시설로서 종교적 의식을 엄격히 실행하는 것에 의하여 품성의 향상, 도야, 신체적으로는 쇠약해진 정신을 건강하게 하려고 했다. Hospital은 라틴어 'hospites'에서 유래된 것으로 숙소가 필요한 손님이라는 뜻을 지니고 있다.

구제대상자에 대해 시여자의 필요성에 따라 은혜나 보시를 행하는 것은 비단 종교적 자선사업뿐만 아니라 국가의 지배자나 왕실의 경사 시에 빈곤자와 병자에게 보시를 행하고 수형자(受刑者)를 방면(放免)하는 경우도 있었다. 이러한 것을 주체성과 임의성의 측면에서 볼 때 사회복지 이전의 것이라고 할 수 있다.

이러한 사회상황에 따라 생성과 소멸을 거듭해 온 제반 사회복지제도 및 이를 형성하고 있는 기본 정신 중 오늘날까지 계속 생명력을 유지해 오고 있는 상호부조와 자선사업을 비교하여 살펴보면 다음과 같다.

상호부조와 자선사업은 현대 사회복지 발달뿐만 아니라 인류가 생존하고 있는 한 이들이 갖고 있는 인간사랑에 대한 기본적인 정신은 변함이 없을 것이다. 따라서 상호부조와 자선사업에 대한 역사적 고찰은 사회복지 발달을 더욱 촉진시킬 수 있는 계기가 될 것이다.

동·서를 막론하고 상호부조의 역사적 기원은 인류가 존재하면서부터 시작되었다고 볼 수 있다. 이는 상호부조의 기본 정신이 생존을 위한 하나의 방편이었기 때문이라고 할 수 있으며(생존권적 욕구) 또한 자기의 가족, 이웃, 종족을 보호하기 위한 하나의 수단(보호적 욕구)으로서 출발되었다고 볼 수 있다. 즉, 동서양을 막론하고 상호부조는 인간의 생존을 위해서 실시되었다고 볼 수 있다.

그러나 사회가 자기 중심에서 가족→친족→씨족→지역사회로 발달하여 감에 따라 하나의 공동체의식이 형성되고 사회를 유지하기 위한 기본적인 사상과 제도가 필요하게 되었다. 이러한 과정 속에서 상호부조의 형태는 국가나 사회의 상황에 따라 상이한 형태로 발달되어 왔다고 볼 수 있다.

마지막으로 박애사업(philanthropy work)은 특히 19세기의 인도주의적 도덕관에서 출발한 사회개량적 활동이라고 할 수 있는데, 자선사업과의 차이점은 그 동기가 도덕적 신념으로부터 출발했다는 점이며, 대상자에 대한 시여자 자신의 시여동기가 어디까지나 주관적이라는 점이다. 이러한 박애사업은 그 후 인보사업(settlement work)으로 전개되어 근대적 사회복지에 있어 민간활동에 강한 영향을 주었다.

이와 같이 자선사업과 박애사업은 상호 개인적, 주관적 색채가 강한 타인 원조를 행한다는 점에서 공통점을 가지고 있다.

2. 근대적 사회복지 단계

사회복지 이전 단계에서 행해진 상호부조, 자선・박애사업이 근본적인 사회복지문제 해결에 이르지 못하는 사회적 상황에 부닥치게 되자 새로운 대안이 모색되게 되었다. 즉, 근대적 사회복지의 출발은 첫째, 생활곤궁이 사회성과 보편성을 갖게 되었다는 점. 둘째, 사회복지에 대한 공공의 책임과 항상적(恒常的) 제도화가 필요하게 되었다는 점 등에서 찾을 수 있다.

근대 사회복지의 활동으로 먼저 구빈사업(relief work)을 들 수 있다. 구빈사업의 최초의 체계는 영국의 1601년 엘리자베스구빈법이라고 할 수 있으나 영국 최초의 구빈법은 1531년 헨리(Henry)Ⅷ세 때라고 할 수 있으며, 이것은 1349년 에드워드(Edward)Ⅲ세 때의 노동자법령에 기초하여 주로 노동력을 강화하기 위해 제도화되었다.

구빈사업은 개인의 생활상의 곤란이 사사로운 일이 아니라 사회제도의 결함의 표현이라는 인식 즉, 이것에 대한 원조는 개인의 선의의 문제가 아니고 사회적, 공공적인 책임에 속한다는 인식하에 태동되었다. 여기에서 사회복지 논리의 제한적인 특징을 찾을 수가 있다. 즉, 구빈사업은 피구제자를 정상적인 인간으로보다는 노동력의 유무로써 취급하며, 또한 그가 사회적 존재로서 무엇을 필요로 하는가에 관심을 두는 것이 아니라 단순한 생리적인 생존에 필요한 정도의 금품을 원조하는 데 그쳤다. 이러한 결과 피구제자의 수를 줄이는 데는 어느 정도 성공했으나 빈곤문제를 해결하는 궁극의 목표에는 도달하지 못했다.

다음으로 나타난 것이 보호사업인데, 보호사업은 구빈사업의 약점 내지 무력함을 보완하여 사회복지의 논리를 전개한 것이라고 할 수 있다. 이의 사상적 배경은 18, 9세기의 자유주의 사상이라고 할 수 있다. 보호사업의 대표적인 체계적 형태는 자선조직협회(C.O.S)이고, 공통적인 것으로는 영국의 다수파 보고서와 독일의 엘버펠트(Elberfeld)제도 등이 이에 속한다.

그 다음의 단계로서 사회사업, 사회복지단계를 들 수 있다. 사회복지의 대상은 사회적 약자에게 구조, 구제의 행위로서 행해졌던 시대로부터 전국민을 대상으로 하여 개인의 존엄성에 바탕을 두고 생존권 내지 생활권 보장을 목표로 하여 오늘에 이르고 있다.

여기에서 주목할 점은 지금도 구빈적 성격의 활동은 현상적으로 변화가 없이 전개되는 것처럼 보이나 본질적으로는 대상 인식의 변화를 거듭하면서 발전하고 있다는 점이다.

이와 같이 사회복지의 변화와 발달의 양상은 그 시대의 사회구조와 사상적 흐름 속에서 찾을 수 있다. 즉, 정치적, 경제적, 사회적 구조에 따라 특수한 형태와 방법으로 발달해 왔음을 알 수 있다.

Chapter 2 사회복지의 사상적 원천과 자선 · 구제사업

인류문화는 인간 집단생활의 형성에서 시작되었다고 말할 수 있다. 인간의 집단생활은 처음에는 지리적인 조건이나 기후에 의하여 형성되고 분화되어 왔다. 집단의 특수한 역사는 언어, 풍속, 교육, 문화 등을 통하여 발전해 왔다. 집단이 발전하여 하나의 민족성과 민족문화를 갖게 되며 시대에 따른 철학적 이데올로기를 갖게 되었다.

여기서는 사회복지를 잉태시킨 사상적 원천으로서 고대 그리스, 이스라엘, 로마시대의 구제관(救濟觀)과 기독교, 불교, 유교의 사상을 통해 사회복지의 뿌리를 찾아보고자 한다.

Section 1 고대 그리스의 사상과 구제관

1. 그리스의 종교와 사상

인류역사의 사상은 크게 두 가지로 나누어 볼 수 있다. 그 하나는 철학적 사고를 대표하는 헬리적 사유이고, 또 하나는 신본주의(Theocentrism)사고인 히브리적 사유다. 헬레니즘(Hellenism)은 고대 그리스의 예술, 철학, 정치 등 다양한 분야에 나타난 문화적 이상으로 현세적이고 물질적인 경향을 띠고 있다. 헤브라이즘(Hebraism)은 헬레니즘에 대립하는 사조로서 고대 이스라엘 유일신 사상을 모태로 하는 사상으로 내세적, 이상적, 정신적, 금욕적, 신본주의 사상이라고 할 수 있다.

고대 그리스는 약 4,000년 전에 유럽과 서양 문명의 역사를 시작하였다. 그러나 BC 5세기에 이르러 꽃피게 된 그리스 문명은 전적으로 서양적이거나 유럽적인 성격을 지닌 것은 아니었다(양병우 외 공역, 1985).

서양 문명의 기원은 고대 그리스에 있다. 고대 그리스에서 발생한 서양 문명의 기본적 사고유형은 그 표현양상이 시대에 따라 상이해지고 내용에 있어서도 수정을 거듭해 왔으나 그 핵심은 고대 그리스에서부터 현대에 이르기까지 계속 이어지고 있다.

고대 그리스 문명의 핵심 원리를 이루는 것은 종교였다. 종교라는 핵을 중심으로 한 문화를 이루는 제 요소들이 긴밀히 연결되면서 상호의존하고 있었다. 그리스인이 종사하는 거의 모든 일이 종교와 연결되어 있었을 뿐만 아니라 정치와 종교는 밀접하게 융합하고 있었다. 따라서 종교는 각 문화 속에 살고 있는 인간의 생각과 행동들을 결정적으로 지배하는 보이지 않는 제왕이었다.

서양인의 의식은 고대 그리스에서부터 현대에 이르기까지 세 가지 기본적인 철학적 이데올로기에 의해 지배되고 있다. 이 세 가지의 철학적 이데올로기는 역사의 전환기마다 그 근본 원리는 그대로 보존되면서도 그때 그때마다의 역사적 현실과 결합되어 새로운 형태로 변형되면서 지속되어 오고 있다.

이와 같이 서양인의 의식을 근본적으로 지배하고 있는 세 가지 철학적 이데올로기는 바로 고대 그리스의 종교적 신화에서 표현된 제우스(Zeus)적 원리, 아폴로(Apollo)적 원리, 디오니소스(Dionysos)적 원리이다.

제우스적 원리는 귀족적 특징을 옹호하고 귀족의 관심을 반영한 것으로, 신과 인간 사이의 간격을 인정함으로써 귀족과 하층계급의 위계질서를 정당화하고자 하는 것이다. 아폴로적 원리는 귀족들에 대항하여 새롭게 등장한 상공업자들의 과학적 합리주의를 반영하고 있다. 디오니소스적 원리는 식물과 동물의 생명을 다스리는 지방의 농업신(神)으로서 중세 이후 종교개혁의 칼빈이즘적 입장과 관련되어 있으며, 인간 안에 신이 존재한다는 신비주의이고, 중간하층계급의 이해관계를 반영하는 이데올로기이다. 이와 같은 철학적 이데올로기 시대에서 각기 자기가 신봉하는 신에 따른 특정집단 내의 상호부조가 행해졌다.

고대 그리스의 종교는 기독교에 많은 영향을 미쳤다. 기독교는 유태교와 고대 그리스철학의 결합에 의해 형성·발전된 측면도 있다(권오구, 2000).

2. 자선의 연원(淵源)

고대 그리스의 여러 종족은 소 씨족이 결합되어 그 중에서 씨족, 부족, 종족이 각기 독립을 유지하면서 자연적인 민주주의체제 속에서 생활해 왔다.

도시국가의 정치적 단위는 도시와 주위의 전원(田園)을 포함한 도시국가(polis)였다. 그리스 도시국가의 역사는 연대 순으로 3기로 나눌 수 있다. BC 4세기 후반에 와서 도시국가들은 사실상의 독립을 상실하였고, 알렉산더 그리고 헬레니즘 시대의 그 후계자들이 지배한 마케도니아 제국의 속국이 되었다. 그리고 2세기 뒤에 그리스는 로마제국에 흡수되었다. 7세기에 금속화폐가 통용되면서 소수 사람들의 부(富)는 늘어나고 다수의 가난은 더욱 심해졌다. 즉, 시민의 다수는 실제로 농부들이었고, 농지문제가 제기되었다. 뿐만 아니라 외국 무역의 증대는 두 가지 새로운 사회집단을 만들어 내었다. 즉, 상인, 선주, 직공, 도공 및 철공 등의 실업자계급과 하역인부와 선원으로 대표되는 노동자계급이었다. 이들 두 집단은 부유한 지주인 귀족계급에게 권력이 집중되는 것을 분개하였고, 정치적 세력 균형을 시정하고 싶어했다(양병우 외 공역, 1985).

고대 그리스 종족들의 투쟁은 가축, 보물, 노예 등의 획득에 목적이 있었으나 그것은 씨족, 부족의 공동의 부에 속했다. 그러나 그것이 사유재산의 새로운 형태로 변화하게 되어 그것은 오히려 신성한 행위로서 인정받게 되었다. 이러한 과정을 통해 소유하고 있는 자와 소유하지 못한 자 즉, 지배계급과 피지배계급으로 분리되었다. 또한 부권적 지위가 확립되어 재산의 상속이 자기들의 자손으로 고정화됨에 따라 가족 내에서 부를 축적할 수 있어 가족의 강화를 통해 씨족들간에 대항하게 되어 세습적 귀족의 길은 부지(不知) 중에 발생하게 되었고 농업의 발달과 수공업의 시작과 함께 부의 격차를 가져오게 되었다.

그리고 사회적 생산이 일정 단계에 도달됨에 따라 씨족구성원 이외의 노동력을 필요로 하였기 때문에 노예제를 일층 강화하게 되어 노예제도도 발전하게 되었다. 따라서 전쟁에 의하여 다수의 포로를 획득했더라도 노동력이 필요 없을 경우에는 학살할 수밖에 없었으나, 잉여생산이 가능하게 됨에 따라 교역도 왕성하게 되어 노예는 부의 축적에 필요한 생산수단으로서 필요하게 되었다. 반면 재산을 소유하지 못한 자는 부의 편재(偏在)로 자연히 부랑자, 걸인 혹은 노예와 같은 상태에 빠지지 않을 수 없었고 귀족이나 부유층의 구제를 필요로 하게 되고 이에 따라 구제자와 피구제자가 나누어지게 되어 자선이 생겨나게 되었다.

이와 같은 하층계급의 사람들은 살아남기 위해 희사(喜捨: almsgiving)를 바라게 되었고, 이들을 구제하는 것으로 우월감을 가지는 계층이 생기게 되어 여기에 자선(charity)이라는 개념이 생겨나게 되었다(지윤, 1985).

자선이 구체적인 행동으로 나타난 것은 재산이든 권력이든 혹은 노력이든간에 그것을 가진 자가 가지지 못한 자에게 주는 것이기 때문에 사유재산제도가 확립된 시대와 사회에서만이 구체적인 행동으로 나타날 수 있는 것이다. 따라서 사회사업의 기원은 일차적으로 사유재산제도가 확립된 고대의 자선적 구제사상에서 찾을 수 있다.

이러한 자선행위는 호메로스(Homeros, B.C. 900년 경) 시대부터 자선적 구제가 있었다고 알려지고 있으나 헤시오도스(Hesiodos, B.C. 800년) 시대에 이르러서는 자선적 구제사상이 점차 명확하게 되어 "고아에게 죄를 범하거나, 노인에게 불친절한 자는 천벌을 받는다."고 하였으며, "이웃에 대한 곡물의 대차(貸借)에 관하여는 가혹하지 않도록 주의하여 상호부조하여야 한다."는 기록이 있다(지윤, 1985). 이와 같은 점으로 미루어 보아 자선행위 내지 자선사업은 이때부터 어느 정도 관습화되고 있었으며, 따라서 자선적 구제는 사유재산제도에 의하여 시작되었다고 볼 수 있다.

3. 복지 사상의 태동

고대 그리스인들의 정치적 이념은 조화 속의 통일이었다. 원래 신비주의를 철학적으로 표현한 피타고라스 학파는 우주의 본질을 조화라고 생각했다. 조화의 개념으로부터 피타고라스 학파의 논리적 직관이 나왔는데, 그들의 목표는 덕(德)이다. 그 덕은 영혼 안에서 신적, 이성적인 것과 비이성적인 것 사이의 조화를 실현하는 것이다.

디오니소스적 신비주의는 인간이 물론 보편적, 신적 요소를 갖고 있지만 그와 동시에 특수적, 이기적 요소도 갖고 있다는 것을 인정한다. 디오니소스적 신비주의에서 관심을 갖는 것은 바로 신적, 보편적 의식과 이기적, 특수적 의식 사이의 조화와 통일에 있다. 그것은 디오니소스적 신비주의를 세속화한 범신론적 자연철학의 기본 원리가 한 사람에 의한 대립물의 조화적 통일에 있다.

디오니소스적 신비주의의 관점에서는 보편적, 신적, 도덕적 요소와 특수적, 인간적, 이기적 요소의 혼합에 의해서만 가치 있는 것이 형성되고, 이것이 혼합된 것이 가장 바람직하다는 것이다. 그래서 고대 그리스인들의 생각으로는 도시국가는 그 성원들이 조화된 공동생활을 영위할 수 있도록 해야 한다는 것이며, 될 수 있는 한 모든 시민이 계급이나 부로 인하여 차별되지 않고 적극적으로 참여할 수 있으며, 개인의 타고난 역량이 자발적, 자연적으로 실현될 수 있는 행복한 기회를 발견할 수 있는 사회로 도시국가는 구현되어야 한다는 것이다.

사회복지의 기원은 앞에서 살펴본 바와 같이 고대 사유재산제도 확립 후 자선적 구제사상에서 찾을 수 있는데, 자선에 관해서는 플라톤(Platon)의 「공화국(The Republic)」에서 통치자는 국가를 구성하는 전체에 대해 봉사해야 함을 강조하면서 전체적 조화를 달성하는 곳에 정의가 실현될 것이라고 주장하여 일종의 전체주의적, 신분적 이상국가론을 제창하였다. 플라톤은 인간생활에 관한 한 좋은 것은 모두 혼합에서 찾아질 수 있다고 했다. 도덕적 사유(思惟)와 이기적 쾌락을 동시에 포함하는 혼합된 생활만이 쾌락만의 생활에 대해서보다 우월할 뿐만 아니라 사유만의 생활에 대해서보다도 우월하다는 것이다.

아리스토텔레스(Aristoteles)는 「정치론(The Politics)」에서 국가의 목적은 물질적인 면과 윤리적인 면에서 시민의 행복 실현에 있다고 하여 도덕 사상에 연결되는 자선관이 있다. 여기서의 국민의 복지는 국가목적과 분리될 수 없다는 이상적 완전국가에서의 전체적 복지를 의미하고 있다. 또한 아리스토텔레스는 인간의 집단생활 가운데서 국가를 가장 고위의 형태로 간주하면서 인간다운 자질은 국가를 통한 생활에서 완전하게 발휘된다고 보았다.

플라톤과 아리스토텔레스의 철학적 노력을 현대적 사회계층 구분에 입각하여 본다면 중·하층을 중심으로 한 조화의 이상을 실현하려는 데 있는 것이다. 플라톤이 도시국가를 건립하는 목적은 어느 한 계층이 행복하게 되도록 하자는 것이 아니라 시민 전체가 최대한으로 행복해지기를 바라서였다. 그 어떠한 도시국가에 있어서보다 시민 전체의 행복을 도모하는 국가에서 정의를 찾을 수 있다는 것이며, 행복한 국가는 소수의 사람들을 따로 떼어내어서 이들을 행복하게 함으로써 가능한 것이 아니라 시민 전체를 행복하게 함으로써 가능하다고 보는 것이다.

플라톤의 정치적 사상인 중·하층에 입각한 사회적 조화와 질서의 실현은 아리스토텔레스의 정치철학에 있어서도 그러하다. 이와 같은 견해는 인간의 복지는 사회성을 도외시하고서는 있을 수 없으며, 따라서 개인적 자선이 올바른 우정에 의한 것이 아닌 한 가치가 없는 것으로 간주하는 것이다. 이는 오늘날 복지사회를 구현하고자 하는 현대 복지국가의 이념과 그 핵은 유사한 것이라고 볼 수 있다(권오구, 2000). 반면, 아리스토텔레스에 따르면 국민의 복지는 국가 목적과 구분하여 성립할 수 없다는 것을 인식하게 된다.

이와 같이 고대국가에서는 지역공동체가 생산력의 발전으로 분화되어 평등사회가 해체되고 부와 권력을 소유하는 신분제도가 생겨나게 됨에 따라 국가 존립을 위한 다분히 정치적인 목적으로 자선이 행해졌다고 볼 수 있다.

Section 2 고대 이스라엘의 구제관

고대 이스라엘에서는 고난에 처했을 때 하나님의 소명을 받은 예언자 아모스(Amos)는 "세상에는 살찐 암소와 같은 자들이 있어 빈약한 자를 학대하며 궁핍한 자들을 압제하고 있다."고 경고하였다(아모스 4:1). 이사야(Isaiah) 선지자는 여호와를 경외함으로써 즐거움을 삼고 공의(公儀)로 빈핍(貧乏)한 자를 심판하고 정직으로 세상에 겸손한 자를 판단하여야 한다고 호소하였던 것(이사야 11:4)은 당시의 사회상을 반영한 것이라고 볼 수 있다.

그러나 유태인의 풍습을 살펴보면 소유자들은 무산자들에 대하여 양보하는 것을 하나의 미풍으로 생각하여 빈곤한 사람과 고아, 과부, 이방인에 대하여 불쌍히 여겼고, 은혜적인 구제를 그들의 의무로 알았으며 차금(借金)에 의한 노예의 석방과 이웃의 전답에서 곡식의 이삭을 채취하여 공복(空腹)을 채우는 것을 허락하였다. 그리고 떨어뜨린 곡식다발과 땅에 떨어진 이삭과 수확하다가 전원의 한쪽 부분을 무산자들을 위하여 남겨 두었다.

이와 같은 이스라엘의 사회적 배경, 자선사상과 자선시설은 구약성서에 있는 모세(Moses)의 율법(律法)과 예언자의 기록에서 찾을 수 있다. 모세의 율법은 첫째, 인간이 신에 대한 의무이며 둘째, 인간과 인간 사이의 관계 즉, 이웃이나 동포에 대한 의무를 규정하고 있었다. 자비를 베풀어 인간을 구제하는 것과 같이 인간은 신을 사랑하는 것을 실증하지 않으면 안 된다는 사상이다. 당시에는 종교와 율법은 하나였으며, 그것을 지키는 것이 신성한 의무로 규정되어 있었다. 따라서 이스라엘의 복지관은 이와 같은 종교적 신앙심에 바탕을 두고 종교적인 인과응보(因果應報) 사상으로 인간에게 자선할 것을 가르치고 있다.

그리고 후기의 예언자 시대에 이르러서는 일반의 빈곤상태가 현저하게 되어 이사야 서, 느헤미야 서 등에는 "너희들 중에 절대로 빈곤자를 생기게 하여서는 아니 된다. 너희들의 나라에 있어서 궁핍하고 빈곤한 형제를 위하여 너희들의 손을 펼 것을 명하노라. 굶주린 자들에게는 너희들이 가지고 있는 빵을 떼어주어라. 기박한 운명으로 팔자가 좋지 못한 자가 있으면 너희들의 집에 데려 오

라. 헐벗은 사람을 보면 의복을 주어라. 너희들은 너희들의 동포의 손으로부터 무슨 물건이든 빼앗지 말지어다."라고 기록되어 있다. 그리고 신약시대에 이르러서는 이와 같은 사실을 집약하여 "네 이웃을 네 몸과 같이 사랑하라."고 하는 가장 고귀한 명령이 있다(지윤, 1985).

모세의 율법이 이와 같이 정신적 기초 위에서 발전함에 따라 결국 빈민의 보호는 신의(神意)에 부합되는 당연한 것으로 되었으며, 또한 죄장소멸(罪障消滅)의 수단으로 간주하게 되었던 것이다. 이 죄장소멸의 사상이 후년에 기독교 교회에 전달되어 마치 물은 타는 불을 끄는 것과 같이 구제는 죄과를 소멸시키는 것이라고 설명하고 있다.

이와 같은 신앙에 기초하여 고대 이스라엘의 자선시설은 과부, 고아, 노인, 나그네, 일용노동자, 무산자 등 광범한 대상자를 보호하였으며, 그 시대가 농경사회였기 때문에 주로 농업적 방법에 의하여 행하여지고 있었다. 또한 구제는 개인적 성질의 것이었으나 빈민계급의 발생을 방지하는 적극적인 면도 적지 않았던 것이다.

Section 3 로마의 구제관과 구제사업

1. 로마의 정치 · 경제체제

독립국으로서의 고대 로마는 기원 전 5세기 경에 시작되었다. 고대 로마는 도시국가로서 그리스인과 같이 다신교를 신봉하고 있었다. 로마의 인구는 이주민과 정복된 자들에 의하여 증가되었으나 이들의 새로운 국민들은 구 씨족 내지 종족들과 차별대우를 받고 있었다. 개인적으로는 토지를 소유하며 납세의무도 지고 있었으나 족장회의(comitia curiata) 출석은 배제되었으며, 또한 새로 정복된 영토의 분배에도 참여하지 못하였다. 이들은 반자유민(plebeians)들이 되어 권력상으로는 불평등하였기 때문에 자유와 권력을 요구하였다. 이와 같이 당시 로마의 계급은 자유민과 반자유민으로 나누어졌다.

로마의 중요 산업은 농업이었으며 여러 나라에 곡물을 수출하고 그 대가로 공업제품을 수입하고 있었으나, 계속된 전쟁으로 인하여 농민들은 농사를 짓지 못하고 농지를 내버려두게 되었다. 그리하여 다수의 빈궁한 자유농민을 발생시키게 되어 결국 그들은 노예로 전락되기도 했고, 한편으로 귀족들은 부채를 갚지 못하는 자유농민들의 토지를 수탈하여 대토지를 병합 · 소유하는 결과로 전개되어 더 많은 자유농민들은 토지를 빼앗기고 부채로 고민하는 빈민계급으로 전락되어 생활유지가 불가능하게 되었다.

그리하여 로마는 기원 전 486년 제1회 농지법을 발표하였으나 성과를 거두지 못한 채 평민들은 점점 빈곤화되고 노예들은 날이 갈수록 증가하였다. 기원 전 451년에 제정된 12동판법(The Code of the Twelve Tables)에 따라 프롤레타리아트(proletariate)에 대하여는 곡물의 무료공급(요구호자의 조직적인 식물 공급) 그리고 은사금(恩賜金)에 의한 아동의 급식이 행하여지기도 했으나 노예에 대해서는 아무런 자조의 길이 열려 있지 않았다(지윤, 1985). 빈민들은 도시로 몰려들게 되어 도시화현상이 나타나기 시작하였다.

2. 로마의 구제사업

세월이 흐름에 따라 평민들이 점점 요구호대상자 (걸인 및 노예)로 전락하였다. 로마의 호민관으로 유명했던 그라커스(T. Grachus, BC. 163~133년)는 당시의 사회환경을 개선하기 위하여 개인의 사유재산을 제한하여 누구도 500Morgan(약 130정보) 이상의 토지를 소유하지 못하게 하는 것과 일정 수 이상의 가축 사육도 제한할 것을 규정하여 벌족(閥族)의 횡포를 방지하려고 노력하였으며, 그의 아우 그라커스(C. Grachus)도 호민관에 선임되어 형의 뜻을 계승하여 개혁을 단행하여 토지법에 의한 빈민의 구제와 곡물의 염매 등을 실행하였으나 영주(황족)의 반대로 토지법에 의한 빈민의 구제는 소기의 목적을 달성하지 못하였다. 그러나 곡물의 염매 등의 실행은 후일 이로 인하여 조직적인 로마 구빈사업의 효시가 되었다(권오구, 2000).

호민관 그라커스의 활동으로서는 시민에게 로마산 소맥을 시가보다 저렴하게 공급하였으며, 나중에는 일정한 양의 소맥을 무상으로 시민에게 분배하였다. 호민관 그리커스 형제의 경제적, 사회적 개혁 내용은 첫째, 한 사람이 가지는 토지의 크기를 제한. 둘째, 토지를 잃은 농민들을 해외의 농업식민지나 그전에 농업자본가에게 대여되었던 이탈리아의 국유지에 이주시키는 것. 셋째, 로마시의 빈민들이 소매 시세보다 아주 싼 가격으로 곡식을 사게 함으로써 구호를 받도록 하는 것이었다. 그러나 이로 인하여 빈궁한 사람들은 각지로부터 도시에 집중하게 되었고, 곡물의 분배를 위하여 국가의 경비는 기원 전 75년에 117만 마르크이었으나 기원 전 46년에는 1,350만 마르크에 달하였다. 그리하여 로마 정부는 곡물의 분배를 제한하게 되었고, 시저(Ceasar, BC. 100 ~ 44년)는 곡물 수매자의 수를 32만 명으로부터 15만 명으로 감소시킨 일이 있었다. 그리고 곡물 외에 간장류, 소금, 육류 등도 분배하였고, 후에는 의복도 분배하였으며, 아루렐리안(Aurelian)제왕 이후에는 빵도 분배되었다고 한다(지윤, 1985).

이와 같이 최초에는 민심을 수습하기 위하여 실행한 곡물 분배가 제정 로마시대(AD. 15세기)에는 조직적인 구빈사업이 되었으며, 최초에는 빈곤 여하를 불문하고 분배하였으나 후에는 등록된 빈민에게만 분배하였다. 이 제도는 왕의 즉위, 경사 등 국가의 특정한 기회가 있을 때 은사금에 의하여 보충되었으며, 빈민들은 점차 확실하게 이 제도를 신뢰하게 되었다. 그리고 빈곤의 증대로 인한 아동의 보호는 최초에는 사적인 자선을 행하였지만, 후에는 은사금에 의하여 시민의 자녀들에 대한 특별한 시설이 설치되어 3세기까지 계속되었다. 이것은 소위 공공부조에 의한 자선사업의 성격을 띠고 있었다(권오구, 2000).

이밖에도 로마에는 병자에 대한 상담소, 요양소, 병자를 수용하는 시설이 설치되었다. 그리고 병든 노예를 위하여 시료원(施療院)도 있었으며, 각 지방에 빈민을 치료하는 순회의(巡廻醫)제도도 운영되었다.

이 때 설립된 자선사업 시설로서 크세노도치움(xenodochium)은 콘스탄티누스 황제 때 설립되었는데, 처음에는 여행자나 외국인을 위한 숙박소였으나 신도가 증가되고, 시대의 요구에 따라 단순히 여행자숙박소의 용도뿐만 아니라 구호를 필요로 하는 모든 사람들 즉, 고아, 과부, 노인, 병자 그리고 빈민을 수용하는 시설로 바뀌었고 이것이 후일 구빈원의 전신이 되었다. 브레포트로품(brephotrophium)은 기독교 교회에서 설치한 시설로서 당시 버림받았던 영아를 수용 양육하는 육아원의 기능을 담당했다. 오르퍼노트리피움(orphanotriphium)은 오늘날의 양호시설에 해당되며, 제론토코니움(gerontoconium)은 양로시설이었다(지윤, 1985).

Section 4 기독교의 자선사상

1. 기독교의 교리

고대 로마인은 그리스인과 마찬가지로 다신교를 신봉하고 있었으나 영토가 해외로 확장됨에 따라 영토 내에 여러 종교가 존재하고 있었기 때문에 이것을 통일할 필요가 있었다. 이 때에 예수 그리스도(Jesus Christ)가 탄생하였다. 그는 유태교를 기초로 하여 유일신을 신봉하는 기독교를 확립하였다. 초기 기독교는 당시 로마의 사회조직과는 상치되었기 때문에 박해를 받았으나 타 면으로는 예수의 인격의 고결(高潔), 교리의 보편성, 정치적 오해의 해소, 숙열(熟烈)한 신앙 등에 의하여 점차 번성하게 되자 콘스탄티누스(Constantinus) 황제는 313년에 소위 밀라노(Milano)칙령을 발표하여 기독교를 공인하였으며, 데오도시우스(Theodosius) 대제는 392년에 기독교를 로마의 국교로 선포하고 전국민으로 하여금 신봉할 것을 명하였다. 이를 계기로 기독교는 유럽 문화의 기조를 이루게 되었다.

기독교와 사회복지의 관계의 시작은 회당에서 가르치고 하늘나라 복음을 선포하시며, 병자와 근심 걱정하는 사람들을 모두 고쳐주신(마태복음 4:25) 예수 그리스도의 첫 번 전도운동에서 찾을 수 있다.

구약성서의 사회복지 정신은 위로는 하나님을 사랑하고 아래로는 이웃을 사랑하라는 모세율법에 기초하고 있다. 구약성서는 유태인의 율법 즉, 유태인으로 하여금 자기가 그 신앙에 가입하고 있음을, 여호와를 택함으로써 자기에게 과해진 책무와 기율(紀律)을 자각하도록 또 자각하고 있도록 하는 종교적 관행들을 자세히 기록하고 있다. 구약의 모세율법은 신약에 와서 예수 그리스도의 "네 이웃을 네 몸같이 사랑하라."는 명령을 승화시켜 더욱 구체적으로 나타나기 시작했다. 구약성서의 중심 사상을 기초로 할 때 구약의 빈민구제관은 첫째, 인간을 빈곤으로부터 해방시킴으로써 경제적 약자를 보호하려는 사상이다. 경제적 보호자가 없는 고아, 과부, 이혼자, 노예, 극빈자에게 도움을 베푸는 것은 이집트로부터 해방의 사건을 현실화하는 것이다. 둘째, 경제적 평등배분 사상을 엿볼 수 있다. 이것은 자비나 동정을 베푸는 정도를 넘어 개인의 재산을 궁핍한 사람들을 위해서 나누어 주는 분배행위를 말한다. 이 분배행위는 구체적으로 '십일조(十一條)'에서 찾을 수 있다.

기독교 교리에 의하면 "두 벌의 옷을 가진 자는 나누어 주어라. 식물(食物)을 가진 자도 또한 그렇게 하라. 모든 구하는 자에게 나누어 주라. 사랑을 가지고 서로 섬기라. 자기의 몸과 같이 네 이웃을 사랑하라. 그리고 주는 자는 복이 있도다."하여 물질적 부귀는 정신적 부귀에 비하여 가치가 적으며, 이 세상의 물건을 주는 것은 정신적으로 보다 더 큰 것을 받는 것이라고 하였다.

2. 기독교 자선사상

인간에 대한 자선은 신에게 대신하는 것으로 인식되어 신에게 자신이 구제받는 일은 바로 인간 즉, 고통받는 사람에게 베푸는 교리에 의해 인간을 돕는 것으로 변하였고, 이것이 자선사업의 동기가 되었다.

다른 면으로는 죄장소멸의 목적을 위하여 구제를 행한다고 하는 사상 외에 시여는 종교적 의식의 의미에 있어서 신에 대한 희생을 의미하는 사상으로서, 이는 초대교회의 교부(敎父)들의 사상 중에도 나타나고 있다(권오구, 2000). 오리게네스(Origenes)는 빈곤자에게 음식을 주기 위하여 단식하는 자는 행복하다고 주장하였으며, 사도들의 교의도 또한 구제할 물질이 없는 자가 있으면 단식하여 그 날의 음식을 성도를 위하여 사용하라고 교훈하였다. 당시에는 교회의 수가 적었을 뿐만 아니라 신도간에 서로 잘 알고 있었기 때문에 형식적 구제사업은 필요하지 않았다.

기독교가 공인된 이래 교회 수의 증가와 부의 증가에 따라 교회들은 빈곤자의 구제가 더욱 더 필요하다는 것을 인식하게 되었다. 가장 열심히 구제를 주장한 사람은 콘스탄티노플의 대사교인 크리소스토모스(Chrysostomos)였다. 크리소스토모스 대사교는 그의 설교 중에서 죄악소멸(罪惡消滅)의 다섯 가지의 방법으로 (1) 회개(참회). (2) 타인에 대한 관용(용서). (3) 구제. (4) 기도. (5) 단식 등을 제시하였다(지윤, 1985). 구제의 행위 및 성실한 행위에 의하여 죄악은 깨끗

이 씻어지는 것이다. 이러한 기독교의 교리는 교리상의 문제는 있었지만 구제사업을 유도한 매개가 되었다고 볼 수 있다.

이와 같은 사실을 통해 볼 때 기독교의 카리타스(caritas : 愛德)에서 기독교의 자선사상의 본질을 찾을 수 있으며, 이것은 서양 복지 사상의 중심이다. 가톨릭에서는 "모든 사람은 하나님의 모습으로 만들어졌으니(Image of God) 서로 사랑하라." 즉, 너 자신과 이웃이 모두 하나님의 모습을 닮은 사람이기 때문에 서로 사랑하며 더욱 더 천주의 모습을 닮도록 노력하라고 강조하였다. 그러므로 모든 인간은 하나님 앞에서는 평등하며, 존엄한 인격을 가졌고, 따라서 정신적, 신체적, 물질적으로 인간답게 살 권리를 가졌다고 봄으로써 "너의 이웃을 너 자신과 같이 사랑하라."고 하였다.

카리타스의 근본 원리는 정의에 입각한 질서에 있으며, 이 정의 의무를 게을리하면 사랑과 정의간에 혼동이 일어난다고 경계하였으며, 그것이 결여되면 감성적인 사랑에 빠진다고 하였다. 카리타스는 세다카(sedākāh)와 아가페(agape)를 뜻하는 신의 정의의 요구에 바탕을 둔 이웃사랑이며, 자연적인 인인애(隣人愛)라든가 인간애적인 에로스(eros)와 구분된다. 따라서 카리타스는 역사적인 구빈사업이나 혹은 인류 공통의 상호부조 본능이라든가 인도주의적인 행위와는 이질적인 사상이라고 할 수 있다.

아퀴나스(Aquinas)는 카리타스를 영원한 지복(至福)을 함께 하는 마음에 바탕을 둔 인간의 신에 대한 일종의 우애라고 보고, 신에 있어서의 지복이라는 선은 모든 지복의 보편적인 원천으로 보았으며 다른 이성적인 존재는 이 신적 지복을 각각 그에 고유한 방법으로 분유(分有)하게 됨으로써 가지는 지복이라고 하였다. 그는 시여(施與)를 다음과 같이 개념 규정하였다. 즉, 신을 경애하기 때문에 동정하여 가난한 사람에게 무엇을 주는 행위이다. 이웃을 사랑하는 마음은 명령이며 시여가 명령사항이기 때문에 바른 이성에 합치되어야 한다고 하여 시여를 단순한 동정심이 아니라 이성적이어야 한다고 강조하였다.

그 후 비베스(Vives)의 구빈론은 근세 이후의 구빈사상에 커다란 영향을 주었으며, 영국 구빈법에 새로운 정신을 불어 넣었다. 비베스는 구빈정신을 자비야말로 우리들이 모든 것을 함께 생각할 수 있는 척도이며 이 자비심에 의하여 누구도 타인의 가난을 자신의 가난에 못지 않게 배려하게 될 것이다. 자비심에 의하여 시민의 평화와 조화를 증진하며, 도시는 그 영예(榮譽)를 과시할 수 있다고 주장하였다. 그리고 위정자(爲政者)의 책임으로서 사람은 상호부조할 것이며 누구나 억압되지 않으며 또 누구도 부당한 손해를 보아서 고통받지 않으며 강자는 약자의 편에 서며 나날이 자비를 더하여 시민간의 교제와 집회에 협조하도록 노력할 것을 주장하였다(장훈, 1984).

기독교 정신은 인류에 대한 사랑과 약자에 대한 베풂의 정신이다. 이와 같은 기독교 교의와 관련된 기독교 자선사상은 수난시대에 신도간의 동류(同類)의식과 공속(共屬)의 감정을 표현하는 상호부조 사상, 신망애(信望愛)의 실천사상 그리고 부유한 사람이 가난한 사람에게 시혜를 하면 죄를 면할 수 있다는 죄장소멸 사상으로 대표된다.

Section 5 불교의 자비사상

불교가 추구하는 궁극의 목표는 고(苦)로부터의 해탈(解脫)이다. 즉, 인간의 자유의지를 제약하는 모든 번뇌의 속박으로부터 벗어나 열반(涅槃)에 도달함으로써 자유롭고 평화로운 존재가 되고자 하는 것이다. 이것은 불교가 복지를 추구하는 독자적인 방식이라고 할 수 있다.

불교 경전에 언급되어 있는 사회복지관련 내용을 살펴보면 다음과 같다.

첫째, 보시(布施)사상으로 보시는 자비심에서 나오는 행위로서, 빈궁자에게 음식이나 생활용품 등을 제공하는 것, 올바른 지혜와 두려움을 없애주는 정신적 안정이나 신앙심을 확립해주는 것, 환자를 수용하고 음식과 약을 제공하는 것 등 당시 생활상에 맞는 필요한 것들을 제시하고 있다.

둘째, 복전(福田)사상으로 복전은 보시를 하면 복을 생(生)하게 된다는 의미로서, 불교의 기본 사상인 자선을 행하는 자비심과 복을 만든다는 복전사상에 바탕을 두고 빈곤한 백성이나 행여자에게 시식, 구호 등의 진휼을 실시하는 것으로 보시사상과 밀접하게 연관되어 있다. 불교적인 복지 사상이 동양사회의 자선에 크게 기여한 것으로 복전사상을 들 수 있다. 그런데 이 복전에는 여러 종류가 있는데, 그 중에서 특히 복지사상과 관계가 깊고 유명한 것이 팔복전(八福田)이다(장훈, 1984).

셋째, 자비(慈悲)사상으로 불교정신의 모태로서 불교적 실천의 핵심이자 다른 사상들의 근원이다. 대자(大慈)는 일체 중생에게 즐거움을 주는 것이고, 대비(大悲)는 일체 중생에게 고를 없애주는 것을 의미한다. 불교사상의 특징은 자비이며, 따라서 그 복지 이념도 자비를 중심으로 하고 있다. 이와 같은 자비의 실천은 강자가 약자를 도와주는 행동 즉, 인격적인 우열(優劣), 상하 등의 관념에서 행하여지는 행동이 아니라 대자비(大慈悲)라는 절대적인 가치 추구임을 뜻한다. 다시 말하면 타인을 자기 속에 전향(轉向)시키는 것이며, 자타불이(自他不二)의 평등성이 기본적인 특징이다.

자비사상은 불교정신의 모태로서 불교적 실천의 핵심이자 다른 사상들의 근원이다. 자비로부터 도출되는 사회관으로서는 연기(緣起), 협동, 유대 등이 있으며, 인간관으로서는 절대평등의 자타불이 사상이다(장훈, 1984).

불교사회복지는 이념의 전제로서 불교에서 보는 인간관은 첫째, 모든 중생은 불성을 가지고 있다는 점과 둘째, 무상관(無常觀)과 상호의존의 무아관(無我觀)이 기점이다. 따라서 불교에서는 인간관계를 부분적이며, 상호의존적이며 일시적인 존재로서 보기 때문에 공동생활을 영위할 때는 언제나 서로가 자타(自他)의 가치를 인정하고, 봉사하는 가운데 인격의 완성 즉, 성불도중생(成佛度衆生)을 꾀하여야 한다고 보고 있다.

따라서 자비와 복지의 관계는 다음과 같이 설명할 수 있을 것이다. 사람들은 모두 자신을 가장 사랑하며 또 자기의 개성을 잘 알고 있다. 그런데 개성을 이해하고자 하는 사람은 무한한 마음을 알아야 할 것이다. 여기서 무한한 마음을 알려면 사랑을 알아야 한다. 사랑이란 창조이며, 창조는 대상을 통해서 자기를 발견하는 것이다. 사랑하는 사람은 자신을 부정하고 대상을 통해서 자기를 살린다. 즉, 대상을 통해서 자기를 살린다는 뜻은 자비심을 말한다. 자비심이란 것은 친소(親疎)나 차별심(差別心)을 초월해서 모든 중생이면 누구나 가지고 있는 불성(佛性)이다 <일체중생실유불성(一切衆生悉有佛性)>. 그와 같은 자비심은 모든 사람에게 보편화되이 있기 때문에 거기에는 주체와 대상의 구별이 없다.

이와 같은 불교의 복지관이 구체화될 때는 방대한 교리가 동원된다. 그것은 우선 보시이다. 대승보살행(大乘菩薩行)이라 함은 절대이타행(絶對利他行)인데, 대승불교도들의 기본적인 실천덕목으로서는 육바라밀(六波羅蜜)이 바로 보살행(菩薩行)이다. 그것은 보시(布施), 지계(持戒), 인욕(忍辱), 정진(精進), 선정(禪定), 지혜(智慧)인데, 그 중에서도 보시를 제일의 행도덕목(行道德目)으로 삼고 있다. 그런데 보시에는 법보(法布), 무외보(無畏布), 재보(財布)가 있는데, 앞의 두 가지는 정신적인 안정과 신앙을 시여하는 것으로서 모든 복지이타 이념의 발로라고 할 수 있다.

이와 같이 불교의 사상적 근원으로 볼 때 인간구제의 종교로서 사회복지가 의미하는 기본적인 이념을 포괄하고 있다고 볼 수 있다. 불교는 고의 속박에서 해탈케 하는데 목적이 있는 반면, 사회복지는 인간이 처한 상황이나 생활상의 문제를 해결함으로써 행복을 도모하는데 목적이 있다. 즉, 불교는 개인과 사회

나아가 세상 만물을 위해 자비와 공덕을 베풀어서 인간사회의 아픔을 치료하고 행복과 평화를 나누고자 하는 것으로서, 현대 사회복지 이념보다 더 포괄적이고 차원 높은 입장을 취하고 있다. 불교와 사회복지의 공통점은 인간과 인간이 처한 현실의 문제를 해결하려고 하는 점이다.

불교는 그 교리가 중국을 거쳐 차례로 고구려, 백제, 신라에 전래되었다. 당시의 불교는 국가권력과 결부되어 국교화(國敎化)됨으로써 순수성을 잃기도 했으나 한편으로 토착적인 민중불교로 정착되었다. 이러한 불교복지 사상은 삼국시대와 고려시대를 거쳐 크게 발전하여 불교사회복지의 전성기를 이루기도 했으며, 오늘날에 이르기까지 우리나라 불교사회복지의 전통으로 이어지고 있다.

Section 6 유교의 자혜사상

고대부터 중세 말까지 우리나라와 중국 및 일본 등 동양 3국에 있어서의 구제사상의 효시는 유교의 자혜사상에서 비롯되었다. 왜냐하면 이들 3국은 국가 형성 초기부터 유교의 정치철학으로서 나라를 다스렸기 때문이다.

유교의 정치 및 구제에 관한 사상을 살펴보면 다음과 같다. 「주역(周易)」에서 천지의 위대한 덕은 만물을 생성화육(生成化育)하는 것이며, 성인의 가장 소중한 보배는 천자(天子)의 위(位)인데 성인은 어떻게 하면 천자의 위를 지키며, 또 그것을 잃지 않을 수 있느냐하면 인애(仁愛)의 덕으로써 만인을 사랑하고 베풀 때 그의 지위를 지킬 수 있다고 하였다(周易 繫辭篇).

그리고 고대 중국의 정치 법률의 근본 원리를 기자(箕子)는 「홍범(洪範)」 편에서 나라의 근본은 민(民)이며, 민의 행복이 정치와 법률의 본의라고 보았다. 즉, 홍범 중에서 나라 정치를 위해서 여덟 가지 중요 사항을 제시하고 있는데, 그 첫째를 식(食)이라 하여 사람은 생활이 곤궁하면 아무 일도 할 수 없으니 위정자는 민의 생활안정에 가장 힘을 기울여야 한다고 하였다. 그리고 사람의 본성은 행복을 바라며 불행을 기피하는 것이므로 위정자는 민의 오행(五幸: 壽, 富, 康寧, 攸好德, 考終命)을 갖추고 행복한 생활을 하도록 이끌어 주어야 하며, 또 여섯 가지의 불행(六極)에는 변사・요절(凶短折), 질(疾), 우(憂), 빈(貧), 악(惡), 약(弱))이 있는데, 이러한 유형의 불행한 사람이 많아지면 개인이나 가정이나 국가는 번영하지 못하므로 왕은 이러한 여섯 가지를 명심하여 민이 그와 같은 불행을 당하지 않도록 노력하라고 경계하였다.

이와 같은 고대 중국의 정치사상을 공자(孔子)는 집대성하여 유교를 만들었는데, 이 유교는 종교가 아니라 사람으로서 지켜야 할 도리 즉, 윤리(倫理)이며 그것이 정치와 결합하여 덕치 및 구제사상을 발전시켰다. 유교적 자혜사상의 기점은 인(仁)이다. 인이란 사람을 사랑하는 것, 널리 민에게 베풀고 민을 구제하는 것, 또 소극적인 것으로는 자기가 하고 싶지 않은 일은 남에게도 시키지 말 것이며, 적극적인 뜻으로는 자기가 서고 싶으면 남도 세워 주고, 자기가 어떤 목적을 이루고 싶으면 남도 이루어지도록 해주는 것이라고 하여 자기를 척도로 삼아 남을 헤아리는 동정의 도리 즉, 혈구지도(絜矩之道)를 인의 실천방법이라고 하였다. 공자의 이와 같은 사상은 정치와 결부되었을 때 덕치(德治)주의로 나타났다. 덕치주의라 함은 법치주의에 대립되는 것으로서 도덕에 의하여 인민을 교화시키고 예(禮)에 따른 생활을 시키려는 일종의 철인정치(哲人政治)이다. 따라서 공자의 최고의 이상정치 사상(理想政治思想)은 대동사상(大同思想)이라고 할 수 있다.

이와 같은 유교의 정치철학으로부터 유교적인 자혜사상이 나왔으며, 그것은 윤리 도덕적인 성격이 있는 점에서 불교나 기독교의 종교적인 자선사상과 다르다. 이 사상이 동양 3국인에게 미친 범위는 매우 넓고 깊었으며, 봉건지배자로부터 민간의 독지가에 이르기까지 장대(壯大)한 자혜활동 전개의 근원이 되었다.

유교는 궁민구제의 절대적 실시를 주장하여 정치상의 이론으로는 요순우탕(堯舜禹湯)의 혜애안민(惠愛安民)의 인정(仁政)으로써 나라를 다스리는 근본을 삼고, 실천에 있어서는 구황(救荒), 보식(保食) 등 구휼행정체계를 완성하여 역조(歷朝)를 실시하였던 것이다.

주(周)의 행정제도의 대강이 실린 「주례(周禮)」의 지관대사도지직(地官大司徒之職) 편에 보면 황정요목 12개 조에 "(1) 창고를 열어 곡종과 양식을 대여한다. (2) 조세(租稅)를 경감한다. (3) 형벌을 감면한다. (4) 부역을 쉰다. (5) 사냥의 금함을 해제한다. (6) 관세를 약(略)하여 백성이 쉽게 이전할 수 있게 한다. (7) 길례(吉禮)를 약한다. (8) 흉례를 약한다. (9) 악곡(樂曲)을 금한다. (10) 혼인을 장려한다. (11) 폐사(廢祀)를 구하여 제사를 지내고 백성의 복을 기원한다. (12) 도적을 막는다." 라는 내용이 있다.

이 밖에 대흉년이나 대역질(大疫疾)을 당했을 때에는 이민(移民), 통재(通財)하여 구제할 것을 규정했고, 또 보식에는 여섯 가지가 있어 만민을 돌보게 하였으니 이것을 (1) 자유(慈幼). (2) 양로(養老). (3) 진궁(賑窮). (4) 휼민(恤民). (5) 관질(寬疾). (6) 안부(安富)라 하였다. 이것은 천재지변 등이 돌발하였을 때나 비상시에 구호에 처하는 황정(荒政) 즉, 구황의 정치와 평상 시에 구빈·방빈에 해당하는 사회행정인 보식의 정치를 확립한 것이다(권오구, 2000).

「주례」에는 휼구(恤救)에 유루(遺漏)가 없게 하기 위하여 천재의 질환, 노고(老孤), 빈객(賓客), 행려인 또는 흉황년의 한기(旱飢)에 대비하는 저축의 조치와 만민의 식생활을 평균하게 장리(掌理)하고, 징집과 부역을 균등하게 하는 조치 등도 마련되어 있다. 휼형행정에 관하여는 사형 또는 완형(緩刑)의 절차로서 삼신(三訊), 삼유(三宥), 삼사(三赦) 등의 법을 만들어 후세에 이어가도록 형사정책의 이상을 수립하였다.

한(漢) 초의 「예기(禮記)」에 의하면 고(孤: 少而 無父子), 독(獨: 老而 無子者), 환(鰥: 老而 無妻者), 과(寡: 老而 無夫者)를 곤궁하여 어디 호소할 곳 없는 불쌍한 백성(天民之 窮而 無告者)이라 하여 이들에게 희(餼)라고 칭하는 일정의 식료를 공급하고, 아(啞: 벙어리), 농(聾: 귀머거리), 파(跛: 한쪽 다리 지체), 벽(躄: 양쪽 다리 지체), 단자(斷者: 지체 절단자), 주유(侏儒: 난쟁이), 백공(百工: 각종 세공인)에게는 각각 재능, 기술에 따라 직업을 주어 그에 따른 보수를 주었다. 「예기」에는 이 밖에도 질병을 양(養)치 않고 노유고독(老幼孤獨)이 안식처를 얻지 못하는 일을 대란에의 길이라 하여 크게 경계하였다. 그리고 노인을 공경하고 어린이를 사랑하는 것을 다스리는 자의 다섯 가지 덕목 중의 둘로 삼았다(권오구, 2000).

유교의 경전인 「중용」,「논어」,「맹자」에서도 모두 수신(修身), 수도(修道), 너그러움과 은혜로움, 환과고독에게 인정을 베푸는 일이 정치의 요체(要諦)라고 주장하고 있어 모두 인정을 정치의 근본으로 삼고, 궁한 백성구제를 치국의 요체로 삼았던 것을 알 수 있다.

유교의 이상은 유사 이래 현대에 이르기까지 일관되게 중국과 우리나라의 사회 일반의 인심을 지배하였고, 역사상 소위 순리자(順理者)는 성하고, 배반자(背反者)는 쇠한 실례는 많이 찾아 볼 수 있다. 이러한 사상의 영향을 받아 중국 또는 우리나라의 궁민구제사업은 각 시대를 통하여 치자(治者)가 가장 치력(致力)한 사업이었다.

이와 같이 유교의 궁민구조 사상은 인의(仁義)로 요약되는데, 인은 소위 불인인지심(不忍人之心), 측은지심(惻隱之心)으로서 사업의 이상이요, 의는 그의 정당한 실현을 의미하는 것이다.

연역적으로 살펴볼 때 자선·구제사상은 근대의 복지 및 생존권 사상의 원류라고 할 수 있다. 동양 3국의 경우에는 생존권 사상이 성립되기 이전부터 이러한 사상이 있었고 현대에도 커다란 영향을 미치고 있는데, 그것은 유교의 자혜사상과 불교의 자선사상이며, 서양의 경우에는 기독교의 카리타스라 할 수 있다. 이들 3대 사상은 각각 방대한 교리와 이론이 있었으며 그것이 바탕이 되어서 자혜활동과 자선활동이 계속되었다.

동양에서는 불교의 자선사상(慈善思想)과 유교의 덕치(德治) 및 자혜사상(慈惠思想)이 고대와 중세의 인간구제 사상의 원류라고 한다면, 서양의 경우에는 기독교의 사상인 사랑 즉, 애덕으로 대표된다.

PART

02

서양 사회복지의 발달과정

Chapter 3 중세의 구빈제도

서양의 중세는 고대 그리스, 로마시대와 근대 르네상스와의 중간시대 즉, 5세기 말부터 봉건사회가 해체되는 15세기까지를 말한다. 중세의 초기를 암흑시대라고 부르는 것은 그 이전의 고전문화의 성행과 나중의 회복 내지 부흥 사이의 독특한 중단이 있었기 때문이다. 또한 기독교가 유럽을 지배한 시기이기도 하다. '중세' 또는 '중세기적'이라는 말은 16세기의 르네상스와 종교개혁 이후의 학자나 문필가들이 지니고 있던 태도에서 생긴 것이다. 근세는 중세로부터 발전하였으며 중세의 경제 및 정치생활의 여러 면과 중세 사상의 일부는 근세의 준비기라고 볼 수 있다.

사회복지발달사에 있어서 서양의 중세는 매우 중요한 위치를 차지하고 있으며, 중세의 사회복지제도와 활동들은 근세 사회복지제도의 생성 배경으로서 그 가교역할을 충분히 수행해 왔다.

Section 1 중세 사회체제와 사상

1. 중세의 사회체제

고대 그리스, 로마시대는 노예제 사회를 형성하였으나 노예제 사회가 체제적 위기를 드러내면서 농노제 사회로 촉진되었다. 계속적으로 발생하는 노예들의 봉기와 게르만족의 침입은 결국 노예제 사회를 완전히 해체시키고 이에 대신하여 봉건제 사회인 농노제 사회가 확고히 자리를 잡게 되었다.

중세에서도 노예제도는 유지되었으나 고대와는 달리 노예에 대한 대우는 매우 인격적이었으며, 봉건제도하에서의 노동력 확보를 위해 노예 및 봉건제도가 병존하였다. 봉건제 사회의 기초는 봉건적 토지에 기반을 둔 정태적 사회였다. 봉건지주들은 생산수단인 토지를 소유하였고, 그들은 이 토지를 농노들에게 경작시켰다. 농노들은 당시 사회의 모든 제도가 봉건제라는 사회질서 속에서 자신들이 매몰되어 주어진 신분의 제한 속에서만 자유로울 수가 있었다.

이 시대에서는 인간은 누구나 태어나면서부터 어떤 특정적인 신분을 가지고 탄생한다는 관념이 지배하였고, 개인은 각기 주어진 신분에 따라 책임과 권리가 부여된다고 믿었다. 특히 하층계급에게는 엄격한 신분적 윤리가 요구되었고, 농노는 영주의 토지에 얽매여 노동의 대가로서 최소한도의 생존권이 유지되는 것을 당연한 것으로 여겼다. 농노들은 노예들보다는 자유로웠지만, 봉건지주들은 농노들에 대한 정치적, 경제적 권리를 소유하고 있었다.

이처럼 신분계급을 중심으로 형성된 중세 봉건사회는 표면상으로는 안정을 취한 것 같으나 그 속에서는 봉건영주와 농노와의 대립 즉, 자유를 갈구하고 신분해방을 추구하는 투쟁이 줄기차게 계속되고 있었다. 이러한 투쟁은 농노만이 아니라 상공업자들도 마찬가지였다.

봉선제 사회에서는 자연경제가 원칙적인 것이었다. 자급자족적 자연경제체제인 중세 봉건사회의 초기에는 상공업이 발전할 수 없었다. 그러나 봉건사회 중기에 이르면서 생산력이 발전하여 농업으로부터 수공업이 분리되기 시작했다. 이에 따라 상품경제가 발전하고 이를 주관하는 상공업자들도 생겨났다. 상공업자들은 중세 봉건사회가 상공업 발전에 제약적인 체제임을 인식하고 이에 반대하면서 봉건영주들과 역시 대립하게 되었다.

이렇게 보면 중세 봉건사회를 움직여 나간 세력들은 봉건영주, 농노, 상공업자들이며, 이들 사이의 대립과 투쟁이 중세사회의 사상과 의식에도 구체화되어 그것이 철학적 이데올로기의 대립으로 나타났다.

2. 중세의 사상

중세기의 봉건제도는 국왕과 영주, 무사 등의 주종관계 그리고 빈번한 전쟁 및 스콜라 철학(Scholasticism) 등에 의하여 특색화되었다(지윤, 1985). 스콜라 철학은 중세기를 대표하는 학문이고 사상이었으며, 중세의 공식 철학은 스콜라 철학으로 알려져 있다. 스콜라 철학들은 약간의 공통점을 지니고 있고 또한 그 전부가 로마교회의 교리가 진리임을 인정하고 있었으나 그들은 형이상학, 인식론 및 윤리학에 있어서 광범한 의견 차이를 보여주고 있었다.

중세의 사상을 대표하고 있는 철학적 이데올로기는 신학주의와 신비주의, 과학주의 등으로 당시의 봉건영주와 농노, 상공업자의 정치적, 경제적, 사회적 입장을 반영하는 철학적 이데올로기였다. 이는 중세의 자연관이나 사회질서를 지배한 사상들인데, 이에 의하면 인간과 자연법칙, 도덕, 운명 등은 신의 섭리 즉, 하나님이 주신 두 가지 법칙의 구성 부분에 불과한 것으로서 그 하나는 중세 초기의 모든 질서는 하나님의 뜻에 따라 주어진 것이라 해석되었고, 다른 하나는 인간의 현세적 모든 생활은 내세(미래)와 관련시킬 때 비로소 의미를 지닐 수 있다는 것이다. 따라서 인간은 하나님이 창조하신 사회질서에 순응하고 융화되어야만 한다는 관념이며, 빈부의 격차가 존재하는 것도 인간의 원죄에 기인하는 당연한 세속질서로 설명되었고, 주어진 운명을 감수해야 한다고 가르쳤다.

중세의 대표적인 철학적 이데올로기인 신학주의, 신비주의, 과학주의에 대해 간단하게 살펴보면 다음과 같다.

첫째, 신학주의(神學主義)이다. 신학주의 사상은 고대 노예제 사회에서 봉건제 사회로 전환하는 과도기인 로마 제정시대의 성 아우구스티누스(St. Augustinus)에 의해 확립되었다고 보는 사상이다. 아우구스티누스에 의해 정립된 중세 신학주의 사상을 요약해보면, 인간이 살고 있는 세계는 그 발생에 있어서나 그 역사에 있어서 신의 전능한 의지의 힘을 나타내고 있을 뿐으로 인간은 단지 먼지와 재같은 존재로서 신의 가련한 피조물의 한 조각에 불과하다. 따라서 인간은 신적 본질과는 다른 존재라는 것이다.

신학주의는 기독교의 억압자이었던 로마제국의 지배자들이 기독교를 국교로 인정하는 것과 때를 맞추어 이 현실에 합당한 이론을 확립하고 중세사회의 봉건적 귀족사회를 사상적으로 준비하였다. 중세사회에서 봉건제가 발달함에 따라 신학주의는 봉건제에 걸맞는 철학적 이데올로기로 성장·발전하였으며, 신학주의는 봉건제와 유착하여 중세사회의 이데올로기적 지주가 되었다.

둘째, 신비주의(神秘主義)이다. 신비주의는 기독교 발전의 초기에서부터 존재해 있었다. 기독교가 중세에 이르러 봉건제와 완전히 유착되면서 원시 기독교의 사상인 평등사상은 퇴색되었다. 신비주의 사상은 농노들과 도시빈민들의 반봉건 사상을 집약하고 있고, 신비주의를 완성한 플로티노스(Plotinos)에 의하면 신인합일(神人合一) 즉, 신과 세계를 통일시키는 관점으로 신이 인간(세계) 안에 내재해 있으며, 인간은 그러한 신성(神性)의 실현을 위해 계속 앞으로 발전해 간다는 것이다. 신학주의에서는 인간이 동물과는 다른 정신적 특성을 갖고 있다는 것은 인정되지만, 인간이 신적 정신을 가질 수 있다는 것은 거부한다. 플로티노스는 서로 대립된 두 개의 다른 존재영역이 있는 것이 아니고 오직 하나의 거대한 존재계열이 있을 뿐이라고 하였다.

신비주의는 이러한 세력을 바탕으로 그 시대의 정신으로 확고히 자리잡은 것은 13세기 말에서부터 14세기에 걸쳐서 였다. 에크하르트(Eckhart)는 인간생활의 목적은 신을 인식하는 데 있으며, 신에 대한 인식은 이성적, 관념적 사고에 의해서가 아니라 초이성적, 신비적 직관에 의하여 이루어지는 것임을 주장했다. 에크하르크의 신비주의는 하층 민중 사이에 넓게 지지층을 형성해 갔고, 루터(Luther)에 의하여 종교개혁의 기반을 준비하게 했다.

셋째, 과학주의이다. 중세의 과학주의는 보편 논쟁의 유명론(唯名論)에서부터 시작되었다. 보편실재론은 정체적인 보수적 세계관의 표현이지만, 유명론은 동적, 진보적, 자유주의적 세계관의 표현으로 중세사회는 단순한 정체사회가 아니라는 것을 입증한다. 중세적 자유주의의 철학적 표현으로서의 유명론은 중세 도시를 중심으로 길드(guild)를 조직한 상공업자의 이익을 옹호하였다.

이와 같은 중세사회의 신 중심 이데올로기의 흐름 속에서 특히 주목되는 것은 당시의 사회에서는 두 개의 큰 힘이 있었다는 점인 데 그 하나는 교회였고, 다른 하나는 봉건사회의 정치 경제체제였다. 그러나 당시의 정치와 경제체제는 성경의 가르침과 교회 법으로부터 강력한 영향을 받고 있었기 때문에 실제적으로 중세 봉건사회를 지배한 것은 종교법이었다고 할 수 있다.

Section 2 중세의 사회제도와 기독교 자선사업

1. 중세의 경제 사회제도

중세 유럽은 토지에 기반을 둔 정태적 사회였고, 봉건적 군신관계에 있었으며, 장원(莊園)의 영주는 대군주, 국왕 또는 황제 밑에 소속되어 있었다. 그러나 중세의 사회구조는 작은 그리고 실제적으로는 독립된 다수집단의 집합체라고 할 수 있다. 특히 9세기에 이르러서 서로마제국의 분열 후 유럽의 정치적 세력은 철저히 지방으로 분할되었다.

지방적 집단의 내부에서는 장원, 교구, 길드 혹은 종교집단들로 형성되어 있었고, 이들 집단의 사람들은 혈연관계가 많았으며, 상호 친밀하게 알고 있었다. 이들은 자기들의 식료품을 조달하고 의복을 만들며 기타 여러 가지 수요를 충족시키는 등 자기들의 생존에 필요한 일체의 활동을 담당해 왔다. 이들이 생산한 일체의 물품은 그 사회에서 소비되어 다른 사회와의 거래는 별로 없었다.

봉건제는 여러 가지 개념으로 규정되고 있으나 구체적으로는 상급 지배권력계층과 하급 피지배계층과의 군신관계로 요약되는 법적 관계와 봉건제의 경제적 기저(基底)를 이루는 영주 대 농노의 관계를 중시하는 경제 사회적 관점이 있다.

1) 장원제도

서양 중세에서 가장 기본적인 사회단위는 영국에서는 매너(manor), 유럽 대륙에서는 피프(fief) 또는 베네피큠(beneficium)이라고 불리고 있었다. 이것은 통상 영주의 소유지가 되는 수백 에이커의 토지로 형성되었다. 영주는 그들의 대군주 또는 국왕에 대하여 일정한 의무를 지고 있었고 영주 밑에는 소작농민이 있었으나 그들은 근대적 의미의 지대(地代)를 지불하지 않았고, 영주가 소유하고 있는 토지에서 영주를 위하여 노동으로 봉사하는 의무를 지고 있었다.

장원이란 자급자족적인 농업공동체로서 중세 사회와 경제의 토대가 되었다. 또한 도시적, 상업적 단위들을 압도하는 비중을 가졌다. 장원제도란 장원 내의 경제적 기구와 장원의 영주와 그 소작인들 사이의 관계–경제적, 사회적, 정치적 관계–를 말한다. 소작인이란 그 땅에서 일하는 농부와 목부(牧夫)들이다.

장원과 봉토(封土)는 반드시 일치하는 것은 아니다. 장원은 근본적으로 사회적, 경제적 단위인 반면 봉토는 사회적, 정치적인 단위이다. 귀족, 기사라는 상류계급은 봉토를 가지는 반면 평민은 장원에서 살지만 봉토를 가지지 않는 것이 보통이다. 따라서 장원제도와 봉건제도를 합쳐서 중세의 생활방식 전체를 가리킨다.

매너, 피프에 있어서의 토지의 경작자는 그 촌락 내에 거주하고 있었고, 경작지 건너편에는 목초지 혹은 산림지대가 둘러싸고 있어 그곳은 목장으로 사용된 것 같다. 매너 토지는 공동 노동의 치밀한 조직으로 경작되었으며 가축의 사료까지도 일반적으로 공동사업이었던 같다. 영주가 그 신분을 벗어나려고 하는 가신(家臣)에 대하여 허가를 해줄 때에는 중한 과료(科料)를 요구한 것으로 보면 대다수의 사람들은 토지에 속박되어 있었으며, 이들의 공동생활은 유효한 방법으로 대중을 구속하고 있었던 것 같다(지윤, 1985).

한편 장원은 전적으로 그런 것은 아니지만 일정지역의 완전 자급자족적 경제형태로서 운영되었으며, 요보호자 발생 시에는 지역 내에서 문제를 해결하는 형태가 취해졌다.

2) 교구제도

교구제도는 장원제도와 상당히 유사하며 때로는 장원제도와 동일한 것으로 존재하고 있었다. 교구제도의 기원은 이교도(異教徒)의 사회에 살고 있는 기독교 신도들로부터 자기들의 방어를 위하여 생긴 제도에서 찾을 수 있다. 최초의 교구는 상호 경계를 받고 있던 사람들로부터 형성된 상호부조집단이며, 기독교 박해시대에는 특히 그러했다. 기원 초기에는 곳곳으로 여행하는 사람들의 수가 많아져서 여행자에 대하여 일정한 숙박시설을 설치하는 것이 필요하게 되었다. 그리하여 수도원숙박소(사원숙박소)가 설치되었으며, 그 후 병자, 노인, 고아 등에 대한 여러 가지 시설도 설치되기에 이르렀던 것이다.

찰스대제 이후 각 교구에서는 10분의 1세(稅)가 수납되어 그것을 4등분하여 그 하나는 빈민보호를 위하여 분배되어야 한다고 하는 규칙을 발견할 수 있고, 영국 요크의 대승정(大僧正) 에그버트(Egbert)가 발포한 훈령에는 "성직자는 백성으로부터 10분의 1세를 수납하며, 피구제자 명을 기록한 수령증을 작성하여야 한다. 성자의 권위에 따라 신을 두려워하는 사람들 앞에서 10분의 1세를 분할하여야 한다. 그 제1의 부분을 교회의 존엄을 위하여, 제2의 부분을 빈민구제를 위하여 그들 자신의 손으로 인애(仁愛)를 위하여 분배하여야 하며, 제3의 부분은 성직자 자신을 위하여 보유하여야 한다."고 기록되어 있다(지윤, 1985).

로마제국의 분열 이후 지방분권이 왕성해짐에 따라 교구제도는 쇠퇴하게 되었다. 아마 여행자의 감소와 함께 지방의 궁핍은 단순한 근린 혹은 상호부조로서 보충되고 있었으므로 교구목사의 형식적 자선사업이 불필요하게 되었던 것 같다. 10분의 1세를 적용하는 옛날의 규칙은 12세기 초기에 와서는 여러 곳에서 인정되지 않았으나 중세 말엽에는 교구 자선사업이 다소 부흥된 것 같다. 이렇게 된 것은 이 시기가 봉건제도의 붕괴 및 여러 가지 원시집단으로부터 개성의 해방으로 부흥되기 시작한 시기였기 때문이다.

교회의 재산으로 축적된 소자본이 15세기에 이르러 점차 증가했던 것이 여러 방면에서 발견되었다. 이것은 교회위원에 의해 관리되어 온 기금이었다. 교회위원은 이것을 신용이 있는 사람에게 충분한 보증과 고리(高利)로서 대부하여 그 수입은 교회를 수리하고, 빈곤한 교구민을 구제하는 비용으로 사용되었다. 그 기금은 때로는 가축이 되는 경우도 있었다. 이와 같이 하여 모은 자본이 축적되어 교회의 수입이 증가되어 빈민구제의 비용에 충당될 수 있었다. 항구적 자본이 없는 곳에서는 교회의 수리와 빈민의 구제는 성신강림절(聖神降臨節 : Whitsuntide) 시의 특별헌금의 수입에 의존하였다.

이 시기의 구제행위는 목적이 아니라 시여자의 자기본위에서 비롯된 것으로 대상을 불쌍히 여겨 동정하거나 시여자 자신의 영혼 구제를 위한 수단에 지나지 않았다.

2. 기독교의 자선활동

중세의 특성상 교회는 모든 사회영역에서 그 주체적 위치에 있었으므로 중세의 자선사업은 기독교 윤리에 입각하여 시행될 수밖에 없었다.

중세 기독교의 자선사업은 구약성서에 나타나 있는 자선사상을 바탕으로 한 종교적 자선사업이라는 점이 특색이다. 구약성서에서 자선은 신의 정의와 일치한다고 했으며, 신약에서는 자선을 죄 소멸의 수단 즉, 죄 많은 부자의 신에 의한 내세의 구제로 받아들여졌다. 그러므로 중세 기독교 자선사업은 기독교의 성쇠와 밀접히 관련되어 있다. 이 시대는 신분적 계층과 종교적, 사회적 역할이 강했던 시대로서 이 시대의 자선사업은 목적이라기보다 수단이 되었다.

중세 기독교의 자선사업을 구분해보면 로마에 기독교가 전래된 이래 신앙의 자유가 허용된 313년 밀라노칙령까지의 300년간의 수난시대, 밀라노칙령 이후 데오도시우스대제의 기독교의 국교로의 선포를 거쳐 교황 그레고리우스(Gregorius) I 세에 이르기까지의 300년간, 그레고리우스 I 세부터 서로마제국의 찰스대제에 이르기까지의 200년간, 서로마제국이 멸망한 이후 지방분권적인 중세 봉건제도가 확립되었다가 십자군전쟁을 거쳐 다시 붕괴하기 시작한 15세기까지의 기간 그리고 마지막으로 십자군전쟁 이후 동서의 교역중심지로 나타난 중세도시가 성장한 시기로 구분할 수 있다.

자선사업은 기독교가 심한 박해를 받고 있을 때 먼저 기독교인들에 의해서 시작되었다. 당시의 주요한 자선사업의 형태는 (1) 신도 상호간의 상호부조. (2) 감옥에 수감되어 있는 신자를 방문하고 석방운동을 전개하는 것. (3) 고아와 기아의 보호였다.

이와 같이 초대교회에서부터 기독교인들은 빈곤에 처했거나 박해를 당하여 어려웠을 때 서로 도와주었으며, 곤경 속에서 허덕이는 사람들의 고통을 덜어주고 약한 자를 도왔다. 즉, 과부, 고아, 병든 자를 돌보아 자선사업을 교회의 중요한 의무로 여겨왔다.

교회의 자선사업에 받치는 봉납금과 호별방문하여 구제금을 모집하는 것은 별도로 하고 특히 보통 개인적 구제는 구빈원의 기부 및 장례식, 추도일에 의식(衣食)을 분배하는 일들이 있었다.

바울(St. Paul) 등 많은 성인들은 각기 “베풀어 주는 도움을 받는 사람은 존엄하다.”고 하였으며, 또한 “관대한 기증을 베푸는 사람은 고귀하다.”고 교회에서 가르쳤다. 즉, 빈곤 자체에 어떤 존엄성을 부여했고, 물질적인 도움을 베풀어 주는 것은 가치 있는 행위라고 했다(김영분, 1979). 이러한 구제관의 발전은 초대교회의 자선사상을 금욕주의적인 종교양식으로까지 발전케 했다.

중세 기독교 자선사상의 대표자는 아퀴나스(St.. Aquinas)이다. 그는 자선은 합리적 평가에 맞게 해야 하며, 시여자는 수입 중 분수 이상의 것은 모두 자선의 의무로 간주하여 헌납해야 한다고 주장하였다.

자선사업에 관한 종교적 공덕의 기독교 사상은 확실히 은혜적인 감정과 동정심을 환기시켰던 것이다. 소규모의 근린단체 내에서 생활하며 모든 이방인을 의혹의 눈초리로 바라보던 시대에 있어서는 이것에 의하여 확실히 곤궁자의 구제를 유도하게 되었다. 이것은 사회관계 확장의 한 방법이 되었던 것이며, 이것들이 기독교 자선사상에 공헌한 점이라고 볼 수 있다. 그러나 동시에 이 기독교 교의의 실행의 결과는 명백히 피구제자의 증가를 조장하였으며 근본적으로 경제 및 사회문제의 해결하는 데는 역부족이었다. 다시 말하면 자선의 종교적 교의는 박애심의 발달에 있어서 귀중한 목적을 달성하였으나 그 효과를 그 후 제대로 나타내지 못했다.

3. 자선사업 조직과 기관

중세 교회의 자선사업에는 2종의 형태가 있었다. 즉, 개인에 대한 각종의 무차별 구제와 집단적 수용시설 등을 찾아 볼 수 있다. 초기 기독교 교리에 의한 자선사업은 초기에는 단순한 신도 상호간에 상호부조의 형태로 시작되었으나 신도의 수가 증가함에 따라 구제를 실시하는 방법이 한층 형식적이 되고 말았다.

1) 구빈원의 활동

사회복지시설의 시초는 구빈원(救貧院)이다. 구빈원은 중세 유럽의 교회에 의한 수용시설로서, 종교적 색채가 농후하고 성찬, 기도 등 종교적 의식에 의한 영혼의 휴식, 인격도야를 그 목적으로 하였다. 그러나 17세기 말에 작업장(workhouse)이 설립되고 작업장적부심사법에 의해 구빈 억제를 목적으로 하는 시설로서 보급되었다. 신구빈법에서는 빈곤을 죄악시하는 당시의 사상이 반영되어 공포의 집이 되기도 하였다.

구빈원은 집단적 수용보호시설형태로서 최초에는 수도원 부설숙박소를 그 기원으로 하고 있다. 이 수도원숙박소는 최초에는 순례자를 접대하는 장소였으나, 후에는 여러 가지의 목적에 이용되고 있었다. 즉, 노인, 과부, 고아, 병자 등 도움을 필요로 하는 자들의 주거로 이용되었다.

수도원숙박소는 통상 교회교구와 관계를 가지고 있었으며, 시대가 진전하여 그 사업이 증대함에 따라 이 시설의 설치는 때로는 수도원에서 혹은 군대, 교회의 고위승직, 귀족 그리고 국왕 등에 의하여 여러 곳에 설치하게 되었는데, 후년에 이르러서는 상인 길드 또는 공업 길드에 의하여 설립된 것도 적지 않았다. 그리고 나중에는 신흥노시가 그 관리를 맡기도 하였으며, 혹은 시민 보호를 위하여 새로운 시설을 설립한 것도 많았다.

수도원숙박소의 시설사업은 시설별로 별 차이는 없었으며 많은 빈곤자들을 수용하고 있었다. 그러나 시설의 명칭은 상이하였다. 즉, 어떤 것은 호스피털(hospital) 혹은 스피털(spital)이라고 부르는 것도 있었고, 대다수는 메종 디에(maison-dieu) 혹은 도뮈스 데(domus-deus)라는 명칭을 붙이고 있었다. 영국에서는 암스하우스(almshouse)라고 하였으며, 프랑스에서는 오모느리(aumonerie)라고 불렀다.

이와 같은 다양한 명칭을 지닌 시설은 종교상의 시설로서 치료보다도 오히려 보호를 위한 것이었다. 가능할 때에는 의료시설도 겸하였으나 그것보다 중요한 것은 영혼의 구원을 위한 것이었다. 즉, 가능할 때에는 신체를 구제(치료)하였으나 그것보다 중요한 목적은 영혼의 휴양을 위한 것이었다. 이와 같은 시설은 당시 상당수에 달한 것으로 중세 유럽의 도처에 산재하고 있었다고 역사가들은 전하고 있다(지윤, 1985).

이러한 구빈원을 유지하는 비용은 기부금, 유언에 의한 기증금품, 자선시(慈善市: charity bazzar), 입원료, 임의 및 강제의 의연금 그리고 영국에서는 주장관에게 왕령(王領)의 수익을 구빈원에 양도할 책임이 있었던 경우도 있었다. 때로는 토지로부터 생기는 지대 또 어떤 경우에는 사교직 결원(司敎職缺員) 시 보조금을 내는 경우도 있었다. 그리고 국왕이 자신의 식탁으로부터 음식을 내려보내는 경우와 금전을 기부할 때도 있었다. 일반 사람들 중에는 국왕, 귀족과 마찬가지로 금전을 기부하기도 하였으나 일반적으로 구빈원은 귀족과 목사에게 의존하고 있었다. 특권을 가지고 있는 자선사업의 기금은 때때로 자선시로부터 지원을 받았다. 다른 중요한 수입재원은 입원료였다.

이론상 구빈원에 대한 기부는 임의적이었으나 비임의적 기부에 관한 흥미 있는 실례는 영국의 존(John)왕이 쉬류즈베리 나환자에게 부여한 특권에 나타나고 있다. 왕은 시장에서 나환자가 곡물포대 속에 손을 넣어 양손으로 퍼낼 수 있는 정도의 곡물을 끄집어내는 권리를 주었다. 기부의 대부분은 금전보다는 오히려 식료품, 의류 등의 기증이었다.

구빈원에 들어가기 위해서는 일정한 심사를 필요로 했으며, 입원희망자의 형편과 재산정도에 따라 유료와 무료로 구분되었다. 영혼보호에 중점을 둔 구빈원이지만 육체보호에도 관심을 가지고 기본적인 생활을 할 수 있도록 지원하였다.

구빈원의 시혜 내용을 살펴보면 제공하는 음식물은 (1) 수용자의 일상생활에 제공되는 것, (2) 종교적 경축일에 공급하는 것, (3) 일시적 체류자에게 공급하는 것 등 세 가지였다. 음식물 이외에 형광, 연료 등도 지급되었다.

한편 교황사교 및 기타의 승려는 개인적으로 빈민명부에 기록된 자에게만 구제를 실시하였는데, 이것이 선별적인 제도적 보호의 시초가 되었다. 이 명부를 마트리큐라(matricula)라고 하며, 이 명부에는 구제의 필요가 있다고 인정되는 사람들의 명단이 기록되어 있었다.

2) 길 드

길드(guild)란 중세 산업이 발달하게 되어 일반적으로 나타난 종교적 내지 사회적 목적을 가진 우애적인 결사체였다. 길드에는 상인 길드, 수공업 길드, 종교 길드 등이 있는데, 이것들이 도시의 기초적인 구성요소가 되었다.

(1) 상인 길드

중세 유럽은 교회 및 귀족이 통제하던 농경사회였으나, 상업이 발달하고 외국과의 교역이 활발하게 이루어지면서 오늘날의 상공회의소와 유사한 조직이 생겨나게 되었다. 그 중에서 상인 길드(merchant guild)가 가장 먼저 생긴 것이며, 그것은 11세기 십자군 원정 후 출현하여 13세기 이후에 크게 번성하였는데, 도시 구성의 일부로 인정되어 많은 정치적 기능을 담당하였고, 상업상의 독점과 시민의 복지에도 많은 기여를 하였다.

길드의 조직은 사회조직과 같았고, 이에 소속된 사람들은 서로 이익을 함께하여 일상생활의 고락을 나누었다. 길드 자체는 장원과 유사한 원시적 집단으로서 13세기 이후부터 상인 길드는 점차 변형되어 때로는 길드의 본질과 시 행정기관의 본질을 혼동하였으며, 때로는 종교적인 우호단체가 되기도 하였으며, 혹은 본래의 성격을 상실하는 경우도 발생하게 되었다. 그들은 때로는 자기 나라의 도시에서 상업독점권을 획득하여 타국의 도시와 교역하기도 했다.

상인 길드의 구체적인 상호부조사업으로는 ⑴ 주로 길드 성원 중에 남편을 잃은 과부와 고아를 보호하며 교육하는 일이었다. 소녀일 경우에는 결혼 지참금을 준비하는 책임도 부담하게 하였다. ⑵ 성원 중 병자를 위하여 구빈원에 특별히 침대를 설치하여 치료 및 간호하는 일. ⑶ 성원 중 감옥에 갇히게 될 경우에는 석방을 위하여 길드의 비용으로 교섭하는 일. ⑷ 성원의 신체나 생명과 관련되어 고통을 당할 때 그를 위하여 2일간 봉사하는 일 등이다(류상열, 2002). 이와 같이 집단 내 이익옹호를 위한 배타적 집단으로서 집단구성원간에는 강력한 상호부조가 행해졌다.

(2) 수공업 길드

12, 3세기에 생겨난 수공업 길드(craft guild)는 상인 길드에 대립하여 같은 도시에 동일한 산업에 종사하는 모든 산업인들의 근린 중심의 집단결사였다. 수공업 길드의 초기의 목적은 좋은 품질의 표준을 유지하기 위하여 제조과정을 감독하기 위한 것이었다. 그러나 상인 길드처럼 상품생산의 조절 등 행정적 기능을 하는 조직으로 변모했다. 그들은 자연히 같은 교구의 교회에 소속되어 때로는 종교적 우호단체를 조직하였다.

수공업 길드는 시대가 흐름에 따라 도제봉공(徒弟奉公)에 대한 제한으로 인하여 길드에 가입하는 것을 규제하고 있었다. 통상 적어도 7년간에 걸친 도제봉공기간을 정하고 있었으나, 때로는 8년, 10년 혹은 12년까지 연장하는 경우도 있었다. 그리고 한 사람의 주인이 사용할 수 있는 도제의 수에도 제한이 있었고, 도제봉공 및 후년에 주인격이 되는 회합에 가입할 때는 다액의 입회금을 징수하는 등 길드의 규약은 직공이 독립하는 길을 더욱 어렵게 하였다(류상열, 2002).

수공업 길드는 불행한 성원에 대하여는 구제하였으나 초기에는 자선조직이라고 하기보다 오히려 성원간의 단순한 상호부조적 인보단체에 지나지 않았다.

(3) 종교 길드

종교적 우호단체에서도 앞에서 살펴본 각종의 길드와 같은 활동이 행해졌는데, 그것이 바로 종교 길드(religious guild)이다. 종교적 우애단체 중 어떤 단체는 직공의 조직으로서 시작된 것이 많았는데, 차차 종교적 목적과 동시에 경제적 목적도 가지고 있었다.

프랑스에서는 다수의 농민이 길드를 조직하였는데, 이들 우애단체는 원래 협동하여 영혼을 구제하는 단체이었다는 것은 분명하며, 그들의 합의된 목적은 가입자를 위하여 종교적 공덕을 구하려고 했던 것으로 보인다. 즉, 최초에는 기도활동이 중심이었으나 그 다음에는 상호부조 그리고 후에는 단체 이외의 사람들에게 구제를 행하는 것으로 공덕을 구하려고 하였으며, 이들의 자선적인 행위까지도 종교적 사업의 일부로서 간주되고 있었다. 이들의 구제는 단순히 빈곤자

구제의 목적만을 위하여 행하였던 것이 아니라 동시에 구제하는 자들의 정신적 은혜를 얻으려고 하는 것에도 있었다. 구제에 관한 종교적 공덕의 강조는 예배당과의 관계를 통해서 보면 한층 더 명확하게 나타났다.

이와 같이 종교적 우애단체도 상인 길드나 수공업 길드와 마찬가지로 전적으로 성원의 구제를 담당하고 있었으며 이와 같은 상호부조는 길드에 소속되어 있는 사람에게는 물론 가입자 이외의 사람에게도 은혜를 베풀었다. 그러나 일반적으로 길드에 속하지 않는 개인에 대한 구제는 교회의 시설 혹은 정부기관에 의하여 행해지고 있었다. 종교 길드는 초기에는 조직적이지 못했으나 후에 구제사업을 통하여 종교적 교의의 영향을 받아 일정한 형식을 갖추게 되었다.

3) 기타 구빈기관

(1) 수도원

수도원(修道院)은 6세기 경 베네딕투스(Benedictus)교구에 의해 처음으로 설립된 이래 가장 긴 기간 동안 자선사업기관 및 시설로 존재해 왔다. 수도원의 설립동기는 신앙적 순수성을 상실해 가는데 대한 불만으로 세속을 피하면서 신앙을 회복하기 위해서였다. 따라서 수도원은 청빈, 순종, 청결을 기본 이념으로 하여 빈곤자에게 금전, 의류, 식료품을 정기적으로 배분하고, 여행자나 순례자에게 숙소를 제공하였으며, 굶주린 자에게 음식을 제공하는 것뿐만 아니라 병자를 치료하고, 무료로 약을 배포하는 등 모든 사람들에게 무차별적으로 시여해 왔다. 이에 소요되는 비용은 토지수입료, 기부나 기여금 등으로 충당했으며, 수도원 전체 수입 중 10분의 1을 빈민구제에 사용했다.

수도원 활동은 설립 초기에는 목적에 맞게 운영 관리되었으나 14, 5세기에 와서는 수도승이 태만과 사치에 빠져 빈곤자에 대한 애정은 매우 냉담하였다. 이웃에 사는 노동자 중 빈궁자에 대하여 주도한 조사와 구제까지도 내버려두고 돌아보지 않게 되어 문전에서의 무차별한 구제 이외에는 어떠한 업적도 남기지 못하였다. 그 후 교회 및 도시당국은 수도원을 조사하는 운동이 일어나게 되었으며, 영국에서는 수도원을 전적으로 해산시키기에 이르렀다는 사실은 주목할 만한 일이다.

중세 말기 구빈법이 생성되던 때에는 무조직, 불분명한 수도원의 자선은 걸식을 구제하는 만큼 걸식을 증가시켰다는 비판을 받았다.

(2) 십자군

기독교의 성지 예루살렘이 터키인의 점령하에 있었기 때문에 성지참배자가 그들로부터 부당한 학대를 받을 뿐만 아니라 심지어 학살당하는 일까지 생기게 되어 유럽의 기독교도는 그 성지를 회복하기 위하여 군인을 모집하여 진군하였다. 11세기 말엽부터 13세기 초기까지 전후 7회에 걸쳐 계획된 종교적 원정군의 종군자는 모두 우견(右肩)에 적십자의 휘장을 붙이고 있었기 때문에 십자군(十字軍 : Crusade)의 명칭이 생기게 되었다(지윤, 1985). 십자군운동 과정에서 순례자, 가난한 자, 병든 자를 돌볼 수 있는 숙박시설, 성지를 순례하기 위해 찾아온 신자들을 보호할 수 있는 숙박시설 그리고 재정복한 영토를 지키는 군대를 위한 숙박시설을 설립하였다. 이들 숙박시설들은 오늘날의 사회복지시설의 기능을 담당했다.

이 운동은 성지 회복을 위한 기독교회의 노력이었다. 십자군은 외관상으로는 중세의 문물제도와 상반되는 것은 아니었으나 다수의 주민 이동은 대다수의 사람들이 생활하고 있던 많은 소집단의 붕괴를 의미하며, 또한 유럽대륙에서는 여태까지 보지 못했던 대량 무역의 상업활동이 발생하게 됨에 따라 산업도시 발달에 자극이 되었다. 따라서 각종 교역의 확대는 전시민의 생활을 향상시키고 복지의 혜택을 누릴 수 있는 계기를 마련하게 되었다.

십자군은 그 동기에 있어서는 단순한 종교적 의의에 의하여 일어났던 것이지만 동서의 문명을 접근시킨 사실에 있어서나 상업의 발전을 촉진시킨 점에 있어서도 중요한 문화사적 의의가 있다.

(3) 기사단

기사단(騎士團 : orders of chivalry)제도는 수도원의 자선사업과 유사한 것으로서 십자군과 관련하여 창시된 군대적 제도이다. 기사단은 성 요한(St. Jahannes)에 의해 창시되었고, 1113년 파스칼리스(Paschalis) Ⅱ세의 인정을 받았다. 이 집단의 구성원은 (1) 이교도에 대하여 영원한 전쟁을 서약한 기사. (2) 필요한 종교적 의식을 집행하여 빈곤자에게 구제품을 분배하는 성직자. (3) 빈곤자 및 병자를 보호하는 봉사자 등으로 구분하였다.

기사단은 이와 같은 구성원을 중심으로 한편에서는 전쟁을 수행하고 다른 한편으로는 구제를 행하는 특수한 조직체로서, 일반적으로 이들은 자기의 청사 일부를 구빈원으로 확보하거나 혹은 자기의 청사와 인접한 곳에 구빈원을 설립한 것도 있었고, 별개로 많은 구빈원을 설립하기도 했다. 기사단에 의한 구빈원제도는 13세기에 주로 이탈리아, 독일 등에서 성행되었다.

(4) 공익전당포

그 당시에 고리(高利)를 탐하는 것은 죄악이라는 교리가 있었음에도 불구하고 때때로 높은 고율(高率)의 이자가 요구되었다고 한다. 아마 이 사실은 고리는 금지되고 있었기 때문에 고리가 성행하는 하나의 원인이 되고 있었던 것 같다. 당시 어떤 경우에는 대차(貸借)에 있어서 6개월간의 이자가 원금액수에 달하여 변제되는 경우가 비일비재하였다. 고리로 거래가 이루어진 이유는 금전거래가 음성적으로 이루어진다는 점과 대부자가 담보물이 없어 이자 및 원금상환에 위험이 따랐기 때문이다(류상열, 2002).

이러한 때에 종교적 금융시설인 공익전당포(公益典當鋪)가 설립되었다. 공익전당포의 목적은 첫째, 고리에 고통받는 영세민 구제. 둘째, 불건전한 목적으로 우둔한 대부를 해 파산하는 것을 예방하는 데 있었다. 따라서 이러한 목적을 달성하기 위한 계획의 하나로서 적정 이율로 담보대부를 하는 시설이 1198년 프라이징겐(Freisingen)에 설립된 것이 시초가 되었다. 그러나 이것들의 초기의 계획은 일시적이어서 얼마가지 않아 소멸되고 말았다.

15세기에 와서 다시 많은 국가에서 다수의 공익전당포가 설립되었다. 이 중에는 시민의 후원에 의한 것도 있었으며 또한 때때로 수도승 혹은 목사의 설교의 결과로 이루어진 것이 많았다. 공익전당포의 실제상의 창설자인 프란씨스코교단(The Franciscans)은 다음의 두 가지 사항을 목적으로 하였다. 즉, 고리에 고통을 받고 있는 영세민을 구제하는 것과 무익한 혹은 불건전한 목적으로 돈을 빌려 파산에 빠지는 사람들을 보호하는 것 등이었다.

펠트레(Bernadin de Feltre)는 공익전당포의 기초가 되는 운영 3원칙을 제의하였는데, (1) 대부한 금액보다도 고액인 담보물건을 기탁. (2) 기한이 지난 후 청구가 없는 담보물의 매각. (3) 차용자에 대한 잔금반환 및 관리비용을 위한 저율의 이자징수 등 3개 항이었다. 이것들의 기초적 조건은 일반적으로 채용되어 경험하여 본 결과가 좋은 것이라는 것이 판명되었다.

1488년 팔마(Parma)의 공익전당포법(The Statutes of the Monts-de Peite)과 이것과는 약간 다르나 단순히 팔마규칙의 모방에 불과한 1495년의 라 미란도라(La Mirandola)의 공익전당포법은 15세기 말엽의 이 시설의 관리에 관한 확실한 사상을 담고 있다고 볼 수 있다(지윤, 1985).

공익전당포의 대출이자는 최고 5%에서 소액인 경우 무이자까지 매우 저렴하였고, 대출은 꼭 필요한 시민에게만 해주었고 불필요한 대부는 금지하였다.

이상에서 살펴본 바와 같이 중세 말엽의 주요한 구제단체 및 기관은 사원숙박소에서 발달한 구빈원과 수도원, 십자군, 기사단 및 공익전당포 등이 있었으며, 이 외에도 종류별 보호를 위한 시설이 생겨났으며, 중세 말기에 와서는 더 많은 보호시설이 생겨났다. 또한 개인적 자선도 활발하게 이루어졌다.

4. 기독교 자선사업의 공헌과 폐해

중세 기독교의 여러 가지 구제사업은 전적으로 기독교의 자선사상에 근거를 두고 종교적 교의(敎義)로 보급되어 인간에게 박애심을 높이는데 귀중한 공헌을 하였지만 한편으로 스콜라 철학의 현실을 경시여긴 내세복락관(來世福樂觀)은 중세 기독교의 구제사업을 의식적인 구제사업의 차원을 넘어선 과학적, 조직적인 구제사업에까지 발달시키지는 못하였다.

기독교 자선사업은 구제자의 정신적인 복지를 끊임 없이 역설하였기 때문에 피구제자의 특수한 빈궁이 때때로 간과된 사실은 피할 수 없는 결과였다. 따라서 가장 필요한 것을 원조하지 못하였을 뿐만 아니라 걸인 및 태만을 장려하는 결과로 나타났다.

무차별한 구제의 결점은 신교도 및 일반사회의 사람들뿐만 아니라 구교 역사가에 의해서도 인정되는 사실이었다. 라루만(Lallemand)은 "우리들은 자기를 기만할 수는 없는 것이며, 불행할 때 부득이 인정한 이것들의 관용은 태만을 조장하였으며 또한 진정한 빈민과 교정할 수 없는 태만자를 구별하지 않고 장례 시에 있어서의 구제물 혹은 일반의 구제 및 급여는 많은 폐해를 생기게 하였다."고 주장했다.

신학자 니버(Niebuhr) 교수는 사회사업에 대한 기독교의 공헌이란 논문에서 교회 내의 불일치가 사회사업을 세속사회로 넘겨주었다고 주장했다(박종삼, 1981). 기독교 역사가 라칭게루(Ratzinger)도 이것을 시인하고 있다. 그의 결론에 관하여 아쉬레(Ashley)는 15세기에 있어서도 14세기와 마찬가지로 때때로 수도원의 승려들은 태만과 사치에 빠져 빈민에 대한 사랑은 냉담하였다. 근린의 노동자에 관한 곤궁조사 및 구제를 등한시하여 단순히 수도원의 문전에서 무차별 구제를 하는데 지나지 않았다. 라칭게루는 호의를 가지고 한 사실이라 하여도 전국에 불균등하게 산재해 있어 공동활동의 조직이 없는 다수의 지방에 구제물을 분배하는 것은 부적당할 뿐만 아니라 또한 유해한 것이 되지 않을 수 없었다고 지적하였다. 수도원, 구빈원 등에는 빈민의 질서 있는 구제의 제1의 조건이 되는 통일, 집중, 조직화가 이루어지지 못했다. 각 구빈원, 수도원은 그 교구의 곤궁자뿐만 아니라 구조를 바라는 미지의 사람들에 대해서도 이것을 조사 감독하지 않고 구제물을 급여하였다. 이와 같이 하여 그는 당시 당연한 결과로서 "직업적 걸식은 여하한 엄격한 법률로서도 이것을 제어할 수 없었다."고 첨가하고 있다.

중세 교회의 자선사업이 빈곤문제를 해결하는 데 전적으로 실패하였다는 사실에 관한 또 다른 증거로서 유럽 각국에서 제정한 걸인금지에 관한 많은 법률을 들 수 있다. 서유럽 각국의 국민들은 걸인으로부터 그렇게 중대한 폐해가 없었다고 하면 그들에 대한 제재로서 태형(笞刑), 낙인(烙印), 선조노예(船漕奴隷), 유형(流刑) 그리고 노예와 사형으로 처하는 일은 없었을 것이다.

기독교 교의에 입각한 자선사상의 또 하나의 중대한 과오는 근본적인 사회문제를 등한시했다는 사실이다. 기독교회는 초기 때부터 정해진 질서를 받아들이고 있었다. 이 관례는 의심할 것도 없이 일찍부터 신의 은총을 구하려고 하는 희망과 이 세상의 죄악은 다음 세상에는 곧 시정되는 것이므로 중대한 관계는 없다고 하는 관념이었다. 따라서 교회는 노예제도를 폐지하려고 하지 않았다. 교회는 자유를 원하는 것보다 오히려 노예로서의 천부(天賦)를 이용하는 것을 권고하였다. 실제로 교회 자신은 4, 5세기에는 다수의 노예의 소유자였다.

사도들의 원정으로부터 십자군의 원정에 이르기까지는 신의 은총을 예정하는 사상은 점차로 희박하여지고 있었으나 사회질서가 변화하고 있다는 사상은 여러 세기 동안 사람들의 마음을 변화시키지 못했다. 불평등한 재산의 분배, 빈부의 사회적 차별, 부인의 노예적 지위 그리고 기타의 폐풍(弊風)은 결코 소멸하지 않고 오랫동안 당연한 일처럼 행하여지고 있었으며 이것을 배제하기 위하여 어떠한 노력도 기울이지 않았다.

결론적으로 기독교 자선사업은 무차별적인 자선으로 직업적인 걸인과 부랑자를 조성했다는 점과 구제사업을 피구제자 본위로 행하지 않고 구제자 본위로 행한 의식적인 사업으로 전락시켰다는 점, 관리자들의 태만, 무관심으로 시설종사자에 대한 인상을 흐리게 하였으며, 업무 추진에도 걸림돌이 되었다는 점, 빈곤의 원인 제거보다 증상의 수습에만 급급하여 근본적인 사회문제에는 등한시한 점 등의 폐해를 지적할 수 있다. 그러나 오늘날의 사회복지가 존재하게 한 발달사적 과정으로서 역사적 의의가 있으며, 뒤이어 생겨난 각종 사회복지제도를 낳은 산실역할을 하였다고 볼 수 있다.

5. 농경지 종획운동과 노동자법령의 태동

1) 농경지 종획운동

중세 봉건사회는 엄격한 신분사회로서, 당시의 빈민은 대부분이 농노였고 영주의 토지에 얽매여 살면서 노동의 대가로서 최소한의 생존권이 유지되는 것은 숙명적인 신의 뜻으로 생각했다. 그러나 이러한 철저한 신분사회는 무너지기 시작하였다. 지주들은 지금까지 토지를 관리인에게 위임하여 경영해 오던 것을 보다 많은 수확을 얻기 위해 종전과는 달리 임대계약하는 방법이 더 많은 이익이 됨을 판단하게 된 후 토지를 농노들에게 바로 임대하기 시작하였다.

토지의 임대가 시작됨으로써 지금까지의 신분예속관계의 봉건사회가 토지임대의 계약사회로 대치되면서 중세 사회의 관념으로 지배해 오던 농노에 대한 가치관의 변화가 일어나기 시작했다.

신분사회의 질서가 무너지기 시작하여 농노들은 신분사회로부터 벗어나 자유의 몸이 되고자 하는 운동이 일어났으며, 이러한 움직임은 극도의 긴장감을 불러일으키는 계기가 되었다.

이러한 긴장의 시기와 때를 같이 하여, 특히 영국에서는 농경지의 종획(從劃: enclosure)운동이 시작되었다. 이 운동의 결과 양털제조업이 발달하게 되어 소수의 지주계급에게로 토지는 집중되었고 무수한 농노들을 토지로부터 몰아냄으로써 생계수단을 송두리째 빼앗긴 채 떠돌아다니는 유랑민(부랑인)과 걸인들을 양산하는 결과로 나타났으며, 또 다른 노동자들이 도시로의 인구이동이 일어나기 시작하였다.

한편 영주들은 농노들에게 토지를 임대하여 농사를 짓는 것보다 수지타산이 맞는 양치기사업과 양털제조업에 열을 올렸고, 또한 1315~1321년 사이에 영국에서는 극심한 기근이 발생하여 노동자 수를 현저하게 감소시켰을 뿐만 아니라 1348년 지중해에서 발생한 흑사병으로 인해 2년 동안 영국의 인구는 3분의 1이 감소되어 농촌노동자가 감소되었다(정진영 외, 1983). 그 결과 장원의 노동력은 심각한 부족현상에 직면하게 되었으며, 그에 따라 임금이 급격하게 상승하였다.

이와 같은 사회 경제적 변화로 농노들이 자유를 찾고 자신을 위한 최상의 방법은 생활주거지를 옮기는 일이었다. 그리하여 많은 노동자들이 그들이 살던 땅을 떠나 정처 없이 방황의 길을 떠나는 사람이 많았다. 즉, 노동계급의 대거 인구이동이 일어나게 되어 영주들은 농업에 종사할 노동력을 확보할 수 없게 되는 문제가 발생하였다.

2) 노동자법령의 태동

지금까지 빈민구제에 별다른 관심이 없이 사회질서 유지와 신분계층의 현상 유지만을 강조해 왔던 지주계급들은 농민이 토지를 떠나 부랑자와 빈민이 되는 것을 방지하기 위해 많은 노력을 기울이게 되었다. 이러한 지주계급의 주장을 받아들여 영국 정부는 부랑과 구걸행위를 예방하는 동시에 농촌노동자들을 토지에 묶어 두어 노동력 부족문제를 해결하기 위하여 에드워드(Edward) Ⅲ세 때인 1349년에 노동자법령(노동자조례 : The Statute of Laborers)를 제정하여 처음으로 노동력을 법으로 규제하게 되었고, 이로 인하여 노동자에 대한 임금제도가 실시되어 노동복지 측면에서 중요한 계기를 마련하게 되었다.

1349년 제정된 노동자법령은 최초의 복지입법으로서 그 내용을 요약해보면 다음과 같다. (1) 영국 영토 내에 있는 모든 남녀는 그가 어떤 상태이건 일을 해야 하며, 자신에 대하여 책임을 져야 한다. (2) 그러기 위해서는 노동의 대가로 임금을 받아야 하며, 보수는 그가 전에 늘 일해야만 되었던 장소에서 받아야 된다. 전에 늘 일했던 장소에서 필요가 없을 때는 다음 장소로 옮겨지되 엄격한 감시하에서 옮겨진다. (3) 길거리를 방황하는 자, 구걸하는 자, 노동하기를 거절하는 자, 추악한 행위를 하는 자 등은 감옥에 처한다(정진영 외, 1983).

이와 같은 노동자법령은 걸식과 부랑을 금지하고, 최고임금을 법으로 정하며, 지주 상호간의 농민쟁탈을 억제시키는 데 목적이 있었다. 이 법령은 노동자의 생활유지나 노동이 불가능한 허약한 빈민의 문제에 대해서는 하등의 관여를 하지 않고 다만 노동을 강제할 뿐이었다. 따라서 빈민을 구제하려고 하는 정부의 노력보다는 당시의 영국 지주들을 위한 법이라고 평가되고 있지만 노동자법령의 등장으로 임금제도가 생겨나게 된 것은 높이 평가할만한 일이다.

그러나 이러한 노동자법령의 제정에도 불구하고 당시의 사정은 어떠한 법률도 사회적, 종교적, 경제적 사회변동의 큰 흐름을 사실상 막을 수가 없었다. 그리하여 이 법의 보완이 1350년과 1351년 그리고 1360년에 이루어졌으나 여전히 많은 사람들은 노동을 거부하여 부랑자, 범죄자는 증가하였다. 이러한 통제입법의 중심이 되는 사상은 빈곤문제는 바탕의 문제와 결부되는 것으로, 특히 빈곤은 죄악이라는 사상이라고 할 수 있다.

이와 같은 여건하에서 영국은 1388년 리차드(Richard) II세는 인구이동을 구체적으로 막기 위한 방책으로 노동자법령을 더욱 구체화하였는데, 이것이 구빈법(The Poor Law Act)으로 노동력이 없는 빈민에 대한 구빈법의 시초가 되었다. 이 법의 제정 목적은 첫째, 임금을 고정화시키고 둘째, 임금상승을 야기하는 노동력의 이동을 금지하는 데 있었다(Fraser, 1984). 이 법은 빈곤자를 노동능력을 가진 자와 안 가진 자로 구분하여 노동능력이 없는 걸인은 이 법령 발효 당시 거주하고 있던 곳에서 생활하도록 규정하고 있다. 각기 지방에 따라 자기 지방의 빈곤자들을 책임지게 하는 지방주의 원칙을 확립하고 구빈행정의 재원은 지방세로 충당되었다. 그러나 구걸행위에 대한 국가적 시책이 미약했기 때문에 성공할 수가 없었고, 1485년 튜터(Tutor) 왕조(1485~1603년)의 지배가 시작되자 점차 행정의 중앙집권화가 이루어지면서 걸인문제와 빈민의 구호도 국가적 차원의 문제로 바뀌게 되었다.

이 법에 이어서 무능력자의 구걸행위에 대한 면허제의 실시를 위한 장인법(匠人法 : The Statute of Artificers)이 같은 해에 제정되었다. 이와 같은 압제입법(壓制立法)은 영국뿐만 아니라 전유럽에 유행되었으며, 구제를 통해 구걸하는 것을 억압하려고 노력하였을 뿐만 아니라 더 나아가 국왕의 권력에 의하여 교회 및 개인의 자선에 관한 규칙도 제정하려고 하였다.

Chapter 4

근세 사회의 구빈제도

Section 1 르네상스 시대의 사상과 근세의 구빈사상

르네상스(Renaissance) 시대는 서구에서 중세로부터 근세로의 이행기에 문학, 예술 및 철학의 꽃을 만발케 한 위대한 문화적, 지적 발전의 한 시대로서, 르네상스는 13세기 말에서 15세기 말에 걸쳐 이탈리아에서 일어나 전유럽에 파급된 예술과 문학의 혁신운동이다. 이 운동은 개인의 해방, 자연의 발견을 주안점으로 하였으며 동시에 고대 그리스, 로마의 고전문화의 부흥을 목표로 하여 널리 학문, 정치, 종교영역에도 청신한 기풍을 일으켜, 특히 신(神) 중심의 중세 문화로부터 인간 중심의 근세 문화에로 전환하는 단서를 이루었다. 따라서 르네상스는 기독교 사상과 문화의 극치를 이룬 시기이기도 하며, 근세를 여는 시작이기도 했다.

사회의 근대화는 촌락사회에서 도시사회에로의 이행, 가계적 가족에서 핵가족으로의 이행, 경제적으로는 자본주의 사회의 성립, 나아가 근대국가의 성립으로 나타났다. 이러한 역사적인 변화의 원점은 휴머니즘 운동이었다. 그것은 봉건적 신분사회의 부정이고 가까운 지역사회인 촌락사회로부터의 해방이었다.

1. 르네상스 시대의 사상

르네상스 시대를 지배했던 철학적 사상은 크게 인본주의, 고전주의, 자연주의로 요약할 수 있다.

1) 인본주의

서구의 근세에서 중세적 신 중심관을 인간 중심관으로 전환시키는 휴머니즘(humanism)이 발전되었다. 르네상스 시대는 중세와는 다르게 신학적 경향을 배척하고 인간을 본위로 고전을 해석하고 교양을 추구했기 때문에 이것을 휴머니즘이라고 한다. 휴머니즘은 세계와 인간의 재발견이며 나아가 인간의 자기긍정을 의미한다. 인류의 자유와 평등 그리고 인간의 존엄성은 르네상스 이래 현대에 이르기까지 줄곧 강조되어 온 기본 개념이 되었다. 휴머니즘은 15, 6세기에 일어난 사상으로서 프랑스혁명 등의 사상이 되었으며, 자본주의 발전의 기반이 되었다. 휴머니즘은 인간의 가치와 존엄성을 제일로 삼는 주의로서 인간에 있어서는 인간성이 최고이며, 인간성이야말로 존중할 것이며, 그것은 무시, 경멸, 부정하는 온갖 태도에 반대하는 태도이다. 이는 중세의 가톨릭주의(자)가 근세의 새로운 상황에 적용된 귀족주의로 발전 · 변화된 것이다.

인본주의는 토지, 귀족, 금권계급 등 상층계급의 이해관계를 반영하는 철학적 이데올로기이다.

2) 고전주의

고전주의는 귀족을 제압하려는 군주의 의지와 귀족의 지배에서 벗어나려는 중간하층계급을 중심으로 한 평민들의 이해관계를 반영하는 철학적 이데올로기이다. 고전주의의 이상은 역사적, 사회적 부조화를 극복하고 우주, 자연의 참다운 원리인 조화를 향해 가는 데 있다.

서양 중세에 있어서의 반봉건적, 진보적 이데올로기인 신비주의와 과학주의는 근세로 접어들면서 각각 범신론적 자연철학과 기계론적 자연과학으로 발전시켰다. 범신론적 자연철학은 고전주의의 이론적 기초가 된다. 고전주의 철학자들은 일반적으로 인간 안에 신이 내재한다는 중세의 신비주의를 계승한 루터(Luther)주의자들이다.

3) 자연주의

기계론적 자연과학은 자연주의의 이론적 기초가 된다. 자연주의는 봉건귀족 및 새로이 귀족화되는 금권에 의한 특권계급과 투쟁하는 중간상층의 산업 부르주아지의 이해관계를 반영하는 철학적 이데올로기이다(이수윤, 1982). 당시의 상공업계층의 현실적, 경제적, 정치적 관심을 종교적으로 합리화한 것이라고 볼 수 있다. 서양 중세의 과학주의를 계승·발전시킨 근세 초기의 자연주의는 자연과학적 세계관에 입각하여 자연적 물질세계를 유일한 현실적 실재로 인식하면서 인간사를 오로지 자연과학적으로 이해하려는 칼빈(Calvin)주의의 발전과 밀접한 연관을 가지고 있다. 칼빈주의는 자연과학적, 자연주의적 도덕관을 제시하고 있다(권오구, 2000).

이와 같은 인본주의, 고전주의, 자연주의는 근세사회의 전개과정에서 나타나는 다양한 이해관계에 기초한 의견을 추가적으로 승화·집약시켜 표현하는 철학적 이데올로기이다.

철학적 이데올로기의 내용적 발전을 이루는 근본 원리는 인간의 내면적 정신생활과 이에 따른 생활양식을 규제하는 종교이다. 종교는 한 사회의 중심 이념이나 가치를 확립하고 사회질서를 유지하여 전통, 관습을 강화시킨다. 종교는 고대 그리스, 로마 때부터 인간생활의 중심 혼이었다. 따라서 종교는 철학적 이데올로기의 내용을 근본적으로 지배하고 있는 숨은 제왕이며, 서양 근세의 숨은 제왕은 바로 기독교라고 할 수 있다.

2. 근세의 노동관과 구빈 사상

르네상스 이전의 유태 사상에서 찾을 수 있는 노동관은 인간이 하나님에게 지은 죄의 대가로 하나님이 내리신 벌로써 노동을 하는 것으로 믿어 왔고, 노동을 하는 것은 가치가 있으므로 이 세계를 구원하는 위대한 과업이며, 하나님에게 협동하는 일이라고 믿어 왔기 때문에 노동은 영혼의 순화와 자선과 죄의 보상을 위한 도구로서 사용하게 되었다.

특히 노동에서 얻어지는 소득으로 빈민을 구제하는 자선행위를 매우 중요시했으며, 인간이 물질에 대한 욕심을 버리고 마음을 가난하게 가지는 자는 구원을 받기 위한 첫걸음이라는 성자의 가르침은 빈곤에 대하여 일종의 품위를 부여하였다. 그리하여 교회 신자의 헌금은 날로 증가하여 당시의 빈민에 대한 구제의 결함을 교회의 자선행위로 메우고 있었다.

서양 근세는 종교법이 정치, 경제, 사회를 지배하였으므로 교회의 막강한 재정적인 힘은 빈자(貧者)를 위한 구호비를 불우한 사람들을 위한 자선행위보다 정부의 권력과 사적인 요인에 남용하는 일들이 비일비재하게 일어나면서부터 교회가 점차 부패해지기 시작하자 교회의 자선사업은 비효율성, 부패, 무능이라는 이유의 비판을 자아내게 되어 많은 사람들의 눈에 교회의 구제사업은 자선행위를 빙자하여 걸인 수를 증대시키는 것으로 보여졌으며, 이와 때를 같이 하여 지금까지의 신분계급의 봉건사회가 계약사회로 대치되는 사회변혁과 함께 종교개혁의 도전을 맞이하게 되었다. 그리하여 교구와 수도원들은 빈민에 대한 그들의 의무를 전보다 등한시하였다.

1) 루터와 칼빈의 노동관

교회의 자선사업이 비효율성으로 비판을 받았고, 종교개혁을 맞으면서 루터(Luther)의 가르침은 전통적인 노동에 대한 여러 가지 유태사상의 개념을 종합 정리해 놓았다. 루터는 면죄부 판매를 교회의 부패로 여겨 항의를 표시했다. 프로테스탄트의 종교개혁은 주요한 사회적, 경제적 및 지적 혁명이었다. 종교개혁이 발생한 것은 종교적 대동란기, 경제적 변화기, 폭력과 불안과 몰락의 예감에 충만해 있던 시기였기 때문이라고 할 수 있다(양병우 외 공역, 1985).

루터의 노동관을 요약하면 다음과 같다(정진영 외, 1983). 첫째, 모든 일할 수 있는 사람은 일을 해야 한다. 둘째, 게으름과 구걸, 고리대금은 악한 행위이다. 셋째, 자선은 오직 일을 할 수 없는 사람들에게만 베풀어져야 한다. 넷째, 명상적인 생활은 이기주의의 결과이고 이웃에 대한 의무를 회피하여 은둔생활에 들어가는 수도승들은 인간적인 사랑이 부족한 탓이다. 다섯째, 인간은 오직 그들의 믿음에 의해서만 구원을 받을 수 있고, 선한 일이나 자선을 베푸는 일에는 아무런 영적인 가치가 없는 것이다.

루터는 자선행위를 형식적이거나 외형적인 것이 아니라 어디까지나 내면적인 신앙에 의한 이웃사랑의 실천이기 때문에 죄장소멸을 목적으로 하는 자선행위는 정당할 수 없다고 했다. 루터의 가르침 중에는 인간은 오직 그들의 믿음에 의해서만 구원을 받을 수가 있는 것이며, 선한 일이나 자선을 베푸는 행위에는 아무런 영적인 가치가 없는 것이라고 주장한 점은 후일 교회의 빈민구제사업을 약화시키는 데 영향을 끼쳤다고 볼 수 있다. 그러나 루터의 사상은 빈민에 대한 구제방법을 다른 방법으로 개혁해야 한다고 주장하면서 교회 밖에서 이를 위한 일반금고제도를 주장하였다. 이는 후일 사회복지공동모금회(commiunity chest)의 효시가 되기도 한다(권오구, 2000).

루터의 종교개혁은 자유주의와 개인주의 사상의 발전에 최대의 요소가 되었다. 그것은 원인 면에서나 결과 면에서도 그러했다. 자유주의, 개인주의의 프로테스탄트적 의의는 루터의 신앙의 기준으로서 성경을 무엇보다도 존중했다. 그의 종교개혁은 인간의 존엄성과 생래적(生來的)인 가치를 재발견하게 한 동시에 민주주의의 최고 · 최선의 요소를 찾게 하였다.

한편 칼빈(Calvin)의 가르침은 전통적인 유태사상의 노동관에 종교적인 가치를 첨가하였다. 즉, 노동은 하나님의 뜻이기 때문에 부자이건 빈자이건간에 모든 사람은 일을 해야 한다면서 인간은 노동의 결과에서 오는 열매를 쫓아서 단순히 즐기면 안 된다. 노동의 결과에서 오는 이익을 가치 있게 활용하는 방법은 새로운 이윤을 만들기 위해서 그 이익금을 재투자하는 일이고, 그것이 보다 많은 노동의 기회를 만들어 주기 위해서 또다시 투자되고 이것이 끝까지 되풀이되어지는 하나님의 뜻이라는 노동의 가치관을 피력하였다(정진영 외, 1983).

이러한 칼빈의 사상은 당시 신분계급사회에서 계약관계의 상업주의 사회를 맞이함으로써 개인의 가치를 존중하는 사상과 하나님께 봉사로 여기는 노동관과 더불어 현대사회에로 발전하는 길을 마련해 놓았으며, 특히 노동의 이윤을 재투자함으로써 보다 많은 노동을 창출한다는 노동의 새로운 가치관은 후일 자본주의 사회의 발전을 이룩하는 데 많은 기여를 했다고 볼 수 있다.

이와 같이 신교 윤리는 서구 사회복지의 핵심 사상으로 자리잡게 되었고, 복지를 가정과 지역사회로부터 분리시켰으며, 수입에 의한 사회적 계층화를 정당화시켰다.

2) 베버의 노동관

칼빈의 노동관보다 발전된 사상이 베버(Weber)의 프로테스탄티즘(protestantism)이다. 즉, 노동으로 얻은 이익은 돈에 대한 사랑이나 쾌락을 추구하는 데 있는 것이 아니라 일을 하면 하나님의 더 크신 축복이 내리실 것이라는 가르침이었다. 노동으로 얻은 이윤은 그것이 바로 하나님을 기쁘게 해드렸다는 증거이며, 이윤이 많으면 많을수록 노동으로 하나님을 섬기고 있다는 것이 더욱 확실해진다는 것이다.

역사 이래 처음으로 물질적인 부가 인간의 양심과 화해를 보게 되었고, 가난하게 산다는 것은 이웃에 대해서 뿐만 아니라 하나님에게도 불순하는 길인 것이며, 인간은 태어날 때부터 지녔던 신분이나 직업에 만족하여 그대로 머무르는 것은 하나님에 대한 도리가 아니며 하나님을 영광되게 하고 보다 큰 보상을 받기 위해서는 인간은 누구나 직업을 갖고 그리고 이 세상을 부정하되 이 세계에 살면서 부지런히 일하고 부자가 됨으로써 이 지구상에 하나님의 영광이 나타나게 되는 것이라고 주장하였다(정진영 외, 1983).

3) 노동관의 변화

종교개혁을 거치면서 노동관의 변화와 함께 종전과는 다른 교의의 경제생활이 형성되어 갔다. 즉, 과거의 미래 지향적이고 소극적이던 경제생활의 태도가 세속적이고 적극적인 태도로 변화되었다. 이 세상은 현실적으로 살아가야 할 세계로서 적극적인 의의를 갖게 되었고 경제생활도 그 자체가 하나의 가치체계로서 인간은 이를 위하여 실천하고 노력할 의의를 갖게 되었다. 베버의 프로테스탄티즘과 자본주의 정신에 잘 나타나 있는 대로 인간은 하나님의 영광을 빛나게 하기 위하여 경제생활을 완전히 합리화하도록 노력해야만 했다(Weber,1958).

당시의 지도자들이나 지식층들은 프로테스탄티즘의 직업윤리나 노동의 존중을 강조했음은 물론 가난하다는 것은 하나님의 은총의 대상이나 덕이기보다는 오히려 불명예스럽고 부끄러운 일이며, 힘써 일하지 아니한 결과라고 생각하였다. 따라서 자선이나 구제사업은 가난하기만 하면 누구에게나 차별 없이 베푸는 것이 아니라 선별적으로 행해져야 한다고 생각되었다. 이러한 생각은 후일 구빈법에 많은 영향을 주게 되었다.

이러한 노동에 대한 가치관의 변화와 함께 산업혁명을 통해 중상주의의 발달로 급속한 경제성장을 이루어 나갔으나 반면에 경제가 성장할수록 점점 더 많은 빈민을 배출하게 되었다. 이렇게 날로 증가되는 빈민을 교회의 자선사업만으로는 감당할 수 없는 단계에 이르게 되자 국가 차원의 대책이 필요함을 절감하게 되었다.

Section 2 영국의 구빈법과 구빈제도

1. 엘리자베스구빈법 제정의 시대적 배경

중세 사회의 빈민구제는 주로 기독교 교회를 통하여 시행되어 왔으며, 그 주된 활동은 걸인에 대한 교회의 시물(施物), 수도원의 부조 등이었고, 개인도 종교적 동기에서 빈민들에게 자선을 베풀었다. 이러한 종교적 자선과 함께 지역적, 직역적(職域的) 상호부조도 행해졌다. 그러나 중세 교회와 민간단체에서 행한 자선과 상호부조는 당시의 정태적 사회 내에서 발생한 빈곤문제에 대한 부분적인 대응책에 불과하였기 때문에 빈민이 대량 발생하게 되자 빈민구제에 대한 종전의 대책은 그 효력을 상실하게 되었다.

16세기 초 농경지의 종획운동으로 거대한 농토가 목장으로 바뀌어 수많은 농노가 농토를 버리고 도시의 부랑노동자로 전락하였고, 또한 봉건제도의 몰락으로 일자리를 구하기 위하여 정처 없이 방황하는 수많은 노동자를 양산하여 사회의 혼란과 경제적 무질서를 초래하였다. 한편 종교개혁으로 헨리(Henry) Ⅷ세는 많은 수도원을 해산하게 되어 수도원에서 빈민구제를 위하여 부설로 설치·운영하던 수도원숙박소가 문을 닫게 되자 종래에 기독교 울타리 안에서 자선사업을 통해서 구제를 받을 수 있었던 많은 빈민들이 길거리로 내몰리게 되었다. 이 시대는 경제사적으로는 근대 자본제 사회의 성립기였으며, 정치적으로는 중앙집권적 절대군국주의 국가시대였다.

이와 같은 여러 가지의 복합된 상황들이 작용하여 날로 증가되어 가는 빈민문제를 해결할 수 없는 단계에 이르자 빈민구제사업은 교회의 자선사업에만 의존할 것이 아니라 국가에서 이 문제를 해결해야 한다는 여론이 높아지게 되었다. 또한 기존의 압제적인 노동규제입법이 시행되기는 했으나 실효성을 거두지 못해 새로운 대안이 모색되어야 했었다. 이와 같은 시대적 배경으로 등장한 것이 바로 오늘날 사회복지의 공공부조에 관한 법률의 효시가 된 구빈법의 제정이다.

2. 엘리자베스구빈법의 기초

구빈법은 없던 법률이 단번에 제정된 것이 아니라 전 시대에 있었던 각종의 법령들을 집대성한 것이 엘리자베스구빈법이다. 구빈법이 제정되기 전 그 생성 과정을 간략하게 살펴보면 다음과 같다.

영국에서 최초의 구빈법은 흑사병의 만연으로부터 시작되었다. 1348년 흑사병이 전염되어 2년 동안 영국 전체 인구의 3분의 1이 사망하자 장원에서 일할 노동력 부족을 초래하였고 노동력 공급 부족은 급격한 임금상승을 가져왔다. 이러한 노동력 부족에 대처하기 위해 1349년 에드워드 Ⅲ세 때 노동자법령이 제정되었고 연이어 1350년과 1351년 그리고 1360년에 더욱 가혹한 법령이 제정되었으나 실효를 거두지 못했다(지윤, 1985). 이러한 구빈법은 노동능력이 있는 실업 부랑자들을 규제하는데 중점이 있었고, 이들은 빈곤의 문제가 아니라 법과 질서의 문제였다.

그러나 경제적인 곤궁으로 부랑자가 될 수밖에 없었던 이들을 억제와 노동의 강제 및 통제를 목적으로 하는 억제적 구호정책으로 막을 수 없게 되자 헨리 Ⅷ세는 1531년 걸인 · 부랑자처벌법(The Act concerning Punishment of Beggars and Vagabonds)과 1536년 건장한 부랑자 · 걸인처벌법(The Act for Punishment of Sturdy Vagabonds and Beggars) 등 두 차례에 걸쳐서 빈민구제에 관한 제도를 마련하였다.

이러한 두 개의 법은 태만(怠慢)이라는 문제를 처리하기 이전에 진정으로 곤란한 자에게는 시여가 주어져야 하는 점을 인정하고 있으며, 경제적 곤궁을 구제해야 할 책임이 국가에 있음을 인식한 계기가 되었고, 또 정부에 의한 최초의 구빈대책이 명시되었기 때문에 구빈법의 기원이 된다고 볼 수 있다. 그러나 다른 한편에서 보면 단지 노동능력이 없는 빈민의 존재를 인정하고 이들에게만 걸식을 인정한 점으로 보아 오히려 처벌에 관한 대표적인 입법이라고 볼 수 있다.

이와 같이 중세 말 이래로 도시가 발달함에 따라 중세의 응보적인 종교적 구제사업이 법령에 바탕을 두고 국가주의적 구제사업으로 그 양상을 바꾸어 오다가 1536년의 건장한 부랑자 · 걸인처벌법으로 구빈법의 시초가 열렸다. 물론 그 이전에도 1525년 벨기에의 이플(Ypres)시 법령을 비롯해서 여러 도시에서 걸인의 구걸을 금하며, 유랑자를 막기 위한 것을 주 목적으로 한 억압법이 제정되었으나 국가의 법령으로까지 발달한 것은 헨리 Ⅷ세의 법령이 그 시초가 된다.

헨리 Ⅷ세 법의 특징은 빈곤자를 억압하는데 그치지 않고 적극적인 구제계획을 세울 것을 제시했다는 점이다. 구체적으로는 첫째, 시민의 개인적인 구제를 금하고 둘째, 교회의 자선모금으로 재원이 확보되지 않을 경우 교구민에게 강제과세할 것을 규정하고 있고 셋째, 노동력이 있는 빈민에게 교구에서 직장을 제공할 것을 명하고 있다는 점이다. 이러한 것들이 엘리자베스구빈법의 기본 원칙이 되었다.

구빈사업의 주요한 시설이었던 수도원과 구빈원이 종교개혁으로 인해 세속화되어 버리고 또 헨리 Ⅷ세가 교회재산을 몰수해버려 빈민구호에 대한 다른 방안이 모색될 수밖에 없어 정부가 추진한 최초의 건설적인 공공대책이 마련되었다.

1547년에는 부랑자의 처벌 및 빈민과 노동불능자의 구제에 관한 법률(The Act for the Punishment of the Vagabonds and for the Relief of the Poor and the Impotent Persons)을 제정하여 일하지 않는 부랑자에 대한 벌칙을 강화하였다. 이 법은 노동능력이 있는 자가 3일 이상 노동을 거부하면 뜨거운 인두로 가슴에 V자 낙인을 찍어 노예로 삼도록 했으며, 도망치면 이마에 S자 낙인을 찍고 평생토록 노예로 만드는 가혹한 법으로 칭해지고 있다. 그 이후 1555년에 제정된 법령은 자선사업을 할 수 있는 자가 빈민구제를 거부할 경우 성직자와 교회위원은 그를 훈계해야 한다고 정하고 있다.

이어서 1563년에는 두 개의 법령이 제정되었는데, 장인법은 임금, 노동시간, 도제제도 등을 명시하는 한편 떠돌이는 중노동에 처하였고, 12~60세 사이의 직업이 없는 걸인들은 종으로 고용하는 것을 일반인에게 허용하는 내용을 담고 있다. 또한 빈민구제를 위해 교구민의 자비심에 의존하는 것만으로는 기부금을 효과적으로 조달할 수 없다는 점에 착안하여 빈민구제에 냉담한 자를 치안재판에 회부하도록 하는 규정뿐만 아니라 시장에게 과세 및 구속할 권한까지 부여하고 있다. 또한 빈민구호재원을 마련하기 위해 각 세대주는 법에 따라 재산과 소득에 기초한 일정액을 강제적으로 기부하는 대책을 마련하였다.

엘리자베스 I 세 때인 1572년에는 노동능력이 없는 빈민의 구호는 국가가 책임을 진다는 취지에서 일반조세제도를 통한 빈민구호기금을 국가 차원에서 마련하고 이 기금의 운영을 위해 교구의 구빈감독관제도를 설치하는 내용의 법률을 제정하였다. 또 교구부담이었던 사생아의 양육의무를 부모의 책임으로 규정하고, 청소년이나 태만한 부랑자에게 노동할 수 있는 기회를 주기 위해 직업교육을 규정한 빈민들의 나태 근절과 노동 정착을 위한 법(The Act for Setting the Poor on Work and for Avoiding Idleness)이 1576년에 제정되었다.

또한 1597년에는 구빈원에서 노동불능빈곤자, 노인, 시각장애인, 하지지체장애인, 기타 노동무능력자들을 수용 보호하고 그 밖의 사람들은 스스로 자신의 생활을 책임지도록 하는 빈민구제를 위한 법(The Act for the Relief of the Poor)을 제정하였다. 이 법은 부랑인단속 조항과 빈민구제 조항의 분리라는 의미를 가지고 있으며, 구빈감독관직의 신설, 부랑하는 교구민과 노동자들의 송환 그리고 가족들간의 상호부조 등을 의무화하였다.

이상에서 살펴본 튜터 왕조의 여러 입법들은 농업노동자들을 농촌에 정착시킴으로써 필요한 농업노동력을 확보함과 동시에 흑사병 발생 이전의 임금으로 취로시킬 것을 목적으로 삼았으며, 농노제에 기초를 둔 봉건적 성격을 띠고 있다고 볼 수 있다(김동국, 1994).

이와 같은 과정을 거쳐서 1601년에 지금까지의 빈민구제제도를 한데 모아 이를 집대성한 것이 바로 엘리자베스구빈법(The Elizabethan Poor Law of 1601)이다. 이 법을 통상 엘리자베스구빈법이라고 번역하지만 그 내용에 있어서 압제적 성격을 띠고 있기 때문에 빈민법(貧民法)으로 번역되기도 한다. 이 법이 1601년 확정된 이래 1834년까지 모든 시대의 모범법으로 시행되어 왔다.

구빈법은 봉건제가 쇠퇴하고 절대주의 국가가 성립하는 시기에 등장했는데, 농촌의 부랑자에 대한 사회통제책으로서 노동력을 중시한 중상주의(mercantilism)적 사회복지정책이었다. 중상주의자들은 빈민들의 나태의 제거와 함께 빈민에 대한 일자리의 제공에도 큰 비중을 두었는데, 그 이유는 노동을 할 수 있는 기회를 부여하는 것은 노동을 통한 국가의 부 증대에 직결되기 때문이었다.

3. 엘리자베스구빈법의 내용과 성격

1) 엘리자베스구빈법의 내용

1601년의 구빈법은 본래 빈민구제를 위한 법(The Act for the Relief of the Poor)이라는 명칭으로 제정되었으며, 이것은 앞 시대에서 제정된 각종 구빈입법을 집대성한 것이었다. 구빈법의 내용을 요약하면 다음과 같다. (1) 빈곤자에 대한 부조의 재원은 조세를 통하여 운영하도록 하였다. (2) 민생위원제도하에 빈민의 부조를 지역적으로 관리하도록 하는 제도를 마련하였다. (3) 노동능력이 없는 빈민의 분류와 구분적인 처우제도를 마련하고, 노동능력이 있는 빈민으로서 일자리가 없는 사람에게 취업알선제도를 마련하였다. (4) 어린이를 돌보아 주는 동시에 교육시키는 도제제도를 도입하였다. (5) 친척에 대한 보호책임을 지도록 하는 등이었다.

이와 같은 내용을 담고 있는 구빈법의 특징은 빈민구제의 재원을 조세에 의존한 것과 거지, 부랑자로서 신체적 이상이 없는 노동이 가능한 자를 통제하고 병자, 집 없는 자 및 극빈자에 대해서는 국가가 그 책임을 진다. 즉, 빈민구제의 책임을 교회가 아닌 지방정부가 졌다는 점에서 큰 의의가 있으나 빈민구제보다는 빈민을 통제하고 관리하기 위한 법이었다. 이 법의 제정 동기나 그 내용은 궁극적으로 당시 사회의 질서유지에 목적을 두고 있다는 점이 현대국가의 공공부조제도와는 다르다.

1601년 구빈법의 내용을 좀더 구체적으로 살펴보면 엘리자베스여왕은 부랑자 문제가 억압과 교구의 구빈만으로는 해결되지 않는다는 것을 인정하고, 보다 합리적인 조치를 마련한 것이 바로 '빈민의 분류화(classification)'였다. 이 법에서는 구민(救民)을 크게 세 집단으로 분류하여 차별적 취급을 함으로써 과거의 구빈법보다 훨씬 정교한 빈민구제 혹은 통제를 가능하게 했다.

엘리자베스구빈법은 중세적 사회사상이 세속적 형태로 명문화된 것으로 볼 수 있다. 그 바탕을 이루는 것은 빈민의 세 가지 전통적 구분이다. 첫째, 근로능력이 있는 건장한 빈민(the able-bodied poor). 둘째, 근로능력이 없는 무능력한 빈민(the impotent) 즉, 노령자, 만성병자, 맹인, 정신병자 등이며 셋째, 빈민아동

(dependent children) 즉, 고아, 기아 또는 부모로부터 버림받았거나 부모가 너무 빈곤하여 적절한 보호를 받지 못하는 아동 등으로 구분하였다(Bruce, 1961 ; Fraser, 1984).

빈민아동에 대해서는 도제(apprentice) 수습의 기회를 제공하거나 고아원에 수용 보호하고, 구제할 가치가 있는 빈민(deserving poor)은 구빈원(almshouse)에 수용하여 보호하며, 구제할 가치가 없는 빈민은 작업장(作業場: workhouse)에서 일을 하는 조건으로 최소한의 구호를 제공하도록 하였다. 근로능력이 있는 빈민이 작업장 입소를 거부하는 경우에는 이들은 교정원(矯正院: house of correction) 혹은 감옥으로 보내어 일반 범죄자와 똑같이 혹독한 처벌을 받게 하였다. 이와 같은 빈민의 분류화는 그에 상응하는 세 가지 처우를 한다는 것을 의미하며, 또한 빈민에 대한 억압책의 부분적인 포기를 의미하고 있다(Fraser, 1984).

구빈법 시대의 구제대상이 된 환자나 빈민은 시민권이 박탈되었으며, 환자의 결혼이나 사랑조차도 금지되었다. 병원은 인간구원이라는 목적을 위한 수단에 불과하였으나 이때부터 환자치료와 수용 그 자체가 목적이 되었다.

이와 같이 영국은 자본주의의 본원적 축적기에 접어들어 발생한 대량 빈민에 대해 질서유지와 치안방위적인 입장에서 제정된 15세기 말 이래의 빈민관리법과 조례들을 집대성한 것이 구빈법이며, 절대주의 국가의 성립과 함께 국가가 부랑자 통제를 더 체계화한 것이다.

엘리자베스구빈법의 특징은 이와 같은 빈민의 분류에 따라 차별적 취급을 함으로써 빈민통제와 구제를 보다 정교화했다는 것 외에 건장한 빈민의 경우는 노동을 조건으로 생계지원을 하게 한 것에서 나타나는 것처럼 노동-구제를 결합시켰다는 것이다. 이는 17세기를 전후하여 서서히 진행된 자본주의적 산업화와 연결시켜 볼 때 매우 중요한 의미를 갖는다고 할 수 있다. 즉, 노동-구제의 결합은 아무런 대가 없이 구제를 제공하는 것과는 달리 노동을 조건으로 구제를 하는 것이기 때문에 '노동의 상품화(commodification of labour)'를 강제한 것이라고 할 수 있다. 건장한 빈민들에게도 무료로 구제가 행해진다면 누구나 일하지 않으려고 하기 때문에 1601년의 엘리자베스구빈법은 자본주의적 산업화를 촉진시키는 미시적 기초를 수립했다고 할 수 있다.

이러한 측면에서 본다면 이것은 구빈법이라기보다는 빈민에 대한 억압적인 관리법이었으며, 빈민에 대한 노동강제와 교구민에 의한 구빈의무제라고 할 수 있다.

구빈법이 제정된 후 종전의 구빈원과는 다른 작업장이 곳곳에 설립되어 빈민구제사업을 담당하게 되었고, 특히 빈민들의 기술습득과 근면한 관습을 습득할 수 있는 지도와 훈련이 도제제도를 통하여 제공되므로 아동들에게 적절한 규율과 기술 등을 어린 시절부터 배울 수 있도록 하는 작업장에 대하여 당시의 많은 영국 사람들이 찬성하였다.

2) 엘리자베스구빈법의 성격

엘리자베스구빈법의 원칙과 특징 및 빈곤관 등을 토대로 이 법의 성격을 정리해보면 다음과 같다.

튜터 왕조의 구빈제도는 절대왕정의 사회질서 유지를 위한 경제정책의 일부였다. 기독교인이 종교적 이유로 경제적 개인주의를 신봉하지 않았던 것처럼, 튜터 왕조의 추밀원(樞密院: Privy Council)은 국정상의 이유로 경제적 개인주의를 불신하였다. 추밀원은 국왕 측근의 소수 귀족들의 모임으로서 처음에는 국왕의 사적 자문기관이었으나 튜터 왕조의 왕권강화와 함께 막강한 행정·사법기관으로 존립하다가 17세기 이후 국왕의 정치권력이 약화되면서 그 권력도 쇠퇴하게 되었다. 그들의 목적은 현존하는 계급관계를 가부장적인 절대주의 정부의 제한적이며, 보호적인 억압하에 둠으로써, 그 계급관계를 확고부동한 것으로 만드는 데 있었다. 즉, 구빈정책이 통제적 성격을 띠고 있다고 볼 수 있다. 실제로 엘리자베스구빈법에서는 국가권력의 통제하에 능력 있는 빈민에게는 노동의 의무를 부과하고, 교구에 대해서는 구제의무라고 하는 2중의 의무를 국민에게 부과했던 것이다.

1601년 구빈법은 그 방법에 있어서 종전보다는 훨씬 발전한 것이었으며 내용에 있어서는 첫째, 구빈의 책임이 교회가 아닌 국가에 있다는 것을 최초로 인식했다는 점. 둘째, 그 책임을 다하기 위하여 법률로써 제도화했다는 점. 셋째, 그 실행을 위하여 중앙정부로부터 지방의 치안판사(Justice of Peace)와 구빈감독관(Overseers of the poor)에 이르기까지 통일적인 구빈행정기구를 설립했다는 점.

넷째, 구빈재원을 확보하기 위해 교구단위로 구빈세를 징수하여 국가의 재원으로 충당함으로써 사업비의 은혜적 갹출제도로부터 강제적인 부과제도로 전환했다는 점. 다섯째, 종전과 같은 무차별적인 자선 또는 징벌(懲罰)을 꾀한 것이 아니라 빈민을 구분하여 적절한 구제를 했다는 점 등이다.

치안판사는 비직업적인 명예직이었으며, 구빈감독관은 치안판사의 지도 감독하에 구빈행정의 말단책임을 지고 있었는데, 각 교구마다 24명이 선임되어 구빈세의 징수와 구빈사무를 담당한 명예직이었다. 구빈세(poor taxes)는 구빈원의 구제 및 그 행정을 집행하는 비용을 1572년 법으로 강제과세형태를 취하고 그 이후는 민생위원을 통해서 징수되었다. 중세의 자발적 기여에 의한 것과는 달리 구빈법의 중요한 특징이었다. 모든 교구의 구빈세는 대개 물납(物納)과 금납(金納)의 형태를 띠었지만, 과세의 기준과 세액은 교구에 따라 크게 달랐다.

이와 같이 영국은 1601년 법을 통해 추밀원을 중심으로 중앙정부에서 빈민통제를 관장하여 사실상 빈민들을 국가가 책임지는 사회복지제도가 공식화되면서 중앙집권적인 구빈행정을 확립하게 되었다. 따라서 전제(專制)적인 빈민대책은 근본적으로 붕괴되었으며, 구빈행정은 법령과는 상관없이 지주계급의 지배하에 각 지방의 여건에 따라 일관성 없이 실시되었다.

이 법의 시행결과 국가사업으로 그 규모가 확대됨에 따라 구제비용이 급격히 증가하게 되었고, 빈민의 이동이 빈번해졌으며, 지방기금에 의한, 지방관리에 의한, 지방민에 대한 구빈행정이 명백한 원칙으로 지속되었다.

이 법은 전근대적인 빈민관에 기초하고 있음에도 불구하고 약 300년간 영국의 구빈사업에 지대한 영향을 미쳤으며, 또한 세계 각국의 구빈제도 정립에 기초가 되는 구실을 하였다.

4. 구빈법의 보완

구빈행정의 역사는 빈곤에 대한 도덕적 책임과 재정적인 책임간의 갈등의 역사이다(Jones, 1985).

엘리자베스구빈법은 시대의 흐름과 함께 많은 문제점이 제기되면서 새로운 구빈대책을 필요로 하게 되었다. 즉, 중상주의 원리하에서의 구빈법은 빈민을 모두 노동력으로써 동원시켰고, 빈민아동을 산업예비군으로 도제교육을 시키는 등 초기 자본주의하에서의 노동정책의 일환으로 그 기능을 수행해 왔으나 요보호자를 위한 구빈정책으로서의 역할에는 한계가 있었다. 또한 산업혁명으로 인한 사회 경제적 변화는 구빈정책의 방법과 원칙에 있어서 개혁을 요구하게 되어 구빈법의 보완작업이 이루어지게 되었다.

엘리자베스구빈법의 보완은 정주법, 작업장법, 길버트법, 스핀함랜드법, 공장법 등을 통해 이루어졌다.

1) 정주법

전통적으로 영국사회에서는 일정한 교구에 소속하고 있는 사람은 여러 가지 의무를 지는 대신 재해를 당하고 빈곤해졌을 때 교구로부터 구제를 기대할 수 있었다. 정주(定住)의 원리는 모든 사람은 법적으로 일정한 교구에 소속하며, 그 해당교구에서 구제받을 자격을 갖는다는 것이다.

여러 지역에서 구빈원이 국민의 인기 속에 운영되고 있었다. 특히 빈민, 거지, 실업자들의 문제가 계속되어 오던 중 구제의 방법과 기준이 교구마다 차이가 있었기 때문에 요구호자들이 구빈원의 혜택을 받을 수 있는 지역이나 부유한 교구로 이동해 다녔다.

각 교구는 자기 교구 내의 빈민보호의 책임을 갖고 있기 때문에 다른 지역으로부터 이주해 오는 빈민으로 말미암아 구호의 부담이 증가되는 것을 원치 않았다. 반면 상류 귀족계층은 그들의 사유지 경작에 필요한 농촌노동자 확보와 그 유지를 염려하게 되었다.

이와 같은 상황에서 교구민과 상류 귀족계층의 압력에 따라 찰스(Charles) II

세는 1662년 정주법(The Settlement Act of Charles Ⅱ)을 제정하였다. 이 법에 의한 법적인 정주는 출생, 결혼, 도제, 나중에는 상속에 따라 결정되었다. 교구로 새로 이주한 자가 그 교구에서 소유한 토지가 없을 경우 40일 이내에 떠나야 했으나 빈민구제를 요구하지 않을 게 확실한 자는 그대로 두었다(Friedlander, 1974).

정주법은 빈민의 소속교구를 명확히 하고 도시 유입 빈민을 막기 위한 제도로서 한마디로 표현한다면 지방자치제도하에서 타 지방에 사는 빈민이 이사를 오지 못하게 하는 제도였다. 그것은 교회위원과 민생위원들에게 구빈원을 운영하는 새로운 권리를 부여하였다. 즉, 빈민들을 고용하여 작업에 대한 사적인 약정을 체결하도록 하고 구빈원에 들어오지 않는 빈민들에게는 국가의 부조를 주지 않는 제도가 마련되었다. 이 법을 근거로 교구연합(parish union)이 결성되고 여기에 유급 구빈사무원을 채용하였으며 노동무능빈민만을 위한 작업장을 설립했다. 이러한 점에서 볼 때 이 법은 극단적인 형태의 교구주의(parochialism) 내지 지방할거주의(sectionalism)의 한 표현인 동시에 농촌노동자의 이농을 막아 농촌 노동력을 확보하기 위한 방책이기도 했다. 구빈법이 노동력의 이동을 장려하기보다는 한 지역에 머물도록 하는 것이 바람직한 것으로 생각되는 사회를 상정하고 있다는 사실은 1662년의 정주법에서 함축적으로 찾아볼 수 있다.

정주법은 오늘날 복지이주현상(welfare migration)에 대처하는 지방정부의 거주조건부 복지 제공(residential requirement)이라는 정책적 대응과 맥을 같이하고 있다(김기원, 2000). 그러나 이 법도 산업화의 불가피한 현상인 대도시로의 노동력 유입을 막을 수는 없었다.

2) 작업장법과 길버트법

정주법이 시행된 후 작업장이 설립됨에 따라 지방의 빈민들이 보수가 있는 생산적 노동에 종사할 수 있었다. 이러한 제도의 도입으로 구빈원은 위원들이 빈민들을 돌보아 주는 명목하에 가능한 한 많은 돈을 벌어들이기를 원했고, 교구는 가능한 한 최소의 돈을 투자하기를 원하게 되는 결과를 빚어냄으로써 결국은 이윤문제에 집착되어 구빈원은 급속히 증가되었고 이에 따라 빈민구제에 있어서 새로운 문제점이 생겨났다. 구빈원은 불결한 환경에다 가혹한 처우로 악명이 높아졌고, 불충분한 음식 제공으로 재원자들을 보호한다기보다는 노동으로 인간쓰레기를 손쉽게 처리하는 곳으로 기능했고, 처벌과 혹사에 의한 착취가 횡행했다.

따라서 빈민에 대한 인간 이하의 취급을 개선하고자 하는 운동이 다각적으로 전개되었다. 퍼민(Firmin)은 감옥제도를 개선하기 위한 운동을 벌였고, 1696년에는 작업장법(The Workhouse Act of 1696)이 제정되었다. 작업장법은 노동 가능한 빈민들에게 기술을 가르쳐 국가의 부의 증대에 기여하는 한편 빈민에게 수입을 확보할 수 있는 기회를 제공하는 데 그 목적이 있었다. 이 법의 시행으로 거리의 상습적인 걸인이나 난폭한 부랑자는 사라졌으나 작업장 제품은 기업체의 상품과 경쟁할 수 없어 경영난을 겪게 되었고, 재료의 낭비 등으로 교구민의 세 부담이 증가하였으며, 한편으로 빈민의 혹사, 노동력 착취가 문제시되었다. 이 법은 빈민의 직업보전적 성격을 띤 원초적인 프로그램이었다는 데 의의가 있다.

1722년에는 작업장적부심사법(The Workhouse Test Act of 1722)이 제정되었는데, 이 법은 작업장을 부랑억제와 이윤획득 양자를 위해 활용하도록 촉진하려는 데 목적이 있었다. 이 법에 의해서 모든 교구가 작업장을 세울 수 있게 되었으나 많은 교구들이 영세했기 때문에 제대로 된 작업장을 운영할 능력이 없었다. 그리하여 영세한 교구들은 교구연합을 만들어 빈민구제비용을 분담하였다. 그러나 고용인 수를 줄이고 의·식을 최대한 절약하게 되어 과로, 작업환경문제, 위생시설, 과밀한 숙사 등의 문제로 빈민들은 비인간적 혹사를 당했다.

길버트(Gilbert)는 작업장적부심사법에 대한 개선안을 연구·제시하였고, 이를 토대로 1782년에 길버트 법(An Act for Better Relief and Employment of the Poor)이라고 불리는 개혁법이 제정되었다. 이 법으로 구빈원 외에 빈민의 부조제도가 열려지고 이 제도가 다듬어져서 근면한 빈곤자들은 자기 집에서 국가의 부조를 받게 되는 원외구제(outdoor relief)제도가 1795년에 처음으로 시행되었다. 이것은 오늘날 거택구호제도의 효시가 된다. 즉, 작업장에서의 빈민들의 비참한 생활과 착취를 개선할 목적으로 원외구제를 가능하게 한 법이다. 이 법의 주요 내용은 고용대책과 거택구호였다.

작업장제도는 영국 구빈법상 중요한 의미를 지니고 있는데, 구빈법은 부랑을 금지하고 노동력이 없는 사람들을 위하여 교정원과 구빈원을 설치하는데 목적이 있었고, 길버트법은 일종의 작업장 개선운동이었으며, 교구연합에 의해 행정구역을 확대하고 행정의 합리화와 빈민처우의 개선을 도모했다. 또한 작업장에서의 빈민착취를 개선하고 원외구제를 관리하기 위해 최초로 유급사무원을 고용하는 등 효율적인 구빈행정을 시도하였다(Schweinitz, 1947). 이와 같은 유급사무원은 오늘날 사회복지사의 모태가 되었다고 할 수 있다.

이러한 구빈법의 대 변화는 지방정부, 구빈감독관, 교구가 구빈문제를 어떻게 해서든 해결하고자 했던 일종의 자구책이었다. 이러한 추세는 18세기 후반부터 더욱 강화되었다.

3) 스핀함랜드법

영국은 봉건사회가 무너지면서 노동자와 고용주간의 지위관계도 변화되어 갔지만 급격히 증가하는 노동자와 빈민들에게는 18세기 후반에 이르기까지 특히 농업노동자들은 생계유지에 많은 고통을 겪었다. 이들 노동자들의 빵문제 해결을 위하여 당시 노동자법으로 임금수준을 고정시키는 법이 있었으나 이 법은 주로 최저임금의 설정보다는 최고액의 임금을 법률로서 정하고 있었다.

이러한 때에 구빈법을 보완하는 조치로서 1795년 영국의 스핀함랜드에서 주로 가장 고통을 받고 있는 농업노동자들에 대한 최저임금제를 도입하는 내용의 스핀함랜드법(Speenhamland Act)이 제정되었다. 이 법은 길버트법의 확장으로 볼 수 있는데, 이것은 저임금노동자의 임금을 가족 수에 따라 연동적 비율로 보충해주는 내용을 주로 하고 있다. 즉, 가구유형에 따라 차등 지급되었으며, 빵 가격의 변동을 반영하는 물가연동제(Price indexation)가 실시되었다.

스핀함랜드법은 임금보조제도뿐만 아니라 노령자, 불구자에 대한 원외구제, 재가복지의 방법을 마련하였다. 이 법은 생계비 이하의 저임금을 받는 노동자의 임금을 보충하기 위해 수당을 지급하고, 가장이 없는 가정을 위해서는 아동수당과 가족수당을 지급하는 것을 골자로 하고 있는네, 이 제도가 갖는 의의는 첫째, 경제적 파급효과를 차치하고 그 의도는 경제적 불황기에 노동자의 생활유지에 대한 권리를 인정했다는 점에서 인도주의적이었고 자비적이었다. 둘째, 빈민 구제에 따른 낙인이 존재하지 않았다. 이 때만 해도 일하는 빈민이 구빈혜택을 받는다고 해서 대중들이 이를 도덕적 타락으로 보지는 않았다. 셋째, 이 법은 스스로 삶을 영위할 수 있는 자와 도움이 필요한 자를 구분하는데 있어서 최초로 대가족을 고려했다는 점에서 의의를 지니고 있다. 넷째, 경제적 불황기에 노동자의 피보호권리를 인정했다는 점에서도 중요성이 있다(Rimlinger, 1971).

당시 이 법은 빈곤자들에게 산업 또는 농업에 의해 지급되는 급료수준에 관계 없이 최저생계 유지를 위한 수입을 보장해주는 것으로서, 이는 노동자들의 임금에서 일정한 세금을 부가하여 그 재원으로 충당하였다. 이리하여 극빈한 농업 노동자들을 생계유지의 고통으로부터 구제하고, 호구지책(糊口之策)으로 인하여 농사를 박탈하는 인구를 줄어들게 하였다. 이 제도는 오늘날 최저생계비에 미달될 때 최저생계비와 가계소득의 차액을 보충급여하는 공공부조의 보충급여제도의 효시가 되었다.

스핀함랜드제도는 중상주의적 구빈정책으로서 중상주의체계하에서 빈민은 구빈원에 수용되어 구제와 보호를 받는 것이 일반적이었다. 그러나 급격한 농업혁명에 의한 빈민의 대량발생과 정주법 시행에 따른 농촌에의 강제적 체류는 빈곤문제를 점차 심각하게 만들었다. 중상주의적 구빈정책은 결과적으로 농민의 이동을 막아 자유로운 노동시장의 형성을 저해하게 되었다.

스핀함랜드법에 의하여 최저생계비보장제도를 도입하여 실시해본 결과 최저급료수준 설정이 결여되어 있어 급료 지급은 한층 더 저하를 초래하였고, 그 결과 보다 많은 사람들이 구호의 대상이 되는 결과를 가져왔으며, 구빈세 부담이 증가되었다. 또한 빈민의 노동력 저하와 독립심을 저해하는 등 근로유인 효과에 역행하는 결과를 초래하였다. 이러한 최저임금제 도입의 노력은 당시 행정기술 등의 미비점과 더불어 실패로 돌아갔다.

4) 공장법

아동의 노동을 1일 12시간 이내로 제한하는 도제 건강 및 도덕유지법(The Act for the Preservation of Health and Morals of Apprentices and Others Employed in Cotton and Other Factories)이 1802년에 제정되었다. 이 법은 최초의 아동복지법이라고 볼 수 있다. 이 법의 후속 조치로 1833년에는 9세 이하의 아동들에게 노동을 금지시키고, 13세 이하 아동의 노동시간을 1주 48시간 이내로 제한시키며, 아동의 야간노동의 금지, 소년소녀의 침실 구분 등 노동의 착취로부터 아동을 보호하는 공장법(Factory Act)이 제정되었다.

공장법은 산업혁명의 진행에 수반하는 노동문제의 심각화에 대해 영국의 노동자와 지식인들의 노력으로 부인, 아동노동의 보호를 위해 입법화되었다. 초기 공장법은 자본주의 고유의 노동문제가 심각화되고, 자본가와 노동자의 계급대립이 격화되어 자본주의의 유지가 곤란하게 된 사태에의 대책 즉, 자본주의의 안정화를 도모하는 데 중점을 두었다. 이 같은 입법조치는 곧 미국과 유럽에 전파되어 아동의 복지를 증진시키는 데 공헌하였다. 한편, 1847년 공장법의 개정으로 여성과 18세 이하의 아동은 1일 10시간 근무로 변경되었다.

이와 같이 엘리자베스구빈법이 강압적인 내용으로 시행되기도 했지만 당시의 상황을 살펴보면 산업혁명이 진척되고 있었고 나폴레옹전쟁 시기였다. 이러한 시대상황에서 많은 가정이 붕괴되었고 중세(重稅) 및 물가앙등이 계속되었으며, 경제적, 사회적 혼란을 야기하게 되었다는 점도 구빈법의 개정을 촉구하는 요인으로 작용하였다.

Chapter 5

신구빈법의 등장

18세기 말에 이르러 산업화과정과 정치적 민주화과정, 자본주의의 전개와 더불어 사회 전체는 자연히 자유주의적인 분위기가 강하게 지배하기 시작했다. 자유주의에서의 기본 원칙은 사유재산의 자유로운 권리 추구와 거기에 따르는 개인적 책임을 중시하는 점이다. 이러한 사회분위기와 맞물려 계속되는 경제적 불황과 산업혁명에 의한 급격한 사회변화가 국가의 경제적 기반을 어렵게 만들었고 이의 해결을 위해 정부는 예산 절감을 위한 노력을 하지 않을 수 없었는데, 이러한 정부의 노력이 1834년 신구빈법의 제정으로 나타났다.

1760년대에서 1840년대의 산업혁명은 영국사회가 중세적 잔존물과 봉건적 제도를 극복하여 근대적 사회로의 재편과 자본주의제도의 확립을 이루게 한 계기가 되어 산업사회의 특성에 맞는 새로운 성격의 법제가 요청되었는데, 그것이 1834년 신구빈법으로 나타나게 되었다.

신구빈법의 성립은 바로 농업자본에 대한 공업자본의 승리라고까지 표현되고 있다. 특히 자유방임적 법제의 특성을 갖는 1834년의 신구빈법(The Act for the Amendment and Better Administration of the Law Relating to the Poor in England and Wales)은 엘리자베스구빈법에 사실상 종지부를 찍고 산업사회에 부응한 가혹한 성격을 지닌 구빈정책과 행정조직을 확립한 것이다. 이 법에 의하여 확립된 1834년의 원칙은 20세기의 사회보장제도가 성립될 때까지 영국 공공부조의 기본 원리가 되었다.

Section 1 신구빈법으로의 개정 배경

1. 산업혁명으로 인한 새로운 빈곤의 증가

상업 · 농업 · 공업 3대 부문에서의 경제적 변혁으로 구 제도의 토대는 허물어지고 유럽의 세력 균형도 달라지게 되었다. 이 변혁은 바로 경제적 혁명이었다. 1715년부터 1789년 사이에 상업혁명은 3자 중에서 가장 성숙한 혁명이었다. 상업혁명의 기본 제도는 1715년 이전에 이미 발전하고 있었다. 은행 · 보험을 취급하는 상사(商社)는 르네상스 시대와 그 이후의 시대에 벌써 존재했고 특히 무역회사는 16세기까지 소급할 수 있었다. 정부의 상업정책을 뒷받침하고 있는 중상주의는 스페인, 프랑스에서 이미 충분히 발전하고 있었다. 그러다가 18세기에 들어와서 무역이 발전하는데 따라 산업혁명의 속도도 빨라졌다. 산업혁명은 또한 새로운 계층으로서 노동자계급을 배출시키는 등 사회 여러 방면에 커다란 변화를 초래하게 되었다.

산업혁명은 가내수공업을 공장제도로 바꾸었다. 기계의 발명과 기계제 공업의 성립은 생산력의 비약적인 발전을 가져 왔지만, 자본주의체제가 갖는 계급적 구조하에서의 그 발전이란 노동자들의 복지와 결부되지 못하고 오히려 적대적으로 작용하고 말았다. 즉, 기계의 발명은 기술자들의 오랜 숙련을 무력화시키고 또 그들을 실업, 몰락시킴과 동시에 부녀노동과 아동노동을 보급하였으며, 그 결과 성인 남자의 노동조건은 현저히 저하되었다.

이와 같은 열악한 노동조건은 비인간적인 주택, 생활환경 등과 더불어 노동자들에게 노동재해, 직업병, 전염병의 만연과 영양실조를 야기하고 건강을 악화시켰다(Evans, 1977). 더욱이 1825년 이후부터는 자본주의의 확립을 상징하는 순환성 과잉생산 공황이 실업을 주기적으로 격화시킴으로써 노동자들의 생활은 더욱 비참해지고 말았다. 자본의 축적과 함께 산업예비군도 증대하여, 그 저변에 피구제빈민(被救濟貧民)과 자선사업의 대상이 누적적으로 증대되어 갔다.

피구제빈민(the pauper)이란 절제심이 없고 타인에게 의존하는 것을 당연한 것으로 간주하고 있는 부도덕한 특수한 사회계층을 지칭하는 용어이기 때문에 단순한 경제적 결핍만을 의미하지는 않는다. 빈민(the poor)이란 자본주의 사회가 갖는 구조적 결함 때문에 생활난을 겪고 있는 자를 말하며, 또 이러한 생활난을 해소하기 위한 노동이 가능한 자를 의미한다. 궁민(the indigent)이란 재산이 궁박함과 동시에 결핍상태에 있는 생활필수품을 획득하기 위한 노동이 불가능한 노동능력이 없는 자를 지칭한다. 세민(the destitute)이란 스핀함랜드제도에 의해 임금보조수당을 받던 농촌지역의 농업노동자를 지칭한 용어이며, 음주, 나태 및 도벽 등 개인의 도덕적 결함에 의해 생활이 궁핍하게 된 자를 가리킨다(김동국, 1994).

산업혁명의 결과로 발생한 중요한 사회적 변화 중의 하나는 인구의 증가뿐만 아니라 인구의 구조와 균형에 나타난 변화였다. 광산과 공장이 있는 곳에서는 대소도시가 생겨나고, 도시인구의 증가는 산업사회의 중추를 구성하는 두 종류의 사회계급의 수와 세력 발생의 원인이 되었는데, 그것이 바로 실업자와 노동자였다. 과도하게 긴 노동시간, 값싼 임금 그리고 인간 이하의 노동조건은 초기 산업노동자들의 가장 일반적인 불평의 원인이었다(양병우 외 공역, 1985).

또한 남부의 곡창지대에서는 제2의 종획운동(자본가적 농업 재편성 즉, 농업혁명)이 전개되어 농민과 반농반공(半農半工)의 기술자계층들이 몰락하여 임금노동자화를 초래하였고, 불황에 의한 식량가격의 등귀(騰貴)가 사회불안을 더욱 증대시켰다. 그러나 영국은 산업혁명으로 선도적 지위를 차지하고 있었으므로 세계에서 가장 부유한 국가가 되어 가고 있었다. 사회복지 측면에서 보면 제2의 종획운동은 불행한 결과를 가져왔다. 그러나 농업의 생산성이라는 입장에서 본다면 종획은 일대 발전이었다. 종획으로 말미암아 기계에 의한 파종(播種), 말에 의한 경운(耕耘), 농작물 윤작(輪作)을 적용시키는데 알맞은 대농장이 만들어진 것이다. 이 결과 영국은 증가하는 인구의 식량을 조달하는데 하등의 어려움을 겪지 않았다(양병우 외 공역, 1985).

이러한 문제를 더욱 심각하게 만든 것은 산업혁명이 가져 온 이러한 변화에 대해 엘리자베스구빈법이 효과적으로 대응하지 못했다는 사실이다. 즉, 중세의 봉건농노제에 적합했던 구빈법이 산업혁명 이후의 자본주의 시대에는 적합하지 않았던 것이다.

2. 스핀함랜드제도의 모순과 구빈세의 증대

18세기 말부터 19세기 초에 걸쳐 구빈세가 증대되었던 최대의 원인은 수당제도의 일종인 스핀함랜드제도의 확대 때문이라고 할 수 있다. 본래 이 제도는 노동자의 임금 중 부족한 생활비를 구빈세로 보충해 줌으로써 그들의 생활을 안정시키고, 또 농업자본가에게는 저임금의 지불을 보장해 줄뿐만 아니라 토지를 제공한 지주에게는 지대(地代)라는 이윤을 가져다주는 데 목적이 있었다.

스핀함랜드제도가 이러한 의의를 가지고 있음에도 불구하고 많은 비판을 받았던 이유는 1815년 이후 그 의의가 정세의 변화 즉, 나폴레옹전쟁의 종료에 의해 반감됨과 동시에 다음의 두 가지 폐해만이 크게 드러났기 때문이다.

첫째, 고용주가 저임금을 지불하더라도 구빈세로부터 보조금이 나왔기 때문에 빈곤대책의 일환으로 마련되었던 임금보조제도가 이제는 노동자를 위한 제도가 아니라 고용주를 위한 제도로 전락되고 말았으며, 또 수당제도가 빈민을 위한 생활보장의 수단으로 실시되었기 때문에 임금의 개념이 모호해졌다.

둘째, 수당제도가 실시된 시기는 산업자본의 기초가 확립되려는 자본주의 시대였는데, 그 시대에 실시된 제도는 봉건적 성격을 띠고 있었기 때문에 그 모순이 필연적으로 나타날 수밖에 없었다. 자본주의 시대에 접어들어 자본가계급은 그 수가 더욱 증대되어 가는데 비해 재산소유자는 상대적, 절대적으로 감소하여 그 결과 1인당 담세율은 더욱 높아졌던 것이다(김동국, 1994).

스핀함랜드제도의 또 하나의 근본적인 결점은 근로유인효과에 역행한다는 것이었다. 이 제도는 구 질서의 이념(중세의 봉건적 농노제) 아래 만들어졌으며, 가족의 생계임금을 보장하는 것이 목표였지만 산업사회의 경제적 합리성과 갈등을 일으키게 되었다.

산업화의 필연성과 구빈법 사이에 생겨난 가장 큰 갈등은 18세기 말에서 19세기 초에 걸친 구빈비용의 급격한 증가였다. 이 당시 유산계급의 최대의 불만은 구빈세의 부담이 매년 증가한다는 데 있었으며 뿐만 아니라 구빈세의 부담이 불공평했다는 것이었다. 불공평의 문제는 각 교구간의 불공평 그리고 특정한 교구 내 개인간의 불공평의 문제였다. 특히 토지, 가옥에 대해서는 과중하게 부과되고 제조업분야에는 가볍게 부과되었다. 구빈비용의 증가는 인구의 증가와도 관련되어 있는데, 당시의 사람들은 적어도 부분적으로는 그에 대한 책임이 구빈법에 있다고 보았다(Rimlinger, 1971).

3. 구빈행정조직의 결함

엘리자베스구빈법은 구빈행정의 책임을 전국적 조직인 구빈감독관에게 부여한 중앙집권적인 기구를 확립했다는 데 의의가 있었다. 그러나 이같은 전국적인 조직도 지방자치의 존중이라는 영국 특유의 전통으로 인해 거의 유명무실하였다. 실제로 전국의 구빈행정은 중앙정부의 지도 감독으로부터 사실상 독립하여 각 교구나 치안판사의 수중에 있었다고 하여도 과언이 아니다. 즉, 15,500개소에 달하는 교구는 각기 독자적으로 구빈행정을 전개하고 있었다.

이러한 상황하에서 문제를 더욱 악화시킨 것은 첫째, 구빈행정의 효율성을 향상시키기 위한 목적하에서 전국적인 통일을 기할 수 없었으며 둘째, 교구라는 행정단위가 지나치게 소규모였고 동시에 폐쇄적이라는 것, 또 여러 가지 개혁안이 치안판사의 권력을 부정할 수 있을 만큼 강력하지 못했다는 사실 등으로 인해 구빈행정의 개혁이 곤란하였다는 것이다.

4. 새로운 구빈사상의 등장

구빈법 개혁이 요청되었던 것은 앞에서 논의된 구빈세의 증대나 행정조직의 결함이라는 사실만이 아니라 새로운 사상과 이론의 출현도 개혁의 동인이 되었다.

이 시기에 등장한 사상들을 살펴보면 먼저 개인주의적 빈곤죄악관을 들 수 있다. 개인주의적 빈곤죄악관은 알콕크(Alcock), 타운센드(Townsend) 등에 의해서 제기되었는데, 그들은 구빈법의 폐지를 주장하면서, 빈곤은 개인의 도덕적 결함 때문에 발생한다고 주장하였다.

다음으로 인구론과 임금기금설이다. 맬서스(Malthus)는 「인구론(Essay on the

Principle of Population, 1798)」을 통해 구빈법이 인구와 빈민을 증가시키고 국민의 생활수준을 약화시킨다고 주장하면서 구빈법의 개정을 촉구했다. 즉, 맬서스는 인구의 무한한 증가는 노동의 수요를 저하시키고 따라서 노동의 임금도 저하시킬 것이기 때문에 빈곤과 악덕(惡德)은 만연할 것이고, 빈민구제가 개인의 자유와 독립정신 그리고 근면성을 파괴한다고 보았으며, 인간의 생존권은 노동을 통해서만 획득되는 권리이며, 인간이라면 누구나 다 가지고 있는 자연권은 자유의 권리라고 보았다. 따라서 정상적인 시장에서 일자리와 빵을 구하지 못하는 사람을 국가가 구제하는 구빈법은 인간의 자연법칙을 거역하는 것이라고 주장했다.

임금기금설(wage fund theory)은 리카도(Ricardo)에 의해 제기되었다. 그는 구빈제도는 보다 많은 사람들을 궁핍화시킨다. 임금으로 지급될 수 없는 사회적 기금은 한정되어 있는데, 그 중 많은 부분이 빈민구제에 지불되면 임금으로 지불될 수 있는 몫이 적어져 결국 경제력이 있던 사람도 궁핍해진다는 것이다. 따라서 궁핍화의 악순환을 가져오는 구빈제도는 폐지되어야 한다고 주장하였다(김동국, 1994). 또 에덴(Eden)은 경제적 자유주의에 기초하여 구빈법을 비판하면서 구빈법의 확대를 반대하고 그것은 긴급대책 또는 특별한 궁핍에만 한정시켜야 하며, 민간 자선에 대한 보충 이상의 것이 되어서는 안 된다고 주장하였다.

인구론과 임금기금설의 입장을 요약하면 (1) 낭비하는 자에 대한 지원은 단지 그의 출산능력을 조장시켜 줄뿐이며, 그 결과 인구와 자원 사이의 극히 미묘한 균형은 파괴되고 만다. (2) 특정한 시점에서 분배가 가능한 임금기금은 한정되어 있기 때문에 빈민에 대한 구제는 일반노동자의 임금을 직접적으로 감소시키는 결과를 가져 올 것이다. 즉, 구빈법은 빈민을 부유하게 만들기보다는 부자를 빈곤하게 만들기 쉽다고 주장하였다.

농업경제로부터 산업경제로의 변화과정에서 한 사회가 당면한 중요한 문제들 중의 하나는 인구학적 변화였다. 1781~1831년 사이 대영제국의 인구는 925만 명에서 1,653만 9천 명으로 출산율은 일정 수준을 유지하는 반면 사망률은 계속 낮아졌다. 이러한 상황에서 구빈법이 인구를 증가시키고 거지들의 수를 늘렸으며, 일반인의 생활수준은 낮아지고 있다는 주장이 제기되었고, 빈민구제가 개인의 자립정신을 해치고 근면정신을 파괴하였다는 주장이 나왔다.

1830년대 초기에는 구빈법에서뿐만 아니라 공장노동자들에 대한 보호, 교육, 공중위생 등과 같은 문제가 사회의 각 부문에서 발생하게 되었다. 이러한 시기에 벤덤(Bentham)은 공리주의(功利主義 : utilitarianism)적 입장에서 구빈법 개혁안을 제시하였다. 벤덤이 제시한 구빈행정의 원칙은 첫째, 일반적으로 사용되는 빈곤을 빈곤(poverty)과 궁핍(窮乏: indigence)으로 구분하여 구제는 궁핍에 국한되어야 한다. 둘째, 피구제자는 타인의 노동에 의해 부양되고 있는 자를 말하며, 그 구제수준은 자립하고 있는 노동자보다 적격이서는 안 되며, 공적 급여는 노동자의 노동에 대한 급여보다는 저율인 것이 바람직하다. 셋째, 빈민의 생활유지와 열등처우의 원칙을 구체적으로 조화시키는 방책으로서 모든 구제는 시민생활로부터 격리한 국가적 규모의 수용시설에서 시행되어져야 한다는 것이다(김동국, 1994). 그는 행복을 증진시키기 위해서는 경제적 자유방임이 적절하다고 봄으로써 국가의 개입에 부정적이었다. 그리고 전체 사회의 다수의 행복을 위해서는 빈민구제의 범위와 수준은 최소화되어야 한다고 보았다. 공리주의 사상은 최대 다수의 최대 행복(the greatest happiness of the greatest members)으로 표현되는데, 최대 다수의 최대 행복이란 사람의 수를 무시한 행복의 총량이 아니었고, 단순한 다수의 행복만을 추구하는 것도 아니었다. 그것은 최대 다수가 아닌 모든 사람의 최대 행복과 최소 고통을 의미하고 있으며 이 사상은 산업화가 시작된 현대 초기의 산업복지사업에 영향을 미치는 중심 사상이 되었다.

이와 같이 계몽주의 사상의 영향을 받은 진보주의 세력들이 경제적 자유방임체제가 노동력의 소모를 가져와 노동력의 지속적인 공급을 초래할 것임을 경고하고 나섰다.

구빈법의 보완 차원에서 제정된 정주법, 스핀함랜드법 등이 비판을 받게 된 것은 이동성과 생활불안정이 산업노동시장의 필수요건으로 인식되었기 때문이다(Picchio, 1967).

Section 2 구빈법위원회의 조사보고서

1. 구빈법위원회의 조사활동

영국에서 빈곤이 대량으로 발생한 것은 근세 초기인 16세기 이후부터였고, 그 대량 발생으로 인해 비로소 구빈제도가 구체화되기 시작했다. 그 중 체계적인 모습으로 등장한 법제가 바로 엘리자베스구빈법이었지만 이 법도 중세적·봉건적 성격을 띠고 있었기 때문에 산업혁명 이후 성립된 자본주의체제의 진행과정에서 많은 모순점을 나타낼 수밖에 없었다.

1830년대의 경제 사회적 상황에서 엘리자베스구빈법이 구빈대책으로서 한계에 봉착하게 되자 1832년 구빈법위원회가 구성되었으며, 시니어(Senior), 채드윅(Chadwick) 등이 참여하여 조사보고서가 발표되었다. 구빈법위원은 1834년 신구빈법의 효과적인 실시를 목적으로 구빈법위원회가 3인의 위원을 중심으로 발족했다. 이 위원회는 거택보호를 폐지하고 현물급여로 대체하였으며, 구빈비용의 절약에 성공했다. 구빈억제정책인 작업장을 각지에 설치하고 시설외 구제를 금하고 열등처우의 원칙의 실행에 철저했다. 1847년 그 역할을 완수하여 구빈청의 설치로 폐지되었다.

구빈법위원회의 개혁 과제는 구빈체계를 발전단계에 있는 산업사회의 경제적, 사회적 원칙들과 조화시키는 것이었다. 이들은 빈곤이 노동자의 태만이라는 도덕적 결함에서 발생한다고 보았다. 즉, '피구제빈민화라는 질병(the disease of pauperism)'은 노동능력 있는 자 및 그 가족에 대한 모든 구제를 제한함으로써 근절될 수 있다. 따라서 이와 같은 노동능력 있는 자에 대한 구제를 폐지시켜야 한다고 주장했다.

이러한 기조하에서 구빈법위원회는 다음의 여섯 가지를 제안하였다. 첫째, 구빈법은 개정될 필요가 있으며, 신구빈법은 정부기관에 의해 운영될 것. 둘째, 동기관은 의회에 대해 직접 책임을 지지 않으며, 의회의 세부적인 통제를 받지 않을 것. 셋째, 신구빈법을 운영하는 일선기관은 교구에서 선출된 구빈위원들에게 위임될 것. 넷째, 구빈행정의 기본 단위는 교구가 아니라 여러 교구의 연합일 것. 다섯째, 노동능력 있는 빈민에 대한 거택구호를 폐지할 것. 여섯째, 피구제빈민의 생활상태는 자활하고 있는 전체 노동자의 그것과 사실상 혹은 외견상 똑같은 상태가 되어서는 안 된다는 열등처우의 원칙을 기본으로 삼을 것 등이었다.

2. 보고서의 원칙과 내용

구빈법위원회 보고서(1834)는 자유방임주의에 기초하여 작성된 것으로서 주요 원칙과 내용을 요약하면 다음과 같다. (1) 구빈원의 수용을 하지 않고서도 일할 능력이 있는 것으로 간주되는 사람들에게는 부조(扶助)를 하지 말아야 한다. (2) 부조는 교구직에 영향력을 미칠 수 있고, 구빈원의 운영을 감독할 수 있는 힘과 권력을 지닌 중앙위원회를 통하여 관리되어야 한다. (3) 빈민은 노인, 불구자, 아동, 건강한 남녀 등 4단계로 분류되어야 한다. (4) 빈민에게 종전과 같은 방식의 부조는 이들의 복지를 파괴하는 것이기 때문에 빈민에 대한 부조는 그 수준이 항상 최하위 급료생활자의 수준보다 못한 수준으로 설정되어야 한다. (5) 아동의 법규에 관하여는 더 조사가 이루어져야 한다는 것으로 요약된다.

이와 같은 내용을 담고 있는 구빈법위원회 보고서는 200여 년간 지속되어 온 영국의 지역단위 구빈체계를 넘어서 국가책임 및 광범위한 행정단위로 움직여지게 하였으며, 20세기까지 영국의 공공부조에 대한 정치적 영향을 미쳤고, 아직까지도 미국을 비롯한 여러 나라의 소득보장(income maintenance) 프로그램의 기본 원리가 되었다.

이 보고서에서 제시하고 있는 3가지 원칙은 첫째, 열등처우의 원칙. 둘째, 작업장제도의 원칙. 셋째, 구빈행정의 전국적 통일의 원칙으로서, 이러한 원칙들은 피구제자의 수를 될 수 있는 한 적게 하는 동시에 구빈사업에 소요되는 비용을 절약하려는 의도라고 볼 수 있다. 여기에서 그 구체적인 내용을 살펴보면 다음과 같다.

1) 열등처우의 원칙

열등처우의 원칙(the principle of less eligibility)은 피구제빈민의 상태는 독립하고 있는 최하층의 노동자보다 실질적으로 또 명백하게 적격이어서는 안 된다는 것이다. 이 원칙은 피구제빈민의 생활수준이 상대적으로 더 높을 경우, 임금노동자의 생활이 궁핍화되는 것, 독립노동자가 피구제빈민으로 전락되는 것, 태만과 악덕을 초래하게 되는 것, 공적 구제의 수준이 임금수준과 노동 내용을 규정하게 되는 것 등에 근거하고 있다. 또한 농업노동자의 상태는 사망률의 저하와 저축은행의 가입 등의 지표로 볼 때 과거 어느 때보다 개선되고 있다고 판단되며, 독립노동자의 상태를 현재의 수준에 머무르게 하면서 피구제빈민의 수준을 그 이하로 인하하더라도 생활필수품은 충분히 공급될 수 있다는 점을 들고 있다.

이러한 근거에서 성립된 열등처우의 원칙은 작업장 선서를 그 수단으로 삼은 결과, 작업장의 규율은 매우 엄격해졌으며, 수용된 부부는 격리되었고, 식사 시에는 한 마디의 이야기조차 허락되지 않았으며(Morris, 1986), 또 친척과 아는 사람을 방문하거나 면회하는 것도 허용되지 않았고, 술이나 담배도 금지되었다.(Bruce, 1972). 작업장은 구빈세에 의해 운영되었고 납세자들 중에서 선출된 구빈위원들에 의해 관리되었으며, 가능한 한 경비를 절약하려는 의도 때문에 수용자의 식사는 겨우 생명을 유지할 수 있을 정도의 조잡한 것일 수밖에 없었다.

이와 같이 빈민들 중에서 작업장에 수용되어 구제를 받고 있는 빈민들을 피구제빈민이라고 하는데, 당시 영국에서의 경제적 결핍이라는 문제는 단순히 빈민의 문제가 아니라 특수한 사회계층으로서의 피구제빈민의 문제라고 할 수 있다. 이른바 피구제빈민이라는 것은 일종의 사회적 지위이며, 그 지위로 전락한다는 것은 해당 빈민의 생활의 일부만이 영향을 받는 것이 아니라 모든 생활이 달라지게 된다. 또 피구제빈민이 된다는 것은 그 자신만이 그 지위로 전락되는 것이 아니라 그의 가족 전부가 모두 피구제빈민이 되며, 일단 그 지위로 전락하게 되면 그들은 일반 시민들이 향유하는 대부분의 권리를 상실하게 되었다.

이와 같은 낙인(烙印 : stigma)을 통해 차별화정책을 시도한 이유는 바로 낙인은 피구제빈민과 독립노동자간을 구별할 수 있게 해 줄뿐만 아니라 피구제빈민들의 의존심을 억제케 해주는 핵심적인 수단이라고 판단했기 때문이다(이해영·한승수, 1989).

이 원칙은 자유노동시장이 발달하고 노동자들간에 독립정신, 근면정신이 확산됨에 따라 노동 가능한 노동자에 대한 구제를 거절할 수 있는 이론적 근거를 제시했다는 점에서 매우 중요하다. 이 원칙은 적절히 실행되기만 한다면 구제를 신중하게 할 뿐만 아니라 유용하게 할 수 있는 새로운 인력정책이었다.

2) 작업장제도의 원칙

작업장제도의 원칙(the principle of workhouse system)은 노동능력 있는 빈민에 대한 거택구호를 폐지하고 작업장 내에서의 구제로 제한하려는 것으로서, 임금보조제도의 결점을 시정하려는 채드윅의 견해에 따라 입안되었다(Fraser.1984).

작업장제도는 열등처우의 원칙을 관철시키는 수단이었기 때문에 열등처우의 원칙과는 서로 표리관계에 있다고 할 수 있다. 이러한 관계하에서 이 제도는 먼저 그 수용대상을 노동능력 있는 자와 그 가족으로 한정하였다.

그러나 이 보고서에서는 노동능력 있는 자의 개념이 명확하지 않고, 임금노동자로서 고용될 수 있는 성인 남자로 막연하게 규정되어 있었다. 즉, 노동자의 유형에는 농업노동자를 포함하여 많은 기술직노동자가 있음에도 불구하고 막연히 임금노동자라고만 규정되어 있는데, 그것은 신구빈법이 농업노동자를 주된 대상자로 삼았던 임금보조제도의 폐지라는 의도하에서 제정되었기 때문이다.

한편 이 보고서는 수용대상자를 노인 및 허약자, 아동, 노동능력 있는 부녀자, 노동능력 있는 성인 남자 등으로 분류하여 수용하되, 각 유형들에게 상이한 처우를 시행키 위해 단일 건물 내에서 분리 수용하는 것보다 완전히 별개의 건물에 수용하지 않으면 안 된다고 하였다. 이렇게 함으로써 노인은 보다 안락함을 즐길 수 있고, 아동은 교사자격을 갖춘 자에 의해 교육받을 수 있다고 하였다. 또 이러한 분리 수용을 구체적으로 시행하기 위해서는 일정한 수의 교구를 연합하여 공동의 작업장을 설립해야 한다고 권고하였다.

3) 구빈행정의 전국적 통일의 원칙

구빈행정의 전국적 통일의 원칙(the principle of national uniformity)이란 행정의 중앙집권화와 통일을 의미한다.

신구빈법의 내용은 궁민에 대한 구제를 유일한 목적으로 삼는 중앙기구의 설립에 관한 것이 대부분을 차지하고 있었다. 이 중앙당국은 구빈행정을 전국적으로 통제하고 또 통일된 행정을 실현하기 위해 설립되었다. 이 기구의 기능으로는 다음 세 가지를 들 수 있다. 첫째, 중앙당국은 치안판사로부터 감독을 철저히 받지 않고 있던 지방행정을 개별적인 규칙명령과 일반적인 규칙명령을 통하여 직접 지휘 감독하고, 또 개별적인 구제의 결정에 관계 없이 실제적인 문제를 지도하는 것. 둘째, 구빈행정에 관한 전국적인 정보를 수집하고, 구빈행정의 공평성을 유지하는 것. 셋째, 구빈법에 관한 적절한 개정안을 제안하는 것 등이다.

이 보고서는 각 지역에 따라 여태까지 상이하게 시행되고 있는 구빈행정을 첫째, 여러 교구로 떠돌아다니는 항구적인 부랑자(perpetual shifting)의 감소. 둘째, 피구제빈민들의 불만을 방지. 셋째, 의회의 통제하에서 구빈기구를 더욱 효율적으로 관리하기 위해서 전국적으로 통일시켜야 한다고 권고했다. 그리고 이때의 통일은 시설의 내외를 불문하고, 피구제빈민에 대한 처우가 상이한 지역간의 지리적 통일(geographical uniformity)을 의미하는 것이지 전국의 모든 유형의 피구제빈민들 혹은 특정한 지역 내에 거주하고 있는 모든 유형의 피구제빈민들에 대한 동일한 처우를 의미하는 것은 아니었다. 여하튼 전국적으로 통일된 원칙이 없다면 피구제빈민의 처우가 지역에 따라 달라질 수밖에 없기 때문에 이 원칙이 갖는 의의는 매우 크다고 할 수 있다.

열등처우와 작업장제도의 원칙이 거의 70년 동안 적용된 반면, 전국적 통일의 원칙은 이 법의 제정 이후 겨우 20년 동안만 적용되었다. 그러나 다른 원칙들은 신구빈법 이전부터 구빈행정에 다소 적용되어 왔지만 이 원칙은 획기적인 변화였고 신구빈법의 규정 중 대부분이 이 원칙과 관련되어 있어 전국적 통일의 원칙은 공식적인 권고의 내용 중에서 가장 참신하고 독창적인 부분이라고 평가되고 있다(Martin, 1972).

Section 3 신구빈법의 내용과 성과

1. 신구빈법의 내용

1834년의 신구빈법(The Poor Law Amendment Act, 1834)은 구빈법위원회 보고서를 바탕으로 한 것으로서, 주요 내용을 요약해보면 다음과 같다.

첫째, 스핀함랜드법에 의하여 마련되었던 임금보조와 아동수당, 가족수당을 폐지하고, 노동불능자를 제외하고는 원외구제를 폐지함으로써 구빈세를 감축시킨다. 둘째, 모든 빈민구제는 열등처우의 원칙을 적용한다. 셋째, 빈민구제 업무의 관리(중앙위원회)를 위해 행정의 전국적 통일을 기한다는 것이다(김태성 · 성경륭, 1993).

이러한 구원억제적인 성격을 갖는 열등처우의 원칙은 시간이 경과함에 따라 그 대상을 더욱 확대해 나가게 되었다. 본래 1834년 보고서는 임금보조수당을 금지하는 것을 의도하였기 때문에 열등처우의 원칙은 노동능력 있는 빈민에 대한 해결책이며, 반면에 아동과 신체장애인 그리고 노인은 작업장 이외의 곳에서 구제를 받게끔 했다. 그러나 19세기 초 구빈행정과 관련하여 영국사회가 안고 있었던 가장 심각한 문제인 구빈세의 지속적인 상승 그리고 지배계급의 개인주의적 빈곤죄악관 등과 같은 요인들이 그들을 이 원칙의 예외적인 존재로 인정받을 수 없게끔 했다. 그리하여 현실적으로는 이러한 노동능력 없는 빈민들에게도 결국 열등처우의 원칙이 적용되어 소위 종합작업장(the general mixed workhouse)이 출현하게 되었다.

작업장에 수용된 피구제빈민에 대한 구제를 비인간적인 수준으로 제한했던 이유와 목적은 다음과 같다. 첫째, 피구제빈민들에게 엄격한 처우를 실시하면 빅토리아 시대 중산계급의 지배적인 가치관이었던 자조의 정신을 그들에게 이식시킬 수 있다. 둘째, 구제 신청을 감소시키고 빈민들의 남구(濫救)를 통제하며, 또 그들의 자조의지를 동기화하기 위해서이다. 셋째, 구제를 억제함으로써 사회 전체의 빈곤의 양을 감소시킬 수 있다는 확신 즉, '빈민의 바스티유'라고 불려지고 있는 작업장에로의 입소를 강제하지 않고, 그 입소 여부를 빈민 스스로 결정하게 한 다음 열등처우의 원칙을 적용하면 빈곤이라는 문제는 저절로 해결될 수 있다는 것이다. 작업장에 입소하지 않을 경우에는 빈민은 자신의 생존을 위해 근면하게 노동에 전념하려고 할 것이고, 반면에 입소할 경우에는 노동의 강제로 인해 노동력이 될 수 있다고 판단했던 것이다.

한편 다른 두 원칙에 비해 전국적 통일의 원칙이 오래 지속되지 못한 이유는 다음과 같다. 첫째, 지방자치를 강조하는 영국 특유의 정치 사회적인 분위기. 둘째, 열등처우의 원칙에 대한 직접적인 규정을 회피함과 동시에 예외규정을 두었던 점. 셋째, 노동능력 있는 빈민에 대한 해석이 각 교구에 따라 달랐던 점 등을 들 수 있다. 이 예외규정에 의해 원칙에서 벗어나는 현상이 전국적으로 나타났고, 그 결과 구빈행정의 전국적 통일에 파탄이 초래되었다.

영국사회에서 구빈행정이 처음으로 전국적인 규모로 확립되었던 것은 엘리자베스구빈법하에서 였다. 그러나 지방자치의 존중이라는 영국 특유의 정치적 풍토 때문에 처음으로 확립된 전국적인 구빈행정은 실제로는 각 교구의 치안판사들의 자유재량에 맡겨졌다. 따라서 재량권을 지녔던 치안판사들은 근세 초기의 지배적인 사회철학 중의 하나인 봉건적 가부장주의 혹은 중세적 온정주의로부터 영향을 받아 방만한 구빈행정을 실시하였고, 그 결과 시간이 경과함에 따라 구빈비용은 지속적으로 증대되어 갔다.

이러한 사실을 목격한 19세기의 정치·경제학자들은 그 시대의 지배적인 철학이었던 개인주의로부터 영향을 받아 구빈비용을 삭감하려고 노력하였는데, 그 일환으로 방만한 구빈행정을 실시하고 있던 치안판사의 수중에서 그것을 박탈하여 중앙당국으로 하여금 통제케 함으로써 구빈비용의 삭감이라는 성과를 얻으려고 했던 것이었다. 이 보고서의 주요 원칙들은 모두 구빈비용의 삭감이라는 문제와 직결되어 있다는 점을 강조할 수 있다.

2. 신구빈법의 성과

엘리자베스구빈법이 이 법으로 개정되어 시행된 결과 초기에는 빈민구제비용이 상당히 감축되었다. 특히 구빈법 개정을 통해 과거 최소한의 구제라는 관행을 열등처우의 원칙으로 명문화되었는데, 1834년 이전의 구빈법이 국가-지주계급의 지배연합이 구축해 온 봉건적 정치, 경제질서를 효과적으로 유지하기 위한 사회정책적 수단이었다면 1834년의 신구빈법은 생산양식으로서의 자본주의가 확고하게 자리잡은 시점에서 국가-자본가계급의 지배연합이 자본주의적 정치, 경제질서를 효과적으로 지탱하기 위한 사회정책적 수단을 제공하게 하였다고 볼 수 있다(김태성·성경륭, 1993). 이러한 점에서 볼 때 노동의 상품화를 강제하는 주요 요인으로 작용하여 오랜 기간 동안 자본주의적 산업화의 촉진에 기여한 점이라 할 수 있다.

1834년의 구빈법 개정은 엘리자베스구빈법의 억압적인 구빈정책의 수정이었으며, 국가는 국가대로 빈민에 대한 정치적 통제를 확고히 하면서 국가기구를 확장할 수 있는 기회를 획득했고, 자본가계급은 그들대로 노동의 상품화를 통해 자본주의체제의 유지를 위한 값싼 노동력을 풍부히 공급받을 수 있는 여건을 만들었다고 할 수 있다. 다시 말하면 엘리자베스구빈법은 낙인 없이 건강한 사람을 근로하게 하는데 주안을 둔 반면 1834년의 신구빈법은 구호의 수급을 매우 불편하게 하고 낙인을 크게 만들어 빈민구호를 못 받게 하는데 주안을 두었다(이영찬, 2000).

1834년의 신구빈법은 열등처우, 작업장제도, 전국적 통일의 원칙을 그 기본법리로 삼았지만 앞에서 밝힌 바와 같이 실제에 있어 이러한 원칙들은 엄격히 적용되지 않았다. 즉, 1840년 이후 구빈행정의 영역에서는 서로 성격이 다른 세 가지의 원칙이 각 지역의 실정에 따라 또는 구빈위원의 가치 판단에 따라 각기 달리 적용되고 있었다. 이러한 양상은 1834년 보고서의 세 가지 원칙 중 전국적 통일의 원칙이 다른 두 원칙에 비해 단명할 수밖에 없었던 그 과정을 극명하게 보여주고 있는 셈이다

1349년의 노동자법령에서 시작된 영국의 구빈법 역사는 물론 영국의 고유한 것이었다고 볼 수 있지만 빈민 통제 · 구제, 자본주의 발전, 국가성장과 관련하

여 국가의 구빈법적 개입이 가지는 다음과 같은 중요한 특성들을 반추해보면 영국의 경험이 지니는 보편성도 부정할 수는 없다. 첫째, 극소한 최저의 구제를 통해 효과적으로 빈민을 통제하고자 한 구빈법적 국가 개입은 기존의 정치, 경제체제에 그것이 봉건주의체제이든 자본주의체제이든 봉사하는 도구적 기능을 수행했다. 둘째, 자본주의로의 전환과 더불어 구빈법적 국가 개입은 노동-구제의 결합을 통해 노동의 상품화를 강제하고 열등처우의 원칙을 확고히 관철시킴으로써 자본주의적 산업화를 촉진하는 발전국가적 기제로 작용했다. 셋째, 구빈법적 국가 개입은 국가 자체의 성장과 확대를 가져 왔다(권오구, 2000).

영국 구빈법 역사에 일대 변혁을 가져오고 또 일대 논쟁을 불러 일으켰던 신구빈법은 산업혁명 이래 부르주아지의 이데올로기가 된 공리주의를 사상적 배경으로 하여 기존의 온정주의적이고 주민자치적인 빈민구제의 성격이 강하기는 하였으나 방만하고 비도덕적이며 불합리한 구빈법의 모순을 바로 잡아 전국적으로 획일적이며 중앙통제하에 능률적이고 합리적인 구빈제도를 실시하는 데 목적을 두고 있었다.

이러한 신구빈법의 이념적 배경을 살펴보면, 공리주의를 사상적 배경으로 하여 그들의 학파에 속했던 시니어와 채드윅이 그들의 행정개혁안을 제도화한 것이다. 따라서 신구빈법으로의 개정과 실시는 지주계층과 노동자계층간에 결합되어 있던 전통적인 온정주의에 대하여 효율성, 경제성, 획일성을 특성으로 하는 공리주의 즉, 신흥 부르주아지의 이데올로기가 승리하여 그들의 의견이 관철되었다는 것을 의미한다. 신구빈법은 농업자본에 대한 산업자본의 승리의 결과로 성립되었지만, 엘리자베스구빈법과 마찬가지로 개인의 도덕적 결함으로 인해 빈곤이 발생한다는 개인주의적 빈곤죄악관을 그 기본 법리로 삼고 있었다(김동국, 1994).

신구빈법은 의회에서 압도적인 찬성으로 통과되었으나 그 실시과정에 있어서는 예상 외로 많은 장애와 강력한 저항에 직면하였다. 신구빈법의 비인간성과 잔인성에 대하여 여러 계층에서 강한 반대가 있었는데, 이제까지 원외구제를 받아오던 장애인 및 노인, 스핀함랜드제도의 지원을 받던 노동자들이 반대하였다. 뿐만 아니라 안도버사건(Andover Scandal) 즉, 1846년 안도버직업장에서 배고픈 수용자가 버려진 말뼈의 연골과 골수를 빨아먹고 있는 사건이 발생하여 공공의 분노를 자아냈다. 또한 실시 초기에는 교구연합의 설정이나 구빈원 설립도 어려웠을 뿐만 아니라 원외구호의 폐지가 불가능한 곳도 많았다.

이와 같은 점에서 신구빈법의 성과는 미미하고 부정적이라는 평가를 받기도 했지만 신구빈법이 실패했다고 단정할 수는 없다. 왜냐하면 각 지역의 구빈위원회에 자유재량권을 부여하고 원외구호의 계속적인 실시를 허용하여 엘리자베스 구빈법의 장점과 전통적인 온정주의를 대폭 수용한 것 등은 신구빈법의 실패라기보다는 신구빈법이 지속적인 실시를 위한 자기수정의 과정이라고 볼 수 있기 때문이다.

신구빈법의 실시는 영국 구빈역사상 두 가지 큰 의의를 찾아볼 수 있다. 첫째, 종래의 구빈행정의 방만성, 차별성, 불합리성을 시정하여 획일적, 효율적, 합리적인 구빈행정을 전국적으로 실시하게 되었으나 원래 의도한대로 성과를 거두지 못하고, 또 비인도주의적이라는 비난을 받기는 했지만 복지국가를 지향한 영국의 구빈행정을 한 차원 높였다. 둘째, 신구빈법 행정체계는 국가정책으로 확대되어 그 뒤에 실시된 공중보건과 초등교육행정의 모델이 되어 널리 보급되었다는 점 등이다. 어쨌든 신구빈법은 영국 사회복지정책에 있어서 하나의 분수령이었다는 점은 분명하다.

신구빈법은 농업자본에 대한 산업자본의 승리의 결과로 성립되었지만 '개인주의적 빈곤죄악관'이라는 산업시대에 맞지 않는 가치관으로 인한 내재적 모순 때문에 성립과 동시에 해체의 길로 접어드는 숙명을 지닌 법제였다.

3. 공중보건

신구빈법의 시행으로 공중보건에 대한 관심도 높아지기 시작했다. 공중보건의 법제화를 살펴보면 19세기 전반 산업혁명으로 인한 도시화 및 인구증가는 도시확대와 주택 부족, 위생문제를 발생시켰고 빈민들은 발진티푸스나 결핵 등의 유행병, 풍토병, 접촉병 및 전염병에 시달렸으며, 콜레라는 전국민을 맹렬하게 괴롭혀 사망률을 급증시켰다(이영찬, 2000). 이러한 상황에서 채드윅은 1842년「영국 노동계급의 위생상태에 관한 보고서(The Report on the Sanitary Condition of the Labouring Population of Great Britain)」를 발표하였는데, 이 보고서는 (1) 도시 및 농촌에 거주하는 노동자들이 직업별 사망률의 차이는 불량한 생활환경으로 인해 나타났다. (2) 비위생적인 생활조건에서 도덕적으로 해로운 음주, 매춘, 범죄 등이 발생하고 있다. (3) 환경위생을 개선하기 위해서는 보다 강력한 중앙집권적인 행정기관이 필요하다. (4) 특히 오물을 처리하는 상하수도의 설치가 불가피하다는 점 등 네 가지 방법을 통해 위생상태의 개선으로 얻을 수 있는 구빈행정상의 절약을 강조하였다(Fraser, 1984). 채드윅의 이러한 노력의 결과 영국에서는 구빈법과는 별도로 공중보건법(The Public Health Act)이 1848년에 제정되었다.

공중보건법은 런던을 제외한 인구과밀지역에서 오수처리, 배수구 청소 및 포장 등에 관해 적절하고도 강력한 조치가 필요한 경우 일반공중위생위원회의 설치, 공식적인 조사의 시행, 보건의무관 · 검사관 · 공해물감시원의 임명 등과 같은 대책을 강구하도록 규정하고 있다. 그러나 공중보건법은 기술적, 재정적, 이념적 및 정치적 이유 등으로 지방의 지주들이 강력하게 저항했기 때문에 제대로의 성과를 거두지 못했다.

그러다가 1866년 런던에 콜레라가 유행하기 시작하자 공중보건에 관련된 행정을 개혁해야 한다는 압력이 지방당국으로부터 거세지게 되어 공중보건법을 개정하여 지방당국의 행정권을 강화시키기에 이르렀다. 1866년에 개정된 공중보건법은 공중위생당국의 기능 수행을 일종의 의무제로 간주했다는 점에서 획기적이며, 또 새로운 위생시대를 열었다는 점에서 공중위생사에서 획기적인 전환점을 모색한 법률로 평가된다(Fraser, 1984).

Chapter 6

산업혁명과 민간 사회복지의 등장

Section 1 새로운 사회문제의 대두

1. 산업혁명에 따른 사회문제의 대두

18세기 말엽부터 시작된 영국에서의 산업혁명은 사회조직의 대변혁과 함께 많은 사람들에게 생활상의 불행이나 불안을 안겨 주었으며, 근대 자본주의 제도가 생겨나는 계기가 되었다. 유럽의 19세기는 인구폭발, 산업혁명, 정치적 민주화의 시기였다. 오랫동안 균형을 유지하던 인구균형의 붕괴는 사유재산권을 강화시켜 산업혁명을 가속화시켰고, 대규모의 농민들이 농촌에서 도시로 이동하여 새로운 산업도시를 형성하게 되었다.

산업혁명으로 새롭게 야기된 사회문제로서는 첫째, 공장제 수공업단계에서의 자본은 노동력을 구조적으로 완전하게 지배할 수 없었으나 자동기계의 발명으로 종전까지의 인간 중심의 작업으로부터 기계 중심의 작업으로 대체되었다. 둘째, 종전의 수공업적인 숙련공이 실업자로 전락하거나 임금이 하락하였다. 셋째, 아동과 여자노동의 가능성이 확대됨에 따라 연소자와 여자노동자가 증가하였다. 넷째, 불완전한 노동자의 상태는 1825년의 경제공황으로 인하여 대량의 실업자를 발생시키게 되어 그들의 생활은 더욱 곤란하게 되었다(장훈, 1984).

빈곤문제가 발생하는 배경과 빈곤문제를 바라보는 시각이 자본제 이전의 사회와 다를 수밖에 없고, 그것을 해결해야 할 필요성과 해결접근방법도 달라질 수밖에 없었다.

또한 이와 같은 당면한 사회문제에 대해 1832년의 선거법 개정에 의하여 산업자본가도 정치적 실권을 갖게 됨으로써 새롭게 발생한 사회문제에 대한 사회정책을 마련하게 되기에 이르러 구빈법에 있어서도 변화가 생기게 되었다.

이와 같은 산업혁명 이후의 사회문제에 대해 산업상의 독점적인 지위를 획득한 영국의 자본가들은 18세기와는 달리 국가의 지원에 의지하지 않고 자유로이 이윤 추구를 할 수 있었기 때문에 국가의 간섭을 싫어하게 되었으며, 이른바 야경국가(夜警國家)를 희망하였다. 그들의 슬로건은 자유방임(laissez-faire)이었으며 빈민문제에 대해서도 구제비용은 쓸데 없는 낭비라고 생각하여 그와 같은 문제에 대해서도 자유방임 사상으로 일관하게 되었다.

18세기는 소위 계몽주의 시대였다. 이 시대에는 인간의 지혜가 발달하였고 사회는 진보하였으며, 중세적인 봉건적 계급 사상을 타파하고 모든 전통과 합리적인 구속을 파괴하였으며, 이성을 존중하여 모든 것을 합리적으로 해결하려고 하는 운동의 시대였다.

이와 같이 18세기 말에 나타난 자유방임주의적 자본주의 사상은 구 시대의 사회질서가 갖고 있던 전통적 보호주의를 거부했다. 그 당시에도 많은 자선단체와 박애주의자들이 있었지만 빈곤의 원인인 사회적 조건이나 구호의 개별화에 관해서는 관심을 두지 않았다.

2. 민간운동의 태동

산업혁명은 사회복지 측면에서도 새로운 제도를 필요로 하였다. 이즈음 사회문제를 해결하는 방법으로서는 일반적으로 두 가지 노력이 있었는데, 그 중 하나는 구빈법을 중심으로 한 빈민구제의 방법이고, 다른 하나는 그것을 보완하는 기술방법으로서 나타난 자선조직화운동이다. 자선조직화운동은 그 당시의 사회문제 해결을 위한 민간운동으로서 사회개량운동, 인보(隣保)운동과 함께 생겨났다. 19세기 영국에서 빈민구제에 대한 사회적 철학과 실천에 영향을 미친 세 가지 주요한 요소로는 사회개량운동, 자선조직협회 및 사회조사를 들 수 있다. 이와 같은 3개 부문의 발전은 박애주의와 인간 성장에 깊게 공헌한 사람들의 수도적인 역할을 통해 이루어졌다.

그 당시 영국은 구빈법 개정과 더불어 구빈법청(救貧法廳)의 설립으로 인해 구빈행정의 정치적 입지는 더욱 강화되었지만 당시의 시대 사조(思潮)였던 자유방임 사상의 영향을 받은 결과 구빈행정은 공동화(空洞化)라는 특성을 띠게 되었고, 그러한 공백에 대신하여 사회복지의 민간부문 즉, 우애조합과 자선조직협회가 활성화되게 되었다(김동국, 1994).

구빈법 시대가 퇴조하고 사회보험 시대가 도래하기 직전인 19세기 후반의 빅토리아 시대에 박애사업, 상호부조, 자조(自助: self-help)활동 등 민간 사회복지활동이 활발하게 전개되었다.

박애사업은 사회적 고통을 중시하고, 상냥한 마음에 기초한 계급간의 운동이었다. 박애사업은 자선조직화운동을 통해 오늘날의 사회사업의 기초를 이루게 하였다.

상호부조는 공통의 신앙을 가진 자, 같은 지역에 거주하는 자, 동일한 직업에 종사하는 자, 공통의 생활불안을 가진 자들 사이에 생활곤궁자가 있을 때 서로 돕는 활동이라고 할 수 있다. 상호부조의 목적은 탈빈곤에 있는 것이 아니라 회원들의 급작스런 경제적 위험으로부터 보호하는데 있다. 또한 노동자들이 서로를 돕는 노동자계급의 생활개선을 위한 실천운동이었다. 상호부조활동은 공제조합, 노동조합, 협동조합으로 발전하였으며 사회보험이 등장하는 모태가 되었다.

반면 자조활동은 스스로 자신의 문제를 해결하는 방법으로서 고난을 극복하기 위해 개인의 노력과 근면을 중시하고 있다. 자조의 관념에 의하면 개인은 자신의 삶을 스스로 해결해야 한다. 빈민구제에 의존하려는 자는 공포를 동원하여 근면을 되찾도록 만들어야 한다. 수당은 일시적으로는 빈민에게 도움이 될지 모르나 빈민을 영구히 무능하게 만들 것이라는 것이다. 자본주의적 관념인 자조는 고난을 극복하기 위해 개인의 노력과 근면을 중시하였으며, 국가 주체의 사회복지정책에 부정적인 여론을 형성하는 데 영향을 미쳤다고 할 수 있다.

빅토리아 시대를 관류하는 가장 대표적인 사조가 바로 자조의 관념이었다. 자조의 관념은 부르주아지적 성공과 출세를 미화하고 합리화하는 이데올로기였다. 그러나 자조의 문제점으로 지적되는 점은 고통받고 절망적인 사람이 많음에도 불구하고 개인의 처지는 그 자신의 책임이고, 불행한 사람을 돕는 것이 오히려 그 사람을 무력화시킨다는 주장이다.

이 같은 세 가지 유형의 민간활동은 서로 대비되고 때로는 상충하는 면도 있고 또 상호보완적인 측면을 가지면서 이후의 사회복지 발전에 나름대로 영향을 미쳤다(Jones, 1991).

Section 2 우애조합

1. 우애조합의 생성 배경

18세기 말 영국의 지배계층이 우애조합(Friendly Society)에 대해 관심을 가지기 시작했을 때, 지배계층간에는 서로 대립되는 두 가지 시각이 있었다. 먼저 노동자들의 지나친 단결은 해협의 건너편에서 불어오는 혁명의 소동으로부터 영향을 받아 국가를 위기에 빠뜨리지 않을까 하는 의구심이었고, 다른 하나는 노동자들로 하여금 질병, 사망, 노령에 처했을 때 자조조직을 통해 스스로 준비할 수 있게 함으로써 구빈세를 경감시키려는 의도였다.

우애조합은 조합원 - 주로 숙련노동자 - 의 자주적인 갹출에 의한 기금으로써 노령, 질병, 실업 등으로 인하여 생활이 곤란하게 된 조합원과 그들의 가족을 구제하기 위하여 조합원에게 수당을 지급하는 상호부조조직이며, 따라서 조합원간의 우애정신이 바탕이 되어 만들어진 상호부조단체이다. 즉, 사회보장제도가 없는 상태에서 노동자와 가족의 생계문제를 해결하기 위해 공동의 이해를 가진 사람들이 자발적인 상호부조에 의해 보충하려는 유일하고도 유력한 사회조직이었다.

한편 빅토리아기의 시대 정신은 개인주의와 자유주의라는 철학 위에 구축된 독립과 자조의 정신이었고, 그것을 지탱시킨 것은 자조론(自助論)과 근검절약의 정신이었다. 이러한 시대 정신을 장려하게 되면 구빈비용을 대폭 삭감할 수 있을 것이라는 당시 지배계급의 사고와 자조론이 맞물린 결과 우애조합이 발전하게 되었다. 또 1793년에는 로즈법(Rose's Act : Act for the Encouragement and Relief of Friendly Society)을 제정하기에 이르렀는 데, 로즈법은 호전적인 노동조합원과 온건한 노동자를 분리시키는 데 목적이 있으며, 이에 따라 공제조합 등록을 의무화하고 그 활동을 규제하는 내용을 담고 있어 우애조합의 법적 근거가 되었다.

이 법을 통한 우애조합의 기본적인 활동분야로서는 주로 질병수당제도였다.

노동자들의 자조적인 공제조직은 국가가 자유방임주의에 의해서 원조를 거부한 불의의 재해에 대비하기 위한 저축으로 볼 수 있으나 그와 같은 자조적인 상호부조조직이 발전하게 된 이유는 빅토리아 시대의 노동자들이 그들의 주인이 이따금 그들에게 가르친 자조라는 교훈을 활용한 것으로 보아야 할 것이다(장훈, 1984). 이러한 자조적인 상호부조활동은 대상의 협애성(狹隘性)과 급여의 질적인 불충분성이라는 한계가 있었다.

구빈법의 구원억제적인 성격이 우애조합에로의 자발적인 가입을 촉진시킨 것은 사실이지만 구빈세의 절약과 어느 정도 관련을 맺을까 하는 것은 의문이었다. 왜냐하면 우애조합이 발전하고 있었던 시기에도 구빈세가 급상승하고 있었기 때문이다. 즉, 지배계층이 의도한 구빈세의 삭감이라는 성과를 쉽게 단정지을 수 없었다.

2. 우애조합의 기능과 한계

공제(共濟)활동이란 우정을 가진 사람들끼리 노령·질병·장애·사망 등에 대비하여 갹출을 통해 기금을 확보하고 사고발생 시 급여를 행하는 활동을 의미하고 있다.

우애조합은 여러 가지 기능을 가지고 있었다. 노동자 개개인이 우애조합에 가입하게 된 진정한 이유는 부분적으로는 구빈법에 대한 공포 때문이었지만, 대부분이 질병으로부터 자신을 보호하려는 욕구 또는 구빈법의 수준 이상으로 자신들의 생활을 안정시키려는 욕구 때문이었다. 그래서 우애조합은 조합원들에게 일반적으로 질병수당, 노령연금 및 사망보험의 급여를 지급했는데, 그 중 질병수당이 중심제도였다. 그러나 종래의 조합에서 대규모의 조합으로 발전한 1830~1840년대 이후에는 매장수당을 간이보험회사로 이관시킨 다음, 점차로 질병수당을 중심으로 하는 우애조합으로 변화되어 갔다.

우애조합은 단결금지법(Combination Law)이 1799년과 1800년에 제・개정됨으로써 커다란 변화가 생겼다. 단결금지법은 임금인상과 노동시간의 단축을 목적으로 하는 결사(結社) 또는 스트라이크를 행하는 경우에 3개월 이하의 체형(體

刑)을 과하는 동시에 단체의 기금도 몰수하기로 함으로써 노동조합의 활동을 금지하는 결과로 나타났다(장훈, 1984). 그러나 이 법은 1824년에 폐지되었다.

우애조합의 급여수준은 조합의 규모에 따라 달랐다. 본래 우애조합은 자연발생적인 상호부조조직이었기 때문에 그 형태도 매우 다양하였는데, 1874년 왕립위원회는 이것을 가맹조합형(The Affiliated Societies or Order) 등 17종으로 구분하였다.

그러나 이러한 여러 가지 법률들의 보호하에서도 우애조합은 입법자가 의도한 것처럼 피구제빈민이나 그 주변계층을 조직화하지는 못했다. 우애조합은 자조의식을 깨닫고 있었으며 비교적 여유가 있는 공장노동자나 숙련기술자 등 소위 노동귀족이 많은 랜커셔등 제조공업지대에 자체 조직을 보급했다. 이것에 비해 구빈법이 대상으로 삼지 않을 수 없었던 부류는 발전에서 낙오된 남부의 농업노동자나 공장제 공업의 발전에 의해 몰락된 숙련기술자였다. 이러한 현상은 구빈법과 로즈법의 대상이 달랐기 때문에 나타난 결과였다. 이 양자에게 동일한 법률을 적용함으로써 성과를 거두려고 생각했던 점에 근본적인 오류가 있었던 것이다.

당시의 지배계급은 이러한 오류를 인식하여 우애조합의 관리는 빈민구제와는 무관한 중앙기관이 담당해야 한다고 생각하기에 이르렀다. 그 결과 1830년대 이후부터 우애조합은 치안판사의 수중에서 멀어졌기 때문에 이후부터 우애조합이 구빈제도와 갖는 관련성은 점점 퇴색되어 갔다.

이와 같이 빈민구제와 우애조합의 관련성이 퇴색되어져 갔음에도 불구하고 일반적으로 우애조합은 노동자들의 생활개선과 관련하여 첫째, 생활에 대한 위로(慰勞). 둘째, 생활의 불확실성에 대한 대처방법으로서 상호보험. 셋째, 협동조합의 활동에서 나타난 바와 같이 자조생활에로의 훈련 등의 공적을 남기기도 했다. 그러나 앞에서 살펴본 바와 같이 우애조합이 대상의 협애성과 급여의 질적인 불충분성이라는 한계에 부닥쳐 새로운 대응책을 필요로 하게 되었다.

Section 3 자선조직협회와 인보사업

1. 자선조직협회

1) 자선조직협회의 창설 배경

1860년대 이후 면화 기근과 전염병의 만연 등으로 전형적인 형태의 근대적인 대량실업이 발생함에 따라 본격적인 사회문제로 등장한 빈곤에 대해 구빈법이 효과적으로 대처하지 못하고 있었다. 구빈행정의 이러한 공동화(空洞化) 현상에 즈음하여 나타난 것이 무차별적인 시여와 자선단체의 난립이었다(김동국, 1994).

빅토리아 중기에 자선단체의 난립은 당시의 시대 정신이었던 자조론 · 절약론과 맞물려진 구빈행정의 공동화라는 사회환경에 대해 영국 사회가 나름대로 적응하려고 노력한 결과로 볼 수 있다. 그래서 자선사업에 참여하는 것이 자신의 사회적 지위를 상승시키는 방편이며, 또 그것을 일종의 패션으로 간주하려는 풍조가 만연하여 무차별적이고 무원칙한 시여와 자선에 대해 일부 지도층이 느꼈던 분노가 자선조직협회(Charity Organization Society: COS)를 태동케 한 직접적인 배경의 하나였다.

영국에서 자선조직협회의 활동과 사상에 커다란 영향을 미친 것은 1765년 경 실험적으로 시행된 독일 함부르크(Hamburg)시의 구빈제도였다. 당시 함부르크에는 빈민지역이 형성되고 일반주민들은 이 지역을 피하는 경향이 있었다. 이러한 상황에서 함부르크시는 매우 발전된 구빈제도를 도입하였는 데, 이 제도는 욕구와 자선에 대한 개별화된 조사에 근거하여 모든 노동 가능한 사람들에게 일자리를 제공하는 것을 원칙으로 하고 있다(Rimlinger, 1971).

함부르크 구빈제도(Hamburg system)를 구체적으로 살펴보면 첫째, 이를 통해 걸식행위를 완전히 폐지하려 하였고 둘째, 가난한 사람을 보다 더 효과적으로 지원하려 하였고 셋째, 걸인의 수를 줄이려는 것 등을 목표로 하여 다양한 활동을 전개하였다. 여기에서 시민의 역할은 (1) 기부자, (2) 모금자, (3) 자원봉사자,

⑷ 구빈행정의 지원책임자로서 활동한 점 등이다. 이 제도는 초기에는 문전걸식 금지, 빈민직업학교 및 병원 건립, 요보호자의 구제·갱생의 통합적 제도의 설립 등의 효과가 나타났으나 인구의 집중과 요구호자의 증대에 따른 상담원과 소요재원의 부족 등으로 활동을 제대로 전개하지 못했으며, 잘못된 운영으로 더 많은 수의 빈민만 증가시키게 되었다. 이 제도는 1852년 엘버펠트에서 수정되어 실시된 것이 엘버펠트제도(Elberfeld system)이다.

엘버펠트제도의 주요 내용은 첫째, 시를 548개의 지구(地區)로 구분하여 각 지구에 보호위원(almoner)을 두어 빈민의 상담자로서, 또한 빈민구제담당관으로서의 임무를 수행케 하였고 둘째, 14개의 지구를 1개의 대구역(大區域)으로 조직하여 1인의 감독관(overseer)으로 관할케 하고 셋째, 9인 위원으로 구성된 중앙위원회가 제도 전체와 실시 내용을 감독케 하였다. 넷째, 전적으로 공공의 조세로 운영되었다. 특히 이 제도의 의의는 민생위원제도를 실시했다는 점과 남구(濫救)・누구(漏救)의 방지책이었다는 점이다. 남구(濫救)란 보호의 실시기관이 충분한 조사를 하지 않고 잘못 보호하는 데부터 비롯되는데 반해, 누구(漏救)란 보호를 요하는 자가 수급요건을 갖추고 있음에도 불구하고 보호받지 못하는 상태를 말한다. 이와 같은 문제는 19세기 후반 자선단체가 난립했던 시대에 많이 나타났다. 이와 같은 남구・누구상태의 개선운동이 자선조직협회의 창설을 가져왔다.

이와 같은 내용을 담고 있는 엘버펠트제도의 원칙을 살펴보면 첫째, 각 보호위원의 책임하에 극히 소수의 요보호자를 둔다. 둘째, 빈민보호의 관리와 감독을 중앙집권화한다. 셋째, 보호위원이 장기적으로 근무하여 전문적 서비스가 되도록 한다. 넷째, 극빈자의 방지와 재활에 주력한다. 다섯째, 시설과 원외의 모든 기관을 하나의 중앙위원회가 통괄한다. 여섯째, 구빈업무관련자의 회의를 활성화한다는 등이다.

1861년 당시 런던에는 640개의 자선단체가 있었는데, 이들 단체의 연수입은 250만 파운드로 추계되고 있다. 이 금액은 런던에서 빈민구제에 지출된 공공자금의 총액을 상회하는 것이었다(Fraser, 1984). 그럼에도 이들 단체들은 서로 단절된 채 공동의 원칙도 없이 활동하였기 때문에 단체들간의 경합이나 대립까지도 생기게 되었다. 그 결과 무차별적인 구제로 인한 폐해가 늘어났고 동시에 훈련도 받지 않은 일반인이 감상적 선의(善意)만으로 구제사업에 참여하고 있었다. 그리하여 자선은 주는 자의 동정심을 만족시킬 뿐, 받는 자의 참된 욕구 내지 고난과는 관계 없이 베풀어지는 위험도 있었다.

자선조직협회의 성립과 관련된 시대적 배경은 첫째, 구빈법 당국과 민간 자선사업단체간의 협력관계의 결여. 둘째, 다양한 자선기관간의 종파적 성격의 차이로 인한 협력의 결여. 셋째, 개인의 사선활동에 관한 정보의 부족. 넷째, 그 결과 구제의 중복과 낭비만이 야기된 것이 아니라 효과적인 자선에 관한 동기도 약해져서 불충분하고 무책임한 자선활동이 성행케 되었고, 또 곤궁한 자들을 자립시킬 수 있는 효과적인 재원이 탕진되고 있는 것 등을 들 수 있다.

이러한 상황하에서 1868년 유니테리언 목사 솔리(Solly)가 자선활동을 통일시켜야 한다고 역설하였으며, 이를 계기로 자선조직협회의 전신인 빈곤 범죄예방협회(Society for the Prevention of Pauperism and Crime)가 발족되었다.

자선조직협회는 1869년 자선적 구제의 조직화 및 걸인방지를 위한 협회(The Society for Organizing Charitable Relief and Repressing Mandicity)로부터 출발하여 1870년에는 자선조직협회(London Charity Organization Society)로 명칭이 변경되었다.

2) 자선조직협회의 활동

자선조직협회는 (1) 중복(重複)구빈을 없애기 위한 자선활동의 조정. (2) 환경조사에 의한 적절한 원조 제공. (3) 구걸을 방지함으로써 빈민의 생활조건을 개선할 목적으로 하여 창설되었다. 즉, 빈곤 동기를 해소시켜 주기 위한 우애방문(friendly visiting)이 시도되고 사회사업방법론이 시도된 것이다.

구빈청과 자선조직협회 양자간의 구체적인 협력방법에 대해 다음의 두 가지를 제시했다. 첫째, 영역 분담의 경우 구빈법의 구제가 불충분하다면 최선이라고 생각되지만, 차선책으로 구빈법의 구제에 의해 지급될 수 없는 부분 즉, 현물 중 생활도구 및 의복의 지급과 구입, 긴급한 경우를 제외한 국내의 여비, 숙박비, 임금 등을 자선부문에서 지급할 수 있다.

둘째, 협력관계를 구체적으로 진행시키는 방법으로서 구빈법 당국은 (1) 구빈위원회에 대해 시설외 구제를 받고 있는 자의 이름, 주소, 금액 등이 기재된 서류를 발송할 수 있는 권한을 부여할 것. (2) 이 업무를 전담할 직원의 급여를 지급하는 것. (3) 수도의 각 지역에서 시행되고 있는 공공구제를 체계화하는 것이 필요한 경우 감독관은 양자간의 교류를 지시할 것 등이다(김동국, 1994).

양자간의 이러한 협력의 결과 자선단체는 (1) 공공구제의 수급자에 대해서는 금전 혹은 식량을 지급하지 않는다. (2) 공공구제를 경감하려는 의도가 아님을 전제로 한 다음 모포, 의복 등 지급한 물품을 구빈관리에게 통보한다. (3) 자선단체는 그 운영과정에서 발견한 진실로 궁핍한 자임에도 불구하고 실제로 어떠한 구제도 받지 않는 자를 위해 구제를 신청할 수 있을 것이다. 다른 한편 구빈관리는 구제를 신청한 자가 현저하게 곤궁하지 않다는 이유로 그것을 기각한 경우 이 사례가 자선적 원조의 범주에 포함된다고 판단될 때 그 이름과 주소를 자선기관으로 송부할 수 있을 것이라는 점을 제시했다.

이러한 내용은 정부와 민간기관이 각기 상이한 범주에 속하는 사례를 담당하고 있기 때문에 두 개의 평행하는 봉에 비유되는 각기 상이한 임무와 역할을 맡을 수밖에 없다는 평행봉 이론(the parallel bars theory)에 해당된다. 그러므로 오늘날 그 논의가 활발히 전개되고 있는 복지다원주의의 기원이라고 볼 수 있다.

국가재정의 과도한 지출로 인한 문제점을 예방해야 한다는 현실적 필요성에 의해 복지다원주의 즉, 사회복지 서비스의 일부 민영화라는 전략을 수립한다하더라도 그 새로운 경향으로 인해 사회복지 서비스에 대한 클라이언트의 권리성이 약화되지 않을까 하는 문제와 또 사회문제의 해결과 관련한 국가의 책임성이 희석되지 않을까 하는 문제가 제기되었다.

3) 자선조직협회의 원칙과 효과

자선조직협회의 활동 원칙은 여러 가지 역사적 문헌을 통해 각기 상이하게 소개되고 있는데, Manual에서는 다음 네 가지를 제시하고 있다(김동국, 1994).

첫째, 자선조직협회는 자선단체의 합병이나 통일을 목적으로 삼지 않고, 협력과 조직화를 원칙으로 하였다. 각종 단체가 협력함으로써 낭비를 방지함과 동시에 서비스의 질을 향상시키는 것을 목표로 삼았다. 동시에 시혜자와 수혜자간의 협력관계도 유지되어야 한다.

둘째, 원조의 대상을 구제할 가치가 있는 빈민에 한정하였다. 사회복지의 목적은 그것이 치료적 효과를 가지지 않는 한 달성되지 않을 뿐만 아니라 개인은 자신의 생활에 대한 책임을 져야 하기 때문에 독립심을 해치는 원조를 해서는 안 된다. 이때 가치가 있는 빈민이란 장애인, 고아, 비자발적 실업자 등과 비 오는 날에 대비하여 모든 노력을 기울였지만 여전히 불행에 빠져있는 자를 말하며, 이들에 대해서는 그들을 자립시키기 위해 자선적 구제가 제공되어야 한다. 반면 구제할 가치가 없는 빈민이란 돕는 것이 불가능한 자 즉, 게으른 자, 타락한 자, 주벽이 있는 자 등을 말하는데, 이들에 대해서는 민간자선의 제공을 거부하고 구빈법의 구원억제적인 열등처우의 원칙에 맡겨야 한다.

셋째, 모든 사례에 대해서는 한정적 범위의 원칙이 적용되어야 한다. 이 원칙을 근거로 원조의 대상을 자조능력이 있는 자로 한정하였기 때문에, 협회의 설립 이후 10년 동안 어느 해도 신청자 수의 반 이상을 원조하지 않았다. 그것은 이 협회의 활동 목적이 빈민들의 생계유지에 있었다기보다 피구제빈민화를 방지하는데 있었고, 또 노동계급이 비상사태를 예상한 결과 대비할 수 있음에도 원조하는 것은 금전의 오용이라고 믿고 있기 때문이다.

넷째, 제공되는 원조는 금액과 시기에 있어서 적절하지 않으면 안 된다. 이 원칙을 준수하기 위해 모든 사례는 엄격히 선별되었고, 또 자조의 의사가 없다고 인정된 자의 신청은 거부되거나 구빈법하의 구빈행정의 영역으로 이관되어야 한다. 원조가 제공되어야 할 경우에는 적당한 자선단체로 그 사례를 의뢰하되, 그 단체가 원조할 수 없을 경우 협회의 독자적인 기금으로 구제하여야 한다. 이 경우에도 현금 지급은 전체 액수의 절반 이하였다.

이 운동은 과거 통제되지 않았던 자선활동에 비해 대단한 진전이었다. 그들은 단지 시여만으로는 불충분하다는 점을 인정하고서, 부유한 계층은 빈민들 사이에 들어가서 그 상태를 알지 않으면 안 된다고 하는 독특한 내용을 제안했다. 또 주거환경의 개선과 케이스워어크 제도를 사회상태의 개선을 위한 적극적인 운동으로 결합시켰다. 그 결과 이 협회는 많은 자선단체간의 협력뿐만 아니라 이러한 단체와 구빈위원회간의 협력도 장려하였다.

여기에서 특징적인 점은 이 협회가 개인주의적 빈곤죄악관을 이념적 토대로 삼았으며 자혜적인 색채를 강하게 띠었다는 점이다. 자선활동은 부의 재분배라는 기능을 담당하고 있었지만 그것은 사회체제를 유지시키는 테두리 내에서만 적용되었다. 따라서 자선활동은 본래부터 사회적 차별을 내포하고 있었으며, 또 이 협회가 강조한 시혜자와 수혜자의 관계는 사회적 불평등을 항속화시키는 것이었다. 그리고 자선활동이란 시혜자의 가치관 - 자조의 정신을 수혜자에게 전파함으로써 일종의 사회통제의 구실을 하고 있었다.

19세기 말의 자선활동이 공격을 받았던 이유는 바로 이러한 측면 때문이었다. 여하튼 그들은 공공구제의 확대에는 반대입장을 취하는 한편 빈민에 대한 공공지출의 삭감을 지지하였다(Friedlander, 1974). 이러한 가치관은 '빈민에게 물고기를 줄 것이 아니라 그것을 잡는 방법을 가르쳐 주자.'라는 그들의 반기아슬로건(an anti-famine slogan)에도 잘 나타나 있다. 실제로 이 협회는 구빈법 당국과 함께 당시의 구빈위원회가 망각하고 있었던 1834년의 원칙에로의 복귀를 시도한 압력단체로 존재하고 있었다.

빈곤은 개인의 도덕적 책임이라고 하는 이들의 입장은 그 자체가 초역사적이었으며 비현실적이라고 할 수 있다(김동국, 1986). 이 점이 빈곤이 발생하는 사회적 기반을 경시한 자선조직협회의 한계점이라고 할 수 있다. 그러나 무차별 시혜에 의한 구제의 중복을 방지하고 자선과 구빈제도간의 기능적 분담을 명확히 하여 걸식을 방지하는 등 근대 사회복지사업의 성립에 영향을 미치기도 했다.

자선조직협회의 활동을 전문적 사회사업의 출발로 삼는 것은 우애방문원들의 활동이 체계적 교육과 훈련의 과정을 거쳐 후일의 개별사회사업(casework)으로 발전했다는 점에서이다. 그리고 지역단위에서 행해지는 자선활동의 조직화와 조정활동이 지역사회조직(community organization)의 모태가 되었으며, 이들의 빈곤 가정조사가 사회사업조사의 발전에 일정 부문을 기여했기 때문이다.

2. 인보사업

1) 인보사업의 의의

자선조직화운동과 더불어 새로운 사회운동으로 나타난 것이 인보운동(settlement movement)이다. 인보운동은 자선조직협회가 사회 경제적인 기회와 조건이 빈곤문제에 미치는 영향을 거의 무시하고 빈곤의 원인을 개인적인 성격 결함에서만 찾으려 한다는 비판이 제기된 가운데 도움이 필요한 사람과 함께 거주하면서 문제를 해결한다는 목적으로 등장했다. 또한 인보운동은 사회가 실업자의 증가와 인구의 도시집중화에 수반하여 빈민가(slum)지역이 생기게 되어 새로운 도시문제로 시달리게 되자 이러한 도시문제를 해결하기 위한 목적을 두고 출범했다.

이 운동은 빈민지구를 실지로 조사하여 그 지구의 생활실태를 파악하고 구제의 필요가 있는 사람에게 원조하기 위해 캠브리지대학과 옥스퍼드대학의 학생들과 빈민가의 노동자들을 결합시킴으로써 빈곤문제를 해결하려는 일종의 사회이상주의 운동으로 시작되었다.

상류계층의 사람들이 인도주의 정신에 입각하여 빈민지구에 이주하여 부유한 가정의 쾌락을 버리고 빈곤한 사람들의 친구가 되어 빈민가에서의 생활체험을 통해 빈곤은 경제적인 문제라기보다는 정신적인 문제이고, 따라서 교육을 통해 빈민이 자신을 스스로 변화시켜야만 가난에서 벗어날 수 있다는 확신을 얻게 되었다. 이러한 사람들을 이주자(settler)라고 부른다.

이주자들의 직분은 첫째, 사회조사를 통해 여러 가지 통계자료 수집. 둘째, 교육적 사업으로서 지역주민에 대한 아동위생, 보건교육, 소년소녀들에 대한 기술교육, 문맹퇴치 및 성인교육. 셋째, 체육관을 건립하여 여가선용과 건강증진을 도모하는 일. 넷째, 인보관을 설립하여 주택, 도서관, 시민회관 등으로 이용케 하는 일 등이다.

박애사업의 실천적 모형으로 등장하게 된 지역사회복지사업으로서의 인보사업(settlement work)은 인도주의적 운동에 기인한 것이다. 이 사업의 가장 중요한 사명은 사회에 존재하는 계급을 분리하고 있는 함정에 다리를 놓으려는 노력이었다.

2) 인보사업의 성과

영국에서는 1884년에 토인비 홀(Toynbee Hall)이 건립되었는데 이것이 최초의 인보관(settlement house)으로서 오늘날의 지역사회복지관이다(Fraser, 1984). 토인비 홀은 첫째, 빈민들의 교육수준과 문화수준을 높이고 둘째, 빈민들의 생활환경과 사회적 욕구를 파악하고 셋째, 빈민들이 지닌 사회문제 및 건강문제와 빈민들을 위한 사회입법에 시민들의 관심을 촉구하는 등을 목적으로 하고 있었다(함세남 외, 1999). 토인비 홀의 경험을 바탕으로 1887년 뉴욕에 근린조합(Neighbourhood Guild)이 생겼고, 1889년에는 시카고의 헐 하우스(Hull House)가 건립되었으며, 1891년에는 보스톤에 안도버 하우스(Andover House)가 건립되었다. 헐 하우스는 노동조합운동, 평화운동, 아동복지운동과 결부되어 활동한 점에 사회적 의의가 있다.

앞에서 살펴본 바와 같이 인보운동의 각종 집단 서비스 프로그램이 나중의 집단사회사업(group work)의 출발점이 되었다는 점과 빈민들의 조직화 활동이 지역사회조직의 발전에 기여했다는 점을 들 수 있다. 이와 같은 인보운동은 사회사업뿐만 아니라 사회개량의 근대화에 커다란 공헌을 하였다.

인보사업을 통한 주민의 복지 증진에 공헌한 내용을 살펴보면 다음과 같다. 첫째, 인보사업의 주요 과업은 교육이었다. 따라서 체육관, 옥외운동장을 만들고, 무용회, 연예회, 야회극, 피크닉 등을 실시하였으며, 청소년들의 써클활동을 위해 보이 스카우트 및 걸 스카우트를 창설했다. 둘째, 사회적 기관과의 업무연락을 맡았다. 셋째, 정치적, 사회적 측면에서 법률 제정 및 개정에 필요한 자료수집을 위해 조사업무를 포함시켰다. 넷째, 사회사업가의 훈련과 자원봉사자의 교육실시 등이다(류상열, 2002).

인보운동은 제1차 세계대전을 거치면서 쇠퇴하기 시작했다. 그리고 20세기 초에 사회사업이 전문화를 지향하게 되자 1920년대에 들어 교육 및 레크리에이션 프로그램과 그룹워크를 중시하고, 도시민을 변화시키는 것이 아니라 도시민에게 봉사하는 조직으로 변신했다.

COS운동과 인보운동은 철학이나 지향점이 서로 달랐지만 유사점도 있었는데, 양 운동은 모두 도시빈민이 도시생활환경에 의해 피해를 입고 있다고 보았다 .

사업추진은 자원봉사자에 주로 의존했는데, 자원봉사자들은 동기가 분명한 중상류층 시민들이었고, 부자와 빈민이 함께 노력함으로써 사회적 대립과 계급간의 분열을 완화하고 사회통합을 기할 수 있다고 믿었다. 그리고 물질적 조건뿐만 아니라 정신적 조건에도 관심을 두었고, 사회문제에 대한 과학적 접근을 강조했으며, 양 운동의 활동가들이 종교적인 사명감을 가지고 자신의 일에 임했다는 점도 비슷했다. COS운동이 사회적 다원주의에 따라 계급의 차이를 인정하는 데서 출발했다면, 인보운동은 계급격차의 완화를 지향했다는 점에서 차이가 있다 (Trattner, 1999). 이러한 자선조직화운동과 인보운동은 미국 전지역에 보급되었고 전문적인 사회복지방법을 발전시키는 기초가 되었다.

Section 4 전문 사회사업의 성립과 발전

전문 사회사업(professonal social work)의 사상적 근원은 영국에서 찾을 수 있으나 그 방법과 기법은 미국에서 먼저 발달하였다. 현대 사회사업실천의 조직적인 형태의 시초는 자선조직화운동과 인보사업의 활동 및 방법이라고 할 수 있다. 즉, 1880년대 초기에 시작된 자선조직협회의 우애방문자(friendly visitor)의 활동을 들 수 있는데, 이들은 중간계층에 속하는 사람들로서 자원봉사로 가난한 사람을 방문하여 그들이 빈곤상태에서 벗어나도록 원조활동을 전개하였다. 또한 그들의 훈련은 오늘날 현장실습제도의 기초가 되었다.

전문 사회사업의 기초를 다진 사람으로서는 리치몬드(Richmond)를 들 수 있다. 그녀는 1899년에 출판한 「빈곤자에 대한 우호적인 방문(Friendly Visiting Among the Poor)」을 통해 자선조직화운동 경험을 기초로 방문에 의한 개인적 구제와 지역사회 자체의 개선과의 사이에 있어서의 밀접한 관계에 관하여 논하였고, 1907년에 출판한 「선한 이웃(The Good Neighbor)」에서는 단순한 자선조직이 아니고 전문직으로서의 사회사업의 목적과 방법을 제시하려고 의도하였다. 1917년에는 「사회진단(Social Diagnosis)」을 통해 casework을 단순한 빈곤자의 원조로부터 과학적 지식을 근거로 하는 전문적 사업이 되게 하였으며, 1922년에는 「What is Social Case Work?」을 통해 전문사업으로서의 casework의 보급을 기도하였다.

이렇게 시작된 전문 사회사업은 1915년 미국에서의 전국자선교정사업회의(National Conference of Charities and Correction)를 통해서 본격적으로 발전되었다고 할 수 있다. 이 회의에서는 사회사업의 전문적 직업화를 기도하였으며, 프렉스너(Flexner)는 「Is Social Work a Profession?」을 통해 사회사업의 전문직업으로서의 기준을 제시하였다. 이러한 활동에 영향을 받아 전문 사회사업가에 대한 전문교육기관의 설립과 더불어 1921년에는 미국사회사업가협회의 발족을 보게 되었고 영역별 협회가 설립되기도 했다.

이러한 일련의 조치들은 미국의 사회복지제도에서 먼저 생성되게 되었는데,

미국의 사회복지제도는 영국의 구빈법을 응용하였고 여기에다 청교도주의 논리가 지배하였다. 또한 시설구호의 전문화와 요구호자의 종류에 따라 구분된 시설이 생겨나게 되었다. 전문 사회사업은 치료적 사업과 예방적 사업으로 구분될 수 있는데, 양자는 서로 독립적으로 전개되는 것이 아니고 지상의 목표를 향해 사업의 능률을 높이기 위하여 서로 대립하여 함께 전개되어야 하는 것이다.

1. 전문 사회사업의 태동

전문 사회사업의 태동은 앞 절에서 살펴 본 바와 같이 역사적으로 유럽이나 미국에서 행해진 빈민구호와 관련되어 있다. 사회사업방법의 기원은 가진 자가 가지지 못한 자에게 개별적으로 자선을 베푸는 행위에서 찾을 수 있다. 특히 산업혁명 이후 농촌주민과 빈민들의 도시이주가 급증하여 빈민구호의 문제가 심각한 양상으로 대두되었지만 구빈법으로서는 빈민구호방법이 한계가 있었고, 비효과적이었다.

이러한 시점에서 자선단체들이 이 문제를 해결하기 위해 빈민에 대한 현지조사를 시작하였다. 자선단체들은 음주나 게으름, 무책임 때문에 가난해졌다고 생각되는 구제할 가치가 없는 빈민과 도덕적으로 비난할 수 없는 구제할 가치가 있는 빈민을 구별했다. 처음에는 고아, 과부, 노인을 우선적으로 구제할 가치가 있다고 보았고, 나중에는 건강한 신체를 가지고 있어도 질병이나 그들의 능력 밖의 조건 때문에 경제적으로 곤란에 빠져 있는 훌륭한 인격을 갖춘 사람도 도움을 주도록 했다(제임스 미글리, 복지연구회 역, 1984).

민간 자선단체의 장점이 19세기 후반부터 널리 인식되어 영국, 미국 그 밖의 유럽국가에서 자선단체의 수와 종류가 상당히 증가하게 되었다. 민간 자선단체의 대표적인 조직은 자선조직협회인 데, 최초의 것으로 런던자선조직협회가 1869년에 설립되었으며, 미국에서는 1875년 엘버펠드제도를 수정한 빈곤자방문협회(The Cooperative Society of Vistors)를 보스턴시에 설립하였으나, 1877년에 버펄로에 세운 자선조직협회가 최초였다.

자선조직협회의 자원봉사자들은 점차적으로 빈곤자들의 사회적 배경을 조사하는데 참여하였고, 많은 자선기관들은 보수를 받는 전문가를 채용하기 시작했다. 이들 사회사업가(social worker)들이 자선을 위한 조사를 맡도록 교육되어야 한다는 것이 명백해지면서 새로운 기술과 이에 대한 절차를 개발해 나가게 되었고, 자선조직협회는 전문 사회사업의 탄생을 위한 기반을 마련해 갔다. 구제와 빈곤의 제거에 관한 COS의 생각은 자유평등주의의 가치관에 근거한 것이며, 이러한 가치관은 사회사업 이론에 영향을 미쳤다.

자선적 구제방법에서 환경에 대한 충분한 조사에 기초한 것으로 바꾸려는 시도는 사회사업방법론에서 구체화되었으며, 특히 교육받은 전문인을 채용하려는 결정은 자선사업의 전문화와 현대적이고 전문적인 사회사업가의 출현으로 이끌었다. 이러한 활동이 바로 개별사회사업(social case work)이다. 즉, 개별사회사업의 발생 모체는 자선조직협회의 활동이라고 할 수 있다.

자선조직협회의 이와 같은 활동과는 별도로 사회사업기관, 단체의 연합회가 결성되어 그들 조직의 강화, 공동화, 재정의 일원화 등을 촉진시켰으며, 이를 원활한 운영방안으로 받아들이게 되었다. 이러한 경향으로 지역사회의 조직화 기술로서 지역사회조직(community organization)의 성격으로 발전되어 갔다. 또한 협동성보다는 사회적 개혁에 목표를 두고 그것을 위한 직접적인 행동기법을 중시하는 사회행동(social action)도 지역사회조직의 한 유형으로 발전되었다.

집단사회사업(social group work)은 청소년 클럽이나 인보사업에서 출발되었다. 인보관운동은 기독교 사상에 입각하여 빈민가에 사는 사람들의 생활개선을 목표로 삼았다.

2. 전문 사회사업 교육

영국의 전문 사회사업 교육의 출발은 자선조직협회, 인보관, 옥타비아 힐(Octavia Hill)에 근거하고 있다. 옥타비아 힐은 자원봉사자들에 대한 교육의 필요성을 인식하고 현장실습과정(in-service courses)을 개설하였다.

이에 영향을 받아 미국 보스턴 자선조직연합회에서도 자원봉사자를 위한 현장실습교육과정을 개설하였으며, 그 후 여러 형태의 사회사업 교육을 통합하고 학생들을 실습지에서 교육시키는 과정을 개발하려고 노력한 결과 미국 사회사업가들은 모든 형태의 사회사업 개입에 적응할 수 있는 일반 접근법을 이론화시키게 되었다. 1917년 리치몬드가 출판한 「사회진단」은 개별사회사업의 이론과 방법에 관한 것이었다.

개별사회사업 교육은 1910년대에 리치몬드에 의해 기초 이론이 구축되었고 1920년대에는 프로이드(Freud)의 정신분석 이론의 영향을 받아 심리학적 단계를 통해 진단주의 학파가 생겨났고, 1930년대에는 랭크(Rank)의 이론을 도입한 기능주의 학파가 생겨났으며, 1950년대에 와서 클라이언트의 심리적인 측면과 사회적 측면을 동시에 중시하는 통합적 단계로 발전되었다.

집단사회사업 교육은 1920년에 와서 시작되었다. 1940~50년대에는 정신분석의 개념이 집단사회사업에도 도입되어 프로그램 활동보다는 구성원의 문제에 대한 진단과 치료에 강조점을 두었다.

이와 같이 집단사회사업 교육은 1920년대에는 개인의 상이성에 대한 존경과 집단적 문제 해결에 그러한 상이성을 창조적으로 활용해야 한다는 철학적 기초가 형성되었으며, 1930년대에는 소집단 속의 역학적 과정을 이해하기 위하여 사회사업분야에 과학적 접근이 시도되었으며, 1940년대 전반에는 프로이드의 성격이론, 랭크의 기능학파 이론 그리고 현장 이론이 소개되었다. 1950년대에는 소집단의 기능과 발달주기에 관한 지식은 보다 깊게 구체화해서 적용시키기 시작했다.

3. 전문 사회사업의 통합적 접근

1960년 이후 사회사업분야에서는 통합적 접근방법(generic apporoach)의 발달을 촉진시켜 개별사회사업이 통합기를 맞이했다. 각기 독립적으로 활용되던 전문 사회사업방법들은 1960년대에 들어와 개별사회사업, 집단사회사업, 지역사회조직사업을 하나의 방법으로 통합하려는 시도가 본격화되었다. 이러한 노력은 1955년 미국사회사업가협회(National Association of Social Workers: NASW)가 결성되면서 본격화되었고 미국사회사업대학협의회(Council of Social Work Education)도

1950년대 중반에 들어와 분야별로 전공을 나누어 다루는 것을 중단하는 결정을 내렸다.

방법론의 통합을 추진하게 된 동기는 전문직이 사회에서 생존하고 발전하기 위한 필요성에 있었다. 그 동안 사회사업분야는 두 가지 기준에 의해 분리화가 심화되고 있었다. 즉, 3대 방법론에 의한 분화가 문제별, 분야별 분화로 나타났다. 이러한 분야별, 방법별 분리는 전문직의 정체성(正體性)에 혼란을 야기했으며, 또한 발전을 저해하기도 했다. 따라서 부분화・분리화를 막고 전문직의 정체성을 보다 확고히 하기 위한 방법이 바로 방법의 통합, 분야의 통합이라는 방향으로 나타나게 되었다. 즉, 모든 사회사업가들이 알아야 할 일반적 기초(generic base)에 해당하는 사회사업의 목적, 가치, 초점, 지식, 기술, 관계 등을 함께 묶어 통합방법론을 구축한다는 것이다.

이러한 배경을 통해 분리되었던 세 가지 방법론이 하나의 틀 안에 통합되었으며, 통합된 교과목의 명칭도 사회사업실천론(social work practice)으로 불리어지게 되었고, 세부적으로는 사회복지실천론과 사회복지실천기술론으로 나누어졌다.

Chapter 7

빈곤관의 변화와 사회보험제도

1880년대 이후 사회정세의 변화는 빈곤이 개인의 성격적 결함에 기인한다는 안이한 견해를 바꾸는데 크게 기여하였다. 일반대중들은 빈곤이 산업의 발전과 더불어 사라지는 것이 아니라는 점 그리고 대부분의 경우 개인적인 결함의 결과가 아니라 복합적인 사회 경제적 요인의 결과라는 것을 인식하게 되었다.

따라서 문제의 본질은 개인의 성격을 대변하는 피구제빈민화의 문제가 아니라 단순한 빈곤의 문제로 인식되었다. 그리고 널리 확산된 빈곤문제로 인해 사적 자선으로는 빙산의 일각을 녹이는 정도의 고육책(苦肉策)밖에 될 수 없음을 깨닫게 되었으며, 자선이나 개인의 인도주의에 의해 해결될 한계를 훨씬 벗어났다는 사실이 증명되었다. 따라서 빈곤문제에 대한 보다 적극적인 국가의 간섭이 필요하다는 주장이 강력하게 제기되었다.

그리하여 빈민 개개인의 구체적인 생활실태보다 빈곤의 본질과 규모를 조사하여 통계적으로 명백히 하려는 움직임이 있었는데, 부스와 라운트리의 조사가 대표적이다. 이 양 조사에서 사용된 극빈, 빈곤의 개념은 소위 자유주의적 개량(the liberal reform)의 이론적 근거가 되었다. 즉, 노동계급의 빈곤이 도덕심의 결여에 의한 것이 아니라는 사실을 지배계급들에게 인식시켜 그들이 빈곤관을 바꾸게 하는데 크게 작용하였다.

Section 1 실업문제의 심각화

1. 실업문제의 발생

나폴레옹 전쟁이 종식된 이후 반세기 동안의 서구 세계의 역사는 중요한 사건의 연속이었다. 1815년과 1870년 사이에 산업혁명은 성년에 달하였고, 사회주의의 근대적 이론이 탄생하였으며, 정치적으로는 같은 시기에 영국과 미국이 실질적으로 민주주의를 확립하는 방향으로 진전되었고, 이탈리아와 독일은 통일국가를 달성한 시기였다. 경제성장을 주도해 왔던 영국의 자본주의도 1873년부터 시작된 대불황으로 인해 실업은 심각한 사회문제로 제기되어 19세기 말에는 위기에 직면하게 되었다.

실업문제가 심각하게 대두되었음에도 불구하고 자선조직협회는 구제할만한 가치가 있는 자와 없는 자를 구별하여, 자선의 남용을 피하고 빈민의 자립 갱생을 도모한다는 이 협회의 일관된 방침은 변하지 않았다. 또한 실업은 거의 대부분의 빈민들이 악용하는 구실이었지 빈곤의 참된 원인은 아니라는 것이었다. 그리고 빈민을 특성별로 분류하지 않고, 모든 빈민들에게 일률적으로 공적인 원조를 제공한다는 것에 대해 반대하였다.

종전까지의 국가 및 사회의 빈곤에 대한 태도는 빈곤의 원인을 개인의 무질서, 낭비, 무능력 등 개인적인 요인에 기인하는 것으로 간주하여 빈곤이 사회적 죄악이라고 인식하여 빈곤자에 대한 가혹한 형벌로 나타나게 되었다는 빈곤죄악관이 지배하는 시대였다. 그러나 산업의 발달, 도시화로 인해 노동자세력이 강화되어 그들이 조직화되었고 나아가 압력단체가 되었으며, 한편으로 웹(Webb) 등의 영향으로 온정주의적 인도주의가 확산되어지고 빈곤의 규모가 커지게 되자 빈곤은 사적 자선의 능력을 넘는 문제로 인식되기 시작했다.

이러한 인식의 변화와 함께 토인비 홀에 근무하고 있던 바네트(Barnett)와 그의 처 헨리타(Henrietta)는 화이트 채플(Whitechapell)교구에서의 목회활동과 빈민에 대한 구제활동을 통해서 그들의 생활과 인간성의 실태를 파악했다. 그 결과

동부 런던의 빈곤문제는 노동자들의 심신을 파괴하고 있는 불규칙적인 저임금 노동의 문제라는 사실을 인식하기 시작했다. 즉, 빈민의 생활실태를 알면 알수록 그 실태의 개선을 위한 정부의 조직적인 활동이 필요하다고 생각하게 되었다. 또 영국국민의 대다수를 차지하고 있는 노동자계층이 저임금과 빈곤상태에 있다는 것을 인식함으로써 국가를 통한 생활조건의 개선이 불가피하다는 점을 주장하였다. 그리고 현 단계에서는 국가적 시책의 개입을 유도하는 결핍이나 욕구의 기준이 마련되어 있지는 않지만, 지금까지 영국이 유지해 왔던 많은 사회주의적 시책의 건전한 개량을 통해 달성될 수 있다고 주장했다.

그녀가 중심적으로 주장했던 여러 시책들은 노동자계층이 직면하고 있는 환경적 조건의 개량을 목적으로 하는 것으로서 첫째, 60세가 될 때까지 구빈법의 구제를 전혀 받지 않았던 자에 대한 주 810s의 무갹출 노령연금제도의 실시. 둘째, 의료서비스를 국민의 권리로서 모든 국민들에게 제공함과 동시에 병원과 진료소에 대한 국가의 관리와 통제. 셋째, 국가가 노동능력 있는 자에게 초등교육뿐만 아니라 중등 및 대학교육의 실시. 넷째, 공공도서관 및 공원과 정원의 확충. 다섯째, 국민의 교회로서 교회의 사회교육활동의 제창 등이 주 내용이었다.

이러한 시책과 활동은 거액의 자선적 기부, 국세의 토지평가액에 대한 개정 및 행정경비의 절약 등의 방법을 시행함으로써 재정적으로도 실천 가능하다고 주장했다.

2. 빈곤관의 변화

영국의 자본주의가 고도의 단계에 접어들었던 19세기 후반에 이르자 개인주의적 빈곤죄악관이라는 전통적인 빈곤관은 서서히 변모되어 가기 시작했다. 빈곤의 실태에 대한 인식이 바뀜에 따라 자유방임의 이념과 개인주의적 윤리가 쇠퇴하고 보다 적극적인 국가의 행동과 사회개량을 요구하는 소리가 드높아졌다. 1880년대에 들어서자 무한히 증가할 것처럼 보였던 부와 생산력의 향상에 그때까지 가려져 왔던 빈곤의 실상이 벗겨지고 빈민의 참상이 폭로되었다.

그 중에서 대중의 관심을 빈곤과 불결 등의 문제에 집중시켰으며, 또 사회조사의 시기를 연 계기는 조지(George)의 「진보와 빈곤(Progress and Poverty, 1879년)」이었다. 그 후 먼저(Mearns)는 런던 빈민굴의 생활실태를 폭로하면서 빈민의 도덕적 타락은 그들의 열악한 주거환경의 결과라고 주장하였다. 또 구세군의 창설자인 부스(W. Booth)는 암흑의 영국과 그 출구에서 빈곤문제에 대한 빅토리아 중기의 처방 즉, 노동자의 근검 · 절약에 의한 빈곤 예방에 결정적인 비판을 가했으며, 부와 문명 속에 상존하는 어두운 부분을 폭로하였다. 이러한 노력에 의해 사회적, 물질적 환경이 인간의 운명에 얼마나 결정적인 역할을 하는가 하는 인식이 크게 증대되었다. 그 때에도 아직 빈곤이 얼마나 광범위하게 잔존하고 있는가에 대한 명확한 자료와 증거는 없었다. 이에 대한 통계적 증거를 제시한 인물이 부스(C. Booth)와 라운트리(Rowntree)였다.

부르스(Bruce, 1973)는 이상과 같이 빈곤관이 변화한 요인으로서 명백한 번영의 시기임에도 상존하고 있는 빈곤에 대한 확실한 인식, 부스의 폭로에 의해 사회적 상황에 대한 무지의 해소 그리고 사회적 상황이 어떠한 가를 직접적으로 체험하고 있는 사람들 즉, 노동계급에게 정치활동의 기회를 부여했던 1883년의 선거권의 민주화 등 실제적인 측면에 강조점을 둔 세 가지를 제시했다. 존스(Jones, 1991)는 주로 이념적인 측면을 강조한 다음 네 가지를 그 요인으로 들고 있다. 첫째, 전통적인 빈곤관의 주된 진원지였던 런던자선조직협회의 세력 약화. 둘째, 런던자선조직협회의 입장에서 파생되어 나온 명백히 새로운 형태의 자유주의의 대두. 셋째, 부스의 빈곤에 대한 조사 개시. 넷째, 제국주의의 확대와 국가의 안전보장이라는 관점에서 빈곤과 실업문제를 조명해 들어가는 제국주의의 출현 등이다.

이러한 배경을 좀 더 상세히 살펴보면 다음과 같다.

첫째, 노동계급의 세력 강화로서 빈곤층의 권리를 주장함과 동시에 구빈법의 개정을 요구하였다.

둘째, 가부장적 인도주의(the paternalistic humanitarianism)의 등장이다. 이 시기의 인도주의는 명백하게 증대되고 있는 풍요 속에서도 여전히 존재하고 있는 빈곤현상을 정당화하지 않으려는 일단의 부유한 지식인계층의 죄의식을 반영한 것이다. 자선조직협회운동, 바네트에 의해 주도되었던 인보운동 그리고 근본적인 사회개량운동을 주장한 페이비언협회의 활동을 제외한 나머지 운동들은 모두 도덕적 또는 종교적 관념의 자극하에서 시작되었으며, 빈곤의 도덕적인 요인을 여전히 강조한 반면, 기존의 경제 및 정치제도의 변화를 전혀 고려하지 않았다.

셋째, 기업복지에 대한 새로운 인식이 생겨났다. 19세기 말 경 숙련되고 유능하며 또 기업에 협조적인 노동세력 때문에 영국의 산업은 발전을 거듭하고 있었다. 그 결과 오웬(Owen)을 위시한 소수의 산업자본가들은 생활급의 지급과 적절한 구빈활동 그리고 교육과 보건서비스의 확립 등은 산업의 경제적 번영을 촉진할 뿐 위협하는 것은 아니라고 인식하기에 이르렀다. 기업의 인사 및 복지부문의 발달은 이러한 인식의 산물이었다. 이러한 관점에서 제안된 사회개량은 모든 사람들의 생활수준을 향상시켰지만, 동시에 경제적 불평등의 여지를 남겨두었다고 할 수 있다.

넷째, 빈곤에 관한 사회조사가 실시되었다. 1880년대 런던과 요오크에서 실시된 부스와 라운트리의 조사를 통해 빈곤은 광범위하게 확산되어 있으며, 그것은 개인의 성격 결함 때문이 아니라 그 사회의 경제제도에 기인한다는 사실을 발견했다.

이상과 같은 상황 변화에 따라 빈곤은 도덕적인 문제가 아니라 일종의 사회문제로서 인정되기에 이르렀다. 빈곤은 사회의 경제구조에 그 뿌리를 두고 있으며, 따라서 제도적 변화 즉, 정부 활동을 통해서만 해결될 수 있는 문제로 인식되기 시작했다.

1880년대의 자선조직협회 및 자선단체들의 활동은 빈곤이 사회적 죄악이라는 인식을 널리 확신시켰다. 그리고 빈곤의 규모가 커지게 되자 빈곤은 사적 자선의 범위를 넘어서는 문제로 이해되어 국가정책에 의한 제도적 대응의 필요성을 인식하게 되었다. 즉, 빈곤에 대한 대중의 인식이 19세기 말 경을 분기점으로 해서 크게 변화됨으로써, 그것은 빈곤문제에 대한 국가의 개입을 요구한 일종의 압력으로 작용하게 되었다.

3. 자유방임적 빈곤관과 복지국가주의적 빈곤관

인류사에 있어서 빈곤에 대한 논의로는 숙명론, 도덕론 심지어 필요론 등 여러 가지 해석이 있는데, 19세기의 전시기를 풍미했던 자유방임적 빈곤관은 다음 세 가지를 전제하고 있다(George, 1973).

첫째, 빈곤은 인간생활에 있어서 불가피한 조건이다. 이 입장은 빈곤이란 경제적 결핍 이상의 의미를 지니고 있다는 확신에서 도출되었다. 빈곤문제는 인간의 내면, 특히 본성에 그 근원을 두고 있기 때문에 죄업과 악덕 없는 세계를 상상할 수 없듯이 빈곤 없는 세계도 상상할 수 없다는 것이다.

둘째, 인간의 생활조건은 대체로 그 자신의 도덕성이 반영된 결과이다. 이러한 입장은 사회의 다른 구성원들 그리고 죄업과 악덕이 경미한 구성원들이 빈곤을 포착한 관점의 부산물이다. 빈곤은 개인의 정신 및 성격상의 결함으로 야기되는 것이므로 그것은 미덕의 결여를 의미한다는 것이다. 그 결함의 구체적인 요인으로는 음주, 성적인 난잡함, 나태 및 절약심의 부족 등을 들고 있다.

셋째, 빈민의 합법적인 욕구에 대처하는 적절한 구제원(源)은 임의적인 민간 자선이다. 민간 자선은 빈민들의 합법적인 욕구를 조정하는데 최선의 수단이며, 또 그 원리와 실천에 있어서 구빈법보다 훨씬 우수하고 효과적이다. 이 입장은 부자들에게는 재산이 궁박한 동료들을 원조해야 할 비법률적이면서 도덕적인 의무만을 제시하였고, 빈민들에게는 가치가 있는 빈민과 가치가 없는 빈민을 구별해야 할 필요성을 인식시켰다.

자유방임적 빈곤관은 빈곤을 인간생활의 불가피한 조건으로 간주하고 있으며, 또 경제적 결핍을 인내하기 힘든 조건으로 간주하기를 거부하고, 오히려 도덕적인 인과관계로 이해하고 있다. 빈민이 자신의 통제력을 초월한 환경의 희생자인 경우 원조를 받을만한 가치가 있고 또 부자는 원조를 해주어야 할 도덕적 의무가 있지만, 그가 노동능력이 있고 또 자조할 능력이 있는 경우 빈민은 스스로의 결점으로 인한 희생자이기 때문에 사회는 도덕적 개혁을 통해 자조하도록 하는 것 외에 아무 것도 해줄 수 없다는 것이다. 이와 같이 자유방임적 빈곤관은 개인주의, 도덕론 및 숙명론 등의 삼위일체적인 연관성을 그 구조적인 특징으로 삼고 있다(Woodard, 1962).

이러한 빈곤관은 19세기 말에 접어들면서 빈곤에 대한 사회조사 등을 배경으로 '코페르니쿠스적인 전환'을 이루게 되는데, 복지국가주의적 빈곤관은 다음과 같이 그 입장을 제시하고 있다(Rose, 1986).

첫째, 빈곤은 하나의 경제적 현상으로서 근절될 수 있고 또 근절되지 않으면 안 된다. 빅토리아 시대의 빈곤관은 빈민은 언제나 대중과 함께 있다는 숙명론과 빈곤은 개인의 성격적 결함 때문이라는 도덕론이었다.

둘째, 국가는 이러한 현상을 불러일으키는 경제적 요인들에 대처할 수 있는 유일한 사회제도이다. 개인의 도덕적 덕성이 강조되고 또 개인의 사회적 향상은 오직 스스로의 책임으로 맡겨질 때, 사회개혁은 설자리가 없게 마련이고 또 국가의 기능은 최소한의 입지로 제한을 받게 마련이다.

셋째, 빈곤을 근절시켜야 하는 주된 책임은 국가에게 있고 동시에 국가의 기능은 그 목적을 달성함에 있다. 빈곤이 개인문제로부터 사회문제로 전환된 이상, 빈곤대책과 정책의 주체 면에서도 이것에 상응하는 극적인 변화가 불가피해졌다고 보아야 한다.

복지국가 이념은 바로 이러한 인식 즉, 빈곤이 도덕적 문제가 아니라 경제적 현상이라는 점 그리고 이것은 개인의 통제력을 넘어선 사회악이기 때문에 오직 사회적 행위에 의해서만 치유될 수 있는 것이라는 점을 인식할 때 비로소 생겨날 수 있는 것이다.

이와 같이 19세기 말에 접어들어 빈곤관이 변모됨에 따라 구빈법의 성격도 서서히 변화되고 있었다. 즉, 시설외구제의 비중이 높아지고, 거대한 도시가 출현하는 와중에 작업장은 피구제빈민과 더불어 도시로 집중되었다. 구빈위원의 담당사례가 계속 증가되었으며, 개개 사례에 대한 전문적인 처리가 필요하게 되었다. 또 작업장에 수용되지 아니한 아동과 환자를 위해 별도의 아동수용시설과 병원이 필요하게 되었다. 그리고 평균 수명의 연장에 따른 인구의 노령화가 진행되고 있는 과정 속에서 구제를 필요로 하는 노인의 수도 증가되었다.

이러한 상황 속에서 1870년대 이후 아동복지가 열등처우의 원칙과는 무관하게 전개되기 시작했다. 유명한 아동수용시설인 Barnett Home이 1870년에 창설되었던 것은 이러한 움직임의 구체적인 한 예라고 할 수 있다.

Section 2 빈곤관의 변화와 자유주의적 개량

영국의 빈민상태에 관하여 과학적, 통계적 분석을 수반한 정확한 자료를 사용하여 문제를 명확히 했던 것은 부스와 라운트리의 빈곤조사였다. 이 두 조사는 사회복지 역사에 있어서 상당한 의의를 갖고 있는데, 그 이유는 이 조사결과로 당시 빈곤에 대한 일반 시민들의 편견을 바꾸는 데 큰 영향을 미쳤기 때문이다. 또한 이들의 사회조사는 사회과학적 조사방법론의 효시가 되었다는 점이다.

1. 부스의 런던 조사

부스는 1886년 4월부터 이스트 엔드(East End)의 한 지역에서 시작하여, 최종적으로는 런던의 총 인구 400만 명을 넘는 약 100만 세대에 달하는 주민을 조사대상으로 생활실태를 실증적으로 조사하여 그 결과를 「런던 시민의 생활과 노동(Life and Labour of the People in London, 1889)」이라는 보고서를 발표했다. 이 조사는 노동자의 직업, 노동조건, 생활, 작업시간, 임금 그리고 실업에 관한 것이었다.

구분		
A : 임시노동자, 부랑자, 준범죄인과 같은 최하층		(0.9%)
B : 임시소득자, 자유노동자, 만성적인 결핍이 있는 자 - 극빈(very poor)		(7.5%)
C : 간헐적으로 소득이 있는 자 -빈민(the poor)		
D : 소액의 정규 소득이 있는 자 -빈민(the poor)	C+D	(22.3%)
E : 정상적이고 보편적인 수준의 소득을 가진 자 -빈곤선 이상		
F : 고액의 소득이 있는 자 (노동자 상층)	E+F	(51.5%)
G : 하층 중산계급		
H : 상층 중산계급	G+H	(17.8%)

출처 : Jones., 1991

이러한 조사결과를 기초로 부스는 런던 시민을 8가지 계층으로 분류하였다. 이 조사결과 해당 주민의 69.3%가 빈곤선 이상, 22.3%가 빈곤선상에, 8.4%가 그 이하라는 것이 발견되었다. 그러나 당시 구빈법 당국의 공식적인 통계에 의해 제시된 빈민의 수는 전체 인구의 3%에도 미달되는 것으로 나타났다.

부스의 경험적, 통계적 연구의 성과는 빈곤을 도덕적, 윤리적 문제에서 경제적인 현상으로 재인식하도록 만들었으며, 이제는 경제적 결핍을 개인적 성격이라는 의미가 내포된 피구제빈민화의 문제가 아니라 단순히 객관적, 사회적 현상인 빈곤의 문제로 인식하도록 만들었다. 이러한 획기적인 인식 전환을 빈곤관의 '코페르니쿠스적인 전환'이라고까지 평가할 수 있다.

부스는 앞의 표에 나타난 바와 같이 A와 B를 하루살이 인생(the residuum)이라고 규정지으면서, 먼저 전자의 경우 각 지역으로의 분산정책 그리고 후자의 경우 노동교육기관의 설립 등을 그 대책으로 제시하였다. C계층은 계절적 또는 일시적인 정규노동을 하는 사람들인데, 음주와 무절제한 생활태도로 인해 가난해진 사람도 포함되어 있다. D계층은 정규적인 노동을 하는 사람들로서 자립심과 자녀양육에 대한 책임의식도 가지고 있었다. A에서 D계층까지가 빈곤계층으로 무려 30.7%나 되었다. 즉, 런던 시민의 약 1/3이 빈민이라는 결과로 나타났다. 그리고 이들은 자신의 잘못이 전혀 없는 약한 존재들로서 저임금과 불안정한 일자리가 빈곤의 주요 원인인 것으로 드러났다.

부스의 사회조사에 의한 발견으로 사회개혁을 위한 효과적 대책의 필요성을 명확히 할 수 있었다. 또한 보다 나은 사회복지정책이나 계획을 실시하기 위해서는 과학적이고 합리적인 사회조사가 선행되어야 함을 명시해주었다. 마셜(Marshall)은 부스의 사회조사를 복지국가를 향한 출발이라고 평하기도 했다.

2. 라운트리의 요오크조사

부스의 사회조사에 이어 라운트리는 1899년에 요오크(York)시의 빈곤조사를 시작하여 그 결과는 1901년에 「빈곤 : 도시생활의 연구(Poverty : A Study of Town Life)」로 출간되었다. 이 조사에 의해 지방도시도 런던과 유사한 상태임이 확인

되었고, 또 부스의 연구가 타당한 것임이 입증되었다.

라운트리는 부스로부터 많은 영향을 받았지만 보다 객관적인 조사를 실시했다고 평가받고 있다. 그는 필요 칼로리에서 식비를 계산하고, 이것에 최저생활을 영위하는데 필요한 여러 가지 경비를 포함시켜 최저생활비를 도출해 내었다. 이것이 바로 이론생계비방식이다. 이 계산에 의해 그는 빈곤을 1차 빈곤(primary poverty)과 2차 빈곤(secondary poverty)으로 분류하였다. 자신의 수입을 매우 현명하고 주의 깊게 사용한다 할지라도 최저생활의 욕구를 충족시킬 수 없는 세대를 1차 빈곤에 포함시켰으며, 2차 빈곤에는 그 수입을 현명하게 사용하면 빈곤선 이상의 생활을 영위해 나갈 수 있는 세대가 포함된다고 하였다. 그의 계산에 의하면 요오크시 노동자계층의 9.91%가 1차 빈곤상태에 있었고, 17.93%가 2차 빈곤이었다(이영찬, 2000).

이러한 그의 빈곤론에는 도덕론적인 해석이라는 비판의 여지를 남기고 있다. 그 후 같은 조사를 두 번 더 실시하여 「빈곤과 진보(Poverty and Progress, 1936)」와 「빈곤과 복지국가(Poverty and the Welfare State, 1950)」라는 보고서를 발표하였는데, 그것은 요오크시의 빈곤에 관한 시계열(時系列)조사로서 또한 영국의 빈곤 원인의 역사적 변천을 알 수 있는 귀중한 자료로 평가받고 있다.

부스와 라운트리의 사회조사는 당시의 여론에 충격을 주었다. 두 사람은 빈곤의 주된 원인이 개인의 성격 결함에 있는 것이 아니라 노령, 질병, 실업, 낮은 교육수준 등에 기인하며, 노동자들이 서로 경쟁해야 하는 불리한 조건에 있다는 사실을 발견하였다.

세계 제일의 공업국가로서 번영을 지속하고 있던 영국의 전체 인구 중 10%가 최저수준 이하의 생활을 하고, 또 30.7%가 빈곤에 처해 있다는 것은 빈곤의 발견이라고 할 수 있으며, 나아가서 이러한 대량의 빈곤을 발견한 것은 자선조직협회 혹은 민간 사회사업으로는 빈곤에 대응할 수 없기 때문에 어떠한 형태로든지 국가정책에 의한 제도적 대응이 필요하다는 것을 입증한 셈이었다. 그러나 그러한 국가의 개입은 당시 자유주의의 기본 입장과는 배치되는 주장이라고 할 수 있다. 어째든 라운트리의 조사결과는 1906년 자유당 정부의 사회입법에 상당한 영향을 미쳤다(박병현, 1994).

3. 빈곤에 대한 사회적 책임의 인식

빈곤에 대한 개념은 일치된 견해는 없으나 웹이 상대적인 빈곤(poverty)과 구별해서 궁핍(destitution)을 객관적인 상태라고 하여 생활필수품이 결핍되었기 때문에 육체적, 정신적인 생활력이 마멸(磨滅)된 상태라고 개념 규정했는데, 이것은 부스나 라운트리가 규정한 빈곤 개념을 잘 표현한 것이다.

이와 같은 의미에서의 빈곤현상은 자본주의 사회 이전에는 천재지변의 결과나 또는 지배자들의 악정(惡政)의 결과로서 나타났다. 또 초기 자본주의 단계에서의 빈곤 개념은 태만과 무능력, 낭비벽과 같은 개인의 인격 결함의 결과라는 관념이 내재하고 있었으며 따라서 그들은 형벌의 대상으로 보았다. 그리고 구구빈법하에서는 빈민에 대한 구제와 동시에 그와 같은 품성을 고치기 위하여 강제노동을 하도록 규제하였다. 영국의 교정원, 구빈원, 교구, 도제제도 등은 이의 대표적인 예이다.

그러나 산업혁명 이후에 발생한 빈곤은 사회제도의 필연적인 현상으로서 종전과 같은 사회적인 구제방법으로서는 이를 해결할 수 없게 되었는데도 불구하고 여전히 노동자의 자조와 근면, 절약만이 이를 완화할 수 있다는 개인주의적인 생활사상으로 대처하고 있었다. 맬서스의 인구론은 이와 같은 사상을 대표하였으며, 또 영국의 빅토리아 시대의 자조도 같은 사상이었다. 이러한 사조에 따라 1834년 영국의 신구빈법은 노동능력자에 대한 구제를 원칙적으로 폐지하였다.

부스와 라운트리의 사회조사를 통해서 얻은 결론은 빈곤의 원인 중에서 가장 중요한 것이 저임금이라는 사실의 발견이었다. 따라서 최저임금의 인상이야말로 19세기 말 영국에 있어서는 당면한 가장 심각한 과제였다.

4. 발한노동과 국민최저한

포터(Potter)는 부스의 사회조사에 참가하여 런던의 부두노동자와 이스트 엔드의 발한산업(發汗産業)에 종사하고 있는 부녀노동자를 대상으로 조사를 실시하였다. 이 조사의 결과 모든 산업은 소비자단체를 통해 소비자의 공동이익을 위하는 방향으로 통제되어야 한다고 결론을 내렸다. 또 그녀는 웹과 결혼한 후 공동으로 「노동조합사」, 「산업민주제론」 등 노동조합에 관한 고전적인 연구서를 발표하였는데, 이때 'national minimum'이라는 용어가 사용되었다. national minimum은 국민최저한 혹은 국민최저수준으로 번역되는데, 이 사상은 영국 사회보장제도의 기본적 사상으로서 웹 부처는 19세기 말 당시 영국 사회에서 광범위하게 존재했던 발한산업의 폐지를 목적으로 한 노동환경, 임금의 공동규칙(common rule) 설정을 위한 이념으로 출발하였다.

포터는 소비자에 의한 자본주의 사회의 통제를 중요시하였으며, 동시에 이스트 엔드의 발한산업에 관한 실태조사를 통해 저임금과 저수준의 노동조건이 야기한 폐해도 상세히 폭로하면서, 그 극복책으로서 임금을 포함한 생산, 여가, 위생, 교육 등 노동자생활의 포괄적 영역에서 국민의 최저수준을 제안하였다. 일종의 과제로서 국민최저한은 국민적 효율을 향상시킬 뿐만 아니라 시민생활의 안정과 향상으로 연결될 수 있다는 것이다. 그 후 국민최저한이라는 용어는 모든 국민이 그 이하로 내려가서는 안 된다는 최저한도의 생활을 보장하는 것과 관련된 의미로 사용되었다.

페이비언주의는 영국적인 토양에서 형성된 사상의 기반 위에 그것을 영국적인 류로 수정하고 혼합시켜, 간접적인 모습으로 자신들의 토양에 합치되도록 도입했던 것이다. 페이비언사회주의의 발상은 사회민주연맹과 사회주의자동맹의 과격성에 대칭되어 일어난 사회운동이다. 그들은 자본주의 국가를 전복시키려고 한 것이 아니라 시대적 요청에 따라 복지국가로 변화시키려고 했던 것이었으며, 그 정책은 기존의 것을 파괴하기보다는 오히려 활용하여 적응시키려고 했던 것이었다.

실제로 빈곤과 구빈법의 문제는 그들이 가졌던 최초의 관심사였다. 곧 이어 그들은 당시의 정책을 비판하면서 개혁안을 제시했다. 그 최초의 25년간을 통해 실시되었던 사회개량 계획을 구빈법과 빈곤의 구제에 관한 왕립위원회의 소수파 보고서에 수록하였다. 이 보고서의 대 전제는 전형적인 페이비언주의의 것이었다.

그런데 20세기 초 페이비언주의는 국민적 효율의 사상과 결합한 국민최저한의 이념이었다. 페이비언주의는 사회를 유기체로서 보는 것에서 출발하고 있다. 그들은 협회의 구성원들에게 한계 이하의 생활을 강제시킨 경제적 불합리성에 충격을 받은 결과, 부는 그 기원에 있어서 사회적인 특성을 지니고 있기 때문에 그 분배도 사회적이지 않으면 안 된다고 생각했다. 요컨대 페이비언주의의 입장은 공동선(共同善)을 위한 부의 통제라고 하는 면을 지향하고 있었던 것이다. 문명생활의 최저수준이 확보되고, 노동에 의하지 않고 얻는 사회적 잉여물이 부당이득계급으로부터 제거되어 사회의 자유로운 처분에 맡겨짐으로써, 그것은 자연적으로 부의 재분배를 창출하는 것이라고 생각했다. 그 때문에 국민최저한의 사상은 개인의 권리보장보다는 합리적인 사회계획 및 효율에 관한 페이비언주의의 욕구와 밀접한 관련을 맺게 되었다.

국민최저한의 이념은 빅토리아 시대에는 자조의 관념이 중산계급을 포착한 것과 마찬가지로 대중 속으로 정착되어 갔다. 이리하여 1900년 이후부터 빅토리아 시대의 윤리 사상인 자조론은 점점 퇴색되어 간 반면, 빈곤의 예방과 구제의 사회적 책임이라는 사상이 침투하였고, 그 결과 영국에서는 국민최저한의 유지를 위해 정부와 의회의 활동을 기대한 분위기가 노령연금, 건강보험, 실업보험 등 1906년 이후의 사회입법으로 결실을 맺게 되었다.

Section 3 구빈법과 빈곤의 구제에 관한 왕립위원회의 활동

1. 신구빈법에 의한 구빈제도의 평가

영국은 1870년대 후반의 대불황과 실업증대로 빈곤문제에 대한 관심이 높아짐에 따라 구빈제도를 중심으로 한 근본적인 논의가 시작되었다. 그리하여 1905년 보수당 정부는 구빈법과 빈곤의 구제에 관한 왕립위원회(Royal Commission on the Poor Laws and Relief of Distress)를 구성하였다. 이 위원회는 첫째, 영국에서의 빈민구제와 관련된 여러 가지 법률들의 실시상황에 관한 조사. 둘째, 고용의 결핍으로 야기되는 곤궁, 특히 극심한 불황기에 야기되는 곤궁에 대처하기 위해 신구빈법의 틀 밖에서 채택되어 왔던 여러 가지 수단에 대한 조사 그리고 이러한 곤궁에 대처하기 위해서는 신구빈법의 변화 혹은 행정상의 개혁 아니면 새로운 법률의 제정 중 어떠한 대책이 필요한 지를 조사, 보고하는 것이었다.

이 위원회의 설치는 빈곤문제에 대한 국가의 대응을 규정하고 빈곤에 대한 전 시대적 사고를 폐기하여 사회문제에 대한 새로운 길을 열었다는 의의가 있다. 즉, 구빈법 체계는 완전히 전 시대적인 제도로서 빈곤의 구제에 아무런 도움을 주지 못했음을 인정한 셈이었다. 다시 말하면 신구빈법은 자본주의의 진전이라는 현실을 도외시한 조치로서 농촌부랑자와는 질적으로 다른 실업자문제에 무기력했다는 것이다(원석조, 2000).

여기에서 왕립위원회의 조사보고서(1909년)를 살펴보면, 이 보고서는 위원들의 심각한 의견 차이로 결국 두 개의 보고서가 나오게 되었는데, 다수파 보고서는 보수주의자들의 의견을 담고 있었고, 소수파 보고서는 페이비언사회주의자인 웹(Webb) 부부의 작품이었다. 이와 같은 두 가지 보고서가 나오게 된 것은 빈곤과 빈곤정책에 대한 기본적 시각부터 달랐기 때문이다. 다수파는 빈곤의 원인을 개인의 생활태도 즉, 빈민의 나태와 무책임에서 찾았다. 그래서 빈민의 자활의지를 불신했으며, 빈민에게는 관대한 동정보다는 가혹한 조치가 필요하다고 생각한 반면 소수파는 빈곤은 개인의 문제가 아니라 불합리하고 불건전한 사회질서의 결과라고 보았으며, 빈곤의 해결을 위해 공공지출이 불가피하다고 여겼다. 그리고 구빈행정의 운영방식에 관해서도 입장을 달리했다. 즉, 신구빈법의 문제점을 해결하기 위한 대안을 모색함에 있어 국가책임의 범위를 둘러싼 견해 차이가 있었기 때문이다.

2. 왕립위원회 보고서의 내용

1) 다수파 보고서

다수파 보고서(The Majority Report of the Royal Commission on the Poor Law)는 지금까지의 구빈법 운영에 있어서는 노동력이 있는 빈민과 노동력이 없는 빈민으로 분류가 행해졌으며, 또한 구제할 가치가 있는 빈곤과 구제할 가치가 없는 빈곤으로 분류했을 뿐이었기 때문에 이들이 빈곤에 빠진 그 원인을 알아내어 원인에 따라서 서비스와 처우방법을 정하도록 하는 구빈행정의 자율성을 강조하고 있으며, 구빈법의 존속을 인정하되 문제점을 시정하고 종래의 자선사업형태를 치료적이고 예방적인 것으로 대체하려고 하였다. 여기에는 로크(Lock), 힐(Hill), 보산케(Bosanquet) 등의 다수 의견이 수렴되었다.

이러한 다수파 보고서의 기본 원리와 그에 따른 권고안은 다음과 같다. 첫째, 공공구제를 신청하는 빈민들에 대한 처우는 그들의 개별적인 욕구에 부응하는 것이어야 하며, 시설처우가 필요하다면 그것은 분류의 원칙에 따라 구제되어야 한다. 둘째, 빈민들을 위한 구빈행정은 그 지역의 자선활동과 조정되어야 한다. 셋째, 그 결과 공공구제의 체계는 예방적, 치유적 및 회복적 원조과정을 구비해야 한다. 넷째, 피구제빈민들의 독립심과 자조능력을 촉진시키는 데 모든 노력이 경주되어야 한다.

이러한 원칙들을 근거로 중앙당국은 지방당국에 대해 다음과 같이 권고하였다.

첫째, 시설외구제 혹은 거택보호는 갑작스럽고 긴급한 필요의 경우를 제외하고는 충분한 조사를 거친 후 제공되어야 한다. 둘째, 그 구제는 그것이 대상자의 욕구를 충족시키기에 적절한 것이어야 한다. 셋째, 그렇게 원조된 사람들은 지도감독에 따라야 한다. 넷째, 조사와 지도감독을 위한 목적에서 사례기록제도(the case paper system)가 모든 지역에서 채택되어야 한다. 다섯째, 그 지도감독은 수혜자의 도덕적, 위생적 여건을 포함해야 한다. 여섯째, 개별사례의 대인적 보호를 위해 가능한 한 민간기관이 활용되어야 한다는 것 등이다.

다수파 보고서는 사적 자선과 공공부조를 통합할 것을 주장했으며 또한 새로운 형태의 열등처우의 원칙을 제시함으로써 서로 상반된 내용을 주장하였음을 알 수 있다.

2) 소수파 보고서

소수파 보고서(The Minority Report of the Royal Commission on the Poor Law)는 웹 등 페이비언협회 회원, 노동계 대표 4명이 서명한 것으로, 이 보고서는 구빈법의 전면적 폐지를 주장하였으며, 그 대안으로 국가 주도의 사회보장, 의료서비스, 주택 및 직업안정책 등을 주장했다.

다수파 보고서의 주장과는 달리 소수파 보고서는 노동능력 있는 빈민에 대한 대책과 노동능력 없는 빈민에 대한 대책으로 구성되어 있는데, 보고서에는 구빈법의 해체와 노동시장의 공적 조직화로 표현되어 있다. 이와 같은 구빈법 해체안은 세 가지의 기본적인 가정에 기초하고 있다. 첫째, 빈곤은 개인적인 결함이 아니라 사회 그 자체의 병이라는 것이다. 따라서 빈곤에 수반되는 낙인은 배제되어야 하며, 지역사회가 빈곤에 대처할 책임을 져야 한다. 둘째, 빈곤의 원인은 단일의 것이 아니라 다양하다. 따라서 빈곤 그 자체를 해결하기 위해서는 빈민을 우선 개별화하여 그 사람 특유의 원인을 찾아냄으로써, 그 원인에 상응하는 대책을 모색하는 것이 필요하다. 셋째, 전문적인 지식이나 기술을 가지고 있는 특별위원회는 단지 빈곤을 구제하는 것뿐만 아니라 예방하는 것도 가능하다.

이러한 가정을 기초로 노동능력 없는 빈민에 대한 개혁의 원칙으로 네 가지를 제시하고 있다(S. and B. Webb, 1909). 첫째, 구빈법 당국을 이미 활동 중에 있는 전문화된 여러 지방당국으로 최종적인 교체를 단행하는 것. 둘째, 아직 잔존해 있는 구빈법의 여러 가지 기능들을 전문화된 여러 당국에 적절하게 분배하는 것. 셋째, 어떠한 개인이나 가족에 대해 제공되더라도 모든 부조를 등록하고 조정하는 적절한 기구를 확립하는 것. 넷째, 이 조정기구에 의해 노동능력 있는 빈민에 관해서는 자신 및 가족에 대한 부양의무를 보다 체계적으로 확립하는 것 등이다.

이러한 원칙에 따라 구빈법을 해체한 다음 아동, 병자, 정신박약자 및 노인 등 네 가지로 분류된 노동능력 없는 빈민을 교육위원회, 보건위원회, 시설위원회 및 연금위원회가 각기 전담하도록 했다. 또 노동능력 있는 빈민에 대한 대책으로서 실업자를 항상적인 실업자, 단기적인 피고용자, 불완전 취업자 및 고용이 불가능한 자 등으로 분류하여 직업소개소의 설치, 과잉노동력의 흡수, 국민적 노동수요의 조절 및 실업자를 위한 급여 등의 대책을 주장하였다.

소수파의 이러한 주장에는 당시 지방자치행정의 실태에 관한 강한 비판이 그 근저에 깔려 있었다. 즉, 구빈법을 공공부조로 그 명칭을 바꾼다하더라도 구빈위원회에 대한 지방토호(土豪)들의 지배를 타파하지 않고서는 지방자치의 민주화를 달성할 수 없으며 또 효과적인 구빈정책도 불가능하다는 것이다. 따라서 지방자치를 전문화하고 기능화시켜야만 효과적인 대책이 수립된다고 믿었다.

여하튼 억압에 대신하여 예방을 중시해야 한다는 견해를 구빈법위원회 전체로 침투시킨 것은 소수파의 큰 공헌이었다. 그러나 행정을 전문화, 기능화시킴으로써 빈곤을 완전히 예방할 수 있다는 그들의 판단은 지나치게 낙관적이었다. 왜냐하면 일종의 사회질병에 해당되며 또 자본주의 사회의 구조적 결함으로 인해 야기되는 빈곤이라는 사회문제는 지방자치의 실현이라는 방법만으로는 해결될 수 없기 때문이다.

그리고 다수파가 주장한 사적 자선과 공공부조의 결합은 대상자의 피구제권을 사회적 권리로서 인정하지 않았다는 점에서 결정적인 과오를 범했다고 보고 있다. 그러므로 소수파의 주장이 복지국가의 건설에 미친 영향으로서는 최저생활의 유지는 국민의 사회적 권리이며, 구빈법은 각종 사회적 시설로 대체되어야 한다는 주장을 들 수 있다. 왜냐하면 노동능력 없는 빈민에 대한 대책으로서 빈곤에는 다양한 원인이 존재하고 있기 때문에 원인에 따라 혹은 빈곤 인구의 대상에 따라 그 대책을 강구하여야 하기 때문으로 보았다. 결론적으로 소수파 보고서는 구빈법의 폐지를 주장했다.

이와 같은 점에서 볼 때 소수파 보고서는 복지국가의 이념과 정책에 대한 최초의 제시였으며, 정부 차원에서가 아니라 밑에서부터 사회보장의 길을 제시한 방안이었다고 볼 수 있다.

3) 양 보고서의 공통점과 차이점

다수파 보고서와 소수파 보고서는 신구빈법을 전면적으로 개혁해야 한다는 점에서는 그 견해가 일치한다. 먼저 구빈위원들의 업무가 지나치게 과중할 뿐만 아니라 훈련받지 않은 비전문가라는 이유로 또 종합작업장은 모든 유형의 피구제빈민을 혼합 수용하고 있다는 이유를 들어 양 보고서는 다같이 1834년 법의 소산인 구빈위원회, 연합교구 및 종합작업장 등의 완전한 폐지를 주장하는 한편, 앞으로의 행정단위로서는 군 또는 읍(country, borough)이 적당하다고 했다. 양 보고서는 다같이 구빈억제적인 신구빈법의 개념을 포기하고자 하였으며, 노동능력 없는 빈민의 적어도 9할에 대해서는 열등처우의 원칙이 적당하지 않다고 보았다. 또한 앞으로는 구제에 대신한 예방과 치료를 위해 신중히 계획된 것은 그것이 어떠한 것일지라도 공공비용으로 시행되어야 한다고 주장하였다.

양 보고서는 1908년의 노령연금법에 찬성하였고, 질병빈민에 대한 보호를 가능한 한 최대로 확대할 것을 제안하였다. 그리고 위험한 정신병자나 정신박약자에 대해서는 신구빈법에서 제외하여 시설처우를 개선하도록 하였다. 고아나 부모가 양육할 수 없는 아동을 위한 기숙사학교나 위탁양육제도를 발전시킬 것도 희망하였다. 실업자에 대해서도 국립직업소개소의 설립, 계절적·순환적 실업을 정상화시키기 위한 정부의 대책 수립 그리고 연소노동자의 고용조건의 대폭 개선 등을 주장하였다. 또 실업보험의 도입까지도 기대하였으며, 마지막으로는 상습적으로 노동을 거부하여 사회에 해악을 끼친 자에게는 형벌적인 수단을 취해야 한다는 견해를 피력하였다.

이와 같은 양 보고서의 일치점은 개괄적인 측면에서의 분석 결과이며, 세부적인 측면에 들어가면 미묘한 차이가 있음을 발견할 수 있다. 즉, 다수파는 구원억제에는 원칙적으로 반대하였지만 어느 정도의 열등처우는 노인에 대해서까지도 바람직하다고 보았다. 그리고 의료를 개선하되 그 개선을 일종의 명예스러운 방종이 될 만큼 매력적인 것으로 하는 것에는 반대하였다. 또 실업보험의 도입에 관해서는 소수파와 일치하였지만, 각 직종간에 야기되는 위험의 정도가 같지 않다는 이유로 강제보험의 실시에는 반대하면서 국고보조에 의한 민영보험을 주장하였다. 한편 그들은 저축을 중시하는 입장이었기 때문에 노령·장애연금에 대해서는 그다지 찬성하지 않았지만, 그 후 그 연금이 갹출제가 아니면 안 된다는 것으로 타협하였다. 이에 대해 소수파는 65세부터의 무갹출연금을 주장하였다.

이와 같이 양 보고서는 여러 면에서 일치하는 부분도 있었지만 세부적으로는 미묘한 차이가 있었다. 또 양 보고서는 모두 1834년 법이 설정한 피구제빈민의 범주가 현실적으로 타당하지 않다는 것을 인정하였다. 그들은 근대 도시사회에서의 궁핍은 식량, 의복 및 주거의 결핍을 의미하는 것이 아니라 지적으로 타락한 상태를 의미하는 것으로 인식하고 있었다. 그러나 이러한 문제를 어떻게 인식하고 대응할 것인가에 대해서는 양 파의 견해가 크게 상이하였다. 다수파 보고서는 전문 사회사업의 이론과 발전에, 소수파 보고서는 사회보장 이념의 태동에 영향을 미친 것으로 생각된다. 또한 선별주의(selectivitism)와 보편주의(universalism)의 시발점을 열기도 했다.

이와 같이 양 보고서는 새로운 국가복지행정의 필요성을 인정한 점에서 획기적이라고 할 수 있으며, 구빈법의 종말과 새로운 복지제도의 출현을 연결시키는 고리 역할을 했다고 볼 수 있다. 즉, 보수적인 구빈법의 수정을 지지하는 다수파 보고서와 새로운 역사적 흐름을 예견한 소수파 보고서는 이 보고서의 역사적 위치를 그대로 나타냈다고 볼 수 있다.

Section 4 복지국가의 기원으로서 사회보험제도의 도입

1. 근대 국가의 중심 사상과 경제상황

현대 사회보장의 이념은 17, 8세기의 계몽주의 사상에서 출발했다고 할 수 있다. 계몽주의는 시민사회를 완전히 의식하고 이에 대한 이론으로 무장하여 중세적 사고에 대해서 과감히 투쟁한 사상이라고 할 수 있다. 계몽주의 사상은 공리주의에 합리적이고 과학적인 사고방식이라는 지적 토양을 제공하였다.

자연법 사상(principle of natural law)은 실정법에 대하여 자연법을 인정하고 그것에 의해 실정법을 타당한 근거로 삼으려는 법 사상이다. 이것은 자연 속에서는 인간이 갖는 본능, 본성을 중시하고, 이것을 경제적 제 사실, 관습, 작위적인 실정법과 대립적인 것으로 보았다. 이것은 근대 이전의 왕권, 교황권에 대하여 개개인의 인간이성을 강조하는 데에 중점이 있었다.

계몽주의 사상가는 언론인, 경제학자, 정치학자, 사회개혁가들이었다. 이들의 기본 원리는 17세기의 과학자, 합리주의자로부터 유래되었다. 인간의 이성의 힘에 대한 이들의 신앙은 대체로 로크(Lock)로부터 온 것이었으며, 자연법에 대한 신앙은 뉴우턴(Newton)으로부터 나왔다. 또한 계몽주의 사상의 보급은 특히 프랑스의 루소(Rousseau)에 의하여 자유, 평등 사상의 보급에 결정적 역할을 할 수 있었다. 또한 스미스(Smith)는 1776년 「국부론(The Wealth of Nation, 1776)」을 발표하여 중상주의에 대한 공격적 대안으로 자유방임주의 보급에 크나큰 촉진제 역할을 하였다.

이러한 새로운 가치관의 정립으로 성립된 근대사회는 18세기로부터 19세기에 걸쳐서 영국의 산업혁명(1770, 1830년), 미국의 독립전쟁(1776년), 프랑스 대혁명(1789년) 등의 영향을 받아 서구사회는 격동하는 사상의 논쟁터로 변해 갔으며, 특히 프랑스 대혁명을 계기로 선포된 자유와 평등 사상은 사회발전을 위한 결정적 요인으로 등장했다. 이러한 새로운 이념의 탄생과 더불어 인간은 법 앞에 평등하다는 원칙이 생성됨과 동시에 한편으로 현실사회는 경제적 불평등이 존재한다는 것을 발견하게 되었으며, 이러한 불평등은 경제가 발전하면 할수록 점점 더 심화되어 갔다.

계몽주의 시대의 사회사업은 중앙집권적 국가 사상과 인도주의 사상에 그 기초를 두었다. 미국의 독립선언과 프랑스 혁명 후 국민의회에서 의결된 인권선언은 만민의 평등한 인격과 인류의 상애(相愛)에 의한 전인류의 통일 즉, 인간은 공통 보편의 인간성을 가지며, 평등한 인격을 가진다고 주장하는 인도주의와 함께 계몽주의 시대가 낳은 근세 사상이다(김덕준, 1968).

산업화는 자산이 없는 대량의 노동자를 배출시켰고 종전과는 다른 새로운 노동관계를 형성하였다. 중세의 지주들은 농노들에게 생활 전반에 대하여 보호해야 할 의무를 지니고 있었으나 산업혁명 후 자본가들은 노동자들에게 임금만 지불하면 그만이었다. 그들의 부양가족 수가 몇 명이냐 하는 것은 처음부터 고려의 대상이 되지 않았으며, 고용주는 노동시간, 임금수준, 해고 등을 단독적으로 결정할 수 있었고 노동은 비싸지 않아야 하는 생산요소로 인식되었다. 낮은 임금이야말로 일하고자 하는 노동자를 창출한다는 믿음이 깔려 있었고, 기계를 최대한 가동하기 위해서 노동시간은 최대로 연장되었다(유광호, 1983).

이러한 노동여건의 변화로 가정에서는 생계비의 부족을 충당하기 위하여 여자와 어린이들을 일터로 보냈고, 심지어 4세부터 노동에 참가하는 어린이들이 생겨났다. 어린이들도 주당 90시간 정도의 일을 했으며, 같은 일을 하고 성인의 3분의 1의 임금을 받았다. 그리하여 공장주들은 단순노동의 경우 어린이 노동을 선호하는 경향이 있었다.

사회보장의 시작은 고대 혹은 중세에까지 소급하여 볼 수 있으나 사회보장의 역사를 국가라는 개념이 생기면서 구체적인 국가정책의 일환으로 살펴본다면 봉건제 사회에서 자본제 사회로 전환하여 가는 과정 속에서 행하여진 정책에서부터 출발했다고 할 수 있다.

2. 자유주의적 개량의 시대적 배경

신구빈법이 그 불완전성에도 불구하고 영국 사회에서 공공부조의 기초가 되었던 것은 그것이 완전무결했기 때문이 아니라 오히려 영국 사회가 구가하고 있었던 호황이 그 결함을 은폐하고 있었기 때문이었다. 그러나 빅토리아기의 호황이 지나고 자본주의의 모순이 나타났을 때에는 그 결함이 극명하게 나타날 수밖에 없었다. 의학의 진보와 함께 사망률의 감소에 의한 노령인구의 증가와 산업도시에서의 실업 등은 새로운 문제를 야기시켰으며, 또 대중의 궁핍은 누적적으로 증대되어 갔다.

이러한 때에 여러 방면에서 신구빈법의 원칙에 대한 공격이 가해지게 되었다. 그 구체적인 예로서는 노동운동, 사회주의 사상의 발생, 국민최저한이라는 이념의 등장 및 빈곤에 관한 사회조사 등을 들 수 있다. 이러한 과정을 거친 이후 국민최저한의 사상에 기초한 여러 가지 사회입법이 20세기 초에 제정되었다. 이 시기에 성립된 사회입법을 '자유주의적 개량(liberal reform)'이라고 할 수 있는데, 이러한 새로운 사회정책은 과거의 정책과는 상반되며, 진보적이고 적극적인 사회정책, 복지국가의 기원, 복지국가 도래의 전환점 등으로 평가되고 있다(김동국, 1994).

그러나 자본주의의 발전에 따라 구빈법에 의한 빈곤대책이나 민간에 의한 구빈사업은 더 이상 산업화에 수반되어 나타나는 사회문제를 효과적으로 대처할 수 없었다. 다시 말해서 빈곤에 대한 자유방임적 태도는 서서히 변화되어 19세기 말에 접어들면서 이러한 생각은 근본적인 변화가 일어나기 시작했다. 즉, 빈곤문제의 해결에 있어 이전의 개인주의 대신에 집단주의가, 자유방임적 국가관 대신에 국가의 적극적 간섭 등을 강조하는 변화가 나타났다. 이러한 시대적 배경하에서 자유개량적 사회정책이 성립하게 되었다.

자유개량적 사회정책은 정부가 주요 사회문제에 대해 깊이 인식하고, 사회의 약자들을 돕겠다는 정부의 이타적인 바램에서 비롯되었다(Hay, 1978). 특히 영국 자유당 정부에 의해 추진된 자유개량적 사회정책은 전 시대의 자유방임적이고 개인주의적 이데올로기와 정면으로 대립하는 내용들로서 그러한 정부의 바램을 포함하고 있었다. 자유당의 집권기간(1905~1914년) 동안 영국의 사회정책사에서 중요한 사회개혁입법들이 집중적으로 제정된 것은 바로 자유개량적 사회정책을 채택한 결과였다.

자본주의의 진전은 농촌의 노동력을 대거 흡수함으로써 부랑인문제를 구조적으로 해소하는 대신 '프롤레타리아트'라는 새로운 계급을 출현시켰고 나아가 실업자라는 새로운 사회문제를 야기시켰다. 이에 대한 대응책으로 등장한 것이 사회보험제도의 도입이었다.

노동자들을 보호하기 위한 사회정책의 논리적인 원리를 어떠한 근거에서 찾아야 하느냐의 문제에 대해 많은 논쟁이 있어 왔다. 사회정책의 본질을 노사간의 대립상황에서 통치계급에 있는 사람들이 산업평화, 사회평화를 확보하기 위하여 행하는 양보책(讓步策)으로 볼 수 있다(장훈, 1984). 체제유지를 목적으로 하는 그와 같은 양보책은 일반적으로 여러 가지 형태로 나타났으며, 그 범위는 국민에 대한 정치적 자유의 보장으로부터 노동 제 조건과 직접 관련이 있는 최저임금제라든가 사회보험과 같이 매우 다양하다. 이와 같은 양보책의 대표적인 사례가 19세기 말과 20세기 초에 제도화된 독일과 영국의 사회보험제도였다. 이와 같은 양보책이 구체적으로 나타나게 된 것은 양보의 목적을 달성할 수 있는 가장 효율적인 방안으로 간주되었기 때문이다.

구빈법이 봉건적 사회복지정책이라면 사회보험은 자본주의적 사회복지정책이라고 할 수 있다. 사회보험은 그 시행 초기에는 임금노동자가 주된 대상자이었으며, 자본제적 생산양식에서 발생한 사회적 위험에 대한 대응책이었고, 노동자와 자본가가 재원을 공동으로 부담한다는 점에 있어서 구빈법과는 차이가 있다.

사회보장의 발전은 근대의 경제적, 사회적, 역사적 발전과 밀접히 연관되어 있다. 국가가 개입하지 않으면 안 되었던 사회적 긴장과 갈등은 19세기 산업화 과정에서 전형적으로 나타났으나, 현대 산업사회의 기업형태에서 볼 수 있었던 긴장과 갈등은 14세기 말 장원제도, 길드제도 등을 비롯한 중세 수공업시대에서 이미 파생되고 있었음을 알 수 있다. 그러나 국가가 사회문제에 개입한 최초의 형태는 전쟁과 질병으로 인한 기아와 걸인 등의 빈민의 문제를 해결하기 위해 각 국가에서 실시했던 빈민대책이라고 할 수 있다.

계몽주의 사상의 보급으로 전에 없었던 새로운 빈곤에 대한 사회문제를 해결하기 위해 사회정책이라는 통로를 통하여 근대적 사회보장 이념을 최초로 태동시킨 국가는 독일이다. 가장 선진적인 자본주의 국가인 영국에서 사회보험이 처음으로 출현한 것이 아니라 후발 공업국이자 도시국가에서 신생국가로 통일한 독일에서 사회보험이 최초로 등장하였다.

3. 독일 사회보험제도의 도입

초기 산업사회단계인 독일의 사회정책은 1839년 프러시아 아동근로보호법(PreuBischer Kinder-Schutzgesetz)을 출발점으로 삼는 경우가 일반적이다. 그러나 독일에서 노동문제가 사회문제로 크게 대두되기 시작한 것은 1840년대 이후였다. 이와 같이 노동문제가 당시 사회운동의 핵심문제로 등장하게 되자 사회의 구조적 변혁을 원하는 그룹들이 노동자계급의 권리 획득을 위하여 투쟁하였다. 또한 마르크스(Marx)와 엥겔스(Engels)의 혁명사상에 대항하여 부르주아지 쪽에서도 노동조합, 보험저축을 이용한 빈곤의 사전예방책, 교육제도의 장려 등을 통해 노동자들이 자유경쟁에서 살아남을 수 있는 방법 등을 제시했으나 사회문제를 사적 차원인 자력구조로 해결하려는 것이었고 진지하지를 못했다.

사회과학자들도 사회과학적인 방법을 통하여 근로자보호방안을 제시하였는데, 몰(Mohl)은 사회법의 필요성을 주장하였고, 셰플(Schafle)은 법을 통한 공공부조를 주장하였다. 이러한 이데올로기 논쟁의 방향은 근로자의 자력구조에서 국가에 의한 부조라는 원칙으로 여론을 환기시키는 데 결정적인 역할을 하면서 독일에서는 1870년에 빈민구제법이 제정되었다(권오구, 2000).

빈민구제법의 주요 내용은 다음과 같다. 첫째, 종전의 지주나 동업조합의 책임하에 농민과 도제들에 대해 이루어지던 보호를 전국 수준에서 실시하기로 하였다. 둘째, 빈민구제의 비용을 빈민이 새로 거주하게 되는 지역의 행정당국에서 부담하지 않고 원거주지의 행정당국이 부담하도록 함으로써 농촌으로부터 도시로의 이동을 촉진하는 작용하게 한 결과, 농촌의 경우 노동력의 감소와 빈민구제비용의 지불이라는 이중고의 짐을 안겨 주었다. 셋째, 그 결과 도시의 산업지역은 큰 비용부담 없이 값싼 노동력을 거의 무제한적으로 공급받는 이중의 이득을 누렸다(김태성 · 성경륭, 1993).

이렇게 볼 때 자본주의적 산업화가 빠른 속도로 진행되던 1860~70년대에 구체화된 독일의 구빈제도와 사회정책은 영국보다 그 역사는 짧지만 영국보다 훨씬 적극적으로 산업화를 촉진하는 도구적 기능을 수행했다고 볼 수 있다. 왜냐하면 독일의 경우 농민과 노동자의 지리적 이동을 통제하는 억제적 요소가 없었고 오히려 거주 이전을 장려했으며, 또한 이로부터 초래되는 빈민구제비용을 농촌지역이 부담하게 했기 때문이다.

한편 1873년 이래 계속된 불황은 심각한 경제위기로 나타났고 특히 1874년을 전후하여 수많은 노동파업이 발생하여 사회민주주의 노동당은 폭발성을 가진 노동계급과 결합하여 독일의 정치 · 경제적 지배체제를 무너뜨릴 수 있는 위험성을 내포하고 있었다. 이러한 상황에서 비스마르크(Bismarck)는 1878년 사회주의자를 억압하기 위한 사회주의자진압법(Sozialstengesetz)을 제정하였다. 그러나 노동계급의 실업과 빈곤의 위험이 지속적으로 노출되어 있는 한, 사회주의자진압법만으로는 사회주의의 확산을 막을 수가 없었고, 또 사회민주당과 노동계급의 결합을 차단할 수가 없었다.

이리하여 비스마르크는 사회적 폐단의 척결은 사회민주주의자들을 탄압하는 것 외에 노동자들의 복지 향상을 꾀하면서 실현되어야 할 것이라는 것을 생각하고 '당근(Zuckerbrot)과 채찍(Peitsche)'이라는 정책을 고안해 냈다. 이 정책은 선동하는 노동자는 사회주의자진압법으로 탄압하고, 말 잘 듣는 선량한 노동자들은 국가에 의한 보장법에 의하여 보호하는 정책이었다. 그리하여 1883년의 질병보험법, 1884년 산재보험법, 1889년 노령 · 폐질보험법이 제정되었다. 이것이 이른바 '비스마르크 사회보험의 3부작'이다.

이 시기에 사회보험제도들이 형성된 배경으로는 산업화와 도시화로 인한 전통적인 보호체계의 해체, 정치적 민주주의의 확대와 노동자계급의 체제 위협 그리고 국민국가의 형성 등을 들 수 있다. 따라서 사회보험은 아직까지 보편주의적 권리로서 정착되었던 것은 아니고 저소득노동자를 중심 대상으로 하여 잔여적 성격을 강하게 지니는 것이었다.

독일에서 제정된 일련의 사회보험법들은 그 이전에 빈민통제의 수단으로서 실시되던 구빈법과는 달리 사회보험제도를 통하여 국민의 삶의 위험에 대처하였다는 점에서 그 특징이 있다(정경배, 1994).

그러나 이러한 사회보험제도들은 모든 노동자계층을 대상으로 한 것이 아니라 소규모 기업의 노동자, 비공식부문의 노동자, 농업노동자를 제외한 중간규모 이상의 기업에 속한 산업노동자들만을 대상으로 실시되었다. 왜냐하면 국민경제에 치명적 손상을 가져올 대기업 소속의 노동자들을 염두에 두었고, 이들이 사회주의자들과 결합하여 침투할 것을 염려했기 때문이다.

이른바 비스마르크 사회보험제도들은 사회민주주의의 무력화, 생산의 안정화, 경제적 효율성의 증대 등 다용도적 수단이었다고 할 수 있으며, 이와 같은 법들은 비록 권위주의 국가에서 철혈제상 비스마르크에 의해 위로부터의 혁명이라는 정치적 보험(political insurance)의 성격을 띠고 있었다.

비스마르크 사회보험에 대한 반대의견도 속출했다. 우선 자유주의적 자본가들이 반대하였다. 그들에게 사회보험은 국가사회주의적 보험제도(state-socialist insurance scheme)로서 기존의 법체제로부터 급진적 일탈이자 사회주의 사상의 유입으로 간주되었다. 이들은 대부분 중소자본가들로서 자본집약적인 것이 아니라 노동집약적 기업의 소유주들이었기 때문에 사회보험의 사용자 부담분이 경영상의 큰 짐이 되었기 때문이다. 그밖에 산재율이 높은 기업들과 수출지향적인 기업들도 반대했다.

또한 극단적 자유주의자와 극단적 보수주의자들도 반대하였는데 이들은 사회보험의 강제성을 수용할 수 없었으며, 그 해결책을 자유주의자들은 자조에서 찾으려 하였고, 보수주의자들은 사적 자선에서 찾고자 하였다(원석조, 2000).

한편 노동자계급도 우호적이지 못했다. 왜냐하면 비스마르크 사회보험의 목적이 앞에서 살펴본 바와 같이 진정으로 노동자계급을 위하는 데 있는 것이 아니라 노동자계급의 정치적 진출과 과격화를 막기 위한 데 있었다는 사실을 알았기 때문이다.

독일의 사회보장제도는 체계적이고 통일적인 계획에 따라서 입법화된 것이 아니고 과거로부터 내려온 개별적 법률들이 누적되어 형성된 것이기 때문에 상당히 복잡한 양상을 띠고 있었다. 즉, 독일 사회보장제도의 기본 원리는 국가지향적으로 고안된 것이며 국가로 결합된 사회(Gemeinschaft)의 이익을 목적으로 하여(Rimlinger, 1971) 첫째, 사회안전의 원리. 둘째, 사회공정의 원리. 셋째, 사회균등의 원리. 넷째, 공동체의 원리 등으로 요약할 수 있다.

그러나 이 시기에 만들어진 독일의 사회보험제도들은 인류역사의 오랜 기간 동안 온갖 종류의 잔여적, 경제적, 사회적, 정치적 위험에 노출된 채 불안하고 힘겨운 삶을 살아온 서민들의 삶을 강제보험의 틀을 통해 집합적으로 보호할 수 있는 기틀을 마련하였다고 할 수 있으며, 새로운 국가형태인 복지국가를 태동시키는 새로운 역사의 장을 열었다고 할 수 있다(김태성 · 성경륭, 1993).

이와 같은 시대적 상황에서 독일에서 수립된 주요 사회보험제도들은 곧이어 영국을 비롯한 유럽 여러 국가에 확산되기 시작함으로써 제1차 세계대전이 종결된 1918년까지는 대부분의 유럽 국가들에서 이러한 제도들이 정착하게 되었다.

4. 영국 사회보장 이념의 형성

영국은 산업화, 도시화의 급진전으로 독일보다 산업화의 시작이 빨랐으면서도 근대적 사회보장 이념의 태동은 늦었다. 그 이유는 기존의 구빈법이 나름대로의 기능을 수행해 왔기 때문이다. 또한 자유방임에 대한 신념이 오랫동안 흔들리지 않았으며, 특히 벤담을 대표로 하는 공리주의가 영국의 사상계를 지배하고 있었기 때문이다.

개인주의와 자유주의를 기본 정신으로 하는 자본주의는 공리주의에 의하여 자기선택의 원리로 발전되었다. 공리주의는 (1) 개인의 이익 외에 참다운 이익은 없다. (2) 자유와 평등의 조화는 절대 다수의 절대 행복을 실현시킨다. (3) 공리주의의 두 가지 후생 명제로는 첫째, 행복과 부는 대응한다. 둘째, 더 많은 부를 가진 자는 더 행복해진다는 정신을 갖고 있어서 공리성은 최대 행복의 원리로서 최대 다수의 최대 행복을 성사시킬 수 있는 수단으로 보았다. 이들이 주장하는 행복은 공동선(common good)이다(윌리엄 사하키안, 권순홍 역, 1993).

이와 같은 공리주의 정신에 의하여 공동체의 이익은 개인적 이익의 단순한 총계가 되기 때문에 이 양자 사이에 아무런 갈등도 있을 수 없으며, 따라서 이에 대한 국가의 개입은 일체 불필요하다고 보고 있었다.

이외에도 당시 부르주아지계급의 사회적 철학은 근면, 자조, 절제가 시민이 갖추어야 할 가장 주요한 덕성이라고 보았으며, 특히 빈곤은 가난한 사람의 덕성이 부족함에서 오는 도덕적 문제라고 보았기 때문에 국가가 법으로 개입하여 해결할 성질이 못된다고 생각하였다. 이리하여 빈민구제사업은 자선단체가 자발적으로 행하는 것이 가장 효과적이라고 생각하였다.

한편 영국의 노동운동이 1850년대에 들어와서는 초기와는 달리 보다 현실성을 띠었으며 노동운동도 안정에 접어들어 국가는 노동조합운동을 인정했고, 1867년 이래 선거법의 개정으로 프롤레타리아도 참정권을 획득하게 되어 정치적 대표제의 기반이 민주화됨으로써 권력정치에 노동자계급이 강한 입장을 취하게 되어 1870년대 후반에 이르러서는 노동파업까지 범죄로 보지 않게 되었다.

또한 1870년대 이래 20년 이상 유럽에 지속된 경제불황은 고전학파의 경제이론에 의한 자유방임적인 낙관주의에 크게 제동을 걸었다. 특히 산업화가 성숙기에 접어든 시기에 불황은 수요와 공급에 있어서 급여 부족의 문제가 아니라 유효수요 부족의 문제였음을 홉슨(Hobson)등의 경제분석을 통하여 밝혀냈고, 불황을 해결하기 위해서는 분배상의 모순(maldistribution of national income)을 시정해야 한다고 주장함으로써 재분배의 과학적인 기초 이론을 제공했다.

이러한 이론의 형성과 함께 급속한 산업화, 도시화의 진전과 더불어 사회문제가 점점 더 심화됨에 따라 자유방임에 대한 비판이 고조되어 갔으며 또한 각종의 사회조사를 통해서 새로운 빈곤에 대한 참상이 소개되면서 빈곤의 원인이 결코 태만이 아니고 사회적 현상이었음이 밝혀지기 시작하였다.

영국은 사망, 질병 등의 재해에 대한 공제조합활동이 16세기부터 18세기에 걸쳐 매우 발전되었다. 그것은 노동자들의 조합에 의한 상호부조를 하도록 함으로써 구빈법의 부담을 경감시키는 동시에 그와 같은 활동을 자혜적인 노무관리의 한 수단으로 이용해 보려는 자본가 측의 의도가 잠재하고 있었다.

이와 같은 영국 노동자들의 상호부조활동은 마침내 1911년의 국민보험법(National Insurance Act)으로 재편되어 사회보험이 성립되었다. 그런데 그와 같은 입법을 촉진케 한 근본 원인은 부스의 조사에서 밝힌 바와 같이 노동 대중의 비참한 빈곤상태와 이에 따른 영국 내의 사회주의의 부활에 의하여 지배계층들이 커다란 충격을 받은 점에 있다고 할 수 있다. 또한 빈곤의 확대와 심화에 따라서 구빈법에 의한 빈민구제비용이 증대된 것들을 들 수 있다.

원래 자본주의적인 생산의 공비(公費)에 속하는 이와 같은 비용은 자본의 논리에서 본다면 자본의 축적을 저해하지 않도록 최대한 절약되어야 하는 동시에 그의 부담은 가능한 한 자본가들의 부담으로부터 다른 계층에 전가되는 것이 바람직하다고 보았다. 이와 같은 의미에서 본다면 사회보험은 국가의 방빈적(防貧的)인 기능에 상응하며 노동자들이 피구휼궁민으로의 전락을 막는 동시에 그들의 갹출(醵出)에 의하여 비용의 일부를 노동자들에게도 부담시킬 수 있는 점에서 공비의 압축이라는 자본의 요구에 맞는 제도였다. 그리고 국민보험법이 성립하게 된 또 하나의 이유는 당시 노동자들의 자주적인 상호부조조직의 대부분이 불황기를 맞이하여 재정적인 곤란을 겪고 있었다는 점도 간과할 수 없는 일이었다.

이상과 같은 요인과 시대적 배경을 바탕으로 1911년까지 영국에서 구축된 사회보장에 관한 제도를 연대 순으로 기술해보면 (1) 1906년 학교아동급식법, 노동쟁의법. (2) 1907년 학교아동보건법. (3) 1908년 노령연금법, 광산규제법. (4) 1909년 직업소개법, 최저임금법, 주택도시계획법. (5) 1911년 국민보험법(의료보험, 실업보험) 등으로 제도화되었다.

이와 같은 제도화는 비록 일관성 있는 법 체제는 아니었으나 근대적 성격의 사회입법으로 자유주의적 개량이라고 할 수 있다. 이러한 영국의 사회입법은 비스마르크의 사회입법의 영역을 넘어 그 대상이 급식제공, 의료 서비스, 노령연금, 8시간 노동 등에까지 국가 개입을 확대시킨 것은 복지국가로 향하는 전진적 조치가 되었다.

5. 영국과 독일 사회보험제도의 특징

영국과 독일의 사회보험제도를 비교해보면 다음과 같다. 첫째, 영국의 사회보험은 균일(均一)제도(flat system)를 채택한 반면 독일의 사회보험은 보수비례(報酬比例) 즉, 소득(임금)액에 비례하는 보험료를 부담시키며 그에 따라서 보험급여를 지급하는 제도를 택하였다. 그 결과 매우 높은 보험료를 불입하는 고임금노동자는 매우 많은 급여를 받았는데 반하여 저임금노동자의 급여는 매우 적어서 그들의 가족을 부양할 수 있는 최저액도 지급받지 못하였다. 영국에서는 그들의 최저생활은 보장되어야 한다는 입장을 고수하였다. 그런데 영국이 균일제를 채용한 이유는 당시 영국의 대기업과 중소기업간의 임금격차는 독일처럼 심하지 않았기 때문이다.

둘째, 영국은 기존의 우애조합으로 하여금 사회보험을 자치적으로 운영하도록 했다는 점이다. 즉, 독일의 경우에는 그 경영 면에서 매우 관료적인 운영을 하고 있었음에 반하여 영국에서는 인가조합(approved society)에 의하여 자치적으로 경영하도록 하였다는 점이다. 여기서 말하는 인가조합이라는 것은 (1) 완전한 자치. (2) 이윤을 추구하지 않는 것. (3) 위원회 조직. (4) 최저 만 명 이상의 피보험자의 가입 등을 조건으로 해서 인가되는 조합이며, 대체로 기존의 우애조합이나 노동조합을 비롯해서 민간 간이생명보험사에 의한 조합 등도 인가를 받을 수 있도록 되어 있었다.

사회보험제도의 도입은 앞에서 살펴본 바와 같이 독일과 영국은 서로 독자성을 지니고 있다. 독일은 1871년에 근대국가를 창설하였고 1879년에는 사회주의자진압법을 제정하는 한편 사회개량정책을 강구하기에 이르렀다. 독일의 비스마르크에 의하여 제정된 일련의 사회보험(1883 ~ 1889년)의 성립은 노동자들의 자주적인 운동을 압살(壓殺)하려는 의도와 그 위에 산업평화라는 정치적인 목적을 달성해 보려고 꾀한 것이었다. 독일의 일부 노동자들이 사회보장에 반대한 것은 그와 같은 의도를 간파했기 때문이다.

영국은 1906년 자유당이 집권하자 사회개혁을 그들의 주요 공약으로 제시하였고 그들의 공약의 일환으로 1908년 무갹출 노령연금법이 제정되었다. 이 법의 입법과정에서 가장 큰 반대는 재원조달방식에서 무상연금이 아닌 갹출방식을 채택하자는 제안이었다. 그러나 자유당 정부는 갹출노령연금이 그 당시의 상황으로서는 불가능하다는 결론을 내렸다. 왜냐하면 노동조합, 공제조합 그리고 보험회사들이 갹출방식에 반대했을 뿐만 아니라 갹출방식을 적용할 경우 당시의 빈곤노인들은 혜택을 받을 수가 없었기 때문이다.

영국의 사회입법이 가지는 의미는 독일과는 달리 의회민주주의를 바탕으로 한 위로부터의 개혁인 '권위주의적 복지주의(the authoritarian version of welfarism)'였으며, 시장경제체제를 부정함이 없이 이룩되었다는 점이 특징이다.

Chapter 8

복지국가의 성립과 발전

Section 1 경제대공황과 미국의 사회보장법

1. 경제공황과 실업자 증가

미국은 제1차 세계대전 이후 1920년대의 경제 번영으로 경제, 사회, 정치적인 면에서 급성장을 이룩하여 국제적 지위가 향상되었으나 부의 편재로 인한 빈부의 격차가 생기고 빈민지역이 생겨나게 되었다. 특히 1920년대에는 경제대공황으로 실업과 빈곤이 급증하고 노동자, 소작인, 흑인 및 미망인 등의 불평등이 표출되어 엄청난 혼란이 생겨나게 되었다.

경제대공황의 상황을 살펴보면, 미국의 경우 실질 국민총생산(GNP)은 1929년 1조 8,180억 달러에서 1933년에는 1조 2,066억 달러로 3분의 2로 감소했다. 1933년 3월에는 전체 노동인구의 29%인 1,500만 명 정도가 실업상태에 있었다. 그리고 1930년대 전체로 보면 1930년 미국의 인구는 약 1억2천3백만 명 중 4천9백만 명이 노동인구였으며, 65세 이상의 노인은 약 650만 명 정도였다.

실업률이 가장 높았던 때는 1933년 3월로 전체 노동인구의 약 29%인 1,500만 명 정도가 실업상태였고, 1930년대의 10년간 평균 실업률이 전체 노동인구의 18%를 유지했다(Rimlinger, 1991). 제조업 분야의 생산은 1932년까지 무려 40%가 감소되었으며, 평균임금은 25% 감축되었다. 또한 금융시스템은 붕괴직전에 놓이게 되었고, 도시, 공장, 농장 등에 전반적인 혼란이 일어나게 되었다(Friedlander & Apte, 1980).

이들 실업자와 가족을 구제하는 과업은 우선적으로 지방의 민간 사회복지기관에 의해 수행되었으나, 1929년에서 1932년 사이 전국에 있는 민간 사회복지기관의 3분의 1이 기금고갈로 폐쇄되기에 이르렀다. 따라서 민간 사회복지기관이 이러한 대규모 위기상황을 대처하는 것은 불가능했으며, 공적 기관만이 경제의 붕괴, 대량실업 및 대규모의 궁핍을 해결할 수 있음이 명백해졌다. 그러나 긴급사태를 해소하기 위한 공적 활동은 미미하였다.

한편 민간 사회사업기관들은 경제공황으로 인한 실업자와 빈민을 구제하는데 그들의 자원이 고갈되자 주로 자원이 많이 소요되지 않은 사업에 주력하게 되었다. 즉, 직접적인 재정적 지원보다는 개별적인 신상상담, 가족적응 등에 치중하였고 공공당국이 손쓰지 못하는 레크레이션 시설이나 집단사회사업 등에 주력하게 되어 지역사회조직(community organization)과 사회행동(social action) 등의 전문적 방법이 태동하게 되었다. 따라서 이러한 움직임은 사회사업의 전문적 방법을 발전시키는 계기가 되었다.

이와 같이 경제대공황으로 민중들의 생존권이 심각하게 위협받게 되자 사회보장제도의 확립에 있어서 국가의 적극적인 개입이 필수적인 조건임을 새롭게 인식시키는 계기가 되었다.

2. 뉴딜정책

대량의 빈민과 실업자들의 구제를 위한 민간단체나 주정부의 자원과 재정이 고갈되어 이러한 사회문제를 해결하는 데는 무능력한 상태에 이르렀다. 그 당시까지는 빈곤정책에 부정적인 태도를 취했던 연방정부가 그 책임을 인식하고 이에 적극적으로 개입하게 된 것이 뉴딜(New Deal)정책이다. 뉴딜정책은 미국 루즈벨트 행정부가 1933년부터 입안·실시한 다수의 프로젝트를 말하는데, 이것은 대공황 이전의 자유경쟁 원리 및 자본주의의 무계획적인 경제활동을 통제·간섭하는 새로운 처방으로 제시한 정책이다. 이 정책의 결과 1933년에 연방긴급구제법, 농업조정법, 전국산업부흥법, 1935년에 와그너법(Wagner Act), 사회보장법이 제정되었고, T.V.A 개발사업을 통해 국토개발과 실업구제를 도모하는 등 기존의 자본주의체제와는 다른 정책으로 나타났다.

뉴딜정책은 경제부흥(recovery), 구제(relief), 개혁(reform)을 골자로 하고 있다. 부흥정책은 은행, 산업, 농업의 부흥을 위한 일련의 정책을 말하며, 실업구제를 위한 여러 정책이 구제정책이며, 실업과 빈곤의 책임이 개인의 책임이라는 경제적 방임주의 사상의 개혁과 통제경제와 사회보장제도, 노동문제 개혁 등에 관한 정책들이 개혁정책이다. 구제정책에서 가장 긴급하게 다룬 사업이 실업구제였다. 구제정책은 사회복지제도와 밀접하게 관련이 있는 정책으로서 사회보장법의 제정에 크게 영향을 미쳤다.

뉴딜정책의 전개과정을 살펴보면 1931년 실업구제법(Wicks Act)를 제정하여 주정부가 긴급사태에 대한 일시적 기관인 임시긴급구제행정청(The Temporary Emergency Relief Administration: TERA)의 지도하에 근로 및 거택구호를 제공할 수 있도록 배합기금방식으로 수백만 달러를 제공하도록 하였다. 이 법안은 공적 구제에 대한 건설적, 사회적 가치를 수립하는 데 기여하였다는 역사적 의의를 가지고 있다. 또한 이 법안은 뉴딜 프로그램과 관련 기관의 모델이 되었을 뿐만 아니라 인력을 제공함으로써 그 후 연방정부의 공적 개입의 원형 혹은 선구적 역할을 했다는 데 의의가 있다.

한편 1933년에는 연방긴급구제법(The Federal Emergency Relief Act)을 제정하였는데, 이는 각 주에서 집행하는 구제자금의 3분의 1을 연방정부가 보조하여 각 주정부의 구제사업을 촉진시키기 위한 것이었다. 같은 해 기존의 구제사업기관을 통합하여 공공사업촉진국(Work Progress Administration: WPA)을 설립하고 실업자의 고용촉진과 구제사업을 전담케 했다.

3. 미국의 사회보장법

빈곤에 대한 영구적 대책의 필요성에 따라 1934년 루즈벨트 대통령은 경제보장위원회를 소집하여 사회보장 프로그램 개발에 대한 책임을 부여하였는데, 여기에서 사회보장법이 초안되어 1935년 최초의 사회보장법(The Social Security Act)을 제정하게 되었는데, 이 법은 뉴딜정책의 소산물이다.

1935년의 사회보장법은 강제적 사회보험과 공공부조로 구성되어 있는데, 그 구체적인 내용은 (1) 연방정부가 관장하는 노령보험, (2) 주정부가 운영하고 연방정부가 재정을 보조하는 실업보험, (3) 주정부가 운영하고 연방정부가 재정을 보조하는 공공부조와 사회복지 서비스, (4) 공중위생사업이 포함되어 있다. 여기에서 특기할 점은 종전의 미국은 사회보험만을 대책으로 하고 있었으나 여기에 공공부조, 보건 및 복지 서비스를 포함한 종합적인 대책이라는 점에서 기존의 사회보험과는 차이가 있다.

이로써 미국은 항구적인 공공부조제도와 사회보험제도의 기틀을 마련하게 되었고 정부는 사회보장위원회를 구성하여 본격적인 사업에 착수했다. 그러나 미국은 즉각적인 조치로서가 아니라 장기적인 계획으로서 사회보험의 도입을 추진하였다.

한편 사회보장법은 의료보험을 포함하지 않았다. 그럼에도 불구하고 사회보장법은 미국 사회복지역사의 이정표가 되었다. 즉, 빈곤의 가장 근본적 원인이 되어 온 실업, 노령 및 생계유지자의 상실 등의 경우에 현금급여가 제공됨으로써 궁핍과 의존을 예방할 수 있게 되었으며, 개인이 사회적 권리를 가지고 있음을 분명히 했다는 점이다.

이와 같이 미국은 사회보장법의 도입으로 궁핍은 적어도 이론상으로는 더 이상 개인적 결함으로 간주되지 않게 되었다. 따라서 전체 사회가 사회보장제도와 같은 공적 제도의 확립을 통해서 해결해야 할 문제로 인식되게 된 것이다. 또한 사회보장법은 사적 부분으로부터 공공복지의 책임으로 이양을 가져 왔다. 따라서 국가정책에 의한 수혜자격의 개념을 도입하고 연방정부는 대다수 시민의 복지에 대한 책임을 맡게 됨으로써 미국이 복지국가의 면모를 갖추게 되었다.

이러한 정책적 변화와 더불어 경제대공황과 뉴딜정책은 사회사업 전문직에 커다란 영향을 미치게 되었다. 즉, 사회사업이 궁핍자에게 경제적으로 지원하고 정서적인 문제를 가진 사람들에게 개별사회사업 서비스를 제공하는 데 국한하지 않고 더 넓은 영역으로 확대되는 계기가 되었다. 그럼에도 불구하고 1930년대 사회복지의 전개과정은 사회사업가들에게 향후 해결해야 할 과제를 제시하게 되었는데, 그 중에서 대표적인 문제는 공적 부문과 사적 부문의 연계문제였다.

이와 같이 뉴딜정책은 미국에 전에 없었던 연방정부의 책임 강화, 새로운 진보적 협력을 초래했으며, 미국 사회 및 시민의 복지에 대한 연방정부의 책임을 강화시키는 계기를 마련하였다.

경제대공황의 위기에 직면한 미국의 사회복지제도 발전과정에는 다음과 같은 몇 가지 특성이 있다. 첫째, 자유방임주의 경제사상이 퇴색하고 연방정부의 통제경제가 대두되었으며, 빈곤의 책임이 개인에게 있다는 빈곤관이 바뀌게 되었다. 둘째, 연방정부의 적극적인 사회복지에의 참여가 이루어졌다. 셋째, 국민생활 안정을 위해 사회보장법이 최초로 제정되었다. 넷째, 민간 사회사업기관을 중심으로 사회사업방법들이 발전하고 전문화되었으며, 특히 개별사회사업, 집단사회사업, 지역사회조직, 사회행동 등의 방법들이 분화·발전되기 시작했다는 점 등이다.

Section 2 베버리지 보고서와 영국 사회보험제도의 개혁

1. 베버리지 보고서

개인적 안정과 자조에 기반을 두었던 자유방임적 사상은 20세기 산업사회의 발전과 함께 붕괴되기 시작했다. 제2차 세계대전 중 영국에서는 사회보험과 관련 서비스에 관한 각 성(省)위원회(An Interdepartmental Committee on Social Insurance and Allied Services)를 구성하여 기존의 사회보험과 복지 프로그램을 전면적으로 재검토하여 획기적인 개혁 내용이 담긴 보고서를 1942년에 발표하였는데, 이것이 바로 「베버리지 보고서(Beveridge Report)」이다.

이 보고서에서는 소득의 재분배에 의한 궁핍의 해소는 국가재정으로도 해결이 가능하다고 설명하였고, 국민 각자는 정부가 보다 훌륭한 전후계획까지도 준비하고 있다는 것을 믿으면 전쟁수행에 보다 더 적극적으로 협력할 것이므로 전시에도 국민들의 협력을 확보하기 위해 새로운 제도를 수립해야 한다는 것이 주요 골자이다.

이 보고서는 종전의 왕립구빈법조사위원회의 소수파 보고서의 영향을 받은 것으로, 기존의 복잡하고 산만한 사회보험을 하나의 통일된 체계로 통합할 것을 권고하였다. 그 지도 원리는 (1) 과거의 경험을 충분히 살려야 한다. (2) 사회보험의 구성은 사회개량의 종합정책의 일환으로 계획하여야 한다. (3) 사회보험은 국가와 개인의 협력에 의하여 달성되지 않으면 안 된다는 것 등이다. 즉, 당시의 5대 사회악(five giant evils) 중 궁핍과 질병을 중심 과제로 보았으며, 사회보험의 성공을 위한 전제로서 완전고용, 포괄적 보건 서비스 및 가족수당의 필요성을 강조하였다. 또한 국가는 관리와 비용부담의 책임을 져야 한다고 하였다.

베버리지 보고서에서 담겨 있는 3원리 6원칙을 살펴보면 다음과 같다.

먼저 3원리는 포괄성, 평등성, 국민최저한이다.

첫째, 포괄성의 원리로서, 사회보험 대상의 위험을 포괄하고 사회보험의 조직형태를 일원화하는 것과 함께 이것을 전국민에게 적용하는 보편주의를 채택하는 것이다 이것은 가장 혁신적인 것으로서 사회보험을 전국민에게 확대 적용하는 것과 함께 의료보험인가조합 폐지, 농업, 금융·보험업 등의 실업보험 특별제도와 일반 실업보험제도와의 통합 그리고 공무원, 철도원 등 특수직역의 연금제도 폐지를 통한 사회보험의 일원화를 꾀한 것이다.

둘째, 평등성의 원리로서, 모든 국민에게 동일갹출과 동일급여를 적용하는 균일주의 원칙이다. 이러한 균일주의 원칙은 영국의 전통이며 당시 전국민의 광범위한 지지를 받았다. 1911년 국민보험법이 제정된 이래 영국에서는 동일급여에 대한 동일갹출이라는 것이 당연한 논리로 받아들여졌다. 베버리지가 이 원리를 채택한 이유는 보수비례방식이 채택되어졌을 때 저소득층이 최저생활수준 이하의 급여를 받게 됨으로써 자활의 노력이 침해받게 되기 때문이었다.

셋째, 국민최저한 원리로서, 다른 자산이 없어도 최저생활이 가능할 수 있는 최저생활보장의 급여수준을 설정하는 것이다. 또한 이것은 사회보장이 국가와 개인의 협력에 의해 달성되어야 한다는 것이다. 사회보장에서 보장의 정도는 개인이 필요로 하는 최저한도에 그쳐야 하며, 그 이상의 생활은 각 개인의 자발적인 노력에 맡겨야 한다는 의미를 가지고 있다.

이상 세 가지의 기본 원리로부터 구체적인 6가지의 원칙이 도출되었다.

⑴ 균일액의 최저생활급여(flat rate of subsistence benifit) : 급여는 균일해야 하며 또 그것은 최저생활비를 보장하는 것이어야 한다는 것이다. ⑵ 균일액의 보험료 갹출(flat rate of contribution) : 보험료를 단일화함으로써 소득에 따라 납부하는 보험료에 차등을 누지 않는다는 것이다. ⑶ 관리책임의 통일(adequacy of administrative responsibility) : 운영기관의 책임을 통일한다는 것이다. ⑷ 적절한 급여액(adequacy of benefit) : 알맞은 보험급여(알맞은 급여액과 급여기간)를 행하여야 한다는 것이다. ⑸ 포괄성(comprehensiveness) : 모든 사람에게 적용하는 동시에 모든 사고에 대해 보장해준다는 것이다. ⑹ 피보험자의 분류(classification) : 각자의 생활조건에 따라서 보장하도록 해야 한다는 것이다. 따라서 전국민을 피용자, 고용주·상업인 또는 자영인을 포함한 유직업인, 근로연령층에 속한 모든 기혼부인, 기타 무직의 근로연령자, 근로연령에 미달된 자, 근로연령이 지난 퇴직자 등으로 구분하였다.

2. 사회보험제도의 개혁

1945년 제2차 세계대전이 종전되고 노동당이 집권하여 베버리지 보고서를 바탕으로 완전고용정책을 중심으로 한 산업국유화정책과 사회보장제도의 구체화 작업에 착수하여 권고사항이 속속 입법화되어 이른바 '요람에서부터 무덤에 이르기까지(from the cradle to the grave)'라는 복지국가의 골격을 갖추게 되었다.

영국 사회보험 입법화의 주요 내용은 사회보장에 관한 최초의 법률로서 가족수당법(1945년), 국민산업재해보험법(1945년), 국민보험법(1946년), 국민보건사업법(1946년), 국민부조법(1948년), 아동법(1948년) 등이 있으며, 1948년에 들어 사회보장법이 전면적으로 실시되었다. 따라서 영국 국민은 각종 사회적 위험으로부터 최소한의 보장을 받을 수 있게 되었으며 사회보험 급여는 시혜(施惠)가 아닌 하나의 권리로서 제공받게 되었다. 이러한 법률의 제도화로 인해 구빈법은 완전히 폐지되었다.

베버리지 보고서는 전후 세계 각국의 사회보험제도의 입법화에 영향을 미쳤으며 서유럽 여러 국가가 복지국가의 틀을 형성하는 데 큰 영향을 미쳤다.

특히 영국은 노동당과 보수당의 2대 정당에 의한 집권을 통해 복지국가의 유지·발전에 크게 기여하였다. 그러나 국민의 욕구수준을 넘어선 복지정책의 수행으로 재정의 압박을 가져와 복지국가주의(welfare statism)에 한계를 느끼게 되었다.

Section 3 프랑스 사회보장제도의 생성과 발전

1. 프랑스 사회보험제도의 도입

프랑스는 1910년 유럽 선진국의 사회복지 흐름 속에서 최초의 노동자·농민 연금보험법을 제정하였다. 그러나 사회보험제도는 실패하고 몇 차례의 진통 끝에 1930년 법이 제정되기에 이르렀다. 이 법은 13세부터 60세까지의 모든 노동자를 대상으로 하여 질병, 출산, 장애, 노령, 사망 등의 사고를 종합적으로 포괄하는 사회보험의 일반제도로 나타났다.

1929년 세계대공황이 발생하여 각 국가의 자유방임정책은 수정되고 복지국가의 개념이 대두되어 사회에 대한 국가의 통제와 간섭이 증가하게 되었다. 프랑스는 노동자의 단결과 정치참여도 촉진되어 1936년 법에 의해 노동자의 요구를 전달하는 직원대표위원회가 모든 기업에 발족되었다. 이로 인해 노사분규의 해결에 많은 도움을 주었고, 노동운동이 대립으로부터 협상과 분쟁 해결의 방향으로 전환되는 기점이 되었다. 그러나 이러한 노력에도 불구하고 프랑스의 경제사정은 악화되어 정국이 혼란해졌다.

제2차 세계대전 후 1945년 라로크(Laroque)에 의한 프랑스의 사회보장 계획이 발표되고 사회보험에서 사회보장으로의 전환을 가져왔다. 라로크 보고서는 베버리지 보고서의 영향을 받아 계획되었다. 라로크 보고서는 소득비례연금제의 채택, 임금고용정책에 언급하고 있는 점은 독자성이 강하게 나타나는 것이며, 제2차 세계대전 전 사회보험법 등에서 나타난 프랑스 전통을 계승하고 있는데 그 내용에 있어서 '사회보험에서 사회보장'으로라는 말을 세계 각국에 널리 전파하였다.

라로크 계획의 주요 골자는 노동재해보상법, 사회보험법, 가족수당법, 노령부조법 등의 기존의 사회보장기구를 통합하여 단일금고제에 의한 제도의 통일적인 운영관리(통일화)를 주장하였으며, 적용대상을 전국민으로 확대할 것(일반화)을 주장하였다. 또한 사회보장제도 관리의 민주화와 재정적 자립성을 강조하였다.

이러한 사회보장 계획에 기초하여 1945년 10월 사회보장의 조직, 1945년 5월 사회보장의 일원화 등 두 가지 기본적인 입법이 이루어졌다. 전자는 사회보장제도 기관의 동일화 - 일반제도의 창설, 후자는 적용대상의 확대 - 전국민화가 의도되었다. 이러한 입법은 제2차 세계대전 후 사회보장 계획의 취지를 잘 나타낸 것으로 여겨진다.

여기에서 사회보장 계획의 의의와 한계에 대해 살펴보면 일반제도에 의한 일원적인 전국민에 대한 사회보장체계로부터 전국민을 대상으로 하는 사회보장의 역사에 있어서 전쟁 전까지의 노동자보험체계로부터 전국민을 대상으로 하는 사회보험이 사회보장체계로의 전환을 기했다는 점이다. 또한 관리운영에 있어서 피보험자(노동자) 참가, 당사자 갹출의 원칙(국고부담비율의 낮음)과 갹출에 있어 사용자의 부담 비율이 높은 것 등은 오늘날의 프랑스 사회보장의 특색으로 나타나게 되었다.

그러나 사회보장 계획이 과도하게 이상주의적이었기 때문에 실행단계에서 이미 좌절되고 말았다는 점에 한계가 있다. 1946년 시점에 있어서 프랑스의 상황은 고용노동자의 취업인구가 차지하는 비율은 반수에도 미치지 못했고, 다수의 자영 상공업자와 농업인구가 당시의 프랑스 사회의 중심을 이루고 있었기 때문에 사용자의 높은 갹출은 비노동자층의 반발을 불러 일으켰다. 이러한 계층의 노동자보험인 일반제도에의 가입에 대한 심리적 저항과 강제적 갹출에 대한 저항에 의해 일반화의 좌절을 가져 왔다. 이 계층으로서는 일반제도와는 분리된 그리고 가능하면 임의가입의 공제조합방식에 의한 생활보장이 바람직하다고 여겼으며, 강제적 제도인 경우에는 이미 사회보험 중의 농업노동자 독자의 제도에 있어 실현된 충분한 국고보조를 희망하고 있었다.

2. 프랑스 사회보장제도의 전개

1948년 이후의 프랑스 사회보장제도의 전개과정을 살펴보면 다음과 같은 몇 가지 특징이 있다.

첫째, 적용대상의 확대 즉, 제도의 다원화·복잡화이다. 일반제도는 일부의 비노동자계층에게까지 확대되어 학생(1984년), 직업군인(1949년), 저술가(1949년), 전쟁에 의한 장애자, 미망인, 고아(1954년) 등이 적용받게 되었다. 또한 1948년 법에 의한 노령연금 후 의료보험이 농업자(1968년), 그 외 자영업자(1968년)에 대해 제도화되었고, 농업자의 산재보험제도(1968년)도 제도화되었으며, 1956년에는 무갹출의 복지연금제도, 국민연대기금이 제도화되었다.

둘째, 사회보장기관이 제도적인 자립성을 갖고 전개되었으며, 이와 관련하여 제도적, 재정적 문제가 생겨나게 되었다. 일반제도는 노령연금, 질병금고, 가족급여금고로 각각 자립적으로 운영하였고 노동자 대표의 운영참여도 비중이 높았다. 관리제도는 노동자 대표의 비율과 선임방식이 계속 문제화되었다.

셋째, 노사간의 전국협약에 의한 제도가 무시할 수 없는 중요한 제도가 되었다. 즉, 관리직원의 퇴직연금, 실업보장이 그 예가 된다.

이와 같은 특징을 지닌 프랑스 사회보장제도는 1967년 드골 정권에 의한 경제 사회정책의 특별한 법안을 통해 개혁을 맞이하게 되었다. 여기에서 사회보장 개혁에 관한 내용을 살펴보면 다음과 같다.

첫째, 사회보장, 공제, 부조 등의 갹출제도를 각각의 체계로 정리하고 재정적 균형을 유지하도록 제도의 적용범위를 변경 또는 통일하는 것.

둘째, 금고제도의 변혁으로서 사회보장금고와 가족수당금고의 두 계통으로부터 전자를 둘로 나누어 질병보험금고와 노령보험금고화하여 결국 3 계통의 금고를 만들었다. 따라서 단일조직에 의한 제도의 일원적 운영이라는 프랑스 사회보장 계획의 당초 계획과는 다르게 제노화뇌었나.

셋째, 금고 이사회의 당사자 참가방식에 대한 개정으로 이사회를 구성하는 당사자 대표에 노 · 사 동수제를 채택하는 동시에 당사자 대표의 선출방식을 선거제도에서 지명제로 변경하였다.

넷째, 급여수준을 하향 조정하여 지출의 억제를 꾀하고 국가 및 기업의 부담을 적게 하는 방향으로 수입을 올려 사회보장 각 부문에 수지균형을 유지하였다는 점 등이다.

Section 4 복지국가와 사회복지정책

"인간은 누구나 건강하고 문화적인 생활을 할 권리가 있다."고 하는 자연법적 이론에 입각한 생존권(right to live) 사상이 17, 8세기에 발생하여 자본주의의 기본 사상과 함께 자유민주주의 대 원칙이 되면서부터 "생존권에 대한 의무는 국가 또는 사회에 있다."라는 사회의식구조도 변화됨에 따라 빈곤, 질병, 무지 등을 퇴치하기 위하여 여러 형태의 사회보장제도가 수립되기에 이르렀다.

이와 아울러 1948년 제3차 UN총회에서 채택된 세계인권선언에서도 사회보장의 권리에 대해 규정하고 있다. 즉, 인권선언 제22조에는 사회보장의 권리, 제25조에는 사회보장의 범위에 대해 규정하고 있는데, 그 이후 세계 각국은 그 나라의 정치적, 경제적, 사회적 상황에 따라 사회보장의 제도화를 서둘러 왔다.

1. 복지국가의 성립

현대사회는 복지국가를 지향하고 있다. 복지국가란 국민복지의 유지와 향상을 목표로 하는 국가로서, 모든 국민에게 그 생활의 기본적 수요를 충족시킴으로써 건강하고 문화적인 생활을 할 수 있도록 하는 것이 국가의 책임인 동시에 국민의 권리로서 인정되는 국가라고 할 수 있다.

복지국가는 그 이념적 기원으로서 여러 가지 상이한 근원을 갖고 있는데, 프랑스 혁명은 자유, 평등, 박애의 이념을, 벤덤 등이 주장한 공리주의 철학은 최대 다수의 최대 행복의 개념을, 비스마르크와 베버리지는 사회보험과 사회보장의 관념을 그리고 페이비언사회주의자들은 기간산업과 기초적 서비스의 공유의 원칙 등을 제시하여 그것들이 곧 복지국가의 기본 이념이 되었다고 볼 수 있다. 이와 같이 복지국가는 상충하는 민주주의의 기본적 이념이자 가치인 자유와 평등을 동시에 구현해 보고자 하는 역사적 발전의 산물이요, 현상이라고 할 수 있다.

이와 같은 이념을 토대로 형성된 서양 각국의 사회보장제도의 성립과정과 특성을 요약해보면 다음과 같다.

영국은 급격한 변화보다는 계속 이어져 온 사회복지와 관련된 프로그램들이 있었고 그것들의 단계적 변화로 소득보장 기능을 토대로 한 균일제 운영방식과 공제조합을 바탕으로 발달하여 공제조합의 자치를 인정하는 조합제 운영방식을 택하였다.

독일은 사회복지와 관련된 프로그램이 전혀 없는 상황에서 사회주의 운동의 전개에 따른 정치, 경제적 요인에 의해 사회안정과 정국안정의 기능을 토대로 한 보수비례제 운영방식과 관료제 운영방식을 택하였다.

프랑스는 주로 노동자 보호에 중점을 두어 사회보장제도를 전개하였다. 그러므로 그 체계가 주로 노동자를 중심으로 하여 특히 산업부문별로 분리 발전한 점과 인구에 대한 관심을 가졌던 점 그리고 노령자에 대한 급여부문이 잘 발달한 점 등의 특성을 지니고 있다. 프랑스는 보수비례방식을 채택한 점에서 독일과 유사점을 발견할 수 있으며, 동시에 노동조합의 깊은 관여와 공제조합에 의한 조합제 운영방식을 채택한 점에서는 영국과 유사한 점을 발견할 수 있다.

미국과 영국의 사회복지발달과정에서 양국간에 상반된 면을 찾아볼 수 있다. 즉, 영국은 사회제도와 정책 면에 치중하여 발전시켜 오다가 오늘날에는 직접적인 대인 서비스와 사회복지방법론적 접근에도 역점을 두고 있는데 반해 미국은 역사적인 특수성이나 개인존중의 민주주의의 특징을 살려 대인적 서비스에 치중하다가 최근에는 바람직한 제도나 사회정책 및 계획의 과학적 연구가 활발히 전개되고 있는 점이다.

이상에서 살펴본 바와 같이 복지국가는 상이한 발달 배경과 다양한 이념이나 가치관을 수용하여 전개되어 왔기 때문에 획일적이거나 폐쇄적일 수 없으며, 복지국가에 대한 일반화를 적용하기는 힘들다. 그러나 국가권력의 당근과 채찍으로 표현되는 당근의 기능을 담당하는 사회정책으로서 노동자들에 대한 자본가 측과 국가권력 측의 양보의 시책이며, 회유책으로 나타난 것은 분명하다(장훈, 1984). 사회보장의 여러 시책은 자본주의의 구조적인 모순을 강력하게 수정·보강·개선하는 기능을 담당하고 있는 반면에 노동자들의 오랫동안의 투쟁의 과정에서 쌓아올린 생존권·생활권 보장의 시책이라고 평가할 수 있다. 다시 말하면 사회보험의 형성과 복지국가에 이르는 과정은 자본주의 경제체제를 유지하고 사회주의에 대항하고자 하는 정치 이데올로기적 측면이 보편적인 작용을 한 것이다. 각국의 사회보장제도는 제2차 세계대전 이후부터 고도 성장의 생산력을 토대로 보장범위를 확대하고 급여수준을 향상시키면서 복지국가 자본주의(welfare state capitalism)의 제도적 기반을 이루어 왔다.

제2차 세계대전 이후 자유방임주의적 자본주의가 종말을 맞게 되자 현대 자본주의 사회에서의 국가 개입은 여러 가지 목적에서 각기 다른 형태를 취하여 이른바 적극적 국가(positive state), 사회보장국가(social security state), 사회복지국가(social welfare state) 모형으로 나타났다.

이러한 점에 비추어 볼 때 사회복지는 산업사회와 도시화에 필요 불가결한 것이었다. 또한 제2차 세계대전은 사회보장 이념의 정립에 획기적인 전환점이 되었고, 현대 사회보장제도의 확립을 실현시킨 계기가 되었다. 제2차 세계대전으로 대다수 국가들을 빈곤상태에 빠지게 만들었고 고아, 기아, 과부, 유가족, 신체장애인 등을 증가시켰다. 따라서 사회보장제도의 구축과 더불어 이러한 때에 전문 사회사업 교육이 본격화되었으며 사회사업의 전문기술이 발전하고 분화되어 여러 전문직 단체들이 생겨나게 되었다.

여기에서 복지국가의 성장·발전과정을 살펴보기로 한다.

2. 복지국가의 팽창기(1945~1975년)

제1,2차 세계대전과 경제공황의 경험은 복지국가의 확립과정에서 제도적 확충, 북지수혜자 범위의 확대, 복지예산의 증대와 같은 양상으로 나타났다(김태성·성경룡, 1993).

제2차 세계대전이 종결된 1945년부터 대략 1975년까지는 복지국가의 황금기로 볼 수 있다. 그 이유는 1920년에서 1945년 기간 동안 제도적, 재정적 측면에서 복지국가의 기반을 구축하기 시작한 시기였고, 복지수혜자 측면에서 확고하게 정착된 복지국가가 제2차 세계대전 이후 약 30년간 지속된 경제적 번영과 함께 복지국가의 발전이 모든 측면에서 극대화되었기 때문이다. 그뿐만 아니라

이 시기에는 그 이전 시기의 뉴딜정책, 사회계약 혹은 역사적 타협을 통해 국가 - 자본 - 노동간에 형성된 화해적 정치구조가 그대로 지속되어 경제성장 - 완전 고용 - 복지국가를 한 묶음으로 하는 동의의 정치(politics of consensus)를 실현할 수 있게 하였다.

이러한 정치적 토대하에 1945~1975년 기간 동안 거의 모든 구미 선진국들은 높은 수준의 안정적 경제성장을 구가할 수 있었다. 1973년에 오일쇼크가 일어나기 전까지 모든 OECD회원국들은 1950년대에 연평균 4.4%의 경제성장률을 그리고 1960년대와 오일쇼크 이전에 약 5.5%의 연평균 성장률을 기록하였다(Pierson, 1991). 이 기간 동안 대부분의 선진국들은 낮은 수준의 인플레이션과 낮은 수준의 실업률을 유지하였다.

이와 같이 구미 선진국들이 높은 경제성장률, 낮은 인플레이션 그리고 낮은 실업률을 기록하였다는 것은 그만큼 이들 국가들이 복지비 지출을 더 많이 할 수 있다는 것을 의미한다. 이러한 환경을 배경으로 그 이전까지 구축되어 온 다양한 복지제도들이 개별 국가들에게로 빠르게 확산되어 국가마다 산재보험, 질병보험, 노령연금, 실업보험, 가족수당 등의 제반 복지제도를 갖추고 또한 개인적 사회서비스와 공공부조에 대한 제도도 더욱 확충하였다. 그리하여 이 시기에 구미 각국에서는 복지국가의 제도적 완벽성이 확보되었다고 할 수 있다.

이 시기 사회복지제도의 특징은 첫째, 기초보장의 대상이 근로능력이 있는 취약계층까지 포함하여 전국민으로 확대된 점. 둘째, 기초보장의 목표가 절대빈곤 해소에서 상대빈곤 해소의 개념으로 변화되었다는 점. 셋째, 사회보험을 근간으로 공공부조제도가 긴밀히 연계 운영됨으로써 기초보장이 달성되었다는 점 등이다.

이 시기는 복지제도가 완비되고 수혜자가 보편화된 인류역사상 가장 획기적인 시기였다고 할 수 있으며, 이 시기의 복지국가는 첫째, 복지제도의 포괄성. 둘째, 복지수혜자의 보편성. 셋째, 복지혜택의 적절성이라는 세 가지 측면에서 발전의 극치에 이르렀다고 할 수 있다.

3. 복지국가의 정체기(1975년~현재)

1) 경기침체와 정치적 변화

이 시기는 완전고용체제의 붕괴, 고실업률, 높은 물가상승률, 저성장률, 정부의 재정고갈 등으로 대별되는 복지국가 위기시대였다.

1973년에 들어 유가상승을 가져온 오일쇼크는 제2차 세계대전 이후 약 30년간 지속되어 온 자본주의의 안정적 축적체계를 근원적으로 붕괴시키는 결정적 작용을 했다. 오일쇼크 이후 OECD회원국들의 평균 경제성장률은 5%대에서 2%대로 떨어졌고, 인플레이션은 5%대에서 8~10%대로 급증했으며, 실업률은 2%에서 5%대로 상승했다(김태성 · 성경륭, 1993). 이러한 경제적 혼란은 곧이어 과거 30년간 비교적 큰 변화 없이 효율적으로 유지되어 온 국가 - 자본 - 노동간의 화해적 정치구조에 치명적인 균열을 가져오게 되었다.

구미 각국에서 공통적으로 나타난 이러한 균열은 많은 복지비 지출과 함께 엄청난 국방비를 지출하는 영국과 미국에서부터 표출되기 시작했다. 영국에서는 1979년에 노동당 정부가 실각하고 대처의 보수당 정부가 들어섰으며, 미국에서는 1980년에 민주당 정부에서 레이건의 공화당 정부로 체제가 바뀌었다. 그러나 경제성장의 둔화, 상승하는 인플레이션과 실업률이라는 경제적 악조건이 초래한 균열은 이들 두 국가에만 국한된 것은 아니었다. 1980년대를 통해 사회민주당이 확고한 정치적 주도권을 행사하던 유럽 여러 국가에서도 보수회귀의 물결은 봇물처럼 터져 나왔다(주성수, 1992). 1981년 덴마크 사민당과 노르웨이 노동당이 선거에서 패했고 이어 1982년 독일의 사민당도 재집권에 실패하고 말았다. 그뿐만 아니라 오스트리아 사회당은 1987년에 단독정부 수립에 실패하였으며, 1991년에는 복지국가의 전형으로 알려졌던 스웨덴에서도 사민당이 선거에서 패배하고 말았다. 이로써 1945~1975년 기간 동안 복지국가의 황금기를 주도했던 노동당, 민주당 그리고 사회민주당 정부는 구미 각국에서 거의 모두 제2당으로 전락하였고 그 결과 1975년 이후 오늘날까지 구미의 복지국가는 정체기에 접어들고 말았다.

1970년대 후반부터 본격화된 보수회귀의 흐름은 보수정권의 등장을 뜻하는 것만은 아니었다. 흔히 신우파(new right) 혹은 신보수주의(neo-conservatism)로 불리는 보수세력은 국가에 의한 경제 개입과 복지 개입을 모두 비판하고 궁극적으로는 복지국가의 해체를 통해 자유시장경제를 확고히 하려는 이론적, 이데올로기적 공세를 집요하게 전개해 왔다는 점에서 단순한 정치세력으로 규정하기 어렵다. 신우파 또는 신보수주의는 하나의 이론체계, 이데올로기임과 동시에 하나의 사회운동이며 또한 정치세력이라고 할 수 있다.

이들 세력은 1973년 오일쇼크 이후의 경제위기가 오직 유가상승이라는 외부적 요인에 의해서만 기인된 것이 아니라 근본적으로는 자유시장 기제의 작동을 왜곡하는 국가의 경제 개입과 복지 개입이라는 내적 요인에서 비롯되었다고 주장하였다. 그리하여 이들은 경쟁력을 강화하고 경제성장과 고용증대를 이루기 위해서 국가의 경제 개입을 축소하는 것은 물론 생산비의 경직적 상승을 가져오는 복지지출을 감축 혹은 제거해야 한다고 주장했다. 그러므로 이들 보수세력이 1970년대 후반부터 정권을 장악했을 때 어떤 일을 시도할 것인가 하는 것은 명백했다고 할 수 있다.

2) 복지국가 위기의 대응

경기침체와 스테그플레이션(stagflation)현상을 경험하게 되자 각국이 처한 여러 사정과 여건에 따라 복지국가 위기에 대한 대응이 취해졌다. 즉, 복지개혁이 시도되었는데, 복지개혁은 경우에 따라서는 제도의 훼손 내지 퇴보로 나타났다.

먼저 영국의 대처 정부는 개인과 국가 그리고 경제와 복지에 관한 신념체계로서의 대처리즘(Thatcherism)을 제시하여 신보수주의 방향을 나타냈다. 대처의 집권은 보수당 주류가 사회적 약자에 대한 온정주의적 배려를 중시했던 전통적 보수주의에서 자유시장과 경쟁을 중시하는 시장자유주의로 교체되었다. 1980년대 이후 주택, 교육, 의료, 실업수당, 공공부조, 연금, 기타 이전지출에 대한 대대적인 삭감을 시도하였다. 이러한 대처의 복지개혁은 복지예산의 삭감 또는 복지에 대한 도전 그리고 복지 개악 등의 용어로 표현되기도 했다. 이러한 체계적 복지삭감은 미국, 덴마크, 노르웨이, 독일, 오스트리아, 스웨덴 등으로 확산되어 구미 각국에서는 그 이전까지 확립된 복지국가라는 거대한 구조물들을 조금씩 붕괴시키는 일들이 진행되어 왔다고 할 수 있다.

그러나 보수정권에 의한 지속적 복지삭감 노력에도 불구하고 1975년 이후 각국에 의한 복지비 지출은 실제로는 증가되어 왔다. 1960~1981년까지 구미 각국의 복지비 증가율 추이를 보면, OECD회원국들의 복지비 지출은 그 증가율에서 비록 1975년 이후 감소하긴 했지만 결코 마이너스로 내려가지는 않았다. 다시 말하면 오일쇼크 이후 보수정권에 의한 복지삭감은 복지비 지출의 증가율을 둔화시켰을 뿐 복지비의 절대액을 감축시키지는 못했다는 것이다.

이와 같은 보수정권의 복지삭감에도 불구하고 실제로 복지비가 증가한 이유는 다음의 세 가지 요인에 의해 초래된 것으로 분석된다. 첫째, 실업률의 증가에 따라 실업수당의 지급이 대폭 증가했다. 둘째, 실업자의 증가에 따라 공공부조비가 급증했다. 셋째, 인플레이션의 심화에 따라 물가에 연계된 노령연금의 지급이 폭증했다(김태성 · 성경륭, 1993).

미국의 레이건 정부는 사회복지 프로그램에 대한 정부지출을 감소시킨 대신 이에 소요되는 재원은 사적재단, 교회, 기업체 및 자선조직 등이 충당해야 한다고 주장했다. 즉, 신연방주의정책을 통해 복지비를 삭감하고 국방비를 강화했다. 이와 같은 정책의 결과로 수백만 명이 빈곤선 이하로 떨어졌다. 한편 가족지원법에 의해 복지수혜자가 급여를 받는 대신 일을 하도록 강요하는 대책은 별 성과를 거두지 못했다.

결국 1973년 이후 오일쇼크에 의해 초래된 경제위기는 국가 - 자본 - 노동간의 화해적 정치구조를 와해시키는 결정적 계기를 조성하고 상당한 정도의 복지삭감을 가져왔으나, 1970년대 중반부터 오늘날까지 복지비는 지속적으로 상승해 왔다는 것이다. 이러한 사실은 비록 복지국가에 대한 보수세력의 이론적, 이데올로기적 공세가 치열했고 복지삭감을 위한 정치적 조치들이 강경했다하더라도 경제악화에 따른 복지비 증가의 내적 요인들이 너무나 광범위하고 절박했음을 잘 반영했다고 할 수 있다.

복지국가의 발달사 측면에서 보면 복지국가는 보수정권이 등장했다고 해서 쉽사리 약화되거나 붕괴될 수 있는 것이 아님을 알 수 있다. 왜냐하면 복지국가의 발전은 한편으로는 공공부문의 취업을 대폭적으로 증가시키고 다른 한편으로는 복지수혜자를 전국민으로 확대했기 때문이다. 따라서 선거를 통해 정권을 창출・재창출해야 하는 정당의 입장에서는 복지삭감이라는 정책이 매우 심각한 위험을 수반할 수밖에 없게 된다. 이러한 점에서 공공부문의 취업이 상당한 수준에서 유지되고 보편주의적 복지제도가 유지되고 그리고 민주주의라는 정치제도 (특히 선거와 정당)가 존재하는 한 1945~1975년의 황금기에 구축된 복지국가의 기본 틀은 오랫동안 지속될 것으로 전망되었다.

3) 제3의 길 모형 대두

영국 노동당의 블레어(Blair) 정권에서 제시된 이른바 '제3의 길(The Third Way)'은 1998년 노동당 녹서 '우리의 새로운 열망 : 신복지계약(New Ambition for Our Country : A New Contract for Welfare)'으로 구체화되었다. 제3의 길이란 고복지 - 고부담 - 저효율로 요약되는 사회민주주의적 복지국가 노선(제1의 길)과 고효율 - 저부담 - 불평등으로 정의되는 신자유주의적 시장경제 노선(제2의 길)을 지양한 새로운 정책노선으로서, 시민들의 사회 경제생활을 보장하는 동시에 시장의 활력을 높이자는 프로젝트이며, 구식의 사민주의와 신자유주의로부터의 차별화전략이었다.

제3의 길에서는 전통적인 복지국가가 소극적 복지(passive welfare)를 지향함으로써 실패했다고 보고 그 대안으로 적극적 복지(active welfare)를 제시했는데, 적극적 복지는 첫째, 국민들에게 경제적 혜택을 직접 제공하기보다는 인적 자원에 투자하는 복지국가 즉, 사회투자국가(social investment state)로 개편하자는 것. 둘째, 복지다원주의(welfare plurlism). 셋째, 의식 전환이다. 블레어가 강조하는 복지국가의 재편이란 비용삭감 이외에도 수혜자의 의존성향을 줄이고 개인의 책임을 더 강조하는 의지가 함축되어 있으며, 그의 사회정의는 재분배와 불균등 교정을 강조한 평등주의적 성향이 아니라 최소기준과 가치균등을 확보하는데 초점을 두고 있다. 즉, 복지개혁의 핵심적 내용은 '일할 능력이 있는 사람들에게는 일자리를 그리고 일할 능력이 없는 사람들에게는 사회보장을'이라고 요약할 수 있다. 이러한 복지개혁은 기존 복지국가체제의 기반이 되었던 국민의 권리와 국가의 의무라는 일방적인 구조에서 정부뿐만 아니라 국민에게도 의무를 부과하는 쌍무(双務)적인 구조로의 이행으로서 영국은 기존 복지국가체제에 대한 일대 패러다임의 전환을 시도한 것이다(문진영, 2004).

결국 제3의 길에서 제창하는 적극적 복지는 베버리지의 지양이다. 적극적 복지는 베버리지가 제기한 5대 사회악에 대해 적극적으로 대체시키는 것으로서, 궁핍 대신에 자율성을, 질병 대신에 건강을, 무지 대신에 교육을, 불결 대신에 안녕을, 나태 대신에 진취성을 강조하자는 것이다(Giddens, 1998).

이와 같은 제3의 길은 사회민주주의와 신자유주의를 뛰어넘는 중도노선을 지향하는 국가체제 구축과 활발한 시민사회, 가정의 기능 강조, 신혼합경제 옹호 및 인간의 잠재력 개발에 초점을 두는 노선이라고 할 수 있다.

이러한 노선에 대해 좌파들의 비판의 요지는 첫째, 블레어 정부가 평등에 대해 무관심하며 둘째, 정부가 복지보다는 근로를 너무 중시하였으며 셋째, 볼레어 프로젝트는 실천력이 없다는 것이다.

이러한 세계적 흐름은 복지국가를 유지하기 위해 나타나는 변화로 사회복지 조직과 제도에도 영향을 미치고 있으므로 그 사회가 지향해야 할 복지 이데올로기가 어떤 것이어야 하는지에 대한 사회적 함의가 도출되어야 할 것이다.

4. 복지국가의 재편

복지국가의 다양한 위기의 원인과 내용에 대한 대응은 신우파와 네오맑스시스트들의 적극적인 비판에도 불구하고 복지국가의 급격한 해체(dismantling)보다는 복지국가의 재편(restructuring)과정이었다(Gough, 1979).

복지국가의 위기 특히 경제위기와 재정위기를 해소하기 위해 주로 사용한 정책기조는 복지의 삭감 및 지출구성의 변화, 민영화 및 규제 완화, 지방정부의 역할 축소, 사회세력의 분화 등이었다.

신우파 정권에 의한 복지감축 노력은 처음 의도했던만큼 성공적이지 못했지만 결과적으로 1950년대 복지의 확장추세가 분명하게 꺾이고 제도와 프로그램에 따라 그리고 국가에 따라 다양한 형태로 복지국가가 위축되고 재편된 것은 분명하다. 즉, 복지예산과 중요성이 절대적 수준에서 줄지 않았고, 복지주체가 다양해졌으며, 계급관계의 변화와 불평등의 심화현상이 나타났다(Mishra, 1990;

Pierson, 1991).

복지국가의 황금기에서 복지국가의 위기로 그리고 복지국가의 재편과 수정이라는 과정을 거치는 동안 복지 패러다임의 전환은 세계화와 신자유주의의 두 가지 형태로 재편되고 있다고 볼 수 있다.

세계화란 지리적으로 국가단위의 경제활동 경계가 무너지고 각 경제활동주체들이 전지구적 차원에서 상호의존과 통합과정에 포섭되는 과정이며, 그로 인해 경제적 영역은 물론 정치, 사회, 문화의 모든 영역에서 인간생활이 질적으로 변화되어 가는 일련의 과정으로 이해할 수 있다. 또한 국가간 경제적 상호의존과 통합이 고도로 진전되어 경제활동의 지리적 경계가 전지구로 확대되고 경제활동과 관련된 제도, 정책, 의식이 세계 공통의 것으로 변화하는 현상이다(박명규, 1994).

이러한 세계화의 추진은 신자유주의에 기초하고 있다. 신자유주의의 이상적 사회 모형은 자유로운 시장을 중심으로 설정되며, 사회 내의 모든 자원분배 메카니즘으로서 시장의 효율성에 대해 절대적 신뢰를 가지고 있다.

이러한 경향으로 복지국가는 소멸되거나 쇠퇴하여 서구 국가들의 평균적 복지수준이 아닌 가장 복지수준이 낮은 수준으로 수렴한 것으로 예측하기도 한다(조영훈, 2000). 또한 신자유주의적 세계화는 부의 불평등과 사회의 양극화를 초래한다고 보고 있다(Martihn & Schmann, 1998).

세계화의 사회 경제적 영향은 빈곤의 확산과 소득불평등을 심화시키는 부정적 결과를 초래하고 있고, 새로운 사회적 위험을 창출함으로써 결과적으로 복지수요를 증대시키는 배경으로 작용하고 있다.

복지국가의 재편 논의 또는 복지국가의 개혁 논의에서 중요한 독립변수와 배경변수로 언급되고 있는 것이 바로 세계화의 영향이라 할 수 있다. 일반적으로 복지국가의 위기론 이후 전개되고 있는 복지국가 변화의 주요 방향과 차원에 대한 연구결과를 정리하면 <표 1>과 같다.

<표 1> 복지국가의 변화

기존 체제		변화된 체제
포드주의(Fordist)	→	포스트(post) 포드주의적 복지국가
복지국가	→	워크페어(workfare) 복지국가
복지국가	→	근로촉진국가(enabling state)
관료주의	→	시장(혹은 준시장)
국가독점주의	→	복지다원주의
복지주의	→	포스트복지주의
남성생계자 중심체계	→	양성생계자 중심체계
케인스주의적 복지국가 (Keynesian welfare state)	→	슘페터주의적 노동복지체제 (Schumpeterian workfare regime)

자료 : Clarke(2004).

복지국가의 역할과 변화의 주요 방향과 내용은 <표 1>에 나타난 바와 같이 복지공급구조의 다원화나 워크페어 복지국가, 양성생계자 중심체계로의 변화, 슘페터주의적 노동연계복지체제로의 전환 등으로 변화되고 있음을 함축적으로 나타내주고 있다.

이렇듯 복지국가의 위기에 대한 적응과정 혹은 재편과정은 각 국가의 정치, 경제, 사회조건에 따라 상이한 경향으로 나타났는데, 에스핑-엔더슨(Esping-Anderson)은 주요 국가군의 재편과정을 다음과 같이 요약하고 있다(Esping-Anderson, 1996).

1) 스칸디나비아적 접근

스칸디나비아적 접근((Scandinavian route)은 지속적인 경기침체와 고실업의 위협이 상존하는데 대응하여 보다 적극적인 공공고용의 확대로 대응하는 접근이다. 주로 수웨덴, 덴마크 등 북유럽에서 취해진 이 접근은 공공부문에서의 고용확대로 대량실업의 위협에 대응하였으며, 공공부문의 확대는 주로 사회복지 서비스 부문의 확대에 의해 이루어졌다. 이러한 공공부문 확대전략은 북유럽국가들의 전통적인 평등주의적 접근이 있었기에 가능했다.

2) 신자유주의적 접근

신자유주의자들은 정부의 실패를 비판하면서 시장경제체제는 경제적 효율성을 극대화시킬 뿐만 아니라 시민의 개인적 자유와 사회적 연대성을 보장한다고 주장한다.

신자유주의적 접근(neo-liberal route)은 주로 영국, 미국, 뉴질랜드 등과 같은 영미권 국가들이 취한 방법이다. 즉, 시장에 대해 적극적인 규제완화의 일환으로 사회보장제도의 적극적인 축소를 단행하는 전략으로서, 각종 노동입법과 사회보장입법의 약화를 통해 노동시장의 유연성을 높이고 기업의 고정비용적 요소들을 줄여 나감으로써 위기를 극복한다는 것이다.

영국의 대처 내각과 미국의 레이건 행정부의 등장으로 시작된 사회보강제도 축소정책은 '미국의 복지개혁(1996년)'이나 '영국의 복지개혁(Green Paper;1998)'으로 연결되었다.

이러한 접근방법을 통해 최근 가시적인 경제성장률의 유지와 고용규모의 확대라는 성과는 있었지만 저임금노동자 내지 빈곤노동자를 양산하는 결과를 가져와 사회의 양극화현상을 가속화시켜 사회적 불평등과 빈곤을 증대시키는 한계를 보였다.

3) 노동감소형 접근

노동감소형 접근(laber-reduction route)은 조기퇴직, 맞벌이 부부에 대한 중과세 등으로 가족 내의 주 소득자 이외의 가족구성원들이 노동시장에 참여하는 것을 억제하는 전략으로, 주로 독일, 프랑스 등의 대륙국가들에 의해 취해진 방법이다.

이러한 접근은 대부분의 가족구성원들이 주 소득자에게 의존하는 전략을 취하는데, 전제조건은 가장이 실직되었을 때 다른 구성원들의 생계까지 충분히 보장할 수 있는 사회보험제도가 구축되어 있어야 한다는 점이다.

이 접근은 다량의 퇴직을 발생시킴으로써 사회보장제도의 재정적 부담을 가중시켜 사회보장제도의 재정위기를 촉발시키는 한계를 갖게 되었다.

이러한 재편 방향에서 찾을 수 있는 시사점은 복지국가 개편과 관련된 새로운 모색에서 발견된 공감대는 단지 그동안 개발된 사회보장 프로그램으로 변화된 사회적 환경 즉, 절대적 고실업 상존, 유연성 있는 노동시장의 확대, 세계화를 수반한 지속적인 국제경쟁의 격화 등에 효과적으로 대응하여 빈곤퇴치와 사회진보를 담보해내기에는 한계가 있다는 인식을 할 수 있다는 점이다.

5. 사회복지제도의 변화

복지국가의 위기에 대응하는 정책적 변화를 거치면서 서구 사회는 정책론적 발달과 더불어 전문 사회사업의 영역이 확대되고 전문교육이 강화되었으며, 국민의 복지욕구의 증대에 따른 복지예산의 증대는 국가재정의 위기를 초래하기도 했다. 한편 경제적 복지 증진으로 인한 정신적 일탈행위가 새로운 사회문제로 대두하게 되었다.

로마니신은 이러한 사회복지의 변천을 다음과 같이 포괄하여 설명하고 있다. 즉, 경제적 결핍이 산업화 이전의 사회에서 고도로 복잡하고 상호의존적인 산업화 이후의 사회로 변천해 옴에 따라 제반 욕구에 대한 사회적 개입의 인식이 점차 확대됨에 따라 사회복지는 첫째, 사회복지의 잔여적(보충적) 모형에서 제도적 모형으로. 둘째, 자선에서 시민의 권리로. 셋째, 특수성에서 보편성의 성향으로. 넷째, 최저조건에서 최적조건의 지급이나 서비스로. 다섯째, 개인의 변화에서 사회개혁으로. 여섯째, 민간지원에서 공공지원으로. 일곱째, 빈민복지에서 복지사회의 구현으로 확대되어 간다는 것이다(Romanyshyn, 1971).

사회복지의 개념을 이와 같은 진화와 연속선상에서 보면 전통사회일수록 잔여적인 개념에 접근한다고 볼 수 있다. 즉, 경제적으로 결핍상태에 있던 산업화 이전의 사회에서 고도로 복잡하고 상호의존적인 산업사회로 진전됨에 따라 사회복지에 관한 제반 욕구에 대한 사회적 개입의 필요성이 점점 확대되어 왔음을 의미하고 있다. 또한 이러한 설명을 통해 사회복지가 시대적 사회구조나 사상적 변천 속에서 어떻게 작용했으며, 영향을 미쳤는가를 이해할 수 있다.

한편 20세기에 들어와서 예방적 사업에 주력하게 되었는데, 그 이유는 과거의 자선사업이나 구제사업이 지니는 결함과 한계가 자각되었고, 만인평등 사상을 실현할 민주주의 운동이 전개되었으며, 객관적 합리주의에 바탕을 둔 근대 과학이 발달한 점 등이 직·간접적으로 영향을 미쳤기 때문으로 볼 수 있다(김덕준 외, 1970).

사회복지를 위한 노력은 역사적으로 다양하게 나타났으나 자본주의 사회에서 사회적으로 인정되고 제도화된 개념은 사회사업과 사회정책이라 할 수 있다. 전자는 주로 민간에 의한 자발적 사업이지만, 후자는 국가에 의한 제도적인 강제사업이라는 것이 그 특징이다. 이것은 강자가 약자를 보호하기 위한 조직적 노력이다. 이러한 사회복지의 발전은 구미 여러 나라에서도 그 성격과 발전의 차이가 나타났는데, 그것은 각국의 사회구조와 사회가치에 관련되어 있기 때문이다. 즉, 사회복지는 그 나라의 역사적, 사회적 산물이다. 그러나 사회구조의 모순이 항상 존재하기 마련이고 이것이 갈등과 불만의 형태로서 제기될 때 기존 질서 내에서 최선의 해결책은 사회복지제도인 것이다.

역사적으로 볼 때 빈곤대책이 복지정책의 핵심이었다. 영국의 구빈법이나 조선시대의 창제(倉制)는 비록 예방적인 방빈(防貧)제도가 아니고 구빈적인 제도였지만 모두 빈민을 구제하기 위한 정부의 사회정책이었다. 따라서 그 대책도 자연히 절대빈곤층이라고 할 수 있는 궁민·극빈자가 주 대상이라고 말할 수 있다(김영모, 1983).

Chapter 9

사회복지의 윤리와 이념

Section 1 사회복지의 가치와 윤리

1. 사회복지의 가치

1) 가치와 윤리의 개념

일반적으로 가치(價値)의 사전적 의미는 선(good)하고 바람직한(desirable) 행동을 선택하는 지침 혹은 기준을 의미한다. 가치는 원래 주관이나 자기의 요구를 충족시키는 데서 생기는 것이므로 대상에 관계하는 자기와의 일정한 태도 즉, 평가작용을 예상한다. 따라서 가치는 무엇이 좋고 바람직한 지에 대해 관심을 두고 있다.

가치는 바람직스러움(desirablity)의 기준(Ritzer, Kammeyer & Yetman, 1979)이며, 특정의 존재양식 또는 존재상태가 그들과 반대되는 양식이나 상태에 비해 개인적, 사회적으로 선호된다고 지속적으로 믿는 것(Rokeach, 1973; Reamer, 1995) 즉, 인간의 선호 또는 선택행위에 초점을 맞추고 있다.

이와 같은 가치의 기원은 유교의 삼강오륜, 불교의 자비·해탈, 스토아(Stoa)철학, 기독교의 박애 · 애덕사상 등에서 찾을 수 있다.

한편 가치관(價値觀)이란 자신의 삶을 선택하고 결단함에 있어서 주체적인 기본 원리로 작용하는 지속적인 신념체계를 말한다.

인류역사가 시작된 이래 숱한 사상가와 철학자들에 의해서 체계화된 그 많은 주의(主義), 논(論), 관(觀), 설(說), 법(法)... 등 가운데는 자신의 삶을 구체적으로 선택하고 결단하는데 기본 원리로 작용하는 것들이 분명히 있을 것이다. 이때 기본 원리로 작용하는 내용들이 구체적인 신념으로 내면화되었을 경우 이를 가리켜서 가치관이라고 부른다.

오늘날 사회복지에 있어서 윤리문제가 제기되고 있다. 윤리(倫理 : ethics)란 일반적으로 사람이 지켜야 할 판단의 체계를 의미하며, 무엇이 옳고(right) 바른지(correct)에 관심을 둔다. 즉, 일차적으로 사람이 옳다고 믿는 것을 행동으로 옮기는 것이 아니라 오히려 옳은 것이 무엇인지를 결정하도록 돕는 것과 관련된다.

다시 말하면 윤리란 사람들이 마땅히 지켜야 할 당위(當爲)의 규범(規範 : norms)이다. 사람들의 행위에 일반적으로 제약을 가하는 사회적 규범에는 여러 가지가 있는데, 이는 관습과 법 그리고 도덕으로 나누어 볼 수 있다(엄주정 외, 1990). 규범은 가치보다 더 구체적이고 특정상황과 연계되어 있는데 특정상황에서 해야 할 것과 하지 말아야 할 것을 밝혀주는 규칙으로서, 도덕률 또는 덕목(德目)이란 단어와 같은 뜻으로 사용된다.

윤리(또는 도덕)란 인간이 지니고 있는 동정심을 바르게 고쳐서 인류나 개인이 처한 곤경(predicament)을 줄이거나 없애는 지혜(Warnock, 1971)라고 규정하기도 한다.

여기에서 가치와 윤리, 가치와 이념을 연관시켜 보면 가치와 윤리는 미시 이론이고, 가치와 이념은 거시 이론이라고 할 수 있다. 사회복지방법론에서는 가치라는 단어와 함께 윤리라는 단어가 많이 사용되고 있는데 반해 사회정책에서는 가치와 함께 이념이란 용어가 주로 사용되고 있다.

가치나 규범, 이념 그리고 윤리와 같은 술어는 서양에서 유입된 것들이고, 덕목, 도리, 사상, 도덕과 같은 술어는 우리 전통에서 나온 것들이라고 할 수 있다.

2) 사회복지의 가치

사회복지라는 용어는 일반적으로 하나의 이상적인 목표적 개념으로 사용되고 있다. 그러나 현실사회는 이상과는 달리 불행과 어려운 상황에 처해 있는 사람이 존재하므로 사회 전체의 공동책임하에 불행을 제거하려고 하는 목표적 개념이 요청되는 것이다. 따라서 모든 인간의 공통된 이념이야말로 사회복지가 지향하는 목표가 되어야 할 것이다. 오늘날 인류의 희망과 욕망을 지배하고 있는 세계적으로 공통된 이념은 첫째, 풍요의 이념(the idea of abundance). 둘째, 상호관계의 이념(the idea of mutuality). 셋째, 개발계획의 이념(the idea of development planning) 등이다(Wickenden, 1965). 사회복지는 인류의 복지를 목표로 하는 것이며, 그 목표적 개념은 국가나 사회가 바라는 복지사회의 구현에 있다.

이와 관련하여 사회복지 가치란 사회복지가 이념적으로 바람직하다고 지향하는 것으로 사회복지의 제도적, 실천적 선택에 영향을 미치는 신념체계로 정의할 수 있다.

사회복지가 추구하고 있는 가치에 대해 Friedlander는 사회사업의 기본적 가치로 (1) 개인 존중의 원리. (2) 자발성 존중의 원리. (3) 기회균등의 원리. (4) 사회연대의 원리를 제시한 바 있다(Friedlander, 1958). 또한 장인협 등(1999)은 사회복지의 일반적 가치로 (1) 평등. (2) 자유. (3) 민주. (4) 정의. (5) 사회통합. (6) 이타주의 등을 제시하였으며, 전문적 실천가치로 (1) 인간의 존엄성과 가치존중. (2) 사회정의. (3) 봉사. (4) 인간관계의 중요성. (5) 통합성. (6) 능력 등을 제시하였다.

사회복지의 가치를 사회복지가 추구해야 할 것에 관한 개념이라면 사회복지사상은 사회복지가 바람직하다고 생각하는 것을 추구하고 실현하는 목적과 방법에 대한 사회적 사유(思惟)라고 할 수 있다.

사회복지에서 가치 개념의 중요성은 아무리 높이 평가한다해도 지나치지 않을 것이다. 왜냐하면 사회복지의 실천은 가치를 기반으로 동기화나 기능화가 이루어지기 때문이다. 사회복지의 가치 개념을 목적과 수단을 병행하는 관점에서 표현한다면 목적적인 이상주의적 휴머니즘과 수단적인 실천주의적 개인주의라고 말할 수 있다.

복지를 보는 시각 즉, 복지관(福祉觀)과 이와 유사한 의미의 복지 이념, 복지사상, 복지 의식과 이에 따라 형성된 사회복지제도는 상이한 문화와 역사 속에서 각각 나름대로 생성되고 발전되어 간다고 할 수 있다. 여기서 말하는 복지관은 복지에 대해 가지는 개인의 내면적인 가치지향은 물론 그의 사회 이론과 정치철학 등의 사상적 변인들이 모두 포함되어 있는 의미를 가진다. 이러한 의미에서 복지 이념, 복지 사상, 복지 의식은 같은 것으로 볼 수 있다.

2. 사회복지 실천윤리

1) 사회복지 실천윤리의 의미

사회복지 실천윤리란 사회복지사가 자신의 사회복지실천과정에서 지켜야 할 도덕적 규칙이라고 할 수 있다. 사회복지실천에서 윤리의 중요성이 대두된 것은 사회복지직이 전문직으로 나아가기 위한 단계에서 시작되었다고 볼 수 있다. 사회복지실천은 그 자체가 본질적으로 윤리적인 측면을 내포하고 있기 때문에 클라이언트와 함께 하는 사회복지전문직의 원조과정 속에서 사회복지사는 필연적으로 윤리적 딜레마에 부딪칠 수밖에 없다.

사회복지 실천윤리는 가치로부터 생겨나기 때문에 가치와 윤리간에는 불가분의 관계가 있다. 가치는 무엇이 좋고 바람직한가를 논하고, 윤리는 무엇이 옳고 바르냐를 논한다는 점에서 차이가 있지만 사회복지사의 실천행동을 규제하는 윤리는 사회복지의 가치로부터 파생된다고 할 수 있다.

사회복지사는 전문직이 시작된 이후 가치와 윤리에 대한 관심을 지속해 왔다. 사회복지사는 클라이언트, 동료, 고용주, 전문직 자체 그리고 더 큰 사회와의 관계 속에서 일해야 하는 전문직이므로 실천과정에서 다양한 이슈에 부딪치게 되고, 거의 모든 결정은 윤리적 측면을 포함하게 된다(Maluccio, 2002).

2) 사회복지실천현장에서의 가치 딜레마

사회복지실천현장에서 대부분의 사회복지사는 클라이언트의 문제를 해결하는데 있어서 다양한 가치갈등을 겪게 되고, 윤리적 결정을 해야 하는 상황에 직면하게 된다.

사회복지실천에 임하는 사회복지사는 개인적 가치, 전문적 가치, 클라이언트와 클라이언트 집단의 가치, 사회의 가치에 의해 영향을 받으며, 이러한 가치들간의 갈등으로 인해 어려움을 경험하게 된다. 사회복지사가 겪게 되는 다양한 가치갈등의 유형을 살펴보면 다음과 같다.

첫째, 가치상충은 윤리적 딜레마가 가장 빈번히 야기될 수 있는 상황이다. 자주 문제가 되는 것은 클라이언트의 자기결정이라는 가치와 사생활 보호라는 가치 사이에서 어떤 윤리적 결정을 내려야 하는 상황이다.

둘째, 의무상충으로 사회복지사는 기관에 대한 의무와 클라이언트에 대한 의무 사이에서 갈등하게 된다.

셋째, 클라이언트체계의 다양성이다. 아동학대, 심각한 부부갈등, 가정폭력 등의 복합적인 문제를 가진 이혼부부의 자녀문제를 다룰 때 사회복지사는 누가 클라이언트인가를 결정하는 데 어려움을 겪게 된다. 누구의 이익을 최우선적으로 고려하고, 어떤 문제에 먼저 개입해야 하는가를 결정하는 것은 어려운 일이다.

넷째, 결과의 모호성으로 사회복지사가 내린 윤리적 결정의 효과가 모호할 때 사회복지사는 선택의 딜레마에 봉착하게 된다.

다섯째, 힘 또는 권력의 불균형이다. 사회복지사와 클라이언트의 관계가 권력적으로 평등하지 않다는 것은 사실이며 이것이 윤리적 딜레마를 일으킨다.

이밖에도 경제적 이득과 관련된 윤리적 갈등, 이용자의 인권과 관련된 윤리적 갈등, 포괄적 책임과 관련된 윤리적 갈등, 개인적 가치와 관련된 윤리적 갈등 등이 발생하게 된다.

이와 같은 다양한 요인으로 인해 가치갈등에 봉착하게 될 때 사회복지사가 가치갈등에서 벗어나기 위해 고려해야 할 사항들은 다양하지만 사회복지사의 전문성을 높이기 위한 자기이해라는 측면에서 사회복지사의 개인적 가치관과 전문적, 사회적 가치관의 관계를 분명하게 인식하는 것은 매우 중요하다. 따라서 이러한 상황에서 가치 딜레마를 극복하기 위한 방안으로 제시된 것이 사회복지사 윤리강령이다.

3. 사회복지 윤리의 발달과정

사회복지실천과정에서 윤리와 도덕적 측면에 대한 논의는 전문직이 등장한 시점부터 시작되었다고 볼 수 있다. 그러나 윤리에 대한 관심은 전문직의 성숙과 사회복지의 역사적 발달에 따라 그 성격을 달리하면서 변화되어 왔다.

초기 사회사업은 종교적, 도덕적 가치관에 영향을 받았기 때문에 사회사업은 종교적 도덕성과 불가분의 관계가 있었으며, 자연적으로 주요 서비스는 빈곤과 궁핍한 자에 대한 구제활동이 중심이 되었기 때문에 클라이언트의 도덕성 강화에 초점을 두게 되었다. 그러나 시간이 흐름에 따라 사회복지기술을 중심으로 한 전문성에 관심을 집중하면서 그 초점은 전문직의 도덕성에 초점을 두게 되었고, 그 후 기본적인 인간의 욕구와 관련해서 사회문제에 초점을 두는 거시적 관점으로 바뀌게 되었다. 거시적 관점은 사회복지에 대한 제도적 책임을 강조하였고, 사회복지정책 측면과 전문성을 강조하는 방법론에 관심이 집중되면서 윤리적 이슈에는 관심이 소홀해졌다.

여기에서는 미국 사회복지의 가치와 윤리의 발달과정을 몇 가지 핵심단계로 나누어 살펴보면 다음과 같다(Reamer, 1995).

1단계는 19세기 말 사회복지가 전문직으로서 출범한 시기로서, 이 시기는 빈곤과 궁핍에 대응하는 구제활동이 중심사업이었으므로 클라이언트의 도덕성 강화에 초점을 두었다.

2단계는 20세기 초 인보관 운동이 시작된 시기로서, 빈곤과 관련된 사회문제에 관심을 갖고 사회문제를 완화시키기 위한 사회개혁 성향으로 바뀌면서 사회복지기술을 중심으로 한 전문성 개발에 중점을 두었다.

3단계는 1940년대 말에서 1950년대 초의 시기로서, 클라이언트 중심의 가치체계에서 전문직과 실천가들의 도덕성과 윤리문제에 더 큰 관심을 두었다.

4단계는 1960년대부터 시작된 클라이언트 및 환자의 권리, 복지권, 제3자 권리와 같은 가치 개념의 확산은 전문가의 윤리적 책임에 대한 의식을 높이는 계기가 되었다. 특히 1970년대 후반에 접어들면서 사회복지와 관련된 과학과 기술이 급속하게 발달됨에 따라 윤리적 결정의 딜레마가 대두되었다. 즉, 의학기술의 발달로 인간생명의 연장, 안락사문제, 인공수정으로 인한 대리모문제, 낙태, 성윤리문제 등이 사회복지사의 직업영역으로 편입되기에 이르렀다.

이에 따라 사회복지윤리강령에 대한 논의가 시작되었다. 사회복지의 윤리와 관련하여 윤리강령이 최초로 채택된 것은 1951년 미국사회사업가협회(AASW)의 일로서 공식적으로 인정받지 못했으나 1960년 각기 다른 전문직 사회복지사들이 전미사회복지사협회(NASW)로 통합된 후 공식적인 협회의 윤리강령이 채택된 후 몇 차례의 개정과정을 거쳐 왔다. 사회복지윤리강령에 의하면 윤리강령을 구체화하고 서비스, 사회정의, 인간의 존엄성 및 가치, 인간관계, 능력이라는 몇 가지 핵심 가치를 중심으로 윤리 원칙과 기준을 제시하였다.

이렇게 윤리강령의 내용이 바뀌게 된 것은 과거 도덕적이며 보호적인 전문직 초기 윤리강령에서 점차 사회정의 단계, 종교적 단계, 임상적 단계를 거쳐 현재는 가치중립적 오리엔테이션에 기반하고 있기 때문이다(Reamer, 1992).

이와는 달리 국제사회복지사협회(IFSW) 윤리강령은 1994년에 개최된 국제사회복지사협회 총회에서 채택되었다. 이 윤리강령은 국제사회복지사협회의 윤리에 관한 활동이 회원협회와 회원국가 사회복지실무자들의 윤리적 논쟁과 성찰을 증진시키는데 목적을 두고 있다. 국제사회복지사협회의 윤리에 관한 활동을 보다 더 발전시키기 위한 기반은 사회복지윤리 - 원리와 기준 - 에서 찾을 수 있다. 이것은 사회사업의 윤리기준에 관한 국제선언과 사회복지사 국제윤리기준이라는 두 개의 문서에 나타나 있다(김상균 외, 2003).

한편 우리나라 사회복지사 윤리강령은 1982년 한국사회복지사협회에서 채택한 것으로 1988년과 1992년에 개정이 이루어졌다. 당시의 윤리강령은 전문과 10개 항의 윤리기준만을 제시한 것으로, 전문적 서비스 현장과 실천과정에서 제기되는 윤리적인 문제에 참조할 수 있는 구체적인 윤리기준과 지침이 결여되어 있었다. 따라서 21세기의 변화하는 사회복지환경과 현장에 적용할 수 있는 윤리기준과 실천지침이 개발되어야 할 필요성이 제기되어 2001년에 3차 개정이 이루어졌다.

현재의 사회복지사 윤리강령은 사회복지사의 전문성 강화와 사회적 가치의 확대, 사회적 관련성과 책임에 대한 윤리의식 및 행동방향 설정의 필요성에 따라 기존의 선언적 윤리강령에서 탈피하여 실천적 행동강령으로의 역할을 다할 수 있도록 내용을 개정하게 되었다.

사회복지 윤리강령은 이와 같은 단계와 과정을 거치면서 사회복지전문직이 발달함에 따라 여러 가지 윤리적 이슈가 관심이 되어 왔고 사회변화에 따라 또 다른 윤리적 이슈들이 부각되기도 했다. 또한 사회복지실천현장에서는 이와는 또 다른 새로운 윤리적 문제들이 제기될 것으로 전망된다. 예상되는 추세와 이슈들은 살펴보면 첫째, 기술발달과 관련된 이슈. 둘째, 고용구조와 관련된 이슈. 셋째, 보호체계 변화와 관련된 이슈. 넷째, 사회변화와 관련된 이슈 등이 예상된다. 따라서 앞으로의 사회복지실천현장에서는 어떤 형태로든 윤리적, 가치적 이슈가 전문직에 계속 제기될 것이 분명하므로 이에 대비한 윤리기준의 확립이 이루어져야 할 것이다.

4. 한국사회복지사협회 사회복지사 윤리강령

1) 사회복지사 윤리강령에 나타난 인권

인권이 실천의 방향을 만들어가는 것이라면, 윤리는 주어진 상황에서의 실천의 방향과 지혜를 제시한 것으로 인권을 지키고 보장해주기 위한 실천이 윤리라고 할 수 있다.

사회복지는 여러 전문직 중 가장 규범적인 전문직이다(Reamer, 1999). 왜냐하면 사회정의, 공정성, 개인의 권리와 존엄성에 대한 존중 등 가치 개념에 확고히 바탕을 두고 있기 때문이다. 사회복지의 임무는 이러한 가치 개념을 바탕으로 한 당위활동 즉, 윤리적인 실천을 통해 발달해 왔다(김정자, 2004). 사회복지실천은 다른 사람을 원조하는 전문적인 활동으로 윤리성이 강조되며, 윤리성을 토대로 실천을 하게 된다(양옥경, 2004). 사회복지의 기본 가치 전제인 인간존엄성, 자율성, 기회균등성 그리고 사회책임성은 사회복지실천에 있어서의 윤리적 활동의 기조가 되며, 이는 곧 인권으로 직결된다.

지금까지는 윤리가 도덕(morality)의 표현으로 이해되어 왔으나 포스트모던시대에 들어오면서 윤리만으로는 부족하고 또 다른 도덕적 담론 즉, 인권의 필요성이 제기되었다(Hershock, 2000; Ife, 2001). 윤리강령에 의존하지 않고도 인권이 제공하는 대안적, 도덕적 가치를 실천해야 한다는 것이다. 그러므로 인권에 기초한 도덕적 원칙은 사회복지사의 행동이 모든 사람의 인권을 지지하고 실현하며 동시에 어떤 누구의 인권도 규제하거나 부정하거나 침해하는 행동을 하지 않는 것을 의미한다(Ife, 2001).

사회복지는 가치 중심 학문이며, 사회복지실천은 가치 중심 전문활동으로서, 사회복지에서 가장 중요시되고 있으며 가장 기본이라고 여기는 가치는 인간존엄성이다. 인간은 어떤 경우라도 오로지 인간이며 인간이기 때문에 아무런 다른 조건 없이 존엄하다는 것이다. 이것이 바로 인권이다. 그렇기 때문에 이 기본 가치관에 입각해서 실천하는 사회복지실천은 결국 인권에 기반한 인권적 실천이다.

이와 같은 맥락에서 보면 우리나라 사회복지사 윤리강령에서 인권과 윤리와의 관계를 잘 알 수 있다. 윤리강령에서는 인권실천을 이미 사회복지실천에서의 실무자의 역할에 포함시키고 있다. 인간평등, 권익옹호, 인간존엄성, 차별금지, 사회정의, 도덕성, 책임성 등을 기본으로 하면서 인권존중과 인권지킴을 최우선의 가치 또한 실천강령으로 제시하고 있다.

윤리강령 제IV장 사회에 대한 윤리기준에서 1) "인권존중과 인간평등을 위해 헌신해야 하며, 사회적 약자를 옹호하고 대변하는 일을 주도해야 한다."고 규정하고 있고, 제II장 클라이언트에 대한 윤리기준에서는 1) "클라이언트의 권익옹호를 최우선의 가치로 삼고 행동하며, 2) 클라이언트에 대하여 인간으로서의 존엄성을 존중해야 한다."고 규정하고 있다. 제1장 기본적 윤리기준에서는 2) "클라이언트의 종교·인종·성·연령·국적·결혼상태·성 취향·경제적 지위·정치적 신념·정신, 신체적 장애·기타 개인적 선호, 특징, 조건, 지위를 이유로 차별대우하지 않도록." 규정하고 있다.

윤리에서 늘 주장하는 사회복지의 기본 가치가 인간으로서의 존엄성 존중이고 인간평등과 인권존중이므로 이것을 윤리강령에서 명확히 밝히고 있다. 그러므로 윤리강령에 의해서도 윤리적 실천은 곧 인권적 실천을 인도하는 것이 되며, 인권적 실천은 곧 윤리적 실천의 기준을 맞춘 것이 된다.

2) 사회복지사 윤리강령의 윤리기준

한국사회복지사협회 사회복지사 윤리강령은 사회복지사의 전문성 강화와 사회적 가치의 확대, 사회적 관련성과 책임에 대한 윤리의식 및 행동방향 설정의 필요성에 따라 기존의 선언적 윤리강령에서 탈피하여 실천적 행동강령으로의 역할을 다할 수 있도록 내용을 개정하게 되었다. 한국사회복지사협회의 사회복지사 윤리강령(2001년)에서는 전문, 윤리기준, 사회복지사 선서 등 세 부문으로 구성되어 있는데, 윤리강령의 핵심이 되는 윤리기준은 다음과 같다.

⑴ 기본적 윤리기준(전문가로서의 자세, 전문성 개발을 위한 노력, 경제적 이득에 대한 태도).

⑵ 사회복지사의 클라이언트에 대한 윤리기준(클라이언트와의 관계, 동료의 클라이언트와의 관계).

⑶ 사회복지사의 동료에 대한 기준(동료, 슈퍼바이저).

⑷ 사회복지사의 사회에 대한 윤리기준.

⑸ 사회복지사의 기관에 대한 윤리기준 등으로 구성되어 있다.

3) 한국사회복지협의회 윤리선언

한국사회복지협의회 사회복지사업 윤리선언은 사회복지시설 등 실천현장에서 제기된 사회복지대상자의 인권 및 사회복지종사자의 윤리문제와 관련하여 이에 대응하기 위하여 1999년에 개최된 한국사회복지협의회 전국사회복지대회에서 채택되었다. 이 선언의 내용은 사회복지는 모든 국민이 건강하고 안정된 생활을 영위하기 위하여 민주주의 가치를 바탕으로 복지공동체를 이루는데 있다고 전제하고, 이러한 가치를 실현하기 위하여 사회복지사업을 운영함에 있어서 지켜야 할 윤리를 구체적으로 제시하고 있다.

Section 2 사회복지의 사상과 이념

1. 사회복지 사상

한 사회의 사회복지제도 혹은 사회정책은 그 사회의 가치 혹은 사상(思想 : thought)의 표현물이라고 할 수 있다(김상균·정원효, 1995). 사상이란 일관된 생각의 모음 또는 생각의 흐름으로 정의된다.

사회사상이 사회복지를 포함한 사회 전반에 대한 사유의 기조라는 면에서 보면 사회복지 사상은 사회사상의 일부로 이해할 수 있다. 따라서 사회복지 사상은 사회복지에 대한 사상으로서, 사회복지의 개념과 범위에 따라 사회복지 사상의 개념과 영역이 결정되기 때문에 사회복지 사상의 개념적 고찰은 사회복지의 개념과 범위를 규정하는 것에서부터 시작되어야 한다(박광준, 2004).

사회복지 사상은 사유의 주체인 사회구성원이 사유의 대상인 사회복지에 대해 갖는 공유되거나 유사한 생각의 모임이다. 따라서 사회복지 사상은 일관성, 역사성, 유토피아성 등의 특성을 갖게 된다(김성의, 2002). 또한 사회복지 사상은 인간의 현실생활을 규제하며, 인간의 복지구현을 위해 사회적으로 추구되어야 할 것과 지양해야 할 것을 구분하는 사상적 기준 또는 준거를 제공함으로써 사회구성원의 삶에 영향을 미치며, 미래의 삶에 대한 좌표를 제공한다.

사회복지는 이론적 관점의 차이에 따라서 사회현상과 사회문제에 대한 인식과 대응하는 방법에 차이가 있다. 또한 사회복지와 관련된 이데올로기로부터 사회복지는 직접적인 영향을 받을 뿐만 아니라 그 가치와 원리, 방법까지도 결정된다. 사회복지는 이를 보는 관점의 차이에 따라서 사회복지의 정의에도 차이가 있다. 사회복지의 관점은 이론의 중심인 기능주의, 갈등주의, 통합주의로 분류되고 있다.

사회를 보는 시각은 여러 가지가 있으며, 따라서 사회문제를 해결하기 위해서나 인간의 욕구를 충족시키기 위한 노력도 여러 가지가 있을 수 있다. 사회를 보는 시각이나 사회문제 해결하기 위한 노력이 인간 자신의 가치와 태도에 따라 달라질 수 있으나 그 보다도 사회의 태도와 같이 그 사회의 특성에 따라 그 것을 효과적으로 분석·처방하기 위한 관점이 나올 수 있다. 그렇기 때문에 동서양의 사회관이나 복지관의 차이가 존재할 수 있다.

복지관은 이념에 영향을 받는다. 이념에 의하여 사회복지의 가치와 원리 및 방법 등이 상이하게 나타난다. 이러한 이념은 궁극적으로 개인과 사회 또는 자유와 평등이라는 양측의 조합(組合)에 의하여 그 중간에 많은 형태의 이념이 존재할 수 있다. 즉, 상이한 가치관에 따라 상이한 이념이 형성되는 것이다.

한편 철학(哲學 : philosophy)이란 어원적으로 지혜에 대한 사랑이라고 번역되며, 일반적으로 인간과 매우 밀접하게 관련된 주제들에 관한 논리적이며, 조직적이고 체계적인 고찰이라고 정의된다(The History of Western Philosophy,1898). 철학은 인간이 살아가는 데 있어서 가장 중요하다고 생각하는 것 즉, 가장 근원적인 것을 탐구하는 학문으로서 인생관, 세계관의 원리에 대한 학문이라고 할 수 있으며, 인간이 사유하는 존재, 반성하는 존재이기에 가능한 학문이다.

2. 사회복지의 이념

1) 이념의 개념

이념(理念 : ideologie)이라는 말은 18세기 말에서부터 19세기 초에 걸쳐 프랑스에서 통속어로 사용되었던 말로서 관념체계, 가치판단을 의미하고 있으며, 개인, 집단 및 문화의 특성에 관한 일관성 있는 이론을 말하며, 그 사회에 의해 발생한 사회이념 및 가치체계라고 할 수 있다.

또한 사회의 선호된 질서를 설명하여 정당화하거나 이러한 사회질서를 수립하기 위한 전략을 제공해주는 신념체계(한국국민윤리학회, 1994)라고 개념 규정하기도 한다. 즉, 개인적 차원의 가치관에서 처럼 생활공동체가 그들의 삶을 선택하고 결단함에 있어서 주체적인 권리로 내세우는 그들 나름의 신념체계이다.

이념을 이와 같이 정의한다면 이 기본적 사고방식이나 행동양식의 방향을 결정하는 심성의 바탕을 우리는 가치관이라고 정의할 수 있다. 전형적인 이데올로기로는 통합적이며 체계적인 사회관으로서의 사회사상 또는 정치사상을 들 수 있다. 이데올로기 중에서도 전체 사회의 정치 경제체제에 관한 이데올로기 즉, 자본주의와 사회주의가 대표적이다. 오늘날의 체제 이데올로기는 세 가지 기본적 신념체계 유형이 있다. 즉, 자본주의와 사회주의 그리고 이 양자를 절충하는 수정자본주의, 민주사회주의 혹은 복지국가주의 등으로 대별된다.

가치관과 이데올로기는 주체적인 삶을 선택하고 결단함에 있어서 기본 원리로 내면화된 지속적인 신념체계라는 점에서는 같으나, 가치관은 개인적 차원의 개념인데 반해 이데올로기는 사회공동체적 차원의 개념이라는 데 차이가 있다.

2) 복지 이데올로기

복지와 관련하여 이념의 개념은 대개 시대적 이념과 제도화된 가치로 정의되며, 모든 사회는 그 사회에 관한 신념과 개념의 체계를 만들어낸다(김영란, 1995). 사회복지정책은 어떤 이데올로기의 의해 주도되느냐에 따라 성격이 달라진다.

사회복지 이념의 근원이 되는 근대적 가치는 서구 근대사의 시민정신인 민주주의, 개인주의, 실용주의 등을 들 수 있다. 그러나 우리나라는 가족주의, 집합주의, 권위주의가 지배적이었다.

우리는 근대적 가치로서 서구 근대사의 시민정신인 자유, 평등, 민주주의를 많이 지적하고 있다. 이것을 서구의 보편주의라고 한다. 이외에도 서구적 가치로서 우리나라의 문화와 가치 형성에 가장 영향을 많이 미친 미국인의 사회가치로는 개인주의와 실용주의가 있다. 우리의 전통적 가치는 오히려 서구적 가치와 상반된 것이라고 할 수 있는 가족주의와 집합주의 그리고 권위주의를 많이 거론하고 있다. 이러한 가치는 우리의 전통적인 공동문화와 공동체 의식에서 생성될 수 있는 집합주의적 가치에 포괄될 수 있는 개념이다.

우리나라 복지 사상은 우리의 전통적인 가치인 집합주의 또는 협동주의에서 모색되지 못하고 오히려 서구적 가치인 개인주의의 강조에서 그리고 정신적인 면의 강조보다 물질위주 즉, 자본 중심의 개발 의식에 의하여 발상되어 왔다.

우리나라의 협동정신과 협동사상은 옛부터 발달하여 왔고 이것은 강한 공동체 의식의 표현이라고 할 수 있다. 공동체의 영역이 국가적 차원에서 존재한 것처럼 복지 사상도 서구에 비하여 일찍부터 존재했지만 촌락, 고을의 수준에서 사회적 결합이 이루어졌기 때문에 촌락단위의 자위자강(自衛自强)을 위한 협동조직과 복지 사상이 발달하였다.

사회복지정책이 비교적 발달되어 있는 국가는 서구와 북구의 복지국가들이다. 이러한 국가들의 복지 이념은 한 마디로 복지국가주의 즉, 국가 개입에 의한 민주주의와 인도주의의 구현(具現)이라고 볼 수 있다. 다시 말하면 민주주의와 인도주의를 조화시켜 나가는 것이 과제가 되어 있으나 이념에 따라 그 구현방법은 다양하게 나타나고 있다. 이념의 중요성은 사회정책의 결정이 근본적으로 선택의 문제라는 사실이 재강조되면서 더욱 증대되고 있다.

사회복지의 사상사에는 두 개의 흐름이 양립 또는 병존해 왔다. 그 하나는 개인의 가치와 책임이 강조된 것이고, 다른 하나는 사회의 가치와 책임이 강조된 것이다. 개인성이 강조된 개념은 중세 이전의 사회에서도 찾아볼 수 있으며 현대 자본주의 사회에서는 오히려 개인성이 조직된 사회체제로 발전하여 왔다.

오늘날 서구 사회는 개인성보다 오히려 사회성을 강조한 복지사회를 추구하고 있고, 반대로 미국은 개인성이 아직도 높은 사회적 가치로 인정받고 있다. 여기에서 주목할 일은 엘리자베스구빈법이 통과된 후에도 약 300년간의 역사를 통해 개인 의식이 사회 의식에로 전환되지 못하다가 빈곤의 책임이 개인에게 있는 것이 아니라 국가·사회에 있다는 복지 의식이 생겨나게 된 것은 산업혁명 이후 빚어진 사회적 불평등문제를 해결하기 위한 국가책임과 사회책임으로 인식된 데에서 비롯된 것이라 볼 수 있다.

3. 사회복지 사상의 유형과 전개과정

사회복지의 이념은 일반적으로 사회복지의 주체, 대상, 기능 및 재원 등을 구속하는 이데올로기를 의미하지만 이것 외에 사회복지의 동기나 그 원리를 말하는 경우도 있다. 일반적으로 사회복지의 이념은 자유주의, 사회민주주의, 마르크스주의 등을 대표적으로 제시하고 있으나 그 외에도 인도주의와 민주주의, 개인주의와 집합주의, 자선사상과 박애사상, 자발주의와 협동주의, 선별주의와 보편주의 등도 거론되고 있다. 이러한 것들은 이데올로기의 차이에 따라 그 이념의 선택적 적용이 가능한 것이다.

사회복지정책의 형성과 변화를 가능하게 한 대표적인 사회복지 사상의 역사적 생성·전개과정을 중세 중상주의부터 오늘날의 신자유주의에 이르기까지의 흐름 속에서 살펴보기로 한다.

1) 중상주의의 사회복지 사상

중상주의(mercantilism)은 대략 봉건주의 사회인 중세와 자유방임의 자본주의 중간과정으로, 시기적으로 봉건사회와는 구별되는 15세기 말과 18세기 중반에 걸쳐 있는 근대 초기의 지배적인 사상이다. 중상주의는 절대왕정주의 성립으로부터 왕실주의와 청교도혁명, 명예혁명, 산업혁명에 이르기까지 초기 자본주의 시대에 드러난 영국과 프랑스 등 유럽 각국에서 주도된 정치·경제사상이라고 할 수 있다. 이 시대에서는 빈민은 경제활동의 중요한 기초 수단으로서, 특히 빈민은 빈곤해야 한다고 인식되어 사회복지적으로 빈민에 대한 통제와 노동자들의 관리를 위한 제도적인 장치가 필요하였으며, 그들에 대한 지원보다는 빈민과 노동자들의 효과적인 관리가 요구되어 사회복지적인 제도들이 태동하게 되었다.

중상주의는 첫째, 인구정책을 통한 인구증가정책은 낮은 임금으로 나타나 빈민들이 가능하면 빈곤자로 남아 있기를 원했다는 점. 둘째, 지배계층은 빈민들에 대한 억압과 핍박으로 빈민들의 노동력을 통해서 자신들의 부와 국부를 증대해 왔다는 점. 셋째, 인간존엄성을 저해했다는 점 등 부정적인 영향을 미쳤다. 반면 긍정적인 영향으로는 첫째, 빈민에 대한 복지적 관점을 가정과 개인에서 사회와 국가책임으로 바꾸어 복지의 주체를 변화시킴으로써 이러한 사상적 관점은 사회복지제도가 태동되는 배경이 되었고 둘째, 생활능력이 없는 무능한 빈민들은 중세시대처럼 온정주의적 차원의 보호는 종교나 민간영역으로 보았지만 건강한 빈민에게는 제도적으로 노동 프로그램을 적용하였고 셋째, 임금보호제도와 같은 사회복지제도적 장치를 통해 노동자들의 빈곤문제 해결을 시도했다는 점 등이다.

중상주의자들의 빈민구제정책은 빈곤을 제거하거나 빈민들의 고통을 덜어주는데 목적이 있었다기보다는 빈민의 나쁜 노동습관을 고침으로써 국부의 근원인 노동력이 훼손되지 않도록 하려는 데 있었다(감정기 외, 2004). 이 시대에 등장한 1601년의 엘리자베스구빈법은 구제와 노동유인 측면을 강조하는 양면성을 갖고 있는 중상주의적 사상에 바탕을 둔 대표적 구빈제도이다. 또한 정주법(1662년)과 작업장법(1722년)은 빈곤자들을 통제하고 억압하는 대표적인 제도인 반면 길버트법(1782년)과 스핀함랜드법(1795년)은 인도주의적인 성격이 강하게 나타나 있다.

2) 공리주의의 사회복지 사상

공리주의(utilitarianism)는 18세기 말 영국의 산업혁명을 배경으로 나타나 19세기 초에 완성된 철학으로서, 사상적으로는 고대 그리스의 쾌락주의와 그 계보를 같이하면서 공공의 선을 개인적인 선보다 더 우월한 것이라고 강조하면서 발전하였다. 공리주의가 탄생될 수 있었던 것은 17 · 8세기 유럽의 계몽주의 사상과 영국의 경험주의 및 도덕 철학이라는 지적 토양이 있었기 때문이다.

공리주의는 당시의 형이상학적 차원에서 벗어나 '최대 다수의 최대 행복'이라는 사회와 국가의 행복 즉, 국민들에 대한 복지의 증진을 주장함으로써 복지국가의 이론적 기반을 구축하는 데 일익을 담당했다.

공리주의에서 최대 다수의 최대 행복의 추구는 빈민구제의 차원보다는 그들에게 일하지 않는 고통을 알게 함으로써 자조의식을 고양시키고, 더 이상 사회나 국가에 의존하려는 태도를 갖지 않도록 함으로써 결국 빈민 스스로의 행복도 증가될 수 있다는 것이다(고수현, 2002).

1834년의 신구빈법은 그 입법취지와 내용 면에서 벤덤 사상이 영향을 미쳤는데, 신구빈법의 성립에 영향을 미쳤던 두 개의 사조인 자유방임 사상과 공리주의는 국가 개입이라는 측면에서 볼 때 서로 다른 방향에서 영향을 미쳤으나 국가 개입을 최소화하고 국가원조를 받는 빈민의 수를 최소화하는데 직접적인 영향은 자유방임 사상이었고, 중앙집권적인 구빈행정체계의 확립이라는 국가 개입의 강화에 영향을 미친 것은 공리주의였다.

3) 자유방임주의의 사회복지 사상

자유방임주의(laissez-faire)는 자본주의 태동시기에 중상주의에 반대하는 중농주의자에 의해 제창되었으며, 이 사상을 경제학적으로 체계화시킨 사람이 스미스(smith)였다.

자유방임주의는 개인의 경제활동의 자유를 최대한으로 보장하고, 국가의 간섭을 가능한 한 배제하려는 경제사상 및 정책이다. 그러나 자본주의경제의 발전은 스스로 자유경쟁에 반하는 독점을 낳았으며, 1930년대 대공항 때는 실업과 빈곤의 해결을 위한 국가의 경제적 역할과 규제가 필요하게 되어 결국 자유방임주의를 포기하게 되었다.

자유방임주의가 사회복지에 미친 영향의 대표적인 것이 구빈법의 개정이다. 스미스와 맬서스, 리카도 등에 의해 주도되었던 자유방임주의 사상은 최소의 국가 기능이 최대한의 자유를 보장한다는 논리아래 정부에 대한 각종 제재장치를 통해 국가의 불간섭 원칙을 강조하였으며, 이러한 논리하에서 구빈법을 신구빈법으로 개정하는 중요한 기초가 되었다. 그러나 이러한 정치 경제적 상황에서 빈곤의 만연, 노사대립, 경제공항 등의 사회문제가 생겨나자 국민생활에 대한 국가의 보호와 간섭을 요구하기에 이르러 사회복지국가의 개념이 등장하였다. 야경국가에서 복지국가로 전환되면서 혼합경제가 등장하고 자유방임의 보이지 않는 손에 의한 자동조절작용의 상실로 복지국가시대를 열게 된 단초를 제공하였다

4) 낭만주의의 사회복지 사상

낭만주의(romanticism)는 18세기 후반에 나타난 합리주의, 기계적 유물론, 고전주의라는 계몽주의 요소들에 대한 반발로 출발하여 19세기 초반 내지 중반까지 예술, 문학, 과학 등의 다방면에 영향을 미쳤다. 낭만주의는 상대적으로 중상주의나 계몽주의, 자유주의처럼 특정 사상이 사회복지영역에서 주도적으로 영향을 미친 것은 아니지만 오늘날까지 주류가 아니면서도 사회복지영역에 사상적 색

채를 나타내고 있다.

계몽주의와 낭만주의는 모두 개혁운동을 추구했고, 인간해방을 추구했다는 점에서 공통적인 목표를 가지고 있었다. 따라서 낭만주의는 포괄적인 운동이면서도 계몽주의의 합리적인 목표를 공유한 수단이 다른 계몽주의의 연장이라고 볼 수 있다(최혜지 외, 2008).

낭만주의는 민족주의, 부르주아적 성격, 감성주의, 비합리주의, 주관주의 등을 특징으로 하고 있으며 인간적 감정의 해방을 추구하였고, 인간의 개성과 감정과 생명의 고양 등을 추구한 인간주의 운동이었다. 인간주의는 인간의 의지를 존중하는 사상적 바탕을 이루고 있어 클라이언트의 개별화를 중시하고 인간의 의지를 전제하는 사회복지 사상과 상통하는 개념이다.

낭만주의에 근거를 둔 사회복지제도의 대표적인 것은 함부르크제도와 스핀함랜드제도이다.

5) 자유주의의 사회복지 사상

근대 초기 서유럽에서 발생한 자유주의(liberalism)는 인류역사상 심대한 사회, 경제, 정치, 문화적 변화를 겪으며 오늘날까지 여전히 생존해 오고 있다. 개인의 자유를 존중하고 봉건적 공동체의 속박으로부터 벗어나려고 하는 사상 및 운동으로서의 자유주의는 매우 다의적(多義的)인 개념을 갖고 있다.

1890년대부터 19세기를 통틀어 자유주의의 이상들이 서구의 사회성책을 주도하였다. 이러한 사상들의 핵심에는 자유, 평등, 자조의 개인주의적 원리가 자리잡고 있었다. 서구에서 자유주의의 출현은 사회보장의 발전에 중요한 근본적인 의미를 부여했다. 산업화의 심화와 민주주의의 발전에 따라 자유주의적 원리들은 쇠퇴하기 시작했다. 개인에 대한 사회적 보호에 관한 자유주의의 비판은 주로 16세기 이래로 널리 유포되어 있는 특정 사고와 정책에 대한 비판이었다.

사회복지정책에 대한 자유주의자들은 두 가지 입장으로 나뉘어지고 있다. 즉, 시장자유주의자들(market liberals)과 정치적 자유주의자들(political liberals)의 견해가 다르게 나타났다. 시장자유주의자들은 일명 반집합주의자(anti-collectivism)들을 대표하는 사람들로서 자유, 개인주의, 불평등이 사회의 기본적 가치로 생각하고 있다(Wilding, 1984). 이들은 자유란 인류의 보편적인 선(善)이며, 인간이 갖고 있는 지식의 한계를 조정할 수 있는 매체이며, 시장경제와 함께 사회의 상호관계를 연결할 뿐만 아니라 사회적으로 바랄만한 목적 추구에 타당한 수단을 제공한다고 생각하고 있다.

개인주의는 경제발전을 이끄는 원동력이며, 책임사회의 선행조건으로 보고 있다. 개인주의는 두 가지 측면에서 고려될 수 있는 데 첫째, 개인주의는 사회생활을 결정하는 힘으로 이해하려는 사회 이론이다. 사회현상이란 개인들의 행동 이해를 통해 파악될 수 있으며, 개인은 경제와 사회발전에 가장 중요한 요인으로 간주하기 때문이라는 점이다. 둘째, 개인주의는 사회조직의 정치적인 대 전제가 된다는 점이다.

불평등은 공정이나 정의의 개념과 상치되는 행위라고 보고 있다. 이들은 국민최저한(national minimum standard)원칙은 인정하지만 국가에 의한 복지 개입에는 제도에 초점을 맞출 것이 아니라 개인에게 초점을 맞추어야 한다면서 복지의 잔여적 모델(Residual Model)을 지지하고 있다.

반집합주의와는 맥락을 같이 하면서도 시장자유주의자들과는 다른 입장을 취하는 사람들이 정치적 자유주의자들이다. 이들의 사회적 가치는 어떤 절대적인 가치들을 지지하기보다는 조건이나 상황에 따라 가치들을 선호하는 지적 실용주의를 채택하고 있다.

산업사회의 사회문제는 산업화과정에서 발생되었기 때문에 시장 메커니즘만으로는 산업사회의 갈등과 사회문제들을 완화시키고 해결하는 데 불완전하다는 시각으로서, 정치적인 시점에서 서로 이해가 대립되는 집단간에 조정이 이루어져야 하고 국가나 정부의 개입으로 재통합이 시도되어져야 한다는 것이다. 그러나 이를 위해서는 이념적인 접근보다는 실용적이고 기술적인 접근이 보다 효과적이라고 주장하고 있다. 정치적인 자유주의자들이 갖는 복지의 태도는 산업주의와 업적주의 그리고 실용주의에 입각해서 복지에 접근하고 있다.

19세기 이후 자유주의 사상이 사회복지에 미친 영향은 첫째, 1834년의 구빈법 개정과 1848년의 공중보건법 제정 등에서 채드윅(Chadwick)의 활동을 들 수 있으며 둘째, 1906년 영국 보수당 정부의 사회개혁활동(교육법, 노동자보상법, 아동법, 노령연금법, 국민보험법의 제정 등)을 들 수 있다.

6) 신자유주의의 사회복지 사상

19세기 말에 이르러 고전적 자유주의와 본질적인 면에서는 공통되면서도 비본질적인 면에서는 많은 차이가 나는 사상 노선이 등장했는데 그러한 사상 노선을 신자유주의라고 부른다. new-liberalism의 등장은 19세기 중반까지 세계 최고의 번영을 누리던 영국 경제가 1875년부터 장기불황을 겪게 되고 그에 따라 영국사회에 빈곤과 실업의 증가를 비롯한 많은 경제 사회적 문제들이 발생한 것과 관련된다.

장기간의 불경기로 인한 경제적 약자들의 불우한 처지에 대한 인도주의적인 관점에서 출발한 이들의 경제 정치 이론은 신자유주의로 불리어지며, 이러한 신자유주의는 경제 이론 면에서는 케인즈(Keynes)에 의해 절정에 이른다.

한편 영국에서 자유경쟁시장의 폐단으로 인해 그에 대한 반성적 보완을 주장하는 신자유주의가 등장하던 시기에 자유경쟁시장을 옹호하는 이론이 주장되었는데 이것이 neo-liberalism이다. neo-liberalism은 자유경쟁시장을 선호하며, 국가에 의하여 지도되고 계획되는 체계를 반대하는 사상으로, 법칙에 의한 시장의 지배는 자유, 도덕성 및 번영을 약속한다고 믿고 있다.

이러한 신자유주의는 1980년 영국의 대처리즘(Datcherism)과 미국의 레이거노믹스(Reaganomics)로 부활되면서 새로운 전략을 제시했다. 즉, 1980년대의 신자유주의는 국가재정의 위기를 타개하기 위하여 소위 최소정부와 국가재정지출을 최소화하기 위한 것이었다.

오늘날 신자유주의는 개별화, 자유화, 탈규제, 민영화의 이념적 특성을 지니고 있으며, 신자유주의의 핵심적인 이론적 아이디어는 시민권이다. 이것은 노동자 계급을 완전한 사회구성원으로 만들기 위한 것이었다.

신자유주의는 신우파(new right)라고도 부른다. 신우파는 1970년대 후반과 1980년대에 가장 왕성한 활동을 전개했던 미국의 보수주의 정치세력 혹은 보수주의 사회세력을 말한다. 이것은 정치적, 사회적 원칙이 있는 새로운 자유주의 형성이요, 자유주의는 복지에 대한 국가의 역할을 최소화시키고 개인의 책임을 강조하고 있다. 즉, 자유경쟁시장을 선호하며, 국가에 의해 지도되고 계획되는 체제를 반대했다.

7) 신보수주의의 사회복지 사상

신보수주의(neo-conservation)는 1979년 영국 대처 정권과 1989년 미국 레이건 정권의 탄생을 계기로 하는 경제 사회개혁의 사상적 조류를 지칭하는 개념으로, 이는 전후에 이루어졌던 복지국가정책을 부정하고 적극적인 국가의 개입 이전의 상태로 역행하고자 하는 세력을 뜻한다.

신보수주의는 신우파의 한 가지 경향으로서 가족 및 가족관련 가치를 중시하며, 국가복지의 확대로 인한 부작용을 우려한 신우파는 대처 정부가 채택한 이데올로기로 신자유주의와 보수주의가 대표적 요소이다.

신보수주의의 논리는 개인주의, 자유 및 사유재산권에 근거를 두고 나타난 불평등이라는 것은 시장원리의 과정에서 자연스럽게 나타난 결과이므로 이러한 시장질서에는 어떠한 정치적 개입이 필요하지 않다는 것이다.

복지국가의 수준은 그 나라의 경제성장, 혼합경제체제, 사회보장, 고용수준, 민주주의, 평등화와 가치균등의 제도화 그리고 전체 국민에 대해 국가가 소득뿐만 아니라 영양, 주택, 건강, 교육 등에 관하여 국민최저한을 얼마나 보장해주느냐에 따라 평가된다. 구체적인 수단으로서는 사회보험과 공공부조를 포함하여 부(負)의 소득세(negative income tax), 저렴한 공공주택정책, 가격차 보조금, 최저임금제, 소득공제, 세액공제 등과 같은 개인생활의 안정을 위한 정책과 소득세, 상속세, 공비부담교육, 직업훈련 등과 같은 평등화 또는 영세민의 소득의 격차를 줄이기 위한 정책들을 들 수 있다(함세남 외, 1999).

1980년대부터 신보수주의는 개인주의와 자유주의에 뿌리를 두면서도 과거 중상주의자들이 추구했던 정책들을 정책목표로 삼고 있다. 신보수주의적 정책은 영국의 대처 보수당 정부에서 나타났다. 대처 정부는 사회복지 서비스에 대한 국가의 공급책임을 제한하는 것을 정책목표로 삼아 복지의 민간공급을 장려하고 국가의 복지 개입범위를 최소화하며, 자원을 선별적으로 활용하되 복지급여는 자산조사를 통해 실시하며 사회보험의 범위는 가능한 한 좁힌다는 원칙을 세웠다. 뿐만 아니라 복잡한 복지제도를 단순화시킨다는 명목으로 노동의 인센티브를 두고 사기나 남용을 복지제도로부터 추방하여 빈곤한 사람들을 효율적으로 도와준다는 강령을 발표하고 정부의 재정규모를 축소한다는 방침을 세웠다.

신우파는 자유시장을 옹호하면서 국가 개입의 축소를 주장하는 세력이고, 신보수주의자는 국가와 가족의 전통적 권위 회복과 사회적 규율의 강화를 강조한다는 점에서 양자간에는 차이점이 존재한다. 그러나 양자간에는 차별성보다 친화성이 강하기 때문에 통상 이 양자를 그룹으로 취급한다.

신보수주의와 신자유주의의 견해는 복합되어 있으며 이들은 신우파로 통일시되어 있지만 신보수주의는 사회 전체를 통한 사회적, 정치적 권위를 회복하는데 관심을 갖기 때문에 전통적 가치와 국가권위의 회복을 강조한다. 반면 신자유주의는 보다 자유롭고 개방적이며 경제적인 자유시장의 원리의 회복을 강조하는 면에서 차이가 있다. 그러나 복지국가 위기의 원인을 국가의 실천으로 규정한다는 점에서는 견해가 같다.

복지국가 위기로 형성된 영국 보수당 집권기인 1980년대에는 신보수주의 영향력이 상대적으로 강했지만, 세계화가 전면화되는 1990년대 이후에는 미국의 보수주의적 신보수주의 영향이 상대적으로 컸다고 볼 수 있다.

8) 실용주의의 사회복지 사상

실용주의는 19세기 후반에서 20세기에 들어오면서 형성되어 미국을 중심으로 일어난 철학 사조로서, 청교도주의가 이 사상의 기초를 형성하고 있다.

실용주의의 근본 뜻은 지적 행위이다. 즉, 바람직한 삶에 대한 단순한 앎이 아니라 그 앎을 행위의 도구로 삼아 사회발전을 실천한다는 정신이다

실용주의 시기의 사회복지제도는 자선조직협회 활동과 인보관운동, 사회개량운동 그리고 1910년대의 사회보험운동 등이 중심을 이루고 있다.

자선조직협회의 활동을 통해 자선사업이 조직화되고, 서비스의 통제가 이루어지면서 전문적인 방법으로 개인에게 접근하는 케이스웍이 발전하게 되었으며, 체계적이고 과학적인 방법으로 접근했다는 점은 실용주의 철학에 근거했다고 볼 수 있으며, 이와 같은 전문 사회사업이 태동되고 도약하는 시기라는 점에서 실용주의는 사회복지의 전문화에 기여한 바가 크다(최혜지 외, 2008).

9) 갈등주의(마르크스주의)의 사회복지 사상

갈등주의에서 사회복지를 바라보는 관점은 사회통제의 기제로 바라보는 시각과 자본주의체제의 내부 모순을 상쇄하면서 자본주의체제를 유지시키기 위한 기제로 바라보는 두 가지 관점으로 대별될 수 있으며, 결국 갈등주의의 사회복지는 지속적인 자본주의 발전이 가져오는 모순적인 산물로 보고 있다. 또한 마르크스주의자들은 복지국가가 자본주의를 방어하는 기제로 작용하고 있다고 보고 있으며(George & Wilding, 1994), 오히려 자본주의체제를 지지하고 강화하는 원천으로 본다. 더 나아가 자본주의체제가 갖고 있는 기본적인 모순의 결과로 복지국가의 위기는 필연적이라고 보며, 진정한 사회복지는 사회주의체제에서 이루어진다고 주장하고 있다(성경륭·김태성, 1994).

변증법적 갈등론이 사회복지영역에서 담고 있는 함의로는 첫째, 희소자원의 불평등한 분배를 계속 지적하는 갈등론은 사회복지에서 평등한 분배를 이루는 복지를 추구하도록 일깨워 준다. 둘째, 사회모순을 제도의 모순이라고 지적함으로써 사회복지가 사회제도의 모순을 해결하는 역할이 있음을 바라보게 한다. 셋째, 사회복지는 전통적으로 보수적인 색체가 강하게 작용해 왔으므로 변증법적 갈등론은 사회복지의 구조가능주의가 가지고 있는 체제유지적인 기능에만 안주하는 것이 아니라 진보적이고 변혁적인 사고를 갖도록 촉진하고 있다. 넷째, 사회복지에서 소외된 계층에 대한 지극한 관심을 가져야 함을 일깨워 주고 있다. 다섯째, 변증법적 갈등론은 사회복지도 변증법적 발전과정을 통해 계속 성장·발전할 수 있다는 안목을 제시하고 있다.

반면 기능적 갈등론이 담고 있는 함의로서는 첫째, 사회복지에는 갈등의 요소도 기능적인 역할을 할 수 있음을 보여주었다. 둘째, 기능적 갈등론은 인간을 이기적인 존재로 보고 인간은 계속된 갈등을 하지만 그 속에서 타협과 적응을 한다는 것이다. 사회복지가 민주주의와 자본주의 사회에서 매우 중요한 사회제도임을 감안하면 사회복지가 사회의 갈등을 조정하는 역할을 할 수 있는 것으로 볼 수 있다. 셋째, 사회갈등은 조정할 수 있다고 봄으로써 갈등의 사회 속에서 복지의 역할이 조화적 복지의 기능을 할 수 있다는 자신감 내지 안목을 열어 두었다. 넷째, 기존체계를 수정 보완하여 통합 적용하는 입장이라는 점에서

체제보완적 성격을 지니고 있다. 다섯째, 갈등은 어디에서나 존재하며, 편재되어 있는 보편적 현상이라고 볼 때 그 갈등은 오히려 희망적이고 창조적인 성격을 갖게 한다는 점이다(최혜지 외, 2008).

마르크스주의자들은 사회적 가치, 국가의 본질, 정부의 역할 그리고 복지국가의 바람직성 등과 같은 쟁점 등에 대해 반집합주의자들과 완전히 반대되는 견해를 가지고 있지만 마르크스주의와 반집합주의는 이러한 쟁점들에 대한 접근에 있어서 두 가지 공통적인 특징을 가지고 있다. 마르크스주의자들은 사회주의적 사회서비스는 무엇보다도 욕구의 충족에 이상적으로 중점을 두어야 하며, 두 번째로 사회서비스는 그 의도에 있어서 뿐만 아니라 전문직의 권력을 가능한 한 축소시키면서 참여적인 것이어야 하고, 세 번째로는 사회서비스는 예방을 중심적인 원리로 삼아야 한다고 주장하고 있다.

10) 사회민주주의의 사회복지 사상

사회민주주의(social democracy)는 생산수단을 사회적으로 소유하고 사회적으로 관리하는 사회로의 이행을 민주주의적 방식으로 실현하고자 하는 주장 혹은 운동의 총칭이다. 다시 말하면 폭력적인 혁명과 프롤레타리아 독재를 부정하고 의회제도에서 민주주의 방법으로 사회주의를 실현하려는 사상 및 운동이다. 사회민주주의는 넓은 의미로 마르크스주의를 인정하는 것에서부터 마르크스의 폭력적인 혁명을 부정하고 이상주의적 휴머니즘을 표방하는 좁은 의미를 포함하는 여러 가지 형태가 있다.

사회민주주의는 크게 우파 사회민주주의와 좌파 사회민주주의 그리고 영국의 페이비언사회주의를 들 수 있다. 우파 사회민주주의는 전통적 사회민주주의라고 할 수 있고, 소극적 집합주의 노선과 같은 경향을 나타내고 있다. 좌파 사회민주주의는 스웨덴과 같이 계급간의 타협을 통하여 사회민주주의 정당이 집권을 성취했다. 반면 페이비언주의는 사회주의적 시각을 가지고 있었으나 민주주의를 옹호하여 사회복지 서비스를 적극적으로 도입하였다.

사회민주주의는 일관되고 통일된 논리를 갖춘 정치체제라기보다는 각국의 역사적 경험과 정치여건에 따라 다양한 형태로 나타났는데, 사회민주주의 사상을 기반으로 하는 세계 각국의 정당들로는 사회민주당, 사회당, 노동당 등이 활동하고 있으며, 이러한 정당들은 특히 복지국가 발전에 지대한 영향을 미쳤다.

사회민주주의는 복지국가의 위기가 복지국가 자체의 근본적 결함이라고 하기보다는 복지국가의 외부적 충격과 복지국가 발전과정에서의 시행착오로 발생하는 일시적 현상으로 국제사회의 변화과정의 산물이라고 보았다. 따라서 국가에 의한 사회복지를 통해 자본주의 사회를 사회주의 사회로 점진적으로 변화시킴으로써 단기적으로는 자본주의를 인정하면서 장기적으로는 사회주의를 지향하고 있다. 이 사상은 복지국가의 황금기를 이끌었던 실천적인 사상이었으며, 사회복지제도와 정책에 가장 큰 영향을 미쳤다.

유럽의 복지국가들은 사회민주주의를 기반으로 하는 정당들에 의해 주도되었으며, 각종 사회복지제도를 만들어 내었다. 그러나 오일쇼크로 인한 경제상황의 변화로 정치적인 측면에서 보수주의제도의 회귀현상이 나타나 신보수주의가 등장하게 되었고 따라서 사회민주주의는 시대적 상황에 따라 수정을 요구받아 사회민주주의와 신자유주의 사이의 중도노선을 이념적으로 지향하는 '제3의 길'이 제기되는 단초를 제공하였다.

이와 유사한 개념으로 민주사회주의(democratc socialism)가 있다. 민주사회주의는 서구적 민주주의를 인간생활의 모든 영역에 확대·발전시킴으로써 사회를 개조하고, 자유·보다 나은 생활·사회정의·세계평화를 실현할 것을 주장하는 사상으로 정의되고 있다. 민주사회주의의 목표와 임무는 (1) 정치적 민주주의. (2) 경제적 민주주의. (3) 사회적 민주주의·문화와 진보. (4) 국제적 민주주의를 제시하고 있다(박호성 편역, 1991). 전후의 복지국가의 형성은 영국의 노동당이나 북구의 사회민주당이 중심이 되어 이루어진 것이며, 그 중심 사상은 민주사회주의였다.

한편 페이비어니즘은 자본주의 경제제도하에서 사회를 개혁하고 이를 통하여 모든 사람들의 행복을 주는 사회를 건설하는 것을 목표로 설립되었는데, 페이비어니즘의 철학적 출발점은 벤덤이나 밀(Mill)이 주장한 최대 다수의 최대 행복이라는 것을 합리적인 사회적 목표로 하고 있는 공리주의에서 나왔다. 이러한 관점에서 보면 페이비언 사회주의는 자유와 평등을 정치적 영역을 넘어 경제적인 영역으로 확장하여 실제적인 인간의 자유와 평등을 확보하려는 사상이라고 볼 수 있다(최혜지 외, 2008).

이러한 페이비언사회주의는 영국에 있어서의 민주사회주의로 되었고 노동당 정책에 반영되어 복지국가의 정책 원리 내지 지침이 되었다. 이러한 사실로 미루어 보아 페이비언사회주의는 영국 복지국가 사상적 토대의 핵심이 되었다고 할 수 있다.

페이비언사회주의자(fabian socialist)들은 정치적 자유주의자와 마르크스주의자들 사이의 중간 위치에 있는 사람들로서 사회민주주의를 발전시키는 데 공헌한 집단이다. 이들의 사상은 공리주의에 근거를 두고 있지만 공리주의의 틀을 벗어나 서구의 관념철학과 실증철학의 제 가치를 절충시키고 있다.

이들의 대표적인 가치는 평등, 자유, 우애(fraternity), 인도주의 그리고 민주주의와 참여이다(Wilding, 1984). 이들이 강조하는 평등은 사회통합, 경제적 효율, 정의 그리고 개인의 자아실현 차원에서의 평등이다. 이들의 자유 개념은 평등과 밀접한 관계가 있으며, 자유는 불평등의 감소에 달려 있고, 자원과 경제적인 힘의 불평등은 자유의 감소를 의미한다. 우애는 경쟁보다는 협동을, 권리보다는 의무를, 개인의 요구보다는 공동체의 선(善)을, 이기주의보다는 이타주의를 강조한다. 인도주의는 사회적 재난과 빈곤에 깊은 관심을 가지고 있으며, 사회민주주의자들이 강조하는 민주주의와 참여는 인간은 누구나 그에게 영향을 주는 문제에 대하여 발언권을 갖고 참여해야 하는 가치이다.

이와 같은 가치를 주장하는 사회민주주의자들은 복지국가를 적극 찬성하고 지지한다. 자본주의 국가는 점진주의를 통해서 개혁될 수 있다고 믿고 있으며, 사회복지정책을 통해 사회적 건강과 안녕 그리고 사회적 통합을 이룰 수 있다고 보고 있다. 이들이 지지하는 복지 모형은 사회복지정책의 제도적 재분배모델(The Institutional Redistributive Model)이다.

국민최저한은 1890년대 이후 페이비언주의가 제시한 슬로건이었다. 본래는 노동조합이 갖는 기능의 정당성을 주장하기 위해 사용했던 용어이지만, 그 의미가 확대된 20세기 초 사회입법의 근거가 되고 또 사회보험제도 형성의 기초적 이념이 되었다(김동국, 1994).

페이비언 사회주의에 입각한 사회복정책의 대표적인 예는 영국, 스웨덴에서 실시하고 있는 무료의 보건서비스제도를 들 수 있다.

11) 신마르크스주의의 사회복지 사상

신마르크스주의(neo - marxism) 사회철학 사상이란 마르크스 사회철학 사상에 대한 찬반 혹은 비판에서 유래한다. 신마르크스주의는 인간문제가 극도로 심각하게 됨으로써 실존주의적 문제제기인 인간소외, 탈인격화, 개인화의 문제를 비판했다.

신마르크스주의자들은 세부적인 측면에서는 마르크스 이론에 다소 수정을 하고 있는 사람들로서 이들은 복지국가는 사회주의 운동 때문에 출현된 것으로 생각하며, 복지국가란 자본주의 사회가 사회주의 사회로 전환되어 가는 과정에 나타나는 과도기적 국가형태로 보고 있다. 그러나 이들은 사회정책의 발전이 사회계급간의 이해 대립, 자본축적과 분배 그리고 노동자들의 혁명적 역할 등에 별다른 영향을 미치지 못한 것으로 생각하고 있다(Room, 함세남, 1993). 또한 복지국가 위기를 자본주의체제 내에 있는 기본적인 모순의 심화와 연관시키면서, 복지국가들이 위기상황에 빠진 것은 자본주의 국가가 가지는 필연적 상황으로 이해하고 있다. 신마르크스주의자들의 복지국가에 대한 핵심적 주장은 자본주의의 제 모순과 갈등으로부터 복지국가의 위기가 도래한다고 보는 것인데, 결국 신마르크스주의자들의 사회주의로의 이행이라는 대안은 현실 사회주의체제가 붕괴된 오늘날의 시점에서는 이미 효력을 상실했다고 볼 수 있다.

12) 집합주의의 사회복지 사상

집합주의(collectivism)는 생산수단의 소유를 집단의 소유로 전환시키는 것으로 경제적 개인주의에 대한 반대 개념이며, 개인의 자유를 부정하고 사회 전체의 복지를 실현하기 위해 개인의 자유에 대한 제한을 가할 필요를 인정하는 사상 및 운동이다(최혜지 외, 2008). 즉, 집합주의는 복지에 대한 집단적 책임을 중요시하는 말로 사회주의와 거의 같은 의미로 쓰여지나 지금은 복지주의를 일컫는 말로 이해되고 있으며, 신보수주의(신우파)는 반집합주의로 불리고 있다. 집합주의는 이타주의(altruism)를 바탕으로 하고 사회 각 구성원간에 공유·합의가 정착된 것을 뜻하며, 개인주의와는 반대되는 용어이다(Pinker, 1979).

집합주의는 사회보험제도를 등장하게 한 보다 직접적 요인은 빈곤의 원인 및 빈곤문제 해결의 책임소재에 대한 관념의 변화를 통하여 자유방임주의를 거부면서 국가의 개입적 역할을 강조하는 사상으로서, 노동자를 비롯한 국민 대중보다는 주로 지식인이나 지도급 인사들에 의해 제기되거나 발전되었는데, 집합주의적 관념이 대두된 시기와 형태는 국가에 따라 약간의 차이가 있다.

한편 반집합주의(anti - collectivism)는 19세기 영국을 지배했던 이데올로기였다. 반집합주의자들의 가장 근본적인 사회적 가치는 자유와 개인주의 그리고 불평등이다. 반집합주의에는 세 가지 흐름이 있다. 첫째는 19세기의 스미스의 고전적 자유주의로서, 시장경제가 사회질서의 열쇠이고 이를 통해 인간의 필요와 욕구가 충족될 수 있다는 근거에서 국가의 개입을 최소화해야 한다고 보았다. 이와 관련된 19세기의 자유방임정책에서는 자조정신을 북돋우는 자선사업과 구빈법에 따라 극히 억제적이고 징벌적인 최소한의 복지만을 제공하는 작업장을 신봉했다. 두 번째는 신자유주의자로 불리우는 현대의 자유주의 철학자들이고, 세 번째는 신우익의 정책으로 경제적 자유주의와 신보수주의자들의 사회권위주의적 집근이 결합된 것이다.

이들 세 입장에서 공통적인 것은 개인의 자유에 대한 믿음이다. 그러나 전후의 복지에 대한 반집합주의자들의 비판의 기조는 복지국가는 개인의 자유를 침해하고 비효율적이며 낭비적이고 도덕적으로 파괴적이라는 것이다.

반집합주의는 정부의 적극적인 개입을 주장하는 집합주의와는 달리 정부의 개입에 반대하는 입장으로서 자유주의라고도 불린다. 따라서 복지문제에 대한 국가 개입은 제도적 측면보다는 개인적 측면에서 치중되어야 한다고 주장하고 있다.

1834년의 개정구빈법은 반집합주의에 입각한 복지시책의 대표적인 예라고 할 수 있으며, 미국은 저소득층과 노인에 국한된 공적 의료보장제도만을 운영하고 있는 것도 이러한 유형에 속한다고 할 수 있다.

소극적 집합주의자들이 중요하게 여기는 가치는 반집합주의자들과 유사하다. 그러나 소극적 집합주의자들은 먼저 자본주의 경제체제에 대해 비판하면서 자본주의의 결함은 수정될 수 있다고 생각하였다. 이러한 의미에서 소극적 집합주의는 수정자유주의라고도 불린다. 독일, 미국, 일본 등 대부분의 자본주의 국가에서 시행하고 있는 사회보험제도는 소극적 집합주의의 이념을 기초로 하고 있다고 볼 수 있다.

13) 조합주의의 사회복지 사상

1970년대에 들어 복지국가의 위기는 좌 · 우파에 의해 상호 비판 · 공박이 이루어짐에 따라 혼합경제와 복지국가를 동시에 수용하는 제3의 선택이 제시되었다. 이것이 조합주의(corporatism)이며, 통합 복지국가(integrated welfare state)로도 알려져 있다(Mishra, 1984). 코포라티즘 형태의 복지국가는 전후 복지국가가 가진 주요 결함을 극복할 수 있는 하나의 가능성을 시사하고 있다.

조합주의는 혼합경제나 국가복지를 거부하지 않으면서 복지국가의 위기를 해결하려고 하며, 경제정책과 사회정책을 밀접히 연관시켜 서로 조정되어야 한다는 입장을 취하고 있다.

조합주의는 완전고용이나 사회정책의 유지에 역점을 둔다는 점에서는 종래의 복지국가의 정책과 같으나 완전고용의 달성을 위해 산업정책을 강화하며, 임금인상의 억제와 사회보장급여의 억제·인하도 경우에 따라 서슴치 않는다는 것이 종래의 정책과는 차이가 있다.

미쉬라(1984)는 코포라티즘 혹은 통합 복지국가의 유형을 제시하고 그것과 유사한 구조를 가진 다원주의 혹은 분화 복지국가(diffrentical welfare state)를 대조하여 코포타리즘의 특징을 이념적으로 제시하였다.

코포타리즘의 핵심은 생산과 분배, 사회복지와 고용, 임금 및 이윤과 같은 사회경제적 현상 사이에 상호의존성이 매우 높다는 것을 인정하고 사회통합이라는 공동선을 달성하기 위해서는 여러 경제단체와 이익집단간의 제도적 협동관계가 대단히 중요하다는 데 있다.

조합주의는 선진 민주주의 국가에서나 모색될 수 있는 사상이지만 사회 및 경제체제의 상호의존적 통합원리와 사회·경제부문의 지배적 집단간의 합의 구축과 희생 및 책임의 분담역할은 음미할 사상이라고 볼 수 있다(Mishra, 1984).

14) 급진주의

급진주의는 복지국가 내에서도 여전히 존재하는 부와 소득의 불균형, 정부 및 산업에서의 물질적 소비와 관료주의적 위계질서의 우위성, 노동과 노동환경의 불만족스러운 성격, 공동체 의식의 결여, 소비 및 생태학적 환경파괴의 만연 등을 지적하고 있다.

급진주의의 비평의 취지는 복지국가가 여전히 불평등, 권위주의적 정책결정, 소외, 비합리성 등을 특징으로 하는 계급사회라는 것이다.

15) 민주주의와 인도주의

민주주의(democracy)는 국가의 주권이 국민에게 있고, 국민을 위하여 정치를 행하는 제도 또는 그러한 정치로 지향하는 사상을 의미한다. 민주주의는 인간의 존엄성에 최고의 가치를 부여하는 이념적 목표를 달성하고자 시작된 사상으로서, 이러한 이념적 바탕위에 민주주의와 관련된 모든 하위 가치, 개념, 이론, 제도 등 민주주의의 여러 유형이 성립된다. 민주주의와 관련된 중요한 가치 또는 개념인 자유와 평등도 인간의 존엄성에 대한 신념을 실현시키기 위해서 필요로 하는 기본조건이다.

인간의 존엄성에 최고의 가치를 부여하는 민주주의는 개성존중, 인간의 목적성에 대한 신념, 최선아(最善我) 실현을 위한 자결능력에 대한 신념, 잠재력 내지 발전가능성에 대한 신념, 이성적이고 선한 인간의 본성에 대한 신념, 진리의 상대적 우위에 대한 신념 등을 포괄하고 있다(한국국민윤리학회, 1988).

민주주의의 이념적 사상체계는 첫째, 자유의 실현. 둘째, 평등의 보장. 셋째, 인도적 가치의 추구이다. 즉, 자유·평등·박애의 세 가지 가치체계는 인간의 개인적인 존엄성을 바탕으로 하기 때문에 궁극적으로는 공동체의 발전을 동시적으로 구현하는데 중점을 두게 된다.

민주주의의 기본 이념은 자유, 평등 그리고 사회정의의 구현에 있다. 이와 같은 민주주의의 이념이 구현될 수 있는 생활양식에서 가장 중요한 것은 사람이 사람을 보는 관점과 사람들간의 관계를 규정하는 인간관계의 원리이다.

민주주의 이념은 서민대중에 의한 형식적 측면과 서민대중을 위한 민주주의의 내면적 측면의 구체적인 통일에 의하여 완성된다. 형식적 측면은 정치체계이며, 내용적 측면은 경제체계라 할 수 있다. 민주주의적 정치체계가 그 체제 내부에서 부의 분배의 불평등과 공존할 경우 그러한 형식적 민주주의는 공허한 것이며, 민주주의라기보다는 자유주의이다.

반면 인도주의(humanitarianism)는 모든 인간은 인간이라는 점에서 동등한 자격을 갖추고 있다는 생각에서 인류의 공존을 꾀하고, 복지를 실현시키려는 박애적인 사상으로 볼 수 있다. 따라서 인도주의는 우애와 평등의 산물이다. 우애는 자유주의적 관점에서 가진 자의 온정 즉, 자선 및 박애 사상에서 찾아 볼 수 있다. 인도주의는 개인의 존엄과 자유를 도덕 판단의 최고 기준으로 삼으면서 개인의 존엄성과 자유가 실현되는 사회를 이상향(理想鄕)으로 꿈꾸고 있다(김상균 외, 2003).

실제로 인도주의는 인종, 국적, 종교의 여하를 불문하고 사회적 약자, 곤궁자 등 모든 인간에게 있어 바람직한 일을 타인에게 부여하려는 것으로 차별 없는 우애를 실천하는 박애주의, 서로 돕는 운동, 평화운동 등으로 나타났다.

서양의 인도주의 사상은 개인주의와 불가분의 관계를 지닌다. 그런데 개인의 존엄성을 최고의 가치로 삼는 개인주의는 공동체의 결속을 보다 중시하는 동양사상에서는 낯선 것이다.

이러한 민주주의와 인도주의에서 찾아볼 수 있는 주요한 사회적 가치인 자유, 평등, 우애를 국가 개입에 의하여 어떻게 적절히 그리고 극대화시킬 수 있느냐 하는 것이 복지국가의 가장 큰 관심사이다.

인본주의(humanism)는 중세의 스콜라적인 교회 중심의 세계관에 반대하여 15-6세기에 일어난 사상으로 프랑스혁명의 사상이 되었으며, 자본주의 발전의 기반이 되었다. 19세기 영국의 민간 사회복지, 구빈법 개정 등은 이 사상의 표현이라고 할 수 있다. 나아가 현대에는 자본주의가 수반한 인간소외에 대한 비판, 기계 중심의 문화에 대한 비판의 원점이 되고 있다. 인본주의는 사회적 재난과 빈곤에 깊은 관심을 가지고 있으며, 박탈당하고 소외된 소수계층들의 복지문제에 우선순위를 두는 가치이다.

4. 복지이데올로기의 유형

1) 복지국가의 유형 분석 틀

1970년대에 들어와 경제위기를 맞으면서 복지국가 위기론이 제기되었다. 이 때 복지국가의 이념 즉, 복지국가의 위기에 대한 논의가 시작되었다. 복지 이데올로기 논쟁의 중요한 내용은 1970년대의 경제위기로 대두된 복지국가의 분배 정책에 대한 비판이라고 볼 수 있다. 사회복지와 경제는 그 나라의 다양한 정치, 경제, 사회적 변수들에 의해 영향을 받는다. 사회복지가 필요하지만 그 수준은 경제성장에 저해되지 않는 수준이어야 하며, 그 수준은 사회적 합의에 의해 만들어지는 것으로 볼 수 있다. 사회적 합의란 결국 정치과정의 한 부분이므로 사회복지수준을 결정하는 것은 정치적 문제라고 할 수 있다.

이러한 논의는 조지와 윌딩(George & Wilding)의 「이데올로기와 사회복지(Ideology and Social Welfare, 1976)」와 미쉬라(Mishra)의 「위기에 처한 복지국가(The Welfare State in Crisis, 1984)」라는 저서를 통해 본격화되었다. 연구자들에 의해 제시된 복지국가의 유형을 정리하면 <표 2>와 같다. 일반적으로 복지 모형은 복지 이념을 기준으로 구분되고 있다.

복지국가의 유형을 분류한 연구자들의 견해를 살펴보면 먼저 윌렌스키와 르보는 잔여적, 제도적 복지국가로 2분법으로 분류했고, 티트머스는 잔여적, 산업적 업적수행, 제도적 재분배 모형 등 3분법으로 분류했으며, 조지와 윌딩은 (1) 반집합주의. (2) 소극적 집합주의. (3) 페이비언 사회주의. (4) 마르크스주의 등 4가지로 분류했고, 미쉬라는 (1) 다원적 혹은 분화적 복지국가. (2) 조합주의 혹은 통합적 복지국가로 분류했다.

이념의 통일 및 차이에서 파생되는 사회정책의 제 규범적 논리를 유사성과 상이성에 따라 몇 개의 집단으로 구분해 놓은 것을 복지 이념의 모형 또는 복지 모형이라고 부르고 있다. 이와 같이 복지 모형의 출발은 주로 복지국가의 실현을 위한 수단에 관한 논의에서부터 시작되었다.

<표 2> 복지국가의 유형 분류 틀

연구자	복 지 국 가 유 형
Wilensky & Lebeaux (1965)	잔여적(residual) 복지국가 제도적(institutional) 복지국가
Titmuss(1974)	잔여적(residual) 모형 산업적 업적 수행 (industrial achievement performance) 모형 제도적 재분배 (institutional redistributive) 모형
Furniss & Tilton (1976)	적극국가(positive state) 사회보장국가(social security state) 사회복지국가(social welfare state)
George & Wilding (1976)	반집합주의(anti-collectivism) 소극적 집합주의(reluctant collectivism) 페이비언 사회주의(Fabian socialism) 마르크스주의(Marxism)
Mishra(1984)	다원적 혹은 분화적(pluralist or differentiated) 복지국가 조합주의 혹은 통합적(corporate or integrated) 복지국가
Rimlinger(1971)	사회적 시장경제(social market economy) 사회주의적 시장경제(socialist market economy)
Esping-Anderson (1990)	자유주의 복지국가(liberal welfare state) 보수주의 혹은 조합주의 복지국가(conservative or corporatist welfare state) 사회민주주의 복지국가(social democratic welfere state)

이러한 모형은 복지 이념의 모형이라기보다는 복지국가의 모형이라고 보는 것이 타당할 것이다. 왜냐하면 복지 이념의 모형 속에는 이데올로기의 모든 유형이 총망라되어 있지만, 복지국가의 모형은 일단 복지국가 찬성론이라는 한정된 범위 안에서 상이한 국가유형을 논하고 있기 때문이다.

복지 모형과 가치관의 상이성을 연결지을 수 있는 이론적 근거로서 사회정책과 사회적 서비스는 사회가치에 입각해서 일관성 있게 만들어진 사회사상(social thought)의 표면화된 현상이라고 볼 수 있는 것이다. 그렇기 때문에 역으로 표면화된 현상을 통해 내면화된 관념을 포착해 낼 수 있을 것으로 보인다.

이러한 복지국가 이념의 상이한 모형은 복지국가의 이상을 향한 가치 추구와 수단을 선택하는데 있어서 상호갈등으로 나타나고 있다. 이를 정리해보면 다음과 같다.

첫째, 사회가치(social value)의 근본적인 상이성으로서 자유, 개인주의, 시장경제와 평등, 사회적 연대, 우애간의 대립. 둘째, 복지서비스 제공에 대한 국가의 역할에 관한 차이로서 국가책임을 극소화하고 개인의 책임을 증대시켜야 한다는 선별주의와 국가책임을 확대시켜야 한다는 보편주의의 대립. 셋째, 빈곤의 개념을 절대적 빈곤과 상대적 빈곤으로 보느냐의 차이. 넷째, 국가자원의 배분(allocation) 및 분배(distribution)문제로서 사회복지 지출의 억제로 더 많은 자원이 시장경제의 확대를 위하여 재투자되어야 한다는 주장과 경제불황과 공황의 타개책으로서 사회복지의 지출을 증가시켜야 한다는 사회개발론자와의 대립. 다섯째, 열등 낙인(stigma)의 문제로서 사회보장제도와 관련된 열등 낙인은 자산조사와 직업복지 혜택으로부터 파생되는데, 국가자원의 낭비에 대한 논쟁으로 사회보장제도가 낭비적이고 부정심리를 조장하는 제도라는 비판에 대해 반대의견을 가진 사람들은 부유층의 탈세문제를 들고 맞서게 된다(김상균, 1990).

2) 복지국가 모형

이러한 유형들은 나름대로 분류의 기준을 제시하고 해당 국가를 선별하며 유형의 특성을 설명하고 있다. 여기에서는 복지국가들을 체제(regimes)와 군집들(clusters)로 분류한 에스핑-앤더슨의 복지국가 모형을 살펴보기로 한다. 에스핑-앤더슨은 복지국가를 탈상품화(decommodification)정도, 국가와 사회계층체제의 형태, 시장과 가족간의 관계의 세 가지 기준으로 자유주의 복지국가, 보수주의 혹은 조합주의 복지국가, 사회민주주의 복지국가로 분류하였다. 이를 요약하여 표로 제시하면 <표 3>과 같다.

<표 3> 에스핑-앤더슨의 복지국가 모형

비교기준 \ 모형별	자유주의 복지국가	보수주의 혹은 조합주의 복지국가	사회민주주의 복지국가
해당 국가	미국, 캐나다, 호주, 영국, 뉴질랜드	독일, 오스트리아, 프랑스, 이탈리아	스웨덴, 노르웨이, 덴마크
급여대상	빈곤자, 요구호자 중심	피용자 중심	모든 시민
급여종류	공공부조 및 제한적 사회보험	공공부조 및 확대된 사회보험	욕구수준에 따른 생활수준
급여수준	최저생계비수준	계급과 지위에 따라 차이	중간계급의 생활수준
가족복지 서비스	미약	미약	강력
사회보험운영체계	분립형	분립형	통합형
본인부담(사회보험)	많음	많음	적음
직업복지/ 자원복지 역할	강함	미약	미약
복지에 대한 가족과 국가의 책임	· 개인의 자기책임 강조 · 가족의 실패 후 국가가 개입	· 개인에 대한 가족의 전통적 역할 강조 · 가족의 실패 후 개입	· 가족적 역할의 비용을 크게 사회화하고, 가족이 실패하기 전 개입 · 시장복지의 기능을 최대한 약화
복지의 재분배 기능	미약	미약	강력

자료 : 김상균, 1992.

복지국가 모형은 <표 3>에 나타난 바와 같이 세 가지 유형으로 분류되며, 오늘날 복지국가의 변화의 모습도 세 가지 복지국가 모형에서 서로 다르게 나타나는 경향이 있다. 이를 비교해서 살펴보면 먼저 자유주의 복지국가의 대표적인 국가는 미국, 영국, 캐나다, 호주, 뉴질랜드 등으로, 시장 매커니즘의 기본적 역할을 인정하며, 기본적으로는 그 보호대상이 가장 취약한 계층에 한정되는 엄격한 선별주의 원칙이 적용되었다. 따라서 기본적 지향이 사장의존적이었기 때문에 탈상품화정도가 낮고, 재분배 기능은 세 가지 유형 중 가장 약하여 불평등이 상대적으로 심하게 나타났다.

둘째, 보수주의 혹은 조합주의 복지국가는 독일과 프랑스가 대표적인 국가이며, 자유주의적 복지국가의 관심인 시장의 효율성과 노동력의 상품화문제는 중요시하지 않는다.

셋째, 사회민주주의 복지국가는 주로 스칸디나비아 국가들이 이에 속하며, 적용대상과 보장범위에 있어서 보편주의를 추구하고 중산층 사회권에 의한 탈상품화정도는 새로운 중산층의 생활수준에까지 확대되었다. 이 모형은 자유주의, 사회주의의 독특한 혼합이라 할 수 있으며, 아동, 노인, 도움이 필요한 자들에 대한 경제적 지원과 보호의 책임이 국가에게 직접적으로 귀속되었기 때문에 이러한 결과 여성의 노동시장 참여와 같은 노동정책과 직접적으로 연계되었다.

이상에서와 같이 복지국가 황금기를 경험한 서구 복지국가들은 사회의 탈상품화에 영향을 미치는 이념, 사회 · 경제 · 정치구조, 계급간의 역학관계, 시장과 가족에 대한 관점 등에 따라 상이한 형태의 복지시스템을 운영하였음을 알 수 있다.

복지 이념에 대해 여러 연구자들이 모형을 제시하고 있으나 여기서는 조지와 윌딩의 4분법 복지 모형을 살펴보면 <표 4>와 같다.

<표 4> 조지와 윌딩의 4분법 복지 모형

구분 / 복지 모형	중심적 사회가치	사회조직	정부의 개입	복지국가에 대한 관점	빈곤 완화에 대한 국가책임
반집합주의	소극적 자유, 개인주의, 불평등	현존하는 불평등은 경제성장에 기여하므로 정당화될 수 있다.	부정적	반대(중앙집권적 계획은 권위적 사회주의 국가로 나타남)	필요악(자선과 이웃사랑의 정신에 입각)
소극적 집합주의	소극적 자유, 개인주의, 실용주의, 인본주의, 합리주의	자본주의는 비효율적, 낭비적인 요소를 소지하고 있으며, 비리와 빈곤을 소멸시킬 수 없고, 강자의 이해관계가 국익과 동일시되기 쉽다.	조건부 인정	찬성(자동 조절 능력이 없는 자본주의를 보완).	국민최저수준의 보장에만 국가책임 인정.
페이비언 사회주의	적극적 자유, 평등, 동포애	수정자본주의하에서는 정치권력이 국민경제생활의 조정자가 될 수 있으며, 국가는 사회주의 건설의 도구로 이용될 수 있다.	적극 인정	적극 찬성 (복지국가의 확산을 통해 자본주의의 개혁이 가능)	점진적이고 지속적인 불평등의 완화에 대한 국가책임.
마르크스주의	적극적 자유, 평등, 우애	생산수단이 일부 계급에 의해 독점될 때 갈등은 필연적이며, 계급갈등을 자본주의의 고질병으로 간주함.	적극 인정	적극 반대 (복지국가는 자본계급의 노동계급에 대한 불가피한 최소한의 양보, 복지국가를 통한 사회주의 건설은 불가능)	자본주의체제가 존속되는 한 빈곤은 어떠한 형태의 국가 개입에 의해서도 소멸 불가능.

이와 같은 4분법의 장점은 중도좌파와 극좌파간의 구분을 보다 명확하게 해줄 수 있다는 점이다. 조지와 윌딩에 의하면 중도좌파와 극좌파간의 주요 차이점은 마르크스주의자들은 페이비언과 달리 빈곤퇴치와 불평등 해소가 복지국가의 실현을 통해서 결코 이루어질 수 없다고 판단하면서 복지국가에 대한 대안으로서 급진적 정치변동을 제시하고 있다는 점이다(George & Wilding, 1976).

지금까지 논의된 바와 같이 사회복지 이념 내지 복지 모형은 연구자와 국가에 따라 상이하게 나타나고 있음을 알 수 있다. 사회복지제도는 이념의 영향을 크게 받을 뿐만 아니라 이념의 의해 사회복지의 가치와 원리, 방법 등이 달라진다.

이와 같은 사회복지 이념 중에서 대표적인 사회복지 이념인 보수주의, 자유주의, 급진주의의 세계관을 비교하여 이념에 따른 사회복지 모형이 어떻게 나타나는가를 살펴보면 <표 5>와 같다.

<표 5> 보수주의 · 자유주의 · 급진주의의 비교

구분	보수주의	자유주의	급진주의
변화	일반적으로 바람직하지 않다. 현상유지가 더 좋다.	일반적으로 바람직하다. 변화는 진보를 가져온다. 온건한 변화가 가장 좋다.	바람직하다. 특히 사회체계에 대한 근본적인 변화를 의미할 때에 더욱 좋다.
인간의 본성	인간은 본질적으로 이기적이다. 따라서 통제가 필요하다.	인간은 기본적으로 선하다. 선한 충동을 강화하기 위한 구조가 필요하다.	인간은 기본적으로 선하다. 그러나 인간은 제도들에 의해서 타락할 수 있다.
가족	전통적인 가족은 사회의 기본단위이다. 가족은 정부의 간섭을 받지 않아야 한다.	가족은 변화한다. 가족은 사회적 지지와 정부의 지원을 필요로 한다.	전통적인 가족은 억압적이다. 변화하는 가족은 정부의 지원을 필요로 한다.
사회	사회는 원래 공정하다. 사회의 기능은 사회 그 자체에 좋고, 사회는 상호연관된 많은 부분으로 된 체계이다.	사회는 다양한 이익집단들간에 공정한 경쟁을 보증하기 위하여 규제가 필요하다.	사회는 공권력을 가진 자와 가지지 못한 자간에 불평등과 갈등을 내포하고 있다. 따라서 사회는 변화될 필요가 있다.
정부의 역할과 경제 체계	자유시장경제는 개인의 욕구충족과 번영을 보증하는 최선의 방법이다. 정부의 역할은 자유시장을 규제하지 않고 지원하는 것에 있다.	자유시장경제는 공정성을 보증하기 위해서 정부에 의한 프로그램은 인간의 기본적인 욕구를 충족시키기 위해서 필요하다.	시장경제는 사익을 위한 것이고 본질적으로 불공정하다. 그 대안은 혼합경제나 사회주의적인 체계를 포함한다.
가치 체계	자본주의적, 청교도적 가치체계 인간은 자신의 성공이나 실패에 대하여 책임이 있다. 인간의 1차적 목적은 물질적 번영의 획득인데 이것은 열심히 일함으로써 성취될 수 있다.	인도주의적, 긍정적, 이상적 가치체계 사회의 1차적인 목적은 인간의 물질적·정서적 욕구를 충족시키데 있다. 인간의 욕구가 충족되면 사회적, 개인적 문제가 해결되고 미덕, 성숙, 적응, 풍요가 이루어진다. 사회복지 노력을 지지함.	유대기독교적 전통에 기초한 가치체계 인간은 창조된 존재이다. 선과 악이라는 관점에서 모든 개인간의 차이점은 그들의 창조주가 요청하는 표준에 따르면 무의미한 것일 수도 있고, 인간은 타인을 심판할 수 없다. 인간의 최고의 선은 그들의 창조주와 관계가 있다.

PART 03

우리나라 사회복지 발달과정

우리나라 사회복지제도나 사회복지사업의 발달은 그 역사가 오래되지 않아 사회복지 발달과정을 일관성 있게 체계화한다는 것은 쉬운 일이 아니다. 그러나 실제 내용 면에서 사회사업 또는 사회복지사업의 성격을 띤 각종 제도와 활동이 전혀 없었던 것은 아니다.

역사적으로 볼 때 우리나라 빈민구제나 의료보호사업들은 그 근원을 상고(上古)시대로 거슬러 올라갈 만큼 장구한 역사를 가지고 있으며, 구제의 내용이나 행정체계도 오늘날에 못지 않게 충실한 점을 발견할 수 있다.

우리나라는 그 동안 급격한 산업화과정을 겪으면서 경제성장을 이루었고, 그로 인해 사회복지도 많은 발전을 이루었다. 우리나라 사회복지는 선진 복지국가들과 비교하면 1세기 정도는 뒤졌다고 볼 수 있으나 본격적으로는 1960년대부터 시작된 경제개발 계획의 성공적 추진과 이에 따른 국민생활수준의 향상, 복지욕구의 증대 등으로 기본적인 사회보장체제를 갖추게 되어 짧은 기간 동안 비약적인 발전이 이루어졌다고 볼 수 있다.

우리나라 사회복지 발달은 대체로 사회복지 이전의 단계와 사회복지에 대한 개념이 구제화되기 시작한 이후의 단계로 구분할 수 있다. 이러한 분류체계에 따라 근대 이전의 단계를 다시 고대와 중세로 나누어 고대는 통일신라시대까지, 중세는 고려시대부터 조선후기까지로 하며, 근대적 사회복지 단계는 개화기 이후로 나누어 볼 수 있다.

이와 같은 종단적 접근방법을 통한 연구는 단순한 시대적 흐름에 따른 역사적 사실이나 현상의 연대기적 나열에 그치게 되는 한계가 있다. 따라서 사회복지의 역사를 전사기(前史期), 도입기, 확대기 그리고 성숙기 등으로 나누어 고찰하는 논자도 있다. 또한 전사기를 왕조 중심의 시혜적 민생구휼시기로 보고, 도입기를 정부 수립과 한국전쟁으로 인한 혼란과 절대적 빈곤시기로, 확대기를 제3공화국으로부터 제5공화국까지의 시기로 그리고 성숙기를 그 이후로 보는 관점도 있다.

사회복지발달사를 논함에 있어서 시대 구분을 어떻게 할 것이며, 각 시대의 특징을 어떻게 규정지을 것인가는 논쟁이 될 수 있다.

우리나라 사회복지발달사를 10년 단위로 구분한 경우가 많음을 알 수 있다. 그러나 사회복지의 핵심적인 제도 내용이 어떻게 변화·발전했는가를 기준으로 구분하는 방법도 모색될 수 있다. 즉, 사회복지법제의 제·개정과 그 시행을 기준으로 하여 시설보호의 제도화와 공공부조의 시도시기(1960년대 이전), 공공부조의 체계화와 사회보험의 시도시기(1960년 이후)로 나눌 수도 있을 것이다.

본 서에서는 왕조 중심의 민생구휼시기와 근대적 사회사업의 도입기 그리고 정부 수립 이후의 사회복지 확대기로 구분하고, 특히 정부 수립 이후는 정부 수립과 한국전쟁시기, 제도적 형성기, 실험적 실천기, 제도적 정비기, 복지국가의 기반 확충기, 21세기의 사회복지의 내실화 시기로 구분하여 살펴보기로 한다.

왕조 중심의 민생구휼시기는 사회복지의 전사(前史)로서 사회복지 사상의 근원은 고조선, 삼국시대, 고려시대, 조선시대에 이르는 약 2,000년간의 왕가의 인정(仁政)에 의한 민생구휼에서 찾아볼 수 있으며, 민간 차원에서 행해진 두레, 품앗이, 향약, 계 등의 상호부조활동도 사회복지의 전사로서 의의를 지니는 활동이라고 할 수 있다.

구빈역사에는 구휼(求恤)·진휼(賑恤)·구황(救荒)·진급(賑給)·진구(賑救)·진제(賑濟)·휼구(恤救)·구빈(救貧)·구제(救濟)라는 용어가 등장하는데, 황(荒)이란 자연적인 각종 재해로 인하여 농작물이 잘되지 않는 것을 의미한다. 즉, 흉년을 당했을 때 곧 기근(饑饉)으로 나타나게 된다. 따라서 구황은 자연재해와 관련이 깊은 반면 구제, 구휼, 진휼 등은 너무 광범위한 뜻을 내포하고 있으나 그 대상이 누구이든 내용에는 관계 없이 난처한 입장에 놓인 사람을 도와준다는 의미를 지니고 있다.

이에 비해 구빈은 그것이 재해 또는 자신의 무능력 혹은 사회적 원인에 의한 것이든 막론하고 결과적으로 빈곤해진 사람을 구제하며, 나아가 사후책뿐만 아니라 빈곤해지지 않도록 사전에 대비책을 강구한다는 의미로서 구빈제도, 구빈정책이란 용어로 사용되고 있다.

우리나라의 빈곤대책은 사적(史的) 기록에 의하면 서구 여러 국가들의 구빈법이나 그 이전 중세 신본주의하에서의 교구 중심의 구빈·구료사업보다도 훨씬 앞선 AD 1세기 경의 삼국시대 초기부터 환과고독(鰥寡孤獨)의 이른바 4궁(四窮)에 대한 구휼사업과 병자에 대한 구료사업의 기록을 찾아 볼 수 있으며, 그 이후 고려시대, 조선시대를 거쳐 일제 말기의 조선구호령에 이르기까지에는 수많은 칙령(勅令)과 제도 및 구호담당관서가 존재했었다.

이와 같이 우리나라 민생구휼제도에는 현대적 사회복지사업의 전신 또는 기원이라고 할만한 이상적인 것을 찾아 볼 수 있다. 애석하게도 이상적인 제도들이 계승적(繼承的) 제도로서 오늘에 이르기까지 꾸준히 발전·보존되지 못한 채 대개 동양적 전제왕정의 특징인 임기의 제도로서 단속(斷續)하는 폐해가 있었고, 왕정과 불교의 쇠퇴에 따라 흥폐(興廢)가 있었음을 알 수 있다.

Chapter 10

고대사회의 부조활동과 민생구휼사업

Section 1 고대사회의 시대적 배경과 상호부조

1. 고조선 시대의 사회상황

한국사에서 고대사회라고 하면 일반적으로 고조선 시대에서부터 통일신라 시대까지로 규정하고 있다.

우리 민족은 고대 초기에는 원시생활을 하면서 씨족사회를 구성하였고, 이어 부족사회로 발전하였으며, 부족국가 사회에 이르러서는 각 부족장들이 선출한 부족연맹장이 각각 부족을 통치하였다. 이들은 다른 부족과 싸움을 거듭하게 되었는데, 이로써 정치와 군사권을 잡게 되고, 차츰 세습제가 되어 왕이 나오게 되었다.

오랜 세월을 거치는 동안 씨족사회의 형태는 붕괴되었고 점차 부족사회로 발전되어 민족국가를 이룩하게 되었으며, 한 혈연적 집단체가 한 지역을 토대로 오랜 세월을 통하여 언어, 풍속, 습관 등의 문화적인 전통과 정신적인 이념을 같이 해온 역사적인 공동체를 형성하게 되었다. 그래서 광범한 공동적 경제생활 형태에서 어느 정도의 사적 재산제도와 계급제도가 확립되고 민족국가를 수립하게 되었다.

이 시대의 경제는 농어업이 중심이었고 농본주의, 중앙집권적 귀족주의였으며, 토지는 국유 내지 공유제가 원칙이었다. 그러나 사유재산제도와 아울러 노예제도가 성립되고, 상품, 화폐경제도 어느 정도 발전하고 있었으나 노예제가 있었다해서 노비들이 생산노동의 주류를 차지할 정도의 비중을 가진 것은 아닌 것으로 보인다. 이 시대의 사회문제는 항존(恒存)하는 백성의 궁핍, 각종 천연재해와 전쟁, 귀족들의 백성에 대한 사적 지배 등과 밀접한 관련이 있다. 이러한 사회문제와 천연재해의 발생은 유망(流亡), 노비화(奴婢化), 매신(賣身), 도적의 성행의 결과를 초래해 국력의 약화를 가져 왔다. 따라서 고대사회의 사회정책은 그 자체가 고대국가의 존립을 위한 목적에서 취해진 것이라고 할 수 있다.

2. 고조선 시대의 상호부조 활동

고대사회는 농경사회였고, 농경사회에서의 커다란 사회문제는 자연 및 인위적인 재해로 인한 빈곤문제였을 것이며, 그것을 해결하는 방법이 상호부조와 진휼(賑恤)이었을 것으로 추정된다.

한편 이 시대의 사회적 특징에 비추어 씨족 또는 혈연적 관계에 의하여 씨족간의 상호부조가 공고히 행해졌고 따라서 제3자에 의한 구호는 필요치 않았다. 그 후 시대가 진전됨에 따라서 인구가 증가하였으며 특히 한사군(漢四郡)의 설치 이후로 씨족의 유대가 희박해져 아무도 돌보아 주지 않는 빈민이 생겨나자 구제가 필요하게 되었다. 이와 같은 사회문제의 대두는 서구사회와 마찬가지로 우리나라에서도 빈민구제가 행해져 사회복지의 기원을 이루는 계기가 되었다.

고조선 사회의 기본 이념은 홍익인간(弘益人間), 경천애인(敬天愛人)이었으며, 따라서 구제제도는 집단적 공동연대 의식에 입각한 상호부조였다.

홍익인간이란 “널리 인간을 이롭게 하라.” 라는 뜻으로 사회복지적 측면에서 보면 첫째, 윤리적으로는 순수한 인간애로서, 이는 맹자의 측은지심(惻隱之心)과 관계가 있고 둘째, 정신적으로는 선타후아(先他後我)적 미덕을 가지며 셋째, 경제적으로는 무차별적 균등성을 나타내며 넷째, 사회적으로는 평화애호적이다. 즉, 홍익인간의 특징인 (1) 인간애. (2) 무차별주의. (3) 사회연대성. (4) 평화주의 등은 사회복지나 복지국가를 지향하는데 기본적인 이념으로 등장하는 인간의 존엄성, 기회균등권, 자기결정권, 인간고통에 대한 사회연대성 등과 그 맥락을 같이 한다고 볼 수 있다(최명순, 1994). 홍익인간 사상은 우리 민족 사상의 정신적 지주로서 고대에서 현대에 이르기까지 정신생활의 기본이었다.

고조선 시대의 사회복지적인 요소는 공동체 내에서 상호부조의 정신을 띠고 있었는데, 여기서 사회정책적 성격을 지니고 있는 것으로서 8조법금(八條法禁)은 사회의 안녕과 질서유지 차원에서 백성의 생명, 신체, 재산, 정조 등 이른바 생존권적 기본권을 지향하는 사회적 법치주의 이념에 입각한 법제였다(최명순, 1994).

8조법금의 내용 중 「한서지리서(漢書地理書)」에 남아 있는 3개 조를 보면 첫째, "相殺, 以當時償殺" 즉, 사람을 죽인 자는 사형에 처한다. 둘째, "相傷, 以穀殺" 즉, 남의 신체를 상해한 자는 곡물로써 변상해야 한다. 셋째, "相盜者, 男沒入爲基家奴, 女子爲婢, 欲自贖者, 人五十萬" 즉, 남의 물건을 훔친 자는 원칙적으로 노예가 되나 자속하려는 자는 1인당 50만전을 배상하여야 한다는 규정이 있었다. 이러한 규정은 인간의 존엄성에 입각한 것으로서 고조선의 8조법금은 우리나라 최초의 복지제도에 관한 내용을 규정한 법이라고 할 수 있다(한세남 외, 1999).

고조선 시대의 부조활동은 씨족 및 부족의 혈연 집단생활을 영위하면서 집단 안에 곤궁자가 있거나 어려움이 발생했을 때에 집단의 공동연대 의식에 의하여 도움을 주거나 받는 형태의 가장 원시적인 부조활동이 있었을 것으로 믿어진다. 그러나 부조활동이나 구제제도가 그 구체적인 윤곽을 드러내기 시작한 것은 삼국시대에 들어와서부터이다.

Section 2 삼국시대의 민생구휼사업

1. 삼국시대의 사회상황

삼국시대는 우리 민족이 씨족사회, 군소 부족국가로부터 통일된 민족국가로 활발하게 성장하는 시기였고, 외래문화의 영향을 받으면서 고구려가 B.C. 37년에 먼저 각 부족을 통합하여 국가체제를 완성한 후 백제, 신라 등이 차례로 국가의 체제를 완성하였는데, 신라가 백제와 고구려를 정복함으로써 통일신라 시대가 도래하였다.

이 시기는 부족국가에서 고대국가로 성장 발달하던 시기로서 각국이 자기 나라의 발전을 위하여 서로간 공벌(攻伐)이 계속되는 시기였으며, 당시의 공벌의 목적은 주로 민구(民口)의 확보와 척경(拓境)의 확대에 있었던 것이므로 삼국은 다같이 인적 자원의 확보가 당면 과제였다. 이와 같이 삼국은 백성의 확보가 급선무였다면 백성의 정책적인 양생(養生)과 더불어 유민(流民)의 방지와 국외로부터 많은 유민을 국내로 이주하게끔 적극 노력을 기울여야 했다. 따라서 삼국은 다같이 일찍부터 이와 같은 정책적 목적으로 구휼에 대한 인식을 갖고 사업을 추진했다고 할 수 있으며, 주요한 국가정책의 하나가 되었다.

삼국시대의 사회 구성은 엄격한 신분계급사회(왕족, 귀족, 관료, 평민, 노비)였고, 토지는 국유제의 명목하에 각 계급에 분급(分給)하고 상층계급의 지배하에 하층계급은 절대적으로 복종하여야 하는 주종적 신분관계를 맺고 있었다. 삼국의 지배층은 수도에 사는 소수의 귀족이었는데, 이들은 정복과정에서 얻어진 토지와 포로들을 소유하여 막대한 부를 지니고 있었다. 이 시대의 평민은 귀족과 노비의 중간에 위치한 계층으로서 계속되는 전쟁과 가뭄, 홍수 등의 자연재해로 안정된 생활기반을 갖추지 못하여 빈민으로 전락되는 요인이 되었다.

그러나 이 시대는 관념적으로 전국의 토지를 왕이 지배한다는 왕토(王土)사상이 있었던 시대로서 아직 전제(田制)가 정비되지 않았으며, 경작자는 자력이 미치는 대로 많은 토지를 경작하여 국가 또는 땅주인에게 세액만 내고 나머지는 자기 것으로 삼았다. 대개 세율은 생산총량의 10분의 1이었다. 그리고 모든 토지를 정년자에게 나누어주어 경작시켜 이를 정전(丁田)이라 하고, 그 수확을 조세로 하여 국가는 그것으로 관리의 봉급과 모든 경비를 충당하였다(구자헌, 1984).

신라의 귀족들은 국가로부터 막대한 규모의 식읍(食邑)과 토지 그리고 목마장을 받았다. 식읍은 일정한 지역에서 조세와 물품을 수취할 수 있는 권리로 당대(當代)에 한하여 주는 것이었다. 일반관료들은 녹봉(祿俸)을 받는 대신 일정한 토지에 대한 수조권(收租權)과 노동력을 징발할 수 있는 권리를 가졌는데 이를 녹읍(祿邑)이라 하였다. 이러한 녹읍과 식읍은 실질적으로 사유지가 되어 빈부의 격차가 생겨났다.

이러한 폐해를 막기 위해 관료전(官僚田)을 지급하고 녹읍을 폐지하였으며, 일반백성들에게 정전(丁田)을 지급하였다. 관료전과 정전은 국가의 공권력을 통해 부자의 경제력을 약화시키고 가난한 자의 힘을 부추겨주는 최초의 토지개혁이었다는 점에 의의가 있다(한영우, 1997).

이처럼 삼국시대의 경제생활은 주로 토지에 기반을 둔 농업 중심이었으며, 하층계급인 평민과 노예는 상층계급에 지배되어 생산노동과 기타 사역에 종사할 뿐이었다. 토지는 모두 국왕, 귀족 등이나 공동체에 속하여 일반백성들에게 영구적 소유권을 인정하지 않았다.

2. 삼국시대의 민생구휼사업

민생구휼사업은 삼국시대 이래로 통일신라시대, 고려시대, 조선시대에 이르기까지 긴 역사를 통하여 지속되어 온 사회제도였다. 삼국시대의 구휼사업은 그 자체가 고대국가 존립을 위한 목적에서 이루어졌으며, 그 당시의 사회문제, 경제와도 밀접한 관계를 가지고 있었다. 또한 이 시대는 농본주의, 귀족주의, 토지국유 내지 공유주의 등을 사회제도의 원칙으로 삼았었다. 이러한 사회제도 아래서는 백성들의 재난을 그대로 방치해두는 것은 곧 백성의 황폐화를 의미하는 것이었다. 따라서 백성의 황폐화는 토지의 영주인 국왕과 귀족에게는 생산의 감소와 국력의 쇠잔을 초래하게 되어 타국으로부터 침략을 당할 경우 위험을 자초하는 요인이 되었다.

그러므로 삼국시대에는 곤궁에 처한 자들에게 구휼사업을 행하는 것은 국왕의 은총으로써 매우 활발하게 실시되었던 기록을 찾아볼 수 있다. 「삼국사기(三國史記)」에 나타난 삼국에 공통된 기록들을 추출해보면 구휼사업의 대상은 (1) 기민(饑民)과 빈약자 및 인신매매대상자. (2) 환과고독과 불능자존자(不能自存者). (3) 역병자(疫病者). (4) 수재민. (5) 유망자(流亡者). (6) 도적의 봉기에 관련되는 사항으로 분류할 수 있다. 이상의 삼국사기에 나타나 있는 구휼대상자는 모두 '民' 또는 '百姓'이라는 말로 표현되어 있다(박세조, 1981).

환과고독이란 4궁(窮)을 말하며, 이들은 왕자인정(王者仁政)에 가장 우선적으로 보호를 받아야 할 대상자로 알려져 있다. 이들은 삼국시대로부터 구휼의 대상이 되어 왔다. 이 시대의 사회제도는 엄격한 신분차별사회였으므로 이들 4궁은 천민신분이었다.

이와 같이 민생구휼행정이 역사기록에 뚜렷하게 나타난 것은 삼국시대에 와서이며, 진대법(賑貸法) 외에도 삼국에서 실시된 각종 구제적 고아수양(孤兒收養), 양로(養老) 등의 사업은 중국의 문화가 전래되면서 점점 발달한 것으로 보여진다.

삼국사기에 의하면 신라 제2대 남해왕 15년(서기 18년)에 백성들이 한재(旱災)로 인한 기근으로 굶주림을 당할 때 국고를 열어 이들을 구휼했다는 기록이 있고, 또 제3대 유리왕 5년에는 "국왕이 국내를 순례하다가 한 노파가 기한(飢寒)에 못 이겨 거의 죽어 가는 것을 발견하여 탄식하여 말하기를 내가 작은 몸으로 왕위에 앉아 능히 백성을 기르지 못하고 노유(老幼)로 하여금 이런 지경에 이르게 하니 이는 곧 나의 죄라 하여 친히 옷을 벗어 그를 덮어주고 음식을 권하여 먹인 후 관리에게 명하여 곳곳마다 홀아비(鰥), 홀어미(寡), 고아(孤), 아들 없는 이(獨), 늙은 이(老), 병든 이(病)로서 자활할 수 없는 자를 위문하여 식료품을 나누어주어 부양케 하였더니 이에 이웃나라 사람들이 소문을 듣고 오는 자가 많았다. 이 해에 민속이 즐겁고 편안해지자 도솔가(兜率歌)를 지으니, 이것이 가락의 시조가 되었다."는 기록이 있는데, 이는 우리나라 역사상 기록에 나타난 왕의 은총으로 행한 구휼사업의 최초의 예이다.

이후로 삼국의 역대 어진 군주가 거의 이와 같은 종류의 진휼사업에 진력하였다는 것이 삼국사기의 「민기(民饑), 발창진지(發倉賑之)」의 기록을 통해 알 수 있다.

이와 같이 삼국시대의 구휼사업은 주로 갑작스러운 풍수재해나 지진 등 천재지변으로 인해 흉작이 발생함으로써 백성들의 다수가 기아상태에 빠질 때, 국고의 비축양곡을 풀어 진급(賑給)하여 백성들로 하여금 기아를 면하게 하고, 한편 종곡(種穀)을 배급하여 신년의 양곡 생산에 지장이 없도록 하는 국가정책으로서 실시되었던 것이 분명하다(구자헌, 1984).

삼국사기에 수 없이 기록되어 있는 단순한 기민구휼 외에 환과고독, 노병, 자존불능자를 구제한 예를 찾아 볼 수 있는데, 이것은 구휼의 대상이 생산력을 가진 장정(壯丁)이 아니라 노유병자(老幼病者)들 중 고독하고 무의무탁하는 사람들이라는 점에서 구제의 정신이 직접적인 노동력 보호는 아니라는 점이다.

이러한 구휼사업이 보다 조직화된 것으로서 대표적인 것은 창제(倉制)와 진대법이다. 창제는 본래 전쟁 시에 필요한 군곡을 확보하기 위하여 설치한 것으로서, 자연재해나 질병이 발생한 때에는 왕명에 의하여 비축양곡을 방출하여 곤궁한 백성들을 구제하였다. 즉, 당시의 중심 재화가 양곡이었으므로 부족공동체나 왕가의 재물을 비축하는 시설로 창 제도가 널리 활용되어 왔다.

그리고 진대법은 고구려 고국천왕 16년(194년)에 만들어진 제도로서 흉년이나 춘궁기(3~7월)에 양곡을 백성들에게 대부하였다가 풍작을 기다려서 추수기(10월)에 다시 갚게 하는 제도이다. 이 법의 목적은 (1) 춘궁기에 빈민을 구제하는 것이며 (2) 영농자금을 대여함으로써 농민의 실농(失農)을 방지하고 (3) 일반인의 생활을 안정시키며 (4) 관곡을 적절하게 활용함으로써 그 낭비와 사장을 없애는 데 있었다. 진대법의 제정은 삼국시대의 획기적인 사회복지의 제도화로 볼 수 있다. 이것은 후에 고려의 의창, 조선의 환곡 및 사창의 효시가 되었다.

이와 같은 제도적 구휼사업 이외에도 삼국사기의 민기, 발창진지에 나타난 것을 보면, 양로사업은 삼국 이래 유교적 경로사상의 영향을 받아 역대의 현명한 군주들이 행한 사업의 하나였는데, 왕이 전국을 순회할 때 노인을 모아 의복과 잔치를 베풀어 노인을 공경하던 일은 많이 찾아 볼 수 있으며, 신라 탈해왕은 자신이 한 해변가의 노모의 수양자가 되었던 것으로 미루어 삼국시대에 고아수양의 관습이 행하여졌음을 알 수 있다.

사회문제에 대한 국가의 대책은 소위 '진궁구휼(賑窮救恤)'로 표현되는 구휼정책과 황정(荒政)에서 구체화되고 있는데, 이 같은 구휼사업은 삼국에 있어서 다같이 중요 국가시책의 하나로 자리잡았다.

삼국시대의 민생구휼사업의 내용을 정리하면 다음과 같다.

(1) 관곡(官穀)의 진급(賑給) : 정부에서 비축하고 있는 관곡을 각종 재해로 인한 빈곤한 백성들에게 배급하여 구제하는 것으로, 이는 삼국에 있어 자주 실시된 것이었다.

(2) 4궁구휼(四窮救恤) : 환과고독의 무의무탁한 빈민을 구제하는 것으로 삼국시대 이래로 여러 군주들이 친히 이들을 방문 위로하고 의류, 곡물 및 관재 등을 급여하여 이들을 구제하였다.

(3) 조조감면(租調減免) : 재해로 인하여 심한 피해를 입은 지역의 주민들에게 그 재해의 정도에 따라 조세를 감면해주는 제도였다.

(4) 대곡자모구면(貸穀子母俱免) : 춘궁기 등에 백성에게 대여한 관곡을 거두어들임에 있어 재해로 인한 흉작으로 상환이 곤란할 때에는 그 원본 및 이자를 감면해주는 제도였다.

(5) 경형방수(輕刑放囚) : 천재지변과 같은 자연재난은 위정자인 군주의 잘못에 대한 신의 분노 또는 죄라고 하여, 군주는 형벌의 경감 또는 방수(放囚) 등으로 선정을 베풀어 신의 노여움을 풀고자 하였다.

(6) 종자(種子) 및 식량의 급여 : 전년의 흉작으로 인하여 백성들이 곤경에 빠져 영농의 종곡이 없거나 또는 식량이 부족할 때 관의 비축곡을 풀어 이들에게 영농 종자용 또는 식량으로 대여 또는 급여하는 것으로 삼국에서 자주 실시되었다.

(7) 왕의 책기(責己) : 각종 재난이 발생하는 것은 왕 자신의 잘못에 기인한 것이라 하여 재해지역을 왕이 직접 방문하여 이재민을 위로하고 대책을 강구하며(親巡 및 慰問), 자신이 일상생활하던 정전(正殿)에서 기거하는 것을 피하여 뜰 아래 방에서 기거하고(避殿), 또 식사도 평소와 달리 소식을 하며(減膳), 검소한 생활을 하였다.

(8) 역농방재(力農防災) : 백성이 영농에 열심히 힘쓰도록 권장하고 각종 재해

에 대해 사전·사후 방비함을 말한다.

(9) 종묘(宗廟) 및 불사기도(佛寺祈禱) : 각종 천재지변의 재난을 피하게끔 종묘나 불사에 기도올림을 말한다. 한발 시에 기우제를 올리는 것과 같이 각종 재난을 면하기 위하여 왕이 친히 기도를 올리는 것으로 삼국의 왕들이 일반적으로 많이 시행하였다.

삼국시대 3국이 각각 실시한 민생구휼사례에서 사회복지가 갖는 보편성을 발견할 수 있고, 유, 불, 선, 3교를 사상적 배경으로 구제를 행했던 것은 3국 모두가 공통적인 사상이었다. 그럼에도 불구하고 각국별로 실시한 사회복지제도에는 특수성을 발견할 수 있다. 이와 같은 보편성과 특수성은 각국의 문화 및 풍토와의 관계에서 이해될 수 있다.

이와 같은 세민구휼(細民救恤)의 이론적 근거를 찾아보면, 「논어 학이(學而)」편에 '절용이애인(節用而愛人)'이라는 말이 있는데, 이것은 치도(治道)의 대강을 말한 것으로 한 나라의 군주는 국가의 재용(財用)을 아껴 쓰고 그 나라의 백성을 사랑하여야 한다는 것이다. 공자는 인정에 입각한 덕치(德治)를 정치의 최고이념으로 생각하였다(논어, 爲政 편). 이와 같은 덕치의 사례를 신라 유리왕에서 찾아 볼 수 있다.

그러나 이러한 인정(仁政)도 시대의 변천에 따라 차츰 공리(功利)로 변질되어 덕치보다는 전략적인 면에서 바뀌어져 세민에 대한 구휼이 일종의 민심수람(民心收攬)의 수단으로 전략되었다(구자헌, 1984).

기록에 나타난 자료를 통해 볼 때 삼국시대의 구휼제도는 초기에는 고대국가의 존립, 삼국전쟁의 승리를 목적으로 하는 백성의 안정책의 성격을 띠고 있었다. 즉, 인정의 시혜가 대부분을 이루었고, 고대국가로 성장·발전함에 따라 정략적인 의도에서 구휼이 이루어졌으며 항목도 다양하게 나타났다. 이것은 삼국이 서로 공벌(攻伐), 척경(拓境), 부강(富强)을 위한 목적으로 인적 자원의 최대한의 확보를 도모했기 때문으로 보인다.

그러나 당시 지배층의 한계와 사상적 기반의 미숙 등으로 임시적, 사후대책인 성격이 더 강한 것이었다. 이러한 구휼사업은 일부가 법으로 제정되기도 했으나 그것은 임시적이고 사후대책적인 성격이 강하며 지속적이지 못했고 제도화의 단계에도 이르지 못한 한계성을 지니고 있다.

이 밖에도 삼국시대의 민간 인보제도들이 있었는데, 그 대표적인 것으로는 삼한시대부터 내려온 두레와 공굴, 향도, 고지 등이 있었다(최명순, 1994). 두레는 농사를 공동으로 짓는 상호노동교환 풍습이고, 공굴은 촌락을 단위로 하여 마을 안에 중병자나 불구자, 과부, 초상당한 자의 농사를 마을사람들이 공동으로 지어 주는 풍습이며, 향도는 마을에 흉사가 있을 때 무보수로 노력봉사를 해주는 풍습이며, 고지는 궁핍한 농민들이 상호 연대책임을 지고 농업경영자와 노동청부계약을 맺고 춘궁기에 노임조로 양식을 선불받고 농번기에 약속한 노동을 제공하는 풍습이었다.

Chapter 11 고려시대의 구제정책

Section 1 고려의 사회 · 경제구조

1. 고려의 시대상황

고려사회는 우리 민족사회의 일대 시련기였다. 고려의 건국 이념은 고구려의 옛 영토를 회복하려는 민족정신을 국시(國是)로 삼았는데 인접한 강대민족과의 분쟁이 잦아 큰 시련을 겪었고, 그 영향으로 독립주의와 사대주의로 분열 투쟁하게 된 데 특색이 있다.

고려사회의 구성은 통일된 민족사회로서 중앙집권적 봉건사회를 완성시켰다. 그러나 귀족적, 관료적이었기 때문에 전국적으로 동일하게 육성시키지 못하고, 문무 양반의 알력으로 민족사회의 발전과 국가정치에 많은 결함을 초래하게 되었다(구자헌, 1984). 고려시대의 농민들이 고질적인 빈곤을 면치 못하게 된 것은 근본적으로 이와 같은 봉건적 경제구조의 내재적 모순에 있었던 것이다.

이러한 여건 속에서 동양의 전형적인 봉건적 농업국가였던 고려의 농민들은 사활을 거듭하는 자연적, 인위적 고난을 당했을 때 자력으로 해결할 수 있는 여력이 없었던 것이다. 따라서 최고 통치자요, 지주였던 역대 군주들은 농민들의 빈곤에 대한 구제사업을 하나의 주요 시책으로 하지 않으면 안 되었다. 한편으로 종교적으로는 불교를 국교로 삼아 국민생활을 통일하고 불교구제사업이 활성화되었다.

2. 고려시대의 경제제도

봉건적 토지제도와 문무 양반의 관료체제를 확립한 고려조의 역대 군주는 국가의 안정을 실현하기 위하여 불교사상과 유교주의를 지도 원리로 삼아 궁민구제를 치국의 요체로 삼았다(하상락, 1989).

고려 태조는 건국 초에 민생안정에 으뜸이 가는 일이요, 국가경제의 큰 뿌리인 토지제도를 무엇보다 먼저 정비하여 제세민안(濟世民安)의 터전을 튼튼히 마련하려고 노력하였다. 고려의 전제(田制)는 토지공유를 원칙으로 하고 있는데, 이는 대개 당(唐)나라 제도를 모방한 것으로서 중앙집권적 토지국유제하에 집권적, 관료적 토지소유관계를 확립하였다.

이와 같이 고려시대의 봉건적 경제구조는 토지국유의 원칙하에 집권적, 관료적 토지제도를 근간으로 하여 관료들의 경제생활을 항구적으로 보장함에 따라 결과적으로 부익부를 가능케 하였던 것이다. 또한 사원(寺院)에서는 사원대로 그 경영유지를 위해 사원전(寺院田)을 갖고 있었다. 그러나 일반 농민들은 단지 경작전만을 소유한 농노로 전락되어 귀족관료 지주들의 부의 축적도구가 되고 말았다. 농민생활의 빈곤화는 커다란 사회문제로 발전되어 농민봉기의 계기가 되었고, 대량의 유민들을 발생시키게 되었다.

이와 같이 고려조의 토지제도는 국가 자체가 최고 지주였고 동양적 신분제를 기준으로 한 과전제(科田制)에 의하여 지배관료들의 물질적 생활보장은 확립되었다. 그러나 일반 농민은 수전제(授田制)의 혜택에서 완전히 배제되어 토지에의 예속적 관계에 놓이게 되고 지주들과 일반 농민간의 경제적 관계는 농노적 관계를 본질로 하고 있었다. 이러한 농민의 농노적 예속관계는 집권관료적 전제에 입각한 봉건국가인 고려 초에서는 국가질서를 유지하는 데 불가피한 요소였다.

그 후 인구는 늘고 토지는 줄었으며, 고려 중엽에 이르러서는 내우외한(內憂外患)의 와중에서 토지제도는 문란해지고 가렴주구(苛斂誅求)가 더욱 극심해져 권신(權臣)들이 세도를 부리고 사욕을 탐하게 되어 토지의 횡탈, 증수(贈受), 매득(買得), 기탁(寄託), 개간(開墾) 등이 자행되어 전제는 허물어져 갔다. 즉, 태조가 정한 전제를 파괴하고 타인의 밭을 횡탈광점(橫奪廣占)하여 관리들은 공전(公田)을 사사로이 점유하여 사전(私田)이라 칭하고 서로 다투어 토지를 나누어 갖게 되었지만 관청은 이를 제지하지 못하였다.

이로 인해 약자는 강자의 땅을 빌려 경작할 수밖에 없었는데, 이때 한 사람이 경작하는 땅에서 그 세를 받는 자가 7, 8인에 이르러 전제가 문란해지며 빈부의 격차가 심화되어, 민생이 도탄에 빠지고 국가재정은 큰 어려움을 당하게 되었다. 이에 고려 말기인 창왕 원년(1389년)부터 공양왕 2년(1390년)까지 전제개혁을 실시하여 과전법(科田法)을 정하고 공전제(公田制)의 철저를 기하는 토지개혁을 단행하였다.

이 제도는 국가에서 지급해야 할 경비를 토지로써 절급(折給 : 돈으로 바꾸어 대신 지급한다는 뜻)하고, 수급자는 그 토지로부터 나라에서 수조(收租)하는 만큼의 수입을 직접 경작자로부터 수수하고 관아(官衙)는 그 경비에, 사인(私人)은 자기 비용에 각각 사용하는 것이고, 토지는 전정(田丁)을 두어 경작시키고, 정(丁)은 16세부터 60세까지의 사람들로서 경작을 담당했다. 따라서 동일한 토지 위에 전조(田租)를 취하는 자와 토지를 경작하는 자와 이 둘의 권리자가 있어 전주는 국가로부터 주어진 토지로 일정한 세금을 취할 권리가 있고, 전정은 그 토지를 경작하여 정해진 세금만 바치면 경작할 수 있는 권리를 가지는 것이다(구자헌, 1984).

그러나 훗날 전제가 허물어져서 토지의 겸병(兼併), 공전의 사유화를 마음대로 행하는 문란이 다시 일어나 전제는 수습할 수 없는 혼란에 이르렀다. 따라서 농민들은 생활의 근원지인 농토를 버리고 고향을 떠나 부랑인으로 전락하는 사례가 많아졌다. 결국 유망농민들은 권력층이나 사원의 노동력으로 흡수되어 생활안정을 찾을 수밖에 없었고, 전지(田地)는 그들의 소유가 되고 말았다.

이와 같은 고려의 사회적 배경이 사원으로 하여금 막대한 토지와 부를 소유하게 한 중요한 요인으로 작용하였다. 이렇게 하여 축적된 사원의 부는 불교사회복지사업의 자원이 되었으며, 신앙심을 바탕으로 국가의 사회복지대행기관으로서의 역할이 가능할 수 있었던 것이다.

Section 2 고려의 구제사업과 구제기관

1. 고려시대 구제사업의 배경

고려 전기에 구제정책을 시행하게 된 직접적인 동기는 자연재해, 기근, 질역(疾疫), 전란(戰亂), 가렴주구, 국가적 행사 또는 왕실 등과 관련되어 있었다. 이러한 구제의 동기가 생겼을 때 구제정책을 결정하는 과정은 국왕이 직접 구제를 명령하는 경우도 있었고, 행정관서의 요청에 의하여 왕이 구제를 하명하는 경우도 있었다.

고려시대에 있어서 구빈활동이 제도화된 배경은 정치・도덕으로서의 유교적 성격의 등장과 왕의 책기(責己)의 경향 및 사회의 안정과 왕권의 강화를 도모하기 위한 데에 있었다. 즉, 귀족세력을 관료체제에 재편하는 동시에 농민경제의 안정을 통해 국가의 수취(收取)기반을 안정시키고 그 기반 위에서 새로운 수취체제, 조세제도의 수립을 지향하는 면에서 추진된 농민경제의 안정 위에서 국가체제의 발전을 추구하기 위해서였다.

신라와 고려조는 역대 왕이 불교의 자비심에 입각하여 선정(善政)으로써 군림하였으므로 삼국 이래 시대의 진전에 따라 각종의 민생구휼제도가 대대로 정돈 확장되었다.

이러한 고려시대 구제사업의 사상적 배경은 홍익인간을 바탕으로 천경사상(天敬思想), 불교 및 도교사상, 중국으로부터 유입된 유교사상 등을 들 수 있다. 또한 천재지변의 발생 요인을 왕의 책기에 둔 신라 이래의 유풍이 왕 자신의 책기에 두는 경향으로 바뀌어 감으로써 왕 자신이 스스로 발창진지와 같은 실질적 대책에 힘쓰게 되었다고 볼 수 있다.

고려시대의 구휼제도를 파악하기 위해서는 봉건적 경제구조의 틀 속에서 이해되어야 하는데, 구휼의 주 대상자는 농노적 성격을 가진 농민들이었고, 그들에 대한 구휼정책의 주 목적은 오늘날과 같은 복지권(福祉權)의 의미가 아닌 농노로서의 사회적 기능을 원활하게 유지시키기 위한 것이었다. 이러한 점에서 본다면 영국 구빈법의 제정 배경과 맥락을 같이 하는 부분도 있다.

구제제도의 변천과정을 보면, 건국 초기에는 태조를 거쳐 성종에 이르러 제도적으로 확립되었고, 후기에는 인종 이후로 점차 그 기능이 쇠퇴하여 일시적인 구제기관으로 변모되어 갔다. 그 이유는 이들 구제기관들의 재원이 주로 관곡에 의지하였으므로 사회가 안정되었을 때에는 제대로 운영이 되었지만 정변이나 외침(外侵) 등이 있었을 때에는 사실상 유명무실하게 되었기 때문이다. 즉, 초기에 비해 말기에는 전쟁 등 각종 재난으로 구제사업은 유명무실하게 되었다. 하지만 고려시대 구제사업은 조선시대 빈곤정책의 모체가 되었다.

한편 고려시대의 조직적인 구제사업은 모두 불교복지의 이념하에서 행해진 국가불교복지사업이라고 할 수 있다(임송산, 1983). 즉, 고려시대는 불교의 영향을 받아 구제사업이 자선과 희사를 기본정신으로 성행했으나 그 말엽에 이르러서는 불교 자체가 가진 병폐로 인해 구제사업도 쇠퇴하게 되었다.

고려시대 구제제도의 내용을 크게 재해구제사업과 의료구제사업으로 나누어 볼 수 있다.

2. 재해구제사업

우리나라의 전통적인 구제제도는 창적황정(倉積荒政)의 항구적 구빈제도와 진휼구재(賑恤救災)의 임기 구제제도로 구분해 고찰할 수 있다. 항구적인 구제사업으로는 비황(備荒) 즉, 흉년에 대비함을 목적으로 하는 창적(倉積)의 제도인데, 농본국인 우리나라는 일찍이 고구려 때부터 경국제민(經國濟民)의 기본 제도로서 전래되어 왔다. 임기(臨機)구제책으로는 은면, 제면 등 조세감면제도와 환과고독 진휼의 제도와 풍수해, 전염병 구제의 제도, 납속보관(納粟補官)의 기부금품모집제도 등이 있었다.

재해구제사업이라 함은 재해가 발생하였을 때 또는 발생 시를 대비하여 국가가 빈민층을 물질적으로 돕는 활동을 의미한다. 이재민에 대한 구제사업은 삼국시대부터 응급적으로 또는 어느 정도 제도화된 사전대비책으로서 전적으로 국가책임하에 행해졌다.

고려시대의 구빈 및 구제제도는 창제(倉制)가 가장 대표적인 것이며, 그 외에도 은면지제(恩免之制), 재면지제(災免之制), 환과고독진대지제(鰥寡孤獨賑貸之制), 수한질려진대지제(水旱疾癘賑貸之制), 납속보관지제(納粟補官之制) 등이 있다.

1) 창 제

삼국시대 이래로 재해 발생 시 빈민을 구제하는 비황책으로서 창(倉)이 설치되었다. 창제는 고대의 창제에서 그대로 유래된 것인데, 고대의 제도보다는 발전된 것이다. 건국 초에 태조가 구황제도로서 흑창(黑倉)을 창설하였으나 널리 보급되지는 않았다. 그 후 성종 5년(879년)에 흑창을 의창(義倉)으로 개명하고, 각 주부(州府)의 인호 수(人戶數)에 따라 의창을 두어 곤궁에 처한 백성들을 구제하기 위한 기관으로 두었다. 이는 평상 시에 곡물을 적치(積置)하였다가 흉년, 전쟁, 질병 등의 비상 시에 대비케 한 것이다.

또한 고구려의 진대법과 같이 신·구곡을 교환하여 줌으로써 백성들이 농사철에 종자로 활용토록 편의를 제공하였다. 이것은 수나라의 제도를 본뜬 것이며, 훗날 조선시대에 들어와서는 이것이 사창(社倉) 또는 환곡(還穀)제도 등으로 발전하였다.

상평창(常平倉)은 성종 12년(993년)에 왕명으로 지금의 개성과 평양 및 전국 12목(광주, 양주, 충주, 청주, 공주, 진주, 상주, 전주, 나주, 승주, 황주, 해주의 12행정구역)에 두게 하여 백성들의 경제생활에 편의를 도모한 것이다. 이 때에는 곡물 및 포목과 같은 생활필수품의 값이 저렴할 때 다소 고가로 사들였다가 값이 오를 때 저가로 내어 파는 물가조절의 기능을 맡게 함으로써 국민경제생활의 편의를 도모하는 기능과 가난한 자에 대한 구제사업이라는 진휼의 두 가지 기능을 가지고 있었다.

2) 은면지제

은면지제는 태조 원년에 백성들의 조세와 부역을 3년 동안 면하게 하고, 멀리

사방에서 떠돌아다니는 자들을 전리(田里)로 돌아오게 하여 농상(農桑)에 전념토록 한 제도이다.

은면사업은 개국이나 왕의 즉위 혹은 지방순행, 국가의 경사, 전란 후 또는 기타 적절한 기회에 왕의 은혜로써 조세, 부역, 공물 등 각종 형태의 세금을 빈민을 포함한 일반 백성의 일부 또는 전부에게 면제해준다든지, 죄의 처벌을 감면해주는 것이었다. 고려 역대를 통해 대민진휼책으로 가장 빈번히 행해진 것이 바로 은면사업이라고 할 수 있다.

3) 재면지제

재면(災免)은 이재민들에게 조세를 감면하고 환곡의 반납을 면제하며 경범죄를 사(赦)하여 주는 것이다.

재면지제는 수한충상(水旱虫霜)으로 곡식이 피해를 보거나 농사가 병충으로 인해 실패를 했을 경우에, 백성에게 그 피해정도에 따라서 조세와 부역의 부과를 감면하는 제도인데, 이는 성종 7년(988년)에 처음으로 시작되었다..

재면사업은 이재민들에게 조세와 부역을 감면하고 환곡의 반납을 면제하며, 경범죄를 사하여 주는 것으로 홍수, 가뭄, 우박, 병충해 등의 자연재해로 인하여 전답에 피해를 보거나 질병으로 농사를 못 짓게 된 경우에도 해당된다.

4) 수한질려진대지제

수한질려진대지제는 홍수, 한재(旱災), 전염병 등을 갑자기 당한 어려움에 처한 이재민에게 쌀, 잡곡, 소금, 간장, 의류 등과 의료, 주택의 제공을 통해 구제하는 제도로서, 고려시대 진대사업 중 가장 많이 실시되었다.

5) 납속보관지제

납속보관지제는 이재민 구제에 필요한 재원조달을 위하여 거액을 기부한 민간인에게 벼슬을 주어 자선을 장려케 한 것으로, 충렬왕 원년(1275년)에 국고

부족을 충당하기 위하여 벼슬을 파는 법을 시작한 것이 처음이다. 납속보관사업은 원래 고려시대의 주요 구제책은 아니었다. 그러나 이 사업은 국가재정의 고갈, 군량의 부족을 보충하고 흉년을 당할 때 기민, 질병자들을 진휼하기 위한 재원조달의 한 방법이었다.

6) 4궁의 보호

환과고독진대지제는 홀아비, 과부, 고아, 자식 없는 노인에 대하여 진휼하는 항구적 구제사업을 말한다. 4궁 중에서도 고아와 노인의 보호에 대해서는 특별한 관심을 기울였다. 고아와 노인에 대한 보호는 연로자는 80세 이상, 연소자는 10세로 한정하여 보호하였다.

이 밖에도 효자, 순손(順孫), 의부(義父), 절부(節婦), 독질자(篤疾者)들에게 잔치를 베풀고 물건을 차등하게 나누어 주었다.

재난 시 이재민을 구제하는 것은 긴급조치였지만 재난이 없는 평상 시나 또는 응급 시를 막론하고 특별한 은전의 보호를 받는 것은 4궁이었다.

7) 행려의 보호

행려(行旅)라 함은 일정한 주거가 없고 생업 없이 떠돌아다니며 걸식하는 자를 말한다. 고려시대에는 관에서 큰 관심을 기울여 사원에 곡식을 하사하여 승려들로 하여금 행려자에게 급식케 했다. 승려들이 복전사상(福田思想)에 의하여 당시 걸식하는 행려자들을 위한 급식보호사업을 성황이 행하여 강도나 도적행위들을 방지하는 데 어느 정도 기여하기도 했다.

8) 유민의 보호

유민(流民)이라 함은 도호(逃戶) 또는 망호(亡戶)로 지칭되는 소위 생활근거지인 본적지를 떠나 타향으로 방랑하거나 이산(離散)하는 자들로서, 고려시대에는 과세의 과중, 자연재해, 전란 등으로 많은 유민이 발생하게 되었고 그 결과 농촌인구의 감소로 농촌이 황폐화되고 농업생산에 있어서 노동력 부족현상이 나타나게 되었다.

유민대책으로서는 유민들에 대한 강제적 처벌과 호구조사, 달아나는 유민들을 방지하기 위한 관문의 방수(防守)와 행정구역의 개편 등 법적 조치와 더불어 안무사(按撫使)를 각도에 파견하여 유민들을 보호하고 유망을 방지하기 위한 진휼을 시행하기도 했다.

3. 의료구제사업

의료구제사업은 삼국시대에 비해 발달하였다. 고려 초에는 의학교육기관으로서 태의감(太醫監)을 설치했다가 나중에 전의사(典醫寺)로 개칭되었다. 의료구제사업은 질병 발생 시 빈민을 보호·구제하기 위한 급약, 시료 및 그에 준하는 것을 내용으로 하는 사업으로 대표적인 의료구제기관으로는 제위보, 동서대비원과 혜민국이 있었다.

4. 구제기관

고려조 이전에는 독립된 구제행정기관이 없었고 그때그때 필요에 따라 응급책 또는 미봉적인 행정조치가 이루어져 왔다. 그러나 정치체제가 통일신라를 거쳐 고려의 중앙집권적 봉건국가가 성립되게 됨에 따라 구제행정도 독립기관으로 전문화되어 일반 국가기관으로부터 구분되었다.

고려시대의 구제기관은 상설 구제기관과 임시 구제기관으로 나누어 볼 수 있는데, 상설 구제기관은 구제사업을 위하여 국가에서 설치 운영하는 것으로 이것은 대개 국가에서 재원을 마련하여 운영하는 것으로 각종 재난이나 전란 등으로 국가재정이 어려울 때에는 그 기능이 미약하기도 했으나 대체로 고려 말까지 존속되었다.

이에 반해 임시 구제기관은 상설 구제기관이 제 기능을 발휘하지 못하거나 구제해야 할 대상이 갑자기 증가할 경우 임시적으로 설치하여 이들을 구제한 후 곧 해체되는 기관들이다. 이러한 기관들은 특히 고려 후기에 많이 생겼는데, 이 시기에 많은 전란과 재난 등이 발생하여 상설기관이 그 기능을 발휘하지 못했기 때문이다.

고려시대의 대표적인 구제기관으로는 제위보(濟危寶), 구제도감(救濟都監), 진제도감(賑濟都監), 진제색(賑濟色), 유비창(有備倉), 동서대비원(東西大悲院), 혜민국(惠民局) 등이 있었다.

예종 4년(1109년)에 중앙에 처음으로 구휼행정을 총괄 관장하기 위하여 구제도감을 두었고, 충목왕 4년(1348년)에는 진제도감(賑濟都監)을 증치(增置)하고 우왕 7년(1381년)에는 진제색(賑濟色)을 더 두어 구휼행정을 강화했다.

1) 제위보

보(寶) 제도의 기원은 신라시대에서 찾아볼 수 있다. 보는 공익적 사업을 목적으로 기본재단을 설립하여 그 기금을 대부 활용하여 생기는 이익으로 사업 자체의 운영 또는 경비지출을 도모하는 것이 보의 취지였다. 즉, 빈민구제를 위한 일종의 금융사업이었다. 이것이 고려 때에는 전대(錢貸)의 유통이 보편화되지 않았으므로 곡물(穀物)로써 유통하는 것이 보통이었다.

보는 고려시대 사원경제의 윤택과 민중의 발고여락(拔苦與樂)에 기여한 사회복지적 의의가 있으며, 존본취식(存本取息)이라고 하는 속성 때문에 경제 사회적으로도 의의가 있다. 또한 보는 불교적 자원을 구제사업에 동원한 형태로 볼 수 있으며, 민간자원이 사원을 통하여 조직된 구제자원으로 볼 수 있다.

보에는 사업종별에 따라 학교의 장학을 위한 학보(學寶), 사원 승려들의 근학을 위한 광학보(廣學寶), 각종 불경 명에 의한 경보(經寶) 등이 있었는데, 보는 대체로 후세의 계(契)와 비슷한 기능을 수행했다고 볼 수 있다(구자헌, 1984).

특히 불교사원이 보를 조직하고 운영한 것은 단순히 이식(利殖)만을 목적으로 한 것이 아니라 신도들에게 경제적인 혜택이 미칠 수 있도록 하기 위한 사업이었다. 그러므로 사원의 대식(貸殖)이란 이식에 목적이 있었던 것이 아니라 방생(放生) 즉, 빈민구제에 있었던 것이라고 볼 수 있다(이재창, 1974).

제위보는 질병치료가 주요 임무이기는 했지만 빈민구제사업과 이재민구제사업을 모두 맡아서 행하던 구제기관이었다. 실제로 궁민과 재민을 구제하는 최일선기관으로서 광종 14년(963년)에 처음으로 빈민, 기민, 병약자를 구제하기 위하여 재원을 보관, 경영하는 일을 맡은 관에 의해 설립된 기관이다.

2) 구제도감

구제도감은 대 기근, 질병 등으로 백성들이 재난을 당하였을 때 곡물, 반숙, 소금, 간장, 참기름, 채소, 의류, 배, 솜 등으로 이들을 진휼하고 구료하는 관설기관이며, 이것은 경내에 전염병이 발생하여 대비원이나 제위보만으로 빈민을 치료할 수 없을 때 임시로 설치한 기관이다.

3) 진제도감

진제도감은 임시 구제기관으로 특히 천재지변에 의한 재난 발생 시 진휼을 실시했던 구제도감이나 구급도감과 유사한 기관이다.

4) 진제색

진제색은 임시 구제기관으로서 필요에 따라 수 차례에 걸쳐 설치되었으며, 구제도감이나 진제도감과 유사한 기관이다.

5) 유비창

유비창은 재난으로 빈민이 발생하거나 물가가 폭등하였을 때 이에 대비하기 위하여 설치된 창고로서 동서대비원을 비롯한 타 구제기관에도 미곡을 공급하였던 의창과 상평창의 복합적 기능을 가지고 있었다.

6) 연호미법(煙戶米法)

연호미법은 풍년에 온 백성이 자기 재력에 따라 응분의 출곡(出穀)을 하여 주창고에 저축했다가 흉년에 사용하도록 하는 법이다.

7) 교제창(交濟倉) · 제민창(濟民倉)

이는 각 도의 환곡의 부족을 상호 보충함을 목적으로 한 것으로서, 남부지방과 북부지방이 농작물의 풍흉(豊凶)을 달리한 때에 상호 유통을 위하여 설치한 창으로서 북부의 창은 교제창이라 하고, 남부의 창은 제민창이라고 하였다.

8) 해아도감(孩兒都監)

해아도감은 주로 유유아(乳幼兒)를 보호 양육하는 기관으로 최초의 관설 영아원이라고 할 수 있다. 고려 전기에는 동서대비원, 제위보 등에서 고아를 보호 양육하였으나 후기에 이르러 이러한 기관들의 운영이 유명무실해지면서 고아들을 돌보기 위해 설립되었다.

9) 동서대비원

동서대비원은 주로 환자의 치료와 빈민구제를 담당하는 의료구제기관으로서 문종 때에 창설되었으며, 도성의 병자, 빈민, 고아, 노인, 걸식인들을 구빈 · 시료하고 또한 수용보호사업을 행한 대중적인 의료구제기관이다. 대비원은 불교의 대자대비 사상에서 유래된 것이다.

10) 혜민국

혜민국은 예종 때 설치되어 천재지변이나 기근, 전염병 등 재해를 당한 서민을 구료(救療)하는 일을 맡은 관아이다. 이들 기관에서는 모두 다 빈민환자의 질병을 치료해주었으며 의약과 의복도 내주었다. 혜민국은 후에 혜민전약국(惠

民典藥局)으로 그 명칭이 개칭되었으나 그 기능에 있어서는 변동이 없었다. 이들 의료시설에는 대부분 훈련받은 승려가 종사하였으며, 한편 제위보를 두어 구급(救急)과 더불어 시료를 행할 때도 있었다.

이밖에도 고려시대에는 전란과 흉년으로 떠돌아다니며 걸식하는 유아, 기아, 빈민아 등을 절에서 수용하여 양육하는 수양(收養)제도가 있었으며, 군주가 경로정신을 함양토록 하여 노인을 존경하도록 하는 기풍을 일으키게 하고 노인의 여생을 편안하게 지내게 하자는 양로(養老)와 경로제도가 있었다.

이와 같은 구제기관은 의창, 상평창을 제외하고는 모두 수도에 위치함으로써 빈민구제정책의 전달체계가 지방에까지 확립되지 못했음을 알 수 있다.

5. 민간 차원의 구제활동

1) 사원 구제활동

고려시대의 사적 구제활동은 사원 및 민간기관의 활동에서 찾아볼 수 있다.

먼저 사원에 의한 활동을 살펴보면, 불교는 고려의 국교로서 사회에 큰 영향을 주게 되었는데, 특히 사원이 경제적으로 많은 토지와 노비를 소유하게 됨으로써 사원경제의 바탕이 되었다. 사원을 처음 설립할 때는 국가에서 토지와 노비를 하사하는 것이 상례였고, 여기에 왕족과 귀족들이 전답을 기증하고 또 사원전은 면세전이었기 때문에 사원의 재산은 계속 늘어갔으며, 지배권력을 이용하여 남의 토지를 강탈하거나 매입, 개간을 통해 토지를 넓혀 갔던 것이다.

따라서 사원에서는 이러한 풍부한 토지와 재산을 이용하여 불교의 기본적인 사상인 자선을 행하는 자비심과 복을 만든다는 복전사상에 바탕을 두고 빈곤한 백성이나 행려자에게 시식 및 구료 등의 진휼을 실시하게 되었다(하상락,1989).

이와 같이 고려시대의 사원은 왕조의 비호와 국민들의 절대적인 신앙심으로 발전된 사원 경제력을 바탕으로 구제사업의 주체적 역할을 수행하였다. 또한 의승(医僧)의 구료활동도 있었던 것으로 보이는데, 원래 의승은 승려들의 치료를 위하여 생겨난 것이지만 자선과 포교의 두 가지 목적을 가지고 민간인을 상대로 구료행위를 하였고, 때로는 이러한 의술을 타인에게 전수하기도 하였다(손홍렬, 1981).

이와 같은 고려의 불교복지사업은 국가와 사원이 주된 조직체가 되어 복지행이 펼쳐진 것으로 보인다. 또한 국가와 사원은 각기 독자적이기보다는 사상적, 제도적 교류를 통한 유기적인 상호관계 속에서 복지사업을 시행했다고 볼 수 있다. 이러한 점에서 보면 고려의 불교복지사업은 매우 이상적으로 보일 수도 있으나, 그 나름의 한계를 지니고 있었다(보각스님, 1999).

이러한 사원의 구제활동은 국가에서 행하는 것과 같이 지속적인 것이 아니라 비상 시에만 행해졌던 것 같으며, 또한 전국의 사원이 모두 이러한 구빈활동을 한 것이 아니었기 때문에 실제로 사원의 구제혜택을 입은 사람이 얼마인지는 알 수 없다.

2) 민간 구제활동

민간 구제활동은 일반적인 상호부조를 목적으로 한 계나 두레 등의 자발적인 활동을 통해 일정한 테두리내에서 백성 상호간에 구제을 한 경우도 많았지만 특히 비상 시나 재해 때에 빈곤한 백성들에게 국가의 구제활동만으로는 충분히 진휼을 실시하지 못한 경우도 많이 있었다. 그 이유는 특히 공적 차원에서의 구제활동을 위한 국가재정이 충분치 못한 데 있었던 것이다. 따라서 활인(活人)에 뜻을 가지고 있었던 민간인들이 가끔 자선사업을 하는 경우가 있었는데, 특히 고려 후기에 많이 등장하였다(하상락, 1989).

6. 고려시대 구제사업의 특징

고려시대에 행해졌던 구체적인 구제제도의 내용을 살펴보면 첫째, 재해구제사업은 유례 없는 각종 재해를 당하여 태조 이래 궁민구제를 위해 중국 한나라, 당나라의 제도를 모방하였다. 그리하여 창제를 채택하고 조직화, 제도화하여 관장함으로써 흉년 시 빈민에게 진대, 진휼하여 구제를 행하였고 곡가조절을 통하여 빈민들의 경제생활 안정을 도모하였다.

또한 성종 7년(968년)에는 재면법을 제정하여 국민의 부담을 경감시키고 특별히 사궁과 행려자들을 보호하는 등 궁민구제책을 강구하였다. 이러한 사궁과 행려자보호 구제사업은 특히 불교사찰에서 많이 행하여졌으며, 이 사업에 승려가 불교의 정신아래 주로 종사하였다.

고종 때의 몽고 침입 이래 빈민구제재정 확보의 어려움을 타개하기 위해 실시했던 납속보관사업과 외자도입 등은 고려조가 구제사업을 적극적으로 실천하였음을 보여준 예이다. 또한 빈발하는 재해와 지방관리들의 가렴주구와 전란 등으로 발생한 유민들에 대하여 적절한 법적 조치와 진제책을 마련함으로써 유망(流忙)을 방지하였다.

둘째, 의료구제사업은 일찍이 당, 송, 원나라의 의술을 받아들이고, 그들의 의료제도를 모방하여 혜민국, 동서대비원 등 각종의 서민의료구제기관들을 설치·운영함으로써 자혜적인 의료구제사업을 행하였다. 이들 기관은 질병자에 대한 치료 외에 물질적 시혜도 병행했다.

이러한 점에서 고려시대의 구휼제도는 종래의 임기응변적인 미봉책에 그치지 않고 한나라, 당나라의 제도 모방 및 송나라, 원나라 등으로부터 선진된 문화를 받아들여 봉건통치체제 내에서 빈민구제의 제도화를 기하게 되었다.

여기에서 고려시대 구제사업의 특징을 살펴보면 다음과 같다.

1) 구제사업의 주체

구제사업의 주체로는 공적 차원과 사적 차원으로 나누어 볼 때 우선 공적 차원에서 구제과 관련된 대표적인 중앙관제로서 대부시(貸付市)를 들 수 있으며, 직접적인 구제기관으로서 상설기관과 비상설기관으로 구분할 수 있다. 이 중 상설기관들은 계속적인 비축과 정비를 통하여 구제를 실시하였으나 고려 후기에는 사회의 혼란으로 유명무실하게 되어 그 후로는 비상 시마다 임시기관들이 설치되어 구제를 실시하고는 곧 폐지되었는데, 대표적인 이들 기관들을 설치 순으로 살펴보면 상설 구제기관으로는 흑창, 제위보, 의창, 상평창, 동서대비원, 혜민국, 유비창, 연호미법 등을 들 수 있으며, 임시 구제기관으로는 동서제위도감, 진제색 등을 들 수 있다.

한편 사적 차원에서 보면 사원이나 민간인에 의한 구제활동은 주로 비상 시에 실시된 구제활동과 의승에 의한 구료활동을 들 수 있다. 특히 구제를 위해서 장생고 등이 많이 활용되었으며, 이러한 제반 활동들은 불교의 자비심의 표현이거나 포교의 수단으로 실시되었다. 사원이 행한 구제사업의 특징으로는 첫째, 불교시설이 구제기관으로서의 역할을 수행하였으며 둘째, 불교구제사업은 그 시대의 주요 사회문제를 취급하였으며 셋째, 구제사업 자원을 조직화하는 기능을 수행하였으며 넷째, 구제사업의 인력 공급의 기능을 담당했다는 점 등을 들 수 있다.

그리고 민간인에 의한 구제활동은 대부분 고려 후기 때 실시된 것으로 비상 시에 일시적으로 이루어진 구제활동과 지속적으로 실시된 구료활동으로 구분된다.

2) 구제사업의 대상

구제사업의 급여대상을 계층별로 보면 주로 양인들 중 백정, 농민층이 대상이 되었다. 또한 대상으로 노비를 제외한 집단 천인들도 포함되었는데, 그 이유는 이들의 편성이 납세와 부역의 측면에서 볼 때 농민의 경우에서와 같이 국가와 백성간에 보호와 의무라는 상호작용이 이루어졌기 때문이다. 그런데 문제는 노비 중에서 공노비의 경우 급료와 납세의 경우가 있어 국가에서 행한 구제의 혜택을 어느 정도 받았을 것으로 보인다. 그리고 대상을 요구호자별로 살펴보면, 사궁(환과고독), 노약자, 연소자, 질병자와 같은 부분적인 대상과 빈민, 기민, 유민 등의 전체적인 대상이 있는데, 특히 전체적인 대상이라 할 수 있는 빈민, 기민에 대해 구제제도가 광범위하게 실시는 되었지만 실질적인 혜택은 일부분에 지나지 않았기 때문에 이들이 유민화(流民化)되는 경우가 많았다.

3) 급여종류 및 방법

급여종류는 우선 물질적 급여로서 쌀, 조 등의 식량뿐만 아니라 소금, 간장, 된장, 떡, 콩, 배, 잡곡, 땔감 및 목재, 의복, 농기구나 소 그리고 장례비 등 다양하였고, 이 같은 직접적인 진급 외에도 사원이나 보통원(普通院)을 통하여 행려자들에게 설식을 베풀기도 하였으나 의식주생활 중에서 고려시대에는 의식(衣食)에 관한 것만 이루어졌고 주(住)에 대한 급여기록은 찾을 수 없다. 비물질적인 급여로서 진휼도감, 구제도감 등의 국립구료기관에서 행한 환자의 치료 및 기민과 비상 시의 파역(罷役), 사면 등을 들 수 있다.

급여방법은 삼국시대부터 이미 실시되었던 진대, 진급, 견면(감), 시식 등의 상설 급여방법과 비상설 급여방법이 있었다. 특히 상기 네 가지 상설 급여방법 가운데 가장 광범위하게 실시된 것은 견면이었으며, 그 다음은 진대, 시식, 진급의 순이었다. 그리고 비상설 급여방법으로는 우선 중앙관리의 파견을 들 수 있는데, 이때 파견되는 진휼관의 직관, 성명, 책임지역이 분명해지는 등 중앙관리의 책임소재가 구체화되고 명백해졌다. 또한 상설적인 의창, 상평창뿐만 아니라 용문창 등 임시조치적인 창도 설립하여 구제를 행했다. 아울러 백성의 제반 요역(了役)을 없애 부담도 덜어주고 사면을 통해 농사에 힘쓰도록 배려해주었다. 그리고 고려 후기의 비상 시 구제제도로서 납속보관제는 빈민, 기민의 구빈과 부족한 국가재정을 충당하기 위하여 일시적으로 시행되었다.

4) 재원조달

재원조달은 대개 국가의 조세수입과 특수한 경우 일부 민간재원의 수합으로 이루어졌으며, 재원 충당을 위해 제위보, 상평창 등의 이식을 취하기도 했다. 그러나 고려 후기에 와서는 더욱 궁핍해진 재원을 조달하기 위해 납속보관제의 실시 및 원나라로부터의 하사와 차용 등 외자도입을 통한 독특한 방법이 동원되었다.

5) 구휼정책의 구체화 · 제도화

고려시대 구휼정책의 또 다른 특징은 구휼정책의 구체화 · 다양화와 제도화 · 항식화(恒式化)의 경향을 띠고 있다는 점이다. 구휼의 내용이 구체화 · 다양화된 사례로는 구휼정책으로서의 사면 내용의 구체화, 재해정도에 따르는 정책의 시행을 들 수 있으며, 제도화 · 항식화된 내용은 흑창, 의창, 상평창, 구제도감, 혜민국 등의 구휼기구가 설치되었다는 점이다. 이러한 특징으로 구휼정책이 보다 적절하고 정확하게 일관성 있고 신속하게 시행할 수 있게 되었다는 것을 의미하고 있다.

이와 같이 구휼과 관련된 문제해결방식에 있어서도 독창적이라기보다는 주변국가의 영향을 많이 받은 것으로 나타났는데, 이러한 점도 오늘날의 사회복지제도 생성과 발달에 그대로 적용된다고 할 수 있다.

이와 같이 고려시대의 구제사업은 이미 제도로서 정비됨으로써 삼국시대의 제도보다는 구체화되고 다양화되었으며, 국가책임하의 사회복지제도로서 명맥을 유지해 감으로써 조선시대의 빈곤정책이 유지·계승되어 가는 데 모체가 되었다고 할 수 있다.

Chapter 12

조선시대의 구제정책

Section 1 조선시대의 사회적 배경과 토지제도

1. 조선시대의 사회적 배경

조선왕조는 친명(親明)정책을 표방하였고 유교를 정치와 교육의 근본 이념으로 채택하고 불교를 억제하였으며, 정치적으로는 중앙집권적, 양반 중심적인 봉건체제를 고수하여 엄격한 계급제도를 확립하였고, 경제정책으로는 농본민생주의를 채택하여 국민생활의 안정에 노력하였다.

조선사회는 유사 이래의 대 국란기였다. 조선의 정책은 고려와 고구려의 옛 영토의 회복과 민족의 웅대한 발전을 도모하려는 숭고한 이념은 사라지고 유교를 사회의 지배 이념을 삼아 국민의 사상을 통일하고, 중앙집권적, 양반 중심적인 봉건사회를 구성하여 엄격한 계급제도를 완비하였다.

조선시대의 봉건질서는 그 이념상 첫째, 왕과 백성의 관계에서 왕도정치(王道政治). 둘째, 사회적 관계에 있어서 삼강오륜(三綱五倫). 셋째, 유교를 지배 이념으로 한 중앙집권적 양반 중심적인 계급제도로 대표된다. 그리하여 숭문천무적, 관존민비적, 남존여비적 규범을 세우고 농본주의적 체제로서 사회문명의 발달을 저지시켰다. 더구나 사대주의적 정책으로 민족의 독립정신을 쇠퇴시켰으며, 지배계급의 정권투쟁과 당쟁으로 국정은 극도로 부패하고 수 차례에 걸쳐 참혹한 국난을 겪게 되어 국민을 도탄으로 빠뜨리게 하여, 결국에는 민족의 자주성마저 상실하게 되었다.

더욱이 최근세에는 쇄국주의 정책을 고집하여 문명을 뒤쳐지게 만드는 동시에 국제정세에 어두워서 민족 전체가 봉건사회의 테두리를 뒤집어쓴 채로 세계 열강의 침략세력에 휩쓸리게 되어 사회복지발달사적 측면에서도 일대 변혁이 이루어지게 되었다.

2. 조선시대의 토지제도

조선은 건국 초에 사전(私田)의 개혁과 공전(公田)의 확대로 재정적인 기초를 튼튼히 한 것은 중앙집권적인 봉건제도를 굳건히 확립하는 데에 목적이 있었다. 그러나 태조, 정종, 태종의 3대 사이에 공신 또는 문무관직의 증가로 인하여 공신전, 과전이 과잉급여되고 그밖에 낮은 공로자에게도 별사전(別賜田)이라는 준공신전을 주게 되었다. 그 결과 어떤 사람은 과전, 공신전, 봉급에다 또 별사전까지 받아 너무 많은 토지를 가진 자도 생겨나 국고의 궁핍과 신수과전(新受科田)의 부족을 초래하였다.

따라서 국가는 사전에 대하여도(공신전 등을 제외하고) 공전과 똑같이 일률적으로 수확의 10분의 1의 전조(田租)를 과하여 농민의 부담을 경감하였다. 그리고 사전의 조주(租主)에 대하여는 그 경제적 힘을 억제하기 위하여 개인 세금의 10분의 1을 떼어서 상납하도록 하였다. 그러나 이 사전의 수익성이 낮은 것에 실망한 탐관들은 사전의 전조를 횡령하는 한편 경작자와 야합하여 관에 납부해야 할 세금을 나누어 착복하는 일이 발생하여 사전뿐만 아니라 공전 안에서까지도 민전(民田)이 생겨나는 실마리가 생겼다(이병도, 1957 ; 구자헌, 1984, 재인용).

연산군에 이르러서는 세금을 보다 과중시켰고, 그 후대에서는 이러한 예를 답습하였으며, 임진왜란(선조), 병자호란(인조)의 대란을 겪으면서 토지는 황폐하여 굶는 백성이 거리에 넘쳤다. 더군다나 심한 당쟁으로 인한 분열로 지도층에서는 국가나 민생을 위한 마음보다는 사리사욕에 눈이 어두워 토지의 겸병, 공전의 사유화를 마음대로 행하기에 이르렀다.

Section 2 조선의 구제사업과 구제기관

조선시대의 빈민구제사업은 제도적인 면에서나 내용 면에서 고려시대보다 발전했다고 할 수 있다. 고려시대까지는 주로 불교의 자비심에 영향을 받아 은혜를 베푸는 구제활동이 실시되었지만, 조선시대에 와서는 백성의 불행에 대한 책임이 군주에게 있다는 왕인(王仁)사상이 지배하여 국가통치자의 국가와 백성에 대한 책임감과 의무감을 보다 강조했기 때문에 구제사업의 법적 기초가 마련되고 유교사상을 기반으로 한 체계적인 구제사업이 행해졌다(하상락, 1989).

조선 초기 빈민구제의 원칙으로는 (1) 빈민구제에 대한 책임이 국가에 있고 (2) 구제의 신속을 중요시하며 (3) 구빈행정의 일차적인 실시책임은 지방관이 지게 하고, 그 재원은 국비절약으로 남는 비용 또는 환곡의 대부에서 받는 이자로 충당하고, 만일 이를 등한시하여 구제하지 않는 지방관리는 엄벌하며 (4) 중앙정부는 구호관계 교서 및 법 제정을 하며, 지방구호행정에 대한 지도·감독에 치중하고 (5) 구제의 정도는 빈민의 최소한의 생명유지에 족한 식량의 급여 또는 대부를 하고 (6) 구빈에 있어서 요구호자 친족의 책임한계를 애매하게 하여 상호부조를 동족간의 의무로만 규정했다(아산사회복지재단, 1979). 경국대전에 의하면 친족의 범위는 ① 호주 동거가족 ② 혈족 10촌 ③ 준혈족 1촌 ④ 배우자, 준배우자 무촌 ⑤ 인(姻)족 9촌 ⑥ 인족의 배우자 3촌 등으로 되어 있다.

1. 구제법 체계

조선시대에는 법전 편찬사업이 매우 성행하였다. 개국 이래 새로 발표된 교지, 조례 및 고려 때부터 행해 오던 판지(判旨), 조례 등을 선집하여 구제법체계를 구축하였는데, 여기에서 구휼제도의 법적 기초가 마련되어 있음을 찾아볼 수 있다. 초기 태조의 경제육전(經濟六典)과 태종의 속육전(續六典) 그리고 세종의 증보(增補)가 연달아 발간되었으나 법전으로 체계가 완성된 것은 경국대전(經國

大典)이다. 이것은 세조 때 시작되어 성종(1485년)에 와서 완성된 것으로서, 여기에는 육전(이전, 호전, 예전, 병전, 형전, 공전)으로 편찬되었다. 이 중에서 이전, 호전, 예전, 병전, 형전에서 구제제도에 대한 규정이 있다.

육전에 기록된 구제제도에 관한 규정을 살펴보면 이전(吏典)에는 의료구제기관으로 혜민서와 활인서(活人署)를 두는 규정이 있고, 노인직조(老人職條)에는 80세 이상자에 대해서 무조건 1계급 승진의 특전을 부여하도록 되어 있다.

호전(戶典)에는 경성과 각 지방에 상평창을 두어 백성들의 경제생활을 돕도록 하였고, 수군과 지방관리들에게 명하여 흉년에 대비하여 소금과 해초를 예비할 것을 규정하고 있으며, 지방관의 궁민진휼구제 책임에 관한 규정이 있다.

예전(禮典)에는 경로, 혼비보조, 노인과 고아에 대한 수양 및 의료관급(衣料官給), 의약구제 등에 대한 규정이 있다. 또한 형전(刑典)에는 휼수(恤囚)의 규정이 있다. 병전(兵典)에는 면역, 구휼의 제도를 규정하고 있다.

경국대전이 편찬된 후인 성종 23년에는 대전속록이 나왔으며, 중종 38년(1543년)에는 후속록이 편찬되었다. 영조 때에는 속대전이 나왔고, 정조 때에는 이것을 합편하여 대전통편(大典通編)이 나왔다. 고종 2년(1866년)에 이들을 증보한 대전회통(大典會通)이 다시 나왔다. 이들 법전에 조선시대의 구제사업이 행해진 내용을 체계적으로 담고 있음을 볼 수 있으므로 구제사업이 어느 정도 제도적으로 체계화되었다고 할 수 있다.

2. 공적 구제제도

조선의 구빈행정은 건국 초기에는 고려의 제도를 답습하였으나 초창기 역대 군주의 선정으로 점차 정치 · 경제 면에서 안정을 기하게 됨에 따라 황정(荒政)은 고려에 비하여 그 제도와 운영 면에서 한층 더 조직화되어 시대에 맞게 발전할 수 있었다.

구제제도로서 의창, 상평창, 사창, 제민창 등이 운영되었으나 지방관리의 부패로 인하여 그 기능을 거의 상실해 버렸으며, 농촌공동체를 중심으로 한 사창과 향약 등이 겨우 명맥을 유지하였다. 또한 3정(三政)의 문란 즉, 전정(田政), 군정

(軍政), 환곡(還穀) 문란에 대한 집단항의가 빈번하게 일어나 민란을 일으키는 계기가 되기도 했다.

민생구휼제도는 크게 비황(備荒)제도와 구황제도 그리고 구료(救療)제도로 분류할 수 있다.

1) 비황제도

조선시대의 대표적인 비황제도는 창 제도와 환곡 등을 들 수 있는데, 조선시대에는 군자창, 의창, 상평창, 사창 등으로 분류했다. 의창, 상평창, 사창을 광구(匡救)기관이라고 하였다. 구제사업의 재원을 진자(賑資)라 하였으며, 진휼청의 재원은 8도 환곡의 이식인 경곡(耕穀)으로 충당하였고 그 외에 납속보관, 왕의 내노미 등이었다.

(1) 의 창

의창(義倉)은 흉년이 들면 굶주린 백성을 구제하기 위해 양곡을 저장해 두는 제도로서, 고려시대부터 전해 내려 온 제도이다. 조선 초기에는 민생안정과 국가재정의 확보를 바탕으로 국가 차원에서 의창이 정상적인 기능을 해왔다. 이 제도는 그 후 상평창제도와 그 기능을 통합·분리해 가면서 고종 때까지 지속되었다.

(2) 상평창

상평창(常平倉)은 물가조절 기능을 맡은 제도로서, 이 제도 역시 고려시대부터 있었으나 세종 때 이를 확장하여 경성지방에는 상평청(常平廳)을 두고 그 외 지방은 상평창을 두어 각각 기본 곡을 비축하고, 곡물 외에도 포목을 두어서 곡과 포의 가격을 조절하여 백성들로 하여금 안정된 경제생활을 하도록 하였다. 이 제도는 인조 때 폐지되고, 후일 환곡제도로 흡수되었으나 경성지방의 상평창만은 그대로 남았다.

(3) 사 창

사창(社倉)은 국가기관에서 구제하는 제도가 아니고 일종의 민영 의창제도였다. 사창은 지방단위의 사(社)를 중심으로 그 지방의 향인들이 조합적 조직으로서, 미곡을 저장하였다가 일단 위급한 경우에 이것을 진대(賑貸)하는 구휼을 목적으로 한 민주도(民主導)의 상부상조하는 자발적인 구휼기관이었다. 이러한 사창은 송나라의 주자(朱子)가 의창을 본받아 실시한 제도인데, 우리나라에는 세종 때 도입되어 이율곡의 해주 향약에 병행해서 최초로 실시하였다.

(4) 환곡제도

환곡제도는 일종의 세민구제책으로 관고(官庫)에서 곡물을 내여 춘궁기에 민간에게 대부하여 다음 해에 이를 환납케 하는 제도이다. 이는 원래 한, 위시대에서부터 민간에서 스스로 행하던 조적(糶糴)의 법 즉, 곡물을 창고에서 내어 민간에게 분배하고(糶), 민간 곡물을 창고에 납입하는(糴) 법인 상평창 · 의창 · 사창제도가 그 후 송나라시대에 와서 청묘법(靑苗法)이 되었는데, 그것이 우리나라에 전래된 것이다. 환곡(還穀)은 나누어주는 곡물과 남겨두는 곡물로 크게 둘로 구분하였는데, 전자는 주로 굶주린 백성을 위한 것이고, 후자는 수해, 재난 등에 대비케 하기 위한 것으로서 근본 목적은 백성의 생활안정과 국가재정의 안정을 기하고자 하는데 있었다.

2) 구황제도

구황제도로는 4궁에 대한 보호, 아동보호사업, 노인보호사업, 시식제도 등이 있다.

(1) 4궁의 보호

4궁에 대한 보호는 삼국시대 이래 중요한 구제사업으로 시행되어 왔다. 특히 조선조에 와서는 이들에 대한 보호가 관(官)의 의무가 되었으며 영조 때 경국속편이 편찬된 이후로는 이들에 대한 구제책임의 순위가 명확해졌다. 즉, (1) 친족

부양. (2) 무친족자의 관부유양(官府留養). (3) 민간수양의 순으로 규정되어 있으나 친족부양의 의무한계에 관한 규정은 없다.

(2) 아동수양 및 보호

숙종 22년(1696년)에는 수양임시사목(收養臨時事目)이 제정 · 실시되고 이어서 영조 20년(서기1744년)에는 이 사목이 속대전 속에 편찬되어 더욱 확장되었다. 자휼전칙은 이와 같은 일련의 제도를 집대성하여 정리한 것이라고 할 수 있다.

자휼전칙은 정조 7년(1783년)에 제정된 유기아(遺棄兒) 및 부랑걸식아에 대한 보호법령이다. 자휼전칙의 아동보호 규정을 보면 흉년이 들어 기근이 심한 때에 유기를 당하여 호소할 곳이 없는 불쌍한 어린이와 특히 몸을 가리고 입에 풀칠하는 것을 자기 힘으로는 도저히 할 수 없는 불쌍한 어린이와 사방을 떠돌아다니면서 문전걸식을 일삼는 부랑아들을 관에서 거두어 기르거나(留養), 또는 민가에서 기르도록(收養)하는 내용을 담고 있다.

이 법령은 이전의 법령들과는 그 내용상 현저한 차이가 있다. 자휼전칙 이전의 법령들은 요구호아동의 구휼에 있어서 국가의 개입 영역을 최소화하고 그 대신 민가수양과 같은 민간의 역할과 책임을 크게 강조하고 있었다는 점에서 공통적이지만 자휼전칙은 요구호아동의 구휼에 있어서 국가의 책임과 역할을 일정한도 인정하고 있었다는 것이 특징이다.

이와 같은 구휼사업은 삼국시대부터 조선에 이르기까지 관습적으로 실시되어 오던 것이었으나, 특히 현종 2년(서기1661년) 이후로는 이들에 대하여 입을 옷도 관에서 지급하였다. 양육하여 10세에 이르면 기른 사람이 그 아이를 사역할 권리를 갖게 하였다.

수양임시사목이나 자휼전칙은 모두 유기아 또는 부랑아의 생명을 보호하기 위하여 국가에서 수용하거나, 민간에서 수양하여 양자녀나 노비, 고공(雇工)을 삼을 수 있도록 허가하였다. 이와 같은 유기아 또는 부랑아에 대한 보호규정은 1601년 엘리자베스구빈법의 취지와 유사하다고 할 수 있다(구자헌, 1984).

(3) 노인보호사업

노인보호사업은 역대 군주의 혜정(惠政)으로서 실시하여 온 사업인데, 조선조에서는 노인을 안심입명(安心立命)케 함은 왕의 임무라 생각하였다. 그러나 그 당시는 미시적인 구제체계였기 때문에 4궁에 속하지 않으면 관비부양은 하지 않고, 다만 기회 있을 때마다 은사를 베풀고 백성들이 노인보호에 힘쓰도록 하였다. 이와 같은 노인보호사업은 동양의 경로사상에 기인하여 자녀들에게는 효를 기르고 동시에 위로는 노인을 공경하는 유교적 사상에 기반을 두었다.

(4) 시식제도

시식(施食)제도는 주로 흉년이나 춘궁기에 빈민 또는 행여걸인을 위하여 사원이나 기타 적당한 장소에 취사장과 식탁을 마련하여 음식을 제공하는 것으로 고려조에서는 개성의 개국사(開國寺) 및 임진의 보통원(普通院)이 상설 급식소로서 널리 알려져 있었다. 이 제도가 조선조에도 계승되어 한성부의 홍제원(弘濟院)과 보제원(普濟院) 등은 실농(失農)하여 떠돌아다니는 굶주린 백성을 위한 급식소로 사용되었고 지방에서는 유랑하는 걸인과 빈민을 위한 급식소가 설치되어 이들을 보호했다.

우리나라의 구휼제도는 창 제도와 진휼제도에서 나타난 바와 같이 대부분 중국에서 불교 또는 유교문화와 함께 도입된 것으로 볼 수 있으나 조선조에서는 이들을 우리나라 실정에 맞게 토착화시키려는 노력을 기울여 왔음을 엿볼 수 있다. 이와 같은 구휼사업은 농정(農政)과 불가분의 관계가 있으며, 천재(天災) 대책이 곧 구휼대책이 되었다.

3) 구료제도

조선시대 의료구제사업의 특징은 의료보호 그 자체보다 의료기관과 의료원의 증설, 의약품의 개발과 제도화, 의술의 개발 및 의학서의 지술활동 등을 장려하는데 있었다.

고려조에서는 대비원, 혜민국 등이 있었으나 조선조에서는 고려의 대비원을 모방하여 동서활인서를 설치하여 빈곤과 병자들을 치료해주었고, 태조 6년에는 제생원(濟生院)을 개설하였다. 이것은 숙종 35년에 혜민서로 바뀌었고 광무 3년에 와서 중앙에 광제원(廣濟院)이 설치되어 새로운 의학기술이 도입됨에 따라 이는 폐지되었다.

이와 같이 조선의 의료구제는 제도상으로는 어느 정도 형식을 갖추었다고 볼 수 있는데, 중앙에 왕실의 의료를 관장하는 내의원(內醫院)이 있고, 일반의료행정을 담당하는 전의감(典醫監)과 서민층의 의료사무를 담당하는 혜민서, 동서대비원 등이 있었다. 또한 지방 각지에도 각급 의원, 심약(審藥), 월령의 등을 배속시켜 지방의 의료보호 및 의학교육에 종사하게 하였다.

3. 민간의 인보상조(隣保相助)제도

공적 차원의 법·제도적 구제제도 외에 일반적 구제관습으로 계(契), 두레, 향약(鄕約), 오가통(五家統), 진궁(賑窮) 등 민간의 인보상조제도들이 행해져 왔다.

(1) 계

계는 약자(농민)들이 자신을 보호하기 위하여 조직한 것이다. 계는 자연발생적인 것에서부터 인위적인 것, 농민에서부터 상공인계층까지, 지리적인 것에서부터 직업적, 기능적인 것에까지 포괄적인 성격을 포함하고 있다.

계는 삼국시대에서부터 자연부락을 단위로 실시되어 온 민간의 자구책으로서, 이는 길흉대사 때마다 행하여진 자연부락 주민들간의 경제적 상호부조의 형태로서 오랜 기간 동안 지속되어 온 전통사회의 관행이었다. 즉, 계는 상호부조의 형태로서 집단성원간에 작용하는 경제적 연대성을 수단으로 하고 있다.

계는 원시적·협동적 유습으로서 동지결합(同志結合), 동업상집(同業相集), 동리단결(同里團結) 또는 동문동족의 상호부조·인보상조를 행하고, 특히 애경사(哀慶事)에 있어서 공제 구조하는 등 민간조직으로서 대소규모로 널리 조직되어 활동하였다. 한편 순수한 민간 자치조직이나 서민단체로 구성된 계는 민생을 주된 목적으로 한 자치단체였다. 농경사회에서 민생자치단체의 범주에 속하는 것은 여러 가지가 있으나 그 중 계가 가장 오래된 제도이다.

계의 목적은 공익을 위한 것, 영리를 위한 것, 친목, 공제를 위한 것 등으로 구별되어 구제사업과 관계되는 공제를 위한 목적이 뚜렷한 내용을 갖고 있는 것도 있다.

이와 같은 계가 성행하게 된 배경은 조선조는 치국의 이념으로 민본주의, 위민주의를 표방하였으나 국가재정이 피폐해지고 집권통치 기능이 약화되자 민생안정을 목적으로 시행되던 진휼 및 진대제도가 제 기능을 발휘하지 못하고 유명무실화되어 진대 · 진휼제도에 의지해 오던 서민의 생활은 더욱 어렵게 되었다는 사실에서 찾을 수 있다.

(2) 두 레

두레는 촌락단위로 농경을 위한 공동노동조직이면서 공동방위, 공동제사 및 상호부조 등의 기능을 수행한 마을자치조직이었다(신용하 외, 1995). 두레는 농악을 연주하고 소박한 농군의 춤을 통하여 레크리에이션을 즐기는 등의 협동을 통한 농촌사회의 상호협동체로서 발달한 제도이다.

이 외에도 품앗이가 있다. 품앗이는 두레보다 규모가 작고 단순한 임의의 작업에서 수시로 이루어질 수 있으며, 사사로운 일에 쓰임이 많았다.

품앗이는 두레와 마찬가지로 일차적 목적은 공동노동이었으나 두레와는 달리 노동교환에 있어 1대 1의 개인성향이 강했다. 하지만 품앗이는 서로 얼마나 일했는가에 대한 노동량의 손익을 계산하는 일이 거의 없었다는 점에서 향촌공동체의 자조적인 복지 향상을 기하려는 협동체계라고 할 수 있다(한국정신문화원, 1980).

(3) 오가통

오가통은 인보제도로서 하급 지방행정구역을 일정 호수 (5가구를 1단 즉, 통(統)을 조직)를 표준으로 다수의 지역을 세분하여 그 구역 내의 인보상조와 연대책임의 관념으로 각기 구역 내의 치안을 유지하고 복지를 증진하여 지방행정의 운영을 돕게 하는 국영 지방자치제도라고 할 수 있는데, 오가통 조합원의 주된 의무로는 질병상담, 혼상상조(婚喪相助), 환난상휼(患難相恤) 등과 통 내에 불효, 살인, 도적 등의 사태가 발생했을 경우에는 이를 리, 면에 신고하여 조치토록 하는 일이다.

(4) 향약

조선시대의 사상사가 주자(朱子)사상의 실현을 위한 역사였다면, 향약은 바로 주자사상의 집약적 표현형태라고 할 수 있다(정형우, 1970).

향약은 권선징악(勸善懲惡)과 상호부조를 목적으로 입안된 지역별 자치단체의 약속으로서 그 연원은 송(宋)대의 여씨(呂氏)향약에서 비롯되었다(신대순, 1975). 향약은 원래 한 마을의 주민이 교화를 목적을 달성하기 위하여 자치적으로 정한 규약이란 뜻이다. 지배와 피지배의 관계에서 볼 때 향약은 조선의 지배층을 구성하는 양반계층에 의하여 동원된 사회질서 유지를 위한 하나의 방법이었다.

향약의 골자는 덕업상권(德業相勸), 과실상규(過失相規), 예속상교(禮俗相交), 환난상휼(患難相恤)의 4대 강목으로 대표된다. 이들 강목들은 대부분 사회체제를 유지하기 위한 내용을 담고 있으며 앞의 세 가지는 국민의 교화에 목적이 있으나 환난상휼은 교화의 목적을 높이기 위한 방편으로 공동체의 연대의식을 심어주고 개인의 생존권을 보장해주는 동시에 사회체제의 유지를 가능케 해주는 역할을 담당했다고 볼 수 있다. 환난상휼의 구체적인 사업으로 급난(急難)의 구제, 질병의 구제, 고아나 약자의 부양, 빈궁의 진휼, 장제 등을 들 수 있다.

향약이 향촌 내의 질서유지와 향촌민의 교화에 목적이 있는 사회제도였다면, 환난상휼은 향촌에 환난을 당한 사람이 있을 때 부락민이 상호부조해야 한다는 규약이 된다. 향약의 환난상휼은 그 물질적 상호부조의 규약이라고 할 수 있는데, 그 특성은 첫째, 대상자는 가입과 동시에 일정량을 기여하고 매년 정규적으로 일정량을 기여하도록 규정되어 있다. 둘째, 양반과 상민이 부담하는 기여량과 환난을 입었을 때 받는 혜택의 양에 있어 차등적 분배의 원칙이 적용된다. 셋째, 갹출된 곡식 및 옷감 등은 바로 분배만 하는 것이 아니라 기금을 마련하여 지출에 대비하도록 규정하고 있다. 넷째, 관혼상제 등의 일이 있을 때마다 필요액을 추가 갹출토록 되어 있으며, 갹출과 급여를 통한 경제적 연대성에 의해서 뿐만 아니라 노동협동의 형태로도 상호부조하도록 되어 있다. 다섯째, 부조의 방법으로서는 무조건의 급여뿐만 아니라 조건이 붙는 급여가 존재하였다. 여섯째, 대상자가 빈핍한 경우 생계가 어려운 사람들에게 재물을 주거나 대여하여 가업을 이어나갈 수 있게 해주되 대여받는 것은 오랜 기간에 걸쳐 상환해야 하는 조건이 규정되어 있다.

사회보장제도가 존재하기 이전에 개인과 그 가족의 경제생활을 보호하던 가장 중요했던 두 가지 수단은 자본과 노동이었을 것이다. 특히 조선조의 경우 자연부락을 단위로 한 상호부조, 예컨대 길흉사 때마다 행하여진 자연부락 주민들 간의 경제적 상호부조는 오랜 기간 동안 지속되어 왔으며 이것이 중국에서 들어온 향약이 토착적으로 자리잡은 원동력이라고도 할 수 있다.

이러한 의미에서 향약은 현대적 의미의 사회보장과 고전적 의미의 상호부조를 연결시켜주는 현대와 고대의 사회보장제도의 두 가지 특성을 포함하고 있다는 데 의의를 찾을 수 있다.

이와 같은 향약은 민주적 원칙에 의하여 자치적으로 운영하던 상호부조조직이라고 볼 수 있다. 그러나 양반, 유생 등 당시의 식자층이나 지배층을 구성하던 사람들에 의해 주도된 대민교화책의 하나였으며, 민생의 기능을 부수적으로 포함하는 것이었다. 그 목적은 조합원 상호간에 선을 권장하고 악을 징계하며, 서로 도움으로써 복지와 질서를 유지하는 데 있었다.

향약은 중종 이후 전래되었고 율곡향약은 시기에 가장 적합한 현실주의 향약으로 발전하여 우리나라 향약의 중추를 이루었다. 율곡(栗谷)은 향약에 나타난 상호부조의 협동을 구휼정신으로 보고 협동정신을 재래의 계(契)의 기능에서 찾아 이것을 향약에 도입해서 결합시켰다(전준우, 1994).

향약과 사회보장은 모두 사회질서의 유지 기능을 갖고 있지만 그 근본 원리나 방법에 있어서는 상당한 차이를 보이고 있다. 즉, 조선시대 향약들은 대부분 교화의 기능을 인간의 기본적 욕구보다 더욱 중요시하고 있으나 현대 사회보장은 먼저 급여를 하고 나중에 교화를 하는데 초점을 두고 있다는 데 차이가 있다.

(5) 진궁

진궁은 4궁에 대하여 진휼사업을 실시하는 것을 말하는데, 이 중에서도 건강상 생업에 종사할 수 없는 사람으로서 6등친(六等親)이 없는 사람이 그 대상에

되었다. 진궁의 시혜자는 고을의 수령이지만 어디까지나 관습에 의한 것이며, 하나의 제도로서 시행되었던 것은 아니었다.

4. 구제기관

조선시대의 대표적인 구제기관으로는 구황청 또는 진휼청, 혜민국, 활인서, 기로소, 진휼청유접소 등을 들 수 있다. 이들 기관들은 설립 후 폐지되거나 명칭이 바뀌기도 하고 다른 기관으로의 기능이 이관되기도 하였다.

(1) 구황청

구황청(救荒廳)은 세종 때 처음으로 설치되었는데, 굶주린 백성의 구제를 맡아 보살피는 국가기관이다. 이는 신라와 고려시대의 제도가 계승 전래되었다. 이 기관은 인조 4년(1626년)에 진휼청으로 명칭을 바꾸고, 전국 8도에 구호양곡을 방출하며, 급식 등 제반 진휼사업을 전개하였다. 한편 상평창과 의창은 진휼청에 흡수되었는 데, 이는 풍년 시 곡물구입, 흉년 시 방출이라는 물가조정 기능과 흉년이나 춘궁기에 국민들에게 곡물을 대여하는 구휼 기능이 사실상 구분하기 어려웠다는 것을 의미한다. 갑오경장 때 이 제도가 폐지되었다.

(2) 혜민국

혜민국은 태조 때 설치되었으며, 여기서는 서민의 질병을 치료하고 여의사를 교습하였다. 태종 14년(1414년)에 혜민서로 그 명칭이 바뀌고, 인조 15년(1637년)에 전의감(典醫監)에 합병하였다가 고종 19년(1637년)에 이를 폐지하였고, 광무 5년(1901년)에는 다시 혜민원을 두고 같은 사무를 관장했으나 광무 8년에 이를 다시 폐지하였다.

(3) 활인서

활인서(活人署)는 태조 때 경성의 동부와 서부에 2개소를 설치하여 경성 내의 환자를 구휼하는 것을 관장하였다. 초기에는 고려시대와 같이 동서대비원이라 하였으나 태종 14년(1414년)에 동서활인서로 그 명칭을 바꾸었으며, 고종 19년(1882)에 이를 폐지하였다.

혜민서가 주로 일반 백성들의 질병을 담당하는 관청이라면, 활인서는 주로 무의탁병자를 수용하고, 전염병이 돌 때 임시로 병막(病瘼)을 지어 환자의 간호를 담당했다.

(4) 기로소

기로소(耆老所)는 태조 3년(1394년)에 경성에 설치되어 70세 이상의 노인을 입소시켜 잔치를 열고 노후의 환락을 즐기게 하는 일을 하였는데, 매년 봄 가을에 왕이 연회를 베풀어 노대신(老大臣)들을 위로하였다고 한다. 기로소는 고종 31년(1894년)에 폐지하였다가 광무 8년(1904년)에 다시 세웠지만 융희 3년(1909년)에 다시 폐지되었다.

(5) 진휼청유접소

진휼청유접소(賑恤廳留接所)는 유기아(遺棄兒)를 수용 보호토록 한 시설로서, 무의무탁한 유기아에 한하여 경성은 진휼청유접소에 보내고 지방에서는 진장(賑場)을 설치한 곳으로 보내어 이들을 수용 보호하였다. 그러나 부랑아의 경우는 한겨울 추운 때에 한하여 수용 보호하고 봄이 되면 내보내고, 부랑걸식하는 어린이에 대해서는 반드시 부모, 친척 또는 주인이 없는 경우에 보호하고, 유기아는 세 살까지에 한하여 풍년이나 흉년을 불구하고 무조건 발견하는 즉시 수용 보호하는 규정이 자휼전칙에 명시되어 있다.

5. 조선시대에 제기된 복지 사상

1) 다산 정약용의 복지관(福祉觀)

조선 후기의 사회적 조건 속에서 백성은 그 생존권의 위협을 더해가고 있던 반면, 정치적 지도계층은 백성들에게 별다른 비젼을 제시하지 못했을 뿐만 아니라 오히려 자신의 안주(安住)와 사리사욕에 더 골몰해 하고 있었다. 이에 대한 반발로서 거론된 부민론(富民論)은 현실의 정치 사회체제에 대한 뚜렷한 상황 인식하에서 경험적, 실용적인 방법으로서의 국리민복(國利民福)을 위한 대안으로 나타났다.

부민론이란 일반적으로 '부유한 사람'을 뜻하는 것이지만 또한 백성을 잘살게 한다는 의미도 된다. 즉, 왕도정치 이념인 백성을 잘 기른다는 의미와도 유사하다. 실학에 나타난 부민론은 토지개혁론, 환상(還上)개혁론, 애민(愛民)·혜휼론(惠恤論) 등에서 나타나고 있다(김이진, 1988).

실학(實學)사상의 대두 배경은 조선왕조 초기 이래 지배적 통치 이념인 유교 즉, 주자학적인 사상체계에 대한 비판으로부터 대두되었는데, 이 시기의 정치 및 사회상황은 임진·병자 양 전쟁 후 국가체제가 위기상황이었으며, 민생은 도탄에 빠지는 상황에서 지배층은 관념화되고 공리공론화된 주자학의 권위주의로 국민을 경제적, 정신적으로 압박하고 있었던 시기였다. 또한 주자학적 사상의 공리공론을 부정하고 사업의 실리를 추구하려는 실사구시(實事求是)의 실학파의 사회개혁 사상이 싹트는 한편 상하관계의 유교질서를 정면으로 반대하여 평등을 주장하는 천주교가 일부 지식층에 들어온 시기였다(전준우, 1994).

다산(茶山 : 1976~1836)은 이러한 격동기에 혁신적인 입장에서 사회의 개혁을 주장하였고, 신사조(新思潮)의 선두에 서서 근대화의 내적 문제를 모색하였다. 다산 실학의 철학적 바탕은 인(仁)에 입각한 안민(安民)사상에 있다. 이 안민사상은 특히 「목민심서(牧民心書)」에 잘 반영되어 있는데, 「목민심서」는 인간의 평등한 존재에 대한 자각을 전제로 하였기 때문에 수령의 기본 자세를 청백(淸白)과 절검(節儉)에 두고 이를 강조하고 있다. 즉, 다산의 목민사상은 하향적 애민사상, 민본적 애민사상으로 볼 수 있다.

다산의 사회적 가치의 지향은 평등(기회. 결과의 평등), 자유, 민본주의를 기초로 하고 있으며 부유한 국가, 강력한 군대, 안정된 생활, 건강한 생활 그리고 향상된 생활 즉, 부국안민(富國安民)의 이상이 실현되는 사회를 지향하였다.

「목민심서」 중 애민(愛民) 편, 진황(賑荒) 편에 나타나 있는 다산의 복지관을 살펴보면 애민 편에는 양로(養老), 자유(慈幼), 진궁(振窮), 애상(哀喪), 관질(寬

疾), 구재(救災) 등이 있고, 진황 편에는 비자(備資), 권분(勸分), 규모(規模), 설시(設施), 보력(補力), 준사(竣事) 등이 있어, 이러한 내용은 민본주의적 복지관과 전인적 인간관에 입각한 복지관으로 볼 수 있다.

그는 생산력의 발전과 해방을 통해 이룩될 수 있는 부와 행복 즉, 정치, 경제, 군사, 사회의 전부분에서의 발전을 통해 결과적으로 복지의 실현 내지 증진을 도모할 수 있다고 보았다. 다시 말하면 다산의 이상적인 사회상은 경제적인 측면에서의 궁핍으로부터의 해방과 정치적인 측면에서의 중세적 모순과 질곡(桎梏)으로부터의 해방인 것이다.

다산의 사회복지관은 혜휼책과 구휼책으로 대별된다. 혜휼은 목민심서에 나타나는 환과고독 등 고약자(孤弱者)에 대한 국가보장제에서 엿볼 수 있고, 구휼책은 환곡관리에 집중적으로 반영되어 있다(전준우, 1994).

2) 이지함의 사회복지 철학

토정 이지함(李之菡 : 1511~1578)은 조선 중기에 우리나라 최초로 자본주의 시장경제를 시도한 경제학자이며, 천문학을 탐구한 과학자였으며, 민간 사회복지관을 설립한 사회복지 선구자이기도 하다.

이지함의 복지실천의 철학과 이념은 상담지도사업으로 마음의 병을 고치는 것을 최우선으로 하고 있으며, 토정의 복지실천 지침은 첫째, 사람을 대할 때 하늘을 보듯이 하라. 둘째, 곤궁한 자에게 현물을 지급하되 일할 수 있는 자에게는 지급하지 않는다. 셋째, 의존심을 없애고 자립의 기회를 주어야 한다- 개인의 빈곤의 원인이 동기부족과 게으름 등의 이유일 때는 그것까지 책임질 수는 없다. 넷째, 생활개선 조건을 변화시킨다. 다섯째, 자립을 도와주어야 한다. 여섯째, 제물은 필요한 곳에 쓰는 것 등으로 집약된다.

이와 같은 철학에 기초하여 마포 나루터에 '토정(土亭)'이라는 명칭의 흙토담집을 건립하였는데, 이것이 토정복지관의 설립(1562년)이었다. 여기에서는 노약자에게 생활지원을 하는 한편 정신적 자립을 위한 사회복지 전문기술을 이용하여 민간 사회복지기관으로서의 역할을 시작했다. 토정의 이용자는 가난한 사람, 장애인, 과부, 죄인, 비행자녀의 부모들이었으며, 모든 면담은 기록하여 제자들은 감정결과와 조치사항을 기록으로 토정에게 보고하고 평가와 사후지도, 수정지도를 실시하였다고 한다.

영국의 토인비 홀은 1884년에 설립된 반면 토정은 1562년에 세운 것으로 322년이나 앞섰지만 토인비 홀은 사회복지관의 시초라고 전세계적으로 기념하고 있는데 반해, 우리나라에서는 그 역사적 의의를 제대로 살리지 못하고 있다.

이상에서와 같이 삼국시대, 고려, 조선조 등 근대 이전의 구제제도는 지배계층에 의한 시혜적, 자선적, 억압적 성격과 아울러 사회불안의 안정과 정치적 저항을 무마시키려는 온정주의와 가부장주의로 특정지을 수 있다.

우리나라 사회복지 이전 단계에서 전개되었던 사회복지활동은 이념적 측면에서 불교의 인과응보, 천명사상에 바탕을 둔 왕도사상과 유교적 정치 이념의 체계화, 빈곤의 원인을 서구의 경우처럼 개인의 나태 및 무절제 등 개인 탓으로 돌리기보다는 왕의 책임이라는 책기론이 작용했다고 볼 수 있다. 책기론은 우리나라 구빈정책이 서양의 구빈법과 같은 질서적 발전과정을 거치지 않은 채 동양적 전제왕정의 특징과 왕정의 성쇠에 따른 임기(臨機)의 제도로서 이해하는 배경이기도 하다. 또한 사회 경제적으로 농업노동력의 확보와 조세 수취기반의 안정을 통한 신분질서의 유지와 왕조체제의 강화라는 측면에서 이해될 수 있다.

한편 우리나라에서 원조를 필요로 하는 개인이 의존하는 조직은 전통적으로 혈연공동체나 두레, 품앗이와 같은 상호부조조직이었다. 그 형태는 시대에 따라 다르게 나타났지만 이러한 공동체들은 여전히 나름대로의 기능을 수행해 왔다.

서구의 사회정책과 우리나라의 황정(荒政)을 비교해보면 사회정책은 자본주의 경제체제의 모순을 수정 또는 조정하는 것으로서, 이른바 분배과정의 영역 내에 있어서의 폐해에 대한 분배적 정의의 원리이거나 반자본주의적인 계급폐지론에 입각한 사회주의적 사회정책으로 나눌 수 있는데, 이 모두가 자본주의 사회를 전제한다는 점이 공통적이다. 이러한 관점에서 사회정책과 황정은 시행주체와 대상이 거의 접근하고 있으므로 황정을 아시아적 사회정책(Asiatische Sozial Politik)이라고 할 수 있다(하상락, 1970).

Chapter 13

개화기 이후의 사회사업과 구호정책

Section 1 개화기의 사회사업

1. 개화기의 시대적 배경

근대사회로의 전환기에 나타난 사회문제는 토지소유관계의 모순, 중세적 수취체제인 조세제도의 모순으로 요약된다. 이러한 모순은 19세기 중반의 민란(民亂)과 19세기 말의 농민전쟁으로 표출되었다. 중세적 자연경제체제가 해체되고, 상품경제의 발전에 매체가 되어 농민층 분화가 촉진됨에 따라 다수의 농민이 농지에서 이탈하여 임금노동자로 전환되면서 새로운 사회문제를 야기시키게 되었다.

구한 말 개화기는 정치적 격동기였다. 조선 후기에 들어 봉건체제가 지닌 한계와 모순들이 누적되면서 사회개혁에 대한 논의가 제기되었으나 실현되지 못한 채 개화기를 맞이하여 신문물을 도입하자는 주장이 제기되었으나 역시 실현되지 못했다. 이 시기는 천주교가 전래되어 서민들에게 침투되었고 종교적 박해가 심했으며, 민족종교로서 동학(東學)이 태동했다. 동학은 신앙으로만 그친 것이 아니라 보국안민(保國安民)과 광제창생(廣濟蒼生)을 내세워 사회개혁과 외세배척을 주장했다(한영우, 1997).

대원군이 집권하여 내정개혁을 단행했고 병인·신미양요를 겪으면서 쇄국정책을 고수해오다가 고종이 집권하면서 개화(開化) 사상에 입각한 개화청책을 추진했다. 갑오경장을 통해 홍범 14조(洪範十四條)의 개혁안을 제정하여 제도상으로는 서양식 근대국가에 가까운 모습을 갖추게 되었으나 실제로는 일본의 내정

간섭의 공간을 마련해주는 결과로 나타났고, 농민들의 고통을 덜어 줄 수 있는 조세제도나 토지제도에 대한 배려가 없었다.

고종의 개화정책은 교육, 언론 그리고 각종 기술분야에서 골고루 추진되었는데, 근대적인 병원과 서양식 치료방법이 도입되고, 1885년에는 최초의 서양식 병원인 왕립 광혜원(廣惠院)을 설립하였으며, 천연두 예방을 위해 주요 지방에 우두국(牛痘局)을 설치하였다.

2. 개화기의 사회사업

개화기 이후 한일합방, 해방, 미군정의 소용돌이 속에서 우리나라의 정치, 경제, 사회 각 방면에서 많은 변화와 특별한 의미를 지니고 있다. 일제시대와 미군정기를 통해 그들의 통치 이념과 정책에 따라 사회복지는 일본과 미국의 모델이 적용되었고 그로 인해 사회문화적 차이에서 오는 문제점이 표출되기도 했다.

근대적 성격의 사회복지사업이 우리나라에 전래된 것은 개화 이후의 일로서 일제시대를 거쳐 현저한 발전을 보게 되었다. 구미제국의 자선·구제사업이 들어와서 새로운 사회사업의 기초를 형성하기 시작한 것은 조선 말엽이므로 이때부터 근대적 사회복지시설사업이 생성·발전되었다고 볼 수 있다.

근대적 사회복지시설사업으로서는 조선 말엽인 고종 25년(1888년) 3월에 프랑스 교회에 의하여 서울 명동에 처음으로 천주교회 고아원이 설립된 것이 그 시발이다. 갑오경장 이듬해인 고종 32년(1895년) 3월에는 인천에 천주당부속 고아원이 설립되었고, 광무 10년(1906년) 3월에 설립된 경성고아원이 세 번째이다. 이는 한일합방 후 일제의 사금(賜金)을 기금으로 하여 출발한 총독부 직영의 사회사업기관인 제생원(濟生院) 사업의 일부로 흡수되어 고아양육사업으로서 계속되었다.

노인복지시설사업은 1888년 천주교 조선교구 제7대 교구장 백규삼(白圭三)주교가 샬트르 성바오로 수도회본부 총장에게 보낸 서한에 양로원을 신설하고 길가에 버려져 배고픔과 추위로 죽음 외에 가망을 갖지 못한 남녀 노인들을 수용하였으니 현재 양로의 수는 40명에 달하였고 하면서 이를 위하여 바오로 수도회 수녀들을 파송해 달라고 요청하였다. 이것이 한국 양로시설사업의 시작이라고 볼 수 있다(권오구, 2000).

부녀복지시설사업은 과부, 이혼 및 파혼당한 불우한 여성, 취학할 수 없는 소녀 등을 대상으로 이들에게 보통학교 교육과정인 6년을 4년에 마치도록 계획하여 1919년에 설립된 루라웰즈학원(The Lula Wells Institute)이 그 시발이며, 감리교선교부에서는 1921년 현재 태화기독교사회관의 전신인 여자태화관을 설립하였다.

장애인복지시설사업은 미국의 감리교 여선교사인 셔우드(R. Sherwood)에 의하여 1894년에 시작되었고, 1897년에 평양식 점자를 창안 보급하였다. 1903년에는 맹인여학교를 개설하였고, 1909년에는 농아부를 설치하여 맹아학교로 발전하였다.

구한 말기의 사회사업은 농민운동과 인도주의적 개화사상, 천주교와 기독교를 중심으로 한 자선사상과 실학사상의 영향을 받은 복지사상을 배경으로 전개되었다고 볼 수 있다.

이와 같이 구한 말기에 서구식 양로원과 고아원 및 장애인시설들이 서구의 선교사들에 의해 소개되었고, 이후 우리나라 사회복지가 시설 중심으로 발전하는 계기가 되었다.

Section 2 일제식민지시대의 구호정책

1. 시대적 배경

19세기 말과 20세기 초의 조선은 내부적으로는 민중의 봉건체제 개혁 요구가 높아지고, 외부적으로는 선진 자본주의 열강국들이 조선 진출을 위한 개방압력이 가해지는 시기였으므로 개화파와 체제유지파가 대립되어 있었다. 그러다가 1910년 한일합방으로 일본의 식민지가 되면서 무단정치, 황민화정치가 펼쳐졌다.

이 시기의 빈민형성과정을 살펴보면 을사조약 이후부터 토지침탈을 시작한 일본은 국권침탈 이후 본격적으로 토지침탈정책을 추진하였다. 근대적인 토지소유권을 확립한다는 미명하에 실시된 토지조사사업은 총독부와 동양척식회사의 토지강탈로 귀결되어 자작농(自作農)이나 자소작겸농(自小作兼農) 등 소농들은 대부분 몰락하여 소작농과 농업노동자로 전락하거나 화전민 혹은 만주 등지로 떠나가는 사례가 많았다(한영우, 1997). 당시의 식민지적 경제구조는 일본의 자본주의 발달을 위한 원료 및 식량공급지와 상품시장을 만들어 경제적 이득을 극대화하고 우리의 민족자본 성장과 농촌사회의 안정을 급속도로 파괴시켜 빈부의 격차가 증폭되었을 뿐만 아니라 농민의 빈곤도 증가되었고 소작농의 격증과 경작면적의 감소에 따라 궁핍화, 빈곤화현상을 초래하였다.

이 때 생겨난 빈민계층을 분류해보면 도시지역의 하층생활을 하는 토막민(土幕民), 농촌에서 살던 농민들이 농토를 잃고 농촌을 떠나 산지에서 경작하는 화전민(火田民) 그리고 걸인, 궁민, 세민 등의 빈민들이다. 통계에 의하면 1931년의 빈민 수는 5,414,000명으로 전체 인구의 27.5%를 차지하였다(조기준 외, 1971).

2. 조선총독부의 구호정책

조선왕조 개국 이후 계속되어 온 왕조 중심의 민생구휼정책은 1905년 을사조약에 의해 일본의 식민지화가 시작됨으로써 그 막을 내리게 되고, 이후부터는 일본의 강제에 의한 목적성(目的性) 사회복지사업과 구호정책이 전개되었다. 이로써 우리나라 고유한 그리고 전승되어 온 사회복지제도는 외세에 의해 새로운 틀로 짜여지게 되면서 그 이후에 미군정기, 외원기관의 가세 등으로 혼란을 겪게 되었다.

조선총독부 시대에 이루어졌던 사회사업은 역사적으로 매우 중요한 것으로 평가되어진다. 그 이유는 서구에서도 이 시기에 사회사업이 하나의 학문으로 태동·발전하기 시작하였으며, 우리나라에서도 사회사업이라는 새로운 용어를 이 시기에 처음으로 사용하기 시작했기 때문이기도 하다(권오구, 2000).

그러나 일제시대의 구호사업은 근대적인 복지 이념에 의하여 시행되었다기보다 그들의 식민정책의 일부로서 시혜 또는 자선사업을 통해 우리 민족이 그들에게 충성하게끔 하려는 정치적, 통치 수단적인 불순한 동기가 내재하고 있었음을 간과할 수 없다.

기미독립운동 2년 후인 1921년에는 구호행정을 강화하였다. 내무국에 사회과를 독립시켜 사회복지사업의 지도 통제를 담당케 함으로써 이 때를 기하여 사회복지시설사업이 크게 팽창하였는데, 이들 시설을 분야별로 보면 1927년에는 인보사업 3개소, 인사상담 10개소, 숙박구호 4개소, 직업소개 8개소, 아동복지 25개소, 특수교육 4개소, 의료보호 30개소, 궁민구조 26개소, 양로사업 2개소, 교정사업 24개소 등 136개소나 되었다(하상락, 1989).

한일합방 이후 이들 시설사업이 복잡하게 분화되고 또 시설 수도 부쩍 증가하게 되었으며, 경영자도 구미선교단체, 민간독지가, 일본인, 국내 종교가 등 다양해져 갔다(구자헌, 1984). 그 후 1934년까지 전국에 산재한 아동복지시설은 경성화광교원 동대문탁아소 등 4개 시설에 총 319명이 보호를 받고 있었다. 이와 같은 급격한 사회복지사업의 증가로 총독부로 하여금 이들 시설의 확장 통제 또는 지도 육성의 철저를 기하게 하는 계기를 마련하게 되었다.

1937년 중·일전쟁이 시작되자 인보상부상조와 국민자각을 향상시킨다는 명목으로 1938년부터 4년에 걸쳐 서부인보관, 용강인보관, 성동인보관, 영등포인보관을 차례로 개설하고 요보호자들에 대한 보호, 구제, 직업알선 등의 케이스웍(casework)업무를 담당케 하여 1940년도 1년간의 취급건 수만 16,417건에 달했다고 한다. 이러한 사회복지사업의 전개는 전국적으로 파급되어 1936년 경까지 전국의 각종 사회복지사업기관은 총 287개소에 달했다(권오구, 2000). 이들 기관의 현황을 살펴보면, 연도별로 약간의 차이는 있지만 각 분야에 걸쳐 매우 광범위하게 사회사업이 실시되었던 것으로 볼 수 있을 것이다.

그리고 사회사업단체로는 재단법인 조선사회사업협회가 결성되어 총독부 사회과에 사무소를 두고 각 지방에 지부를 두었는데, 처음에는 조선사회사업연구회로 출발(1921년 4월 1일)하여 1928년 12월 31일 동 협회로 개편되었다. 1922년 9월에는 1주일간 사회사업강습회가 개최되었으며, 1933년에는 사회사업일반, 조선사회사업개요 등의 강좌가 개최되기도 했다. 그 외에도 1916년 프랑스인이 설립한 샤르타렐재단과 1921년에 설립한 한진달재단과 같은 사회사업단체가 생겨 방빈(防貧), 구빈, 교화에 관한 제반 업무를 수행하였다고 한다(김상규 외, 1982).

3. 조선구호령과 구호사업

서구사회에서는 20세기에 들어와 빈곤관이 바뀌어 빈곤은 반드시 개인의 책임이 아니라 사회구조적 문제 때문에 필연적으로 발생되는 것이 많으며, 개인의 힘으로써는 도저히 어쩔 수가 없다는 사실이 일반적으로 인식되기에 이르렀다. 이러한 시기에 식민통치를 목적으로 한 조선구호령이 제정되었다.

1) 조선구호령

일본은 사회복지에 대한 인식이 바뀌어지는 국제정세하에서 1929년에 구호법을 제정·공포하고 1932년에 이 법을 시행하였다. 이것을 조선총독부에서는 이로부터 12년이 지난 해방 직전인 1944년에 이 법을 기초로 하여 모자보호법과 의료보호법을 부분적으로 첨가하여 이를 종합한 조선구호령(朝鮮救護令)을 제정하여 공포·시행하였다.

조선구호령의 주요 내용을 살펴보면 다음과 같다. 첫째, 구호대상의 범위는 (1) 65세 이상의 노쇠자. (2) 13세 이하의 유아. (3) 임산부. (4) 불구, 폐질, 질병, 상이, 기타 정신 또는 신체의 장애에 의해서 노동할 수 없는 자로 하고 있다. 둘째, 급여의 종류는 (1) 생활부조. (2) 의료부조. (3) 조산부조. (4) 생업부조 등 네 가지였다. 셋째, 구호방법은 구호를 받는 자의 거택에서 이를 행한다고 하여 거택구호(居宅救護)가 원칙으로 되어 있으나 거택구호가 불가능하거나 또는 그것이 부적당하다고 인정되는 경우에는 구호시설에 수용하거나 수용을 위탁하거나 또는 민간의 가정에 그 수용을 위탁할 수 있도록 되어 있다. 넷째, 구호비용은 국가가 2분의 1 또는 12분의 7 이내, 도에서 4분의 1을 부담하도록 규정하고 있다.

이와 같은 내용을 담고 있는 조선구호령은 법상으로는 국가가 국민의 빈곤, 불구, 폐질 등에 대하여 보상할 의무를 지고 더 나아가 국민생활을 보장할 기초를 마련한 것이지만, 일제치하에서 국민들을 회유하고 종속시키기 위한 정치적 맥락에서 법상의 명문규정에 지나지 않았다. 그러나 이 법령은 해방 후 1961년에 생활보호법이 제정되기까지 우리나라 공공부조사업의 기본법이었다는 점에 그 역사적 의의가 있다.

이 외에도 공공부조 법령에 속하는 것으로는 조선수난(水難)구호령(1914년),은사금(恩賜金)이재구조기금관리규칙(1914년), 조선이재구호기금령(1938년) 등이 공포·시행되었는데, 이는 일본의 법을 거의 그대로 적용·시행한 것이었다.

2) 일제시대의 구호사업

일제시대 구호사업은 그 대상을 두 가지로 나누어 볼 수 있다. 첫째, 노동능력이 없는 빈민 또는 일시적으로 각종 재해를 당한 사람을 대상으로 하는 구호사업. 둘째, 노동능력이 있는 빈민 즉, 이 당시의 농촌빈민, 화전민, 토막민, 도시 세궁민을 대상으로 하는 식민지 지배당국의 정책 및 조치로 구분할 수 있다.

빈민에는 걸인, 궁민(窮民), 세민(細民)을 포함한다. 걸인은 춘궁기에 걸식하는 자는 제외하고 상습적인 걸식자를 의미하는데, 1934년의 통계에서는 걸식자 수가 51,806명으로 나타났다. 궁민은 생활상 궁핍이 심하여 타인의 구제를 요구하는 자로서 1,590,158명으로 나타났고, 세민은 생활이 어려우나 근근히 생활해 나가는 자로서 4,216,900명으로 나타났다(류상열, 2002).

이 시대의 구호사업을 개관하면 다음과 같다.

(1) 이재구조사업

이재구조(罹災救助)의 적용대상은 수해나 화재 등과 같은 재해로 인한 이재자(罹災者)이며, 급여 내용은 식량, 의류, 의료비, 종곡(種穀), 가옥수리비 그리고 복구비 보조 등이었다. 이에 소요되는 재원은 은사금이재구조기금관리규칙에 의거하여 은사금이재구조기금에서 충당하였다. 한편 이재민에 대한 재원은 국비, 지방비, 임시은사금으로 구성되어 있었다.

(2) 궁민구호사업

궁민구조는 은사진휼자금궁민구조규정(1916년)에 근거하여 실시되었는데, 그 적용대상은 일반궁민 및 행려병자 등으로서 ⑴ 폐질자 또는 중병자. ⑵ 60세 이상의 노쇠한 자로서 생활을 유지할 수 없고 다른 데에 의지할 곳이 없는 자. ⑶ 독신자는 아니라도 기타 가족 노유(老幼), 폐질, 불구, 실종 또는 재감(在監) 등으로 부양을 받을 수 없는 자 또는 13세 미만의 무의무탁한 자 등이다. 구호방법은 식량급여에 한정되었으며, 재원은 은사진휼기금으로 충당하였다.

그러나 진휼규정에 따른 궁민구호는 요구호자 수에 비해 구호비의 부족뿐만 아니라 일시적인 구제라는 점에서 근대적인 구호정책이라고 할 수 있다.

(3) 행려병인구호사업

조선 말기 행려병인에 대한 구호는 부락민 또는 독지가들에 의해 이루어진 것이 관례였지만 그 수가 증가하여 행려병인구호사업을 위해 1934년 현재 전국에 18개 구호소를 설치하였으며, 비용은 부양의무자가 부담하였으나 그렇지 못할 경우 행려병인구호자금관리규칙(1917년)에 의거하여 충당하였다.

(4) 빈민구료사업

빈민구료사업은 은사진휼자금궁민구조규정에 근거한 것으로서 일반구료, 은사구료, 특정진료 등이 있었다. 특히 특정진료사업으로는 결핵환자, 나환자, 정신병자, 마약중독자에 대한 요양이 주로 실시되었다. 일반구료는 관・공・사립병원에서 빈민을 포함한 일반궁민의 시료를 국비 및 지방비로 충당하였고, 은사구료사업은 진료권, 입원구료, 순회구료 등이 있었다.

(5) 직업소개사업

직업소개사업은 구인 및 구직 신청을 받아 고용계약을 성립시키는 것을 목적으로 하는 것으로서, 그 당시 실업자의 문제를 상당 정도로 해결했다고 할 수 있으나 이 사업에 의한 실업문제의 접근은 순수한 의미의 실업자 구제에 있었던 것이 아니라 중·일전쟁과 태평양전쟁의 확대과정에서 침략전쟁 수행을 위한 노동인력으로 동원했다는 점이다.

(6) 농촌빈민대책사업

일제시대에 들어와서 농민층 분화과정에서 가장 두드러진 현상은 소작농의 급증이었다. 소작농의 급증은 식민지농촌수탈정책의 결과로 인하여 자작농, 자소작농의 계속적인 몰락을 의미하며, 동시에 농촌빈민의 양산을 의미하는 것이다.

이러한 상황에서 일제는 농촌구제를 위해 취한 대표적인 사업은 농가경제갱생계획사업이었다. 이는 개별 농가의 생산능력을 증대시켜 절대궁핍을 해소하여 농가경제를 안정시킨다는 목적이었으나 이러한 계획은 빈농과 소작농을 보호하려고 한 것이 아니라 증산(增産)과 자급자족에 의한 지출의 절약만을 강요한 것이었다(하상락, 1989).

(7) 화전민대책사업

화전민대책사업은 식민지농업정책의 결과로 계속해서 화전민이 늘어남에 따라 부분적인 화전개간을 허용하는 등 화전민대책이 시행되었으나 결과적으로 화전민을 착취하였을 뿐만 아니라 그들의 빈곤을 더욱 악화시키게 되었다.

(8) 토막민대책사업

토막민대책사업은 한강 수해와 한강 치수계획의 일환으로 수해궁민과 재해주민을 대상으로 새로운 택지를 마련하여 이주시키는 사업과 사회사업단체에 의뢰하여 교화 및 구제활동을 하는 일 등이었다. 이러한 토막민대책사업은 도시 미관과 위생상의 이유를 내세워 토착민들을 근교에 격리하는 것에 지나지 않았다.

3) 구호행정기관

(1) 구호행정기관

한일합방 당시 사회복지업무는 총독부 내무부 지방국 지방과에서 담당하였다. 그 후 1912년 3월에 내무부 지방국에 제1과, 제2과를 두어 사회복지업무는 제2과에서 맡았다. 1919년에는 각 부를 폐지함에 따라 지방국이 내무국으로 바뀌었으며, 1921년부터는 내부국 2과에서 사회복지업무를 관장하게 되었다. 1924년에는 그 사무가 다시 내무부 지방과로 귀속되었으며, 1936년 6월에는 내무부에 사회과를 신설하여 사회복지업무를 사회과에서 관장하였다(구자헌, 1984).

당시 사회과에 소속된 산하 유관기관으로서는 조선총독부 의원, 조선총독부 제생원, 조선총독부 나요양소(癩療養所), 조선총독부 감화원, 조선총독부 직업소개소 등이 있었다(신상준, 1974). 그리고 각 지방에는 도 내무국 지방과에서 진휼구호에 관한 업무를 관장하다가 1921년에는 도 내무국에 사회과를 신설하였다.

(2) 방면위원제도

방면위원제도는 일본의 독자적인 제도가 아니라 독일의 엘버펠트(Elberfeld)제도를 모방한 것으로, 식민지 한국에도 적용되었으나 일본인을 중심으로 한 서비스라고 할만큼 한국인과 일본인에게 그 적용 내용이나 시기, 방법 등에 상당한 차이가 있었다(류상열, 2002). 즉, 이 제도는 실업자, 생활곤궁자 등의 구호를 목적으로 하고 있으나 그 이면에는 1920년대의 민족분열화정책의 일환으로 친일파의 보호 및 육성이라는 문화정치의 일면으로 나타났다.

방면위원은 명예직, 무보수로서 지역 내 빈민의 생활조사, 구제, 지도를 담당하는 자원봉사자들이며, 유사한 명칭으로는 복리위원, 공동위원, 보도위원, 사회개량위원, 봉사위원 등이 있다.

이와 같은 사업을 주요 내용으로 하는 일제시대 구호정책의 특성을 다음과 같이 정리할 수 있다. 첫째, 식민통치의 합리화와 황민(皇民)사상의 주입을 위한 이데올로기적 기능을 띠고 있다. 둘째, 식민통치정책의 전개에 따라 변화되었다.

셋째, 식민지 민중운동의 성장과 발전을 무마하고, 이를 식민지 지배체제로 편입시키고자 했다. 넷째, 구호사업의 내용 면에서 한국인과 일본인 사이에 차별대우가 행해졌다는 점 등이다(하상락, 1989). 즉, 구호정책이 빈민의 기본적인 욕구 해결에 중점을 두었다기보다는 식민지 지배질서의 안정에 주안점을 둔 정치적 성격이 강했다고 볼 수 있다.

이와 같이 일제시대의 구호사업은 근대적인 복지 이념에 의해 시행되었다기보다는 식민정책의 일부로서 시혜 또는 자선으로서의 의미로 이루어졌다고 볼 수 있으며, 일제시대는 우리나라 사회복지 역사에서 일종의 단절과 변절의 시대였다.

Section 3 미군정시대의 구호정책

1. 해방과 미군정기의 사회 경제적 배경

우리나라는 조선구호령이 실시된 지 약 1년 반 후인 1945년 8월 15일 일제치하로부터 해방되었고 잠시 동안의 혼란시기를 지나 9월에 미군정의 통치하에 놓이게 되었다.

당시 구호정책은 빈곤문제 해결에 집중될 수밖에 없었다. 당시 빈곤실태를 살펴보면 1946년 11월 15일 현재 실업자 수는 약 1,102,000명으로 추산할 수 있으며, 그 중 전재(戰災)실업자가 637,200명, 일반실업자가 464,520명이었다. 또한 1947년 3월 현재 전국의 빈곤자 구성비율을 보면 귀환전재민이 2,127,403명이었고 그 중에서 요구호 전재민이 984,540명, 요구호 실직빈궁민이 1,028,890명으로 2,015,000여 명이 빈곤자라고 할 수 있으며, 이 숫자는 그 당시 남한 인구의 12.5%에 해당하는 수치이다(하상락 외, 1989).

이 때 미군정 당국자들은 당시의 월남피난민, 해외귀환동포 등으로 인한 구호사업이 긴급히 필요했기 때문에 이러한 문제들을 해결하기 위해 외원(外援)에 의한 사회사업이 활발히 전개되도록 시도하였다. 따라서 미군정 3년간 구호사업은 주로 월남피난민, 해외로부터 귀환한 전재민 및 국내 거주자 중 요구호 빈궁민들에 대한 식량, 의료 및 주택 제공 등 응급구제에 치중하였으나 소극적이었다.

이 시기에 무계획적으로 난립된 국내 민간단체와 외국 민간원조단체들은 당시의 이재민구호에 큰 공헌을 하였으나 한편으로 우리나라 사회사업에 일종의 혼란을 초래케 한 부정적인 측면도 있다. 즉, 구호사업의 행정적 혼란, 전문성의 결여 등으로 남구(濫救) 또는 누구(漏救) 등의 결과를 낳게 되어 우리나라 사회사업의 기형적인 발전을 조장하였다는 점이다.

2. 미군정기의 구호정책

미군정이 약 3년간 계속되는 동안 사회사업분야의 법령은 일제시대의 것을 형식적으로 계승하였으나 실질적으로는 많은 제약이 있었다. 미군정 당국은 특별히 사회복지 내지 노동문제에 관심을 기울였는데, 그 업무는 군정청 보건후생국이 담당했고, 이는 현재 보건복지부의 전신이었다.

미군정기는 우리나라 근대적인 사회사업의 사조를 도입하고 기반을 구축하게 된 시기이기도 하다. 이 시기의 구호정책을 살펴보면 다음과 같다.

1947년 9월 과도정부 보건후생국장의 통첩으로 각 도지사에게 지시된 후생시설(厚生施設)의 운영강화에 관한 건을 보면, 국가재정상으로 보아 수많은 요구호아동에 대하여 전적으로 충분한 국비를 보조하기 불가능함을 감안하여 관·민·유지와 긴밀한 조직적 연결하에 당해 시설의 지역별 또는 개별적 후원단체를 구성케 하며, 인적·물적 자원을 유감 없이 발휘하여 당해 시설로 하여금 자급자족하도록 극력 추진한다는 등의 내용이 있다. 이 내용으로 보아 당시의 사회사업시설에 대한 지도방침이 지역사회의 자발적인 자선활동을 장려하는데 치중했던 것을 알 수 있다. 한편 같은 통첩의 제2호에는 후생시설수용자에 대한 구호비 보조는 가급적 월별로 매월 지출케 할 것이며, 조선구호령에 의하여 구호비를 심사할 것이라고 밝히고 있어 국고보조가 실시되었음을 알 수 있다.

해방 당시 전국 아동보호시설의 총수가 33개소이던 것이 1948년 정부 수립 당시에는 96개 시설로 증가한 것으로 보아 미군정 3년 동안 사회사업이 많이 신장되었다고 볼 수 있다. 이 시기는 서구 사회복지 발달과정으로 미루어 보아 미군정의 선진적 사회사업 이념에 영향을 받은 독지가(篤志家)들에 의한 자연발생적인 현상이었다고 믿어진다(권오구, 2000).

미군정기의 괄목할 만한 현대적 성격의 사회사업은 아동복지 부문이라 할 수 있다. 미군정 최초로 1946년 9월에 아동노동법규를 공포·시행하였는데, 이는 인도적, 계몽적 원리에 따라 아동의 노동을 보호하는 일을 시작한 출발점이라고 볼 수 있다. 이 법규의 주요 내용은 (1) 14세 미만의 어린이를 공·사간 상공업에 고용함을 금지하고 (2) 14세 미만의 어린이는 학교 수업시간 중 누구라도 노동에 종사시키지 못하게 하였고 (3) 16세 미만의 어린이는 공·사의 중공업 또는 유해한 사업에 종사시키는 일을 금했고 (4) 16세 미만의 어린이는 생명 자체가 위험하거나 도덕 또는 건강에 유해한 공·사간 사업에 종사시키는 것을 금지했고 (5) 노동시간은 16세 미만 어린이는 8시간 이내로, 18세 미만 어린이는 10시간 이내로 규정했다. 그밖에 생산량, 노동임금, 고용계약의 기한, 어린이의 오락과 교육, 자유 등에 관하여 광범하게 규정해 놓고 당시의 노동부로 하여금 이를 주관케 하였으며, 위반자는 군정재판에 의해 처벌하는 규정을 두고 있다.

그리고 1947년 5월에는 미성년자노동보호법을 공포하여 군정 법령인 아동노동법규의 정신을 발전시켜 재천명하였다. 이 미성년자노동보호법은 미성년자를 위험한 직업 또는 과중한 노동으로부터 보호하여 어린이의 건전한 발육과 정당한 이익을 보장하는 내용을 담고 있다. 이 법 제3조의 내용을 보면 (1) 12세 미만의 어린이(초등학교 재적아동은 12세 이상일지라도)의 고용의 절대 금지. (2) 14세 미만의 어린이를 공장, 여관, 요리점, 사무실 등 자가생산업에 조력하는 외의 노동에 고용함을 금지. (3) 16세 미만 어린이는 운동 중의 기계의 띠를 조절하는 일 외 23개 종목의 생명, 신체에 위험하거나 건강 또는 도덕상 유해한 상공업 등에 고용함을 금지. (4) 18세 미만의 미성년자는 용광로, 선거(船渠), 부두 등 또는 이에 관련되어 종사하는 직업 외 16개 종목의 중공업 또는 중노동을 요하는 기타 사업에 고용함을 금지하였다.

이와 같은 항목 외에도 이 법에는 과중노동의 금지(제4조), 노동시간의 제한(제5조) 등 전문 12조로 되어 있다. 노동시간은 16세 미만의 미성년자는 매주 6일, 매일 7시간 이내, 18세 미만의 미성년자는 매주 6일, 매일 9시간 이내로 정하고 이 노동시간 내에 적당한 휴식과 식사의 시간을 허용토록 되어 있고, 이 법의 위반에 대한 처벌 규정도 있다.

이와 같이 미성년자노동보호법은 매우 진보된 아동보호입법이라고 할 수 있다. 이 법은 1953년 8월 9일 근로기준법이 시행될 때까지 아동복지 증진에 커다란 영향을 미쳤다.

이 시기 사회복지입법의 특징은 어떠한 사업이든 적극적이고 계획적인 사업추진이나 장기 계획은 이루어지지 않았고 주로 혼란 과도기에 대처하기 위한 기아의 방지, 최저생계 유지, 의료보호 등에 중점을 둔 응급적인 임시방편으로 대처했다는 점이다. 또한 미국의 전쟁에 대한 도의적 책임의식이 크게 작용한 면도 있다고 할 수 있다.

미군정기 구호시책을 종류별로 분류해보면, 구호의 내용 및 대상자를 기준으로 볼 때 시설구호, 공공구호, 응급구호 및 이재구호로 구성되는 일반적인 구호사업과 귀환전재민 및 월남 피난민을 위한 수용구호사업을 들 수 있지만, 당시의 심각한 주택난과 실업난을 반영한 주택구호사업과 실업구제사업도 적지 않은 비중을 차지한 것으로 보여지고 있다.

이를 구체적으로 살펴보면 다음과 같다.

1) 시설구호사업

시설구호사업은 아동,노인,행려불구자를 수용 보호하는 시설구호였다. 사회복지시설 현황을 살펴보면 1945년에는 아동시설 42개소(1,819명), 양로시설 8개소(128명), 행려불구시설 3개소(245명) 등 총 53개 시설에 2,912명이 보호를 받았으나 1948년에는 아동시설 101개소(7,393명), 양로시설 12개소(514명), 행려불구시설 16개소(566명) 등 총 129개 시설에 8,473명이 보호를 받고 있었다(하상락, 1989). 그 당시 요구호대상자 수는 정확히 알 수 없으나 이 조사통계와 비교해보면 아동은 약 20%, 노인은 1.5%, 행려불구자는 0.7%에 해당하는 수치이다. 이러한 시설구호율을 볼 때 구호수준이 복지욕구에 못 미치는 상태였음을 알 수 있다.

2) 전재민구호사업

전재민구호사업으로는 수용시설 서비스, 급식서비스, 직업알선 및 주택알선 등이 있었다. 수용시설에서는 급식, 급의류, 승차권 교부, 의료 및 사망자 매장 등의 서비스를 행하였고, 주택알선사업에서는 임시주택 건설과 적산주택을 활용하는 것으로 문제를 풀어 나갔는데, 예산 부족 등으로 신규주택 건설은 매우 부진하여 주택문제는 제대로 해결되지 않은 상태였다.

3) 실업구호사업

실업구호사업으로는 실업문제를 해결하기 위해 직업소개소사업과 취로사업 및 귀농사업 등이 행해졌다. 직업소개소를 6개나 증설하여 총 11개소가 되었으며, 취직률은 1946년과 1947년에는 구직자의 약 10% 정도였으며, 1948년에도 30% 정도여서 취업률이 저조하였고, 귀농알선실적은 전국에서 32,395세대였다. 그러나 그 당시 귀농희망자는 32만여 호에 이르러 귀농알선사업 역시 국민들의 욕구에는 미흡한 수준이었다(류상열, 2002).

이와 같은 미군정기 구호정책의 배경과 특징을 살펴보면 다음과 같다.

첫째, 미군정시대 구호행정의 법적·제도적 근거는 형식상으로는 일제시대의 관계법을 계승하고 있으나 기본적으로는 군정 법령과 몇 가지 처무준칙에 의거하여 이루어졌다고 보여진다.

둘째, 당시 요구호대상자의 범주 중 전재민과 실업자가 구호의 초점이 되었다. 이들은 노동 가능한 빈민으로서 사회적 갈등에 동원될 수 있는 집단이었다. 특히 구호의 내용 중 두드러진 것은 주택구호사업이었는데, 이는 주로 전재민을 위한 구호사업으로 시행하였다.

셋째, 당시의 중앙행정부서 중 빈민구호를 담당하는 보건후생부가 산하에 가장 많은 국(局)을 둔 최대 부서로 강화되었다. 이는 증대되는 구호의 필요성에 대응한 행정기구의 확대와 중앙집중으로 볼 수 있다.

넷째, 구호시책들이 현저하게 확대되는 시기가 1946년 가을의 대규모 폭동 이후인 1947년 초부터라는 사실이다.

다섯째, 일제의 식민유산과 미군정의 통제정책으로 귀환전재민을 중심으로 한 광범위한 빈곤상황을 유지·온존시켰으며, 이는 심각한 사회적 갈등의 기반이 되었다. 그러한 갈등을 통제하기 위해 미군정은 물리적 통제력의 강화와 더불어 일정수준의 구호정책을 확대하여 대응해 왔다. 따라서 민간 및 정부 차원의 구호정책이 당시의 빈곤문제를 해결하는 데는 실패했지만 일시적으로 빈곤상황의 완화에는 어느 정도 기여했다고 할 수 있다.

이와 같은 사회적 갈등의 전개와 이에 대응한 구호정책의 확대 및 변화는 빈민에 대한 구호정책이 정치적 혼란과 위기를 무마하기 위한 목적으로 시행된다는 사회통제 이론의 특성과 부합된다고 할 수 있을 것이다(하상락, 1989).

Chapter 14 정부 수립 이후의 사회복지

Section 1 정부 수립과 한국전쟁

1. 정부 수립과 한국전쟁 당시의 시대적 상황

1945년 일제로부터 해방되고 1948년 정부가 수립되었으나 국가체제를 제대로 갖추지 못한 상태에서 사회복지는 약 1여 년간은 원칙적인 변화 없이 미군정의 제도와 방법을 그대로 답습하여 왔다.

제헌헌법 제 19조에는 "노령, 질병, 기타 근로능력이 없는 자는 법률이 정하는 바에 의하여 국가의 보호를 받는다."고 하여 국민의 생존권을 규정하였다. 그러나 헌법이 규정한 생존권을 보장하는 관계법령이 제정되기도 전에 한국전쟁을 맞게 되어 구호행정에 혼란이 생기게 되었다. 즉, 정부는 사회복지분야의 제도적 기반을 마련하기도 전에 한국전쟁으로 사회 경제적으로 극도의 혼란과 불안정상태에 빠지게 되어 국가적 위기에 직면하게 되었다.

한국전쟁은 정치, 경제, 군사 면에서 여러 가지 변혁을 가져왔다. 한국전쟁은 원래부터 취약했던 경제기반을 더욱 어렵게 만들었고, 실업과 인플레이션이 극심했다. 이러한 위기상황에서 사회복지분야에 있어서는 일대 전기를 마련하게 되었다. 왜냐하면 한국전쟁은 수많은 전쟁고아와 요보호여성, 상이자(傷痍者)를 낳아 요보호대상자를 양산하게 되었기 때문이다. 1952년 3월 현재 전국에 3,935152명의 피난민과 4,583,974명의 이재민 및 1백만 명의 전사상자가 발생했다. 그 중에서도 요보호아동의 구호와 보호문제는 당시의 여러 가지 사회문제와 더불어 긴급히 해결해야 할 문제로 제기되었다. 당시 440개소에 달하는 시설에 수용된 어린이는 53,964명에 이르렀다(류상열, 2002).

이러한 상황에서 전쟁 중의 긴급구호물자 제공 및 전후 복구를 위해 UNKRA, UNICEF, FAO, AID, 미 공법(PL) 480호 원조 등이 제공되어 위급(危急)한 상황을 면할 수 있었다.

이와 같이 한국전쟁으로 인한 요구호자의 대량 발생은 외원(外援)에 의한 구호에 의존할 수밖에 없었고 그 결과 의존근성을 심어준 계기가 되기도 했으며, 사회사업이 응급구호사업 내지는 시설구호사업 중심으로 발전하도록 하는데 결정적인 영향을 미쳤다.

2. 정부 수립 초기 사회복지사업의 내용

정부 수립 초기 사회복지분야의 업무는 보건후생부와 노동부를 통합한 사회부가 관장하였고 1949년에는 보건부가 독립되어 나갔다가 1955년 정부조직법의 개정으로 다시 보건사회부로 통합되었다가 보건복지부로 개칭되어 오늘에 이르고 있다.

한국전쟁으로 인한 각종 사회복지문제에 봉착한 정부는 1952년 4월 보건사회부 통첩(通牒) 사회사업을 목적으로 하는 법인 설립 허가신고에 관한 건을 통해 시설을 운영할 재단법인의 설립기준을 정하였다. 또한 10월에는 전쟁고아수용보호시설을 비롯한 전란으로 인하여 혼란에 빠진 기존의 각종 사회복지시설을 합리적으로 지도 감독할 행정적 필요에 따라 보건사회부 훈령으로 후생시설운영요령을 시달하여 후생시설 운영과 그 지도 감독의 준칙으로 삼았다.

사회복지와 관련된 입법으로서 1950년 군사원호법이 제정되었고, 1953년 5월에 제정된 근로기준법에 퇴직금제도를 명시하여 고용주책임에 의한 퇴직 후의 소득보장방안이 도입되었다. 또한 1956년에는 어린이헌장이 제정·선포되었다.

1950년대 보건사회부의 복지업무는 크게 생활구호사업, 의료구호사업, 사회복지사업, 보건위생사업, 군경원호사업, 노동관련사업 등 여섯 부문으로 구성되어 있었다. 특히 1950년대 정부의 복지정책 가운데 예산규모 면에서 가장 큰 비중을 차지한 것은 군경원호사업이었다.

사회복지사업의 부문별 내용을 보면 1961년 제2공화국 때까지는 극빈자에 대한 구호사업과 무의무탁한 사람에 대한 수용보호방법을 조선구호령에 근거하여 그대로 답습해 왔으며, 사회복지정책은 구호사업이 중심을 이루고 있었다.

이 시기에 서구의 사회복지 이념과 방법을 전파하고 한국전쟁으로 발생한 대량의 사회복지문제 해결에 공헌한 외국민간원조기관 한국연합회의 활동을 들 수 있다.

외국민간원조기관 한국연합회(Korean Association of Voluntary Agencies : KAVA)는 전재난민(戰災難民)을 돕기 위해 미국을 위시한 10여 개국의 외국 민간단체가 원조를 실시한 연합체로서, 1960년 초에는 123개 기관이나 되었다. 그러나 1970년대에 들어와 정부의 역할이 강화되면서 그 기능이 약화되기 시작하였다(권오구, 2000).

외원기관이 우리나라에 들어와 사회복지 서비스 제공 활동을 통해 서구의 사회복지 개념과 실천방법을 전파하고 우리나라 사회복지 교육을 촉발시키는 데 기여하였다. 여기에 영향을 받아 우리나라에서 전문 사회사업을 시작하는 계기가 되었으며, 시설 중심의 사회사업이 발전하게 되었고 사회복지가 거시적인 사회복지정책보다는 미시적인 전문 사회사업 위주로 발전하게끔 하였다.

이들 외원기관 활동의 법적 근거는 1963년에 제정된 외국민간원조단체에 관한 법률이었으며, 이들 기관의 활동 내용은 사회사업, 구호사업, 보건사업, 교육사업, 지역사회개발사업, 선교사업 및 나환자, 장애인 등 특수 인구집단에 대한 사업 등으로 분류할 수 있다. 이들 외원기관들의 3분의 2는 선교사업, 교육사업이었고, 63.3%가 구호사업, 57.1%가 사회사업과 보건사업을 전개하였고, 지역개발사업은 28.6%의 외원기관이 전개하였다(최원규, 1995).

반면 외원단체의 활동을 통해 사회사업의 개념 형성에 미친 영향은 첫째, 사회사업가를 중심으로 한 내부집단에 대한 전문 사회사업 개념의 형성에 크게 기여하였다. 즉, 전문 사회사업의 이론과 방법을 소개하였으며, 전문 사회사업 실천을 위한 무대를 제공하였다. 둘째, 외원단체들은 사회사업대상자를 포함한 일반인들에게 통속적 사회사업 개념을 갖게 하였다. 외원단체들은 자체의 특수성 때문에 통속적 사회사업 개념에 부합되는 활동을 주로 전개해 왔기 때문에 대상자들과 일반인들은 그것을 사회사업으로 인식하게 되어 전문 사회사업의 개념을 심어주는 데에는 실패했다고 볼 수 있다. 즉, 한국전쟁은 시설 중심의 사회사업이 정착되도록 하는데 결정적인 계기가 되었다고 할 수 있다.

한편 한국사회사업연합회, 대한적십자사, 국립중앙사회사업종사자훈련소 등이 설립되었다. 또한 이 시기는 미국식 전문 사회사업교육이 도입되기 시작한 시기로서 1947년 이화여자대학교에 기독교사회사업학과가 최초로 설립됨으로써 사회사업교육이 도입되어 대학에서 사회사업학과가 신설되는 등 사회복지 교육을 시작한 것도 이 시기였다.

이와 같이 정부 수립 이후 10여 년간은 전후 경제, 사회, 정치적으로 혼란스러운 상황이었음에도 불구하고 외형적으로는 외국민간원조단체의 구호사업, 전문 사회사업교육기관의 설립, 각종 직능단체의 태동 등 민간 사회사업은 활발했던 반면 국가 사회복지정책은 응급구호사업이 중심을 이루었고, 전체적으로는 일제와 미군정의 사회복지정책의 틀을 벗어나지 못한 시기였다.

우리나라에서 사회사업은 두 가지 의미로 이해되어 왔다. 그 하나는 구한 말부터 일제시대까지 서양 선교사나 조선총독부에 의해 수행된 사회사업으로서 자선사업이나 박애사업 또는 은사(恩賜)사업의 이미지를 갖고 있다. 이러한 이미지는 해방과 한국전쟁을 거치면서 더욱 확고하게 되어 오늘날에 이르기까지 온존하고 있다. 이러한 의미에 입각할 때 사회사업가에게 요구되는 것은 희생정신이나 봉사정신과 같은 덕목이었을 뿐 특수한 전문지식이나 기술은 아니라는 점이다. 또 다른 하나는 미국식 전문 사회사업으로 이해되고 있다. 전문 사회사업은 단순한 시설보호사업이나 자선·박애사업과는 다른 사회문제에 대한 과학적 접근으로 주창되었으나 이러한 개념은 일반인들에게 널리 알려지지는 못했다.

Section 2 사회복지제도의 생성과 정비

정부 수립 이후 사회복지발달과정을 시기별로 구분해보면 1950년대는 혼란기였고, 1960년대는 사회복지의 제도적 형성기, 1970년대는 실험적 실천기, 1980년대는 제도적 정비기, 1990년대는 복지국가의 기반 확충기, 2000년대는 사회복지의 내실화 시기로 볼 수 있다. 우리나라의 현대적 사회복지는 근대화 작업의 일환으로 시작된 경제개발 5개년 계획의 추진과 때를 같이 한다고 볼 수 있다.

1. 사회복지의 제도적 형성기

1960년대 초까지의 우리나라는 전통적인 농업사회였으며, 보릿고개로 표현되는 절대빈곤 속에 있었다. 이에 따라 정부는 모든 정책적 노력을 빈곤 탈출에 집중하여 생산증대 등의 산업화를 추진하였다.

1960년대는 4.19와 5.16 등 정치적 격변기를 거치면서 정치적인 측면뿐만 아니라 경제, 사회, 문화 등 모든 면에서 대변혁을 가져 왔으며, 빈곤대책을 포함한 사회복지정책에서도 이전까지의 외원(外援)에 의존해 왔던 구빈적이고 단편적인 성격에서 국가 중심의 체계적인 제도 수립을 요구하는 획기적인 전기를 맞이하였다.

이 시기에 착수한 경제개발 5개년 계획의 추진으로 경제성장을 이루게 되었으나 도시화 및 공업화, 인구의 도시집중, 주택부족 등 과거와는 다른 여러 가지 새로운 사회문제가 생겨났다. 이러한 사회문제 등은 과거의 방법으로는 해결하기가 어렵게 되어 사회개발과 같은 새로운 방법이 시도되었다.

1960년대에 제정된 사회복지법제로는 공무원연금법(1960년), 생활보호법, 아동복리법, 고아입양특례법, 윤락행위등방지법, 군사원호법, 재해구호법(1961년), 선원보험법(1962년), 군인연금법, 의료보험법, 사회보장에 관한 법률, 산업재해보상보험법, 외국민간원조단체에 관한 법률(1963년), 자활지도사업에 관한 임시조치법(1968년) 등이 있는데, 이러한 법 제정으로 사회보험과 공공부조, 사회복지 서비스의 제도적 기반을 구축하기 시작하였으나 이것이 곧바로 국가 차원의 사회복지정책으로 구체화된 것은 아니었다.

이 시기에 제정된 사회복지입법의 특징은 첫째, 공공부조제도의 난립 입법화. 둘째, 경제개발 계획과 사회복지정책을 병행 추진하되, 사회보험 중에서 비교적 실시가 용이한 계층에 대한 사회보험을 우선적으로 법제화. 셋째, 종합적인 장기 계획하에서 사회복지정책을 수립하지 못하고 정치적 목적에 의해 추진되었다는 점 등이다. 이와 같이 사회복지와 관련되는 사회복지입법의 폭발적인 제정이 이루어졌으나 각종 입법의 취지인 건강하고 문화적인 수준의 보호에는 이르지 못했으며, 사회복지정책은 자활지도(自活指導) 위주로 이루어졌고, 시설보호사업은 외국의 민간원조기관의 후원아래 유지되었다.

1960년대 빈곤정책의 특징은 생활보호법의 제정으로 기존의 조선구호령의 틀에서 벗어나게 되었고, 빈곤층에 대한 구호사업이 획기적인 전기를 맞이하게 되었으며, 1960년대 후반기의 구호사업은 자조근로사업에 중점을 두어 요구호자의 자립·자활의 기반을 조성하는데 주안점을 두기 시작했다. 그러나 이러한 일련의 조치들은 보편적인 국가복지의 성격보다는 공무원 등 특수직역에 우선하는 복지조치에 지나지 않았다.

1960년대까지의 사회복지사업의 핵심은 외원에 의존한 구호사업이 중심이었다고 할 수 있다. 그러나 지속적인 경제성장으로 그 동안 구호사업의 대종(大宗)을 이루어 왔던 외국원조단체는 1960년대 후반기에 들어와 철수를 가능케 했으며, 외국원조기관이 담당했던 사회복지시설에 대한 지원은 정부지원체제로 바뀌어 지기 시작하였다. 그러나 정부의 사회복지예산이 안정적으로 확보되지 못한 상태에서 커다란 위기를 맞게 되자 이러한 상황이 사회복지사업의 자주화를 촉진시키는 계기가 되었다.

1963년에는 기존의 한국사회사업연합회가 한국사회복지사업연합회로 개칭되었고, 1965년에는 한국사회사업교육협회가 창립되었으며, 1967년에는 한국사회사업가협회가 창립되는 등 사회사업교육 및 전문 사회사업이 본격적인 활동을 시작한 시기이기도 하다.

2. 사회복지의 실험적 실천기

우리나라는 1970년대에 접어들면서 지속적인 경제성장을 이루게 되어 절대적 빈곤은 상당수준까지 극복되어 가고 있었다. 이와 함께 급격한 도시화와 산업화를 가져와 지역간, 계층간 소득격차 및 상대적 빈곤 등의 사회문제를 초래하여 사회복지에 대한 수요의 증가를 가져오게 되었다. 또한 사회복지정책의 미흡에도 불구하고 평균수명, 유아사망률, 취학률 등 사회지표는 주목할 만한 발전을 보였다.

1970년대는 1960년대에 입법화된 각종 제도들이 본격적으로 시행되고 있었으나 경제개발 우선정책에 밀려 사회복지정책은 괄목할 만한 발전을 보지 못했다.

이 시기는 제3차 경제사회발전 5개년 계획(1972~1976년)과 제4차 경제사회발전 5개년 계획(1977~1981년)이 추진된 시기로서 경제개발과 사회개발을 동시에 추구하는 정책 전환이 이루어졌다.

1970년대 들어 입법된 것으로는 사회복지사업법(1970년), 사립학교교원연금법, 국민복지연금법, 모자보건법(1973년), 입양촉진 및 절차에 관한 특례법, 의료보험법 개정(1976년), 의료보호법, 공무원 및 사립학교교직원의료보험법, 특수교육진흥법의 제정(1977년) 등이 있다. 따라서 현대적 성격의 사회보장제도의 형성은 1970년대 이후라고 할 수 있다.

이 시기에 제정된 사회복지입법은 사회보험에 관한 것이 많았으나 대부분 선언적이어서 실질적인 사회복지의 증진은 이루지 못했다. 생활보호법에서 분리독립된 의료보호법의 제정과 더불어 의료보험과 의료보호가 시작되는 등 제도적인 측면에서 사회복지의 골격을 갖추었다고 할 수 있으며. 재정능력이 향상되어 빈곤층에 대한 사회복지정책에 관심이 높아지게 된 시기였다. 특히 사회복지사업법의 시행으로 그간 재단법인 등에 의하여 운영해 오던 사회복지사업단체들이 사회복지법인으로 변경됨으로써 사회복지사업 운영의 기반과 질서가 확립되었고, 법규에 의한 시설과 단체들이 정부의 보조를 받을 수 있는 법적 근거가 마련되었다.

또한 1970년에는 사단법인 한국사회복지사업연합회의 명칭이 사회복지법인 한국사회복지협의회로 변경되었으며, 한국사회복지공동모금위원회가 설립되었다. 특히 1977년에는 기업이 설립한 최초의 복지재단인 아산복지재단이 출범하면서 보건의료, 사회복지사업, 학술연구사업에도 활력을 불어넣는 계기가 되었다. 같은 해에 한국사회사업가협회가 사단법인으로 변경되었다.

이러한 변화 속에 외국민간원조기관의 원조활동이 점차로 줄어들고 정부의 재정부담능력이 향상되면서 사회복지제도의 토착화방안을 모색하게 이르렀다. 그러나 이 시기에도 복지국가의 이념이나 사회보장에 대한 권리성이 강조되지 못했으며, 다른 분야에 비해 아동복지사업이 중심을 이루는 시기였다.

3. 사회복지의 제도적 정비기

1980년대에 들어와 헌법에서 "모든 국민은 인간으로서의 존엄과 가치를 가지며, 행복을 추구할 권리를 가진다."는 이른바 행복추구권을 기본권으로 규정하였고, "국가는 사회보장 · 사회복지의 증진에 노력할 의무를 진다."고 하여 사회복지에 대한 국가의 책임을 더욱 명백히 규정하였다. 이러한 헌법정신에 입각하여 복지사회의 구현을 국정지표의 하나로 설정함에 따라 지금까지의 사회복지 법제를 재검토하기에 이르렀다. 따라서 사회복지에 대한 논의가 본격화된 시기였다.

이 시기는 지속적인 경제성장과 정치적 변혁을 맞이하면서 동시에 노사분규의 심화, 노인인구의 증가, 산업화와 도시화, 핵가족화의 진전, 각종 재해발생의 증가, 생활양식의 현대화 등 산업화의 후유증을 본격적으로 경험하게 되어 사회복지 수요가 다양하게 대두되었던 시기였다.

1980년대 초에 출범한 제5공화국 정부는 국정지표를 민주주의 정착, 정의사회의 구현, 복지국가의 건설로 정하고, 한국형 복지모형을 주창했다.

1980년대에 법제화된 내용으로는 사회복지사업기금법의 제정(1980년), 아동복리법이 아동복지법으로 확대 개정되고(1981년, 1984년), 노인복지법(1981년, 1989년), 장애인복지법(1981년, 1989년), 유아교육진흥법(1982년) 등이 제정 및 개정되었으며, 사회복지사업법(1983년) 및 갱생보호법(1986년)의 개정, 국가유공자예우등에 관한 법률, 부랑인선도시설 운영규정, 남녀고용평등법 제정(1987년),

국가유공자등특별원호법을 국가유공자등 예우 및 지위에 관한 법률로 개정(1984년), 유료양로시설 및 실비요양시설의 설치 및 관리운영규정 제정(1988년), 모자복지법, 경로당 등록관리 규정, 사회복지관 설치·운영규정의 제정(1989년) 등 일련의 입법조치와 복지행정의 확대가 이루어지기 시작했다.

이와 같은 입법들과 더불어 1980년에는 경로우대제도가 도입되고, 1982년에는 한국사회사업가 윤리강령이 채택되었으며, 사회복지사업종사자자격증제도가 사회복지사로 변경되고, 경로헌장이 제정되었다. 1983년에는 무료노인건강진단제도가 도입되고, 1985년에는 한국사회사업가협회 명칭이 한국사회복지사협회로 개칭되었으며, 사회복지사 자격증이 발급되었다. 또한 소년소녀가장세대보호대책을 수립하여 그 이듬해부터 소년소녀가장에 대한 정부지원사업이 시작되었다. 1988년에는 국민연금제도와 최저임금제도가 도입되고, 정무제2장관실이 발족되었으며, 1989년에는 경로당운영비 지원 및 아동복지법에 의한 보육사업이 실시되었으며, 의료보험의 국민개보험화시대를 열었다.

한편 1981년 세계장애인의 해 및 장애인올림픽을 계기로 1988년에는 장애인종합대책을 수립하여 장애인복지에 대한 변화가 시작되었고, 사회복지관 운영이 전국적으로 확대 실시되었으며, 지역 중심의 복지수요에 대응하기 위해 지역복지의 중추적인 서비스전달체계가 확립되기 시작했다.

이 시기는 특히 사회복지서비스법이 많이 제정된 특징이 있다. 그러나 이와 같은 사회복지입법이 시행되었으나 보호대상자의 자립, 육성, 치료, 예방, 자활, 고용촉진, 생계보장 등의 목적을 제대로 달성할 수 없었으며, 국민생활의 안정, 계층간의 갈등 해소 등에도 크게 기여하지 못했다.

이 시기 사회복지정책의 특징을 살펴보면 첫째, 지방자치제의 실시와 더불어 지역복지문제가 과제로 부상되었다. 둘째, 시설수용보호 중심의 사회복지사업이 지역복지와 재가복지 중심으로 방향이 전환되기 시작하여 사회복지관 운영의 전국적인 확대 실시와 재가복지봉사센터가 급격히 증가하게 되었다. 셋째, 여성의 사회참여 확대와 더불어 영유아보육사업이 크게 증가하였다. 넷째, 장애인, 노인복지에 대한 정부의 관심이 확대되었다. 다섯째, 공공부조행정에 사회복지전문요원의 배치가 시작되었다. 한편 사회복지사업법의 개정으로 사회복지사제도와 명칭을 사용하기 시작하여 사회복지사가 사회적 인정을 받게 되었다.

1980년대의 사회복지정책은 주요한 정치현안으로 떠오르게 되었다. 특히 80년대 후반기에 제6차 경제사회발전 5개년 계획(1987~1991년)에서 사회보장부문이 다루어지게 되었고 한국형 복지모형이 등장하게 되었다. 제6차 계획의 기본 목표는 (1) 경제사회발전수준에 맞는 복지시책이어야 한다. (2) 가족과 지역사회의 복지 기능을 최대한 조장한다. (3) 자립정신에 입각한 복지시책을 전개한다. (4) 민간의 복지자원을 최대한 동원한다는 것 등이었다.

이와 같은 목표를 담고 있는 한국형 복지 모형은 국가 개입을 가능한 최소화하고, 가족의 기능을 강화하며, 요보호자 자신의 자조와 자활을 강조하며, 자원봉사의 참여를 장려하는 내용으로 나타났다. 이러한 복지 모형을 중심으로 정부에서는 생활보호사업과 장애인 및 노인복지사업 등에서 자립과 재활프로그램을 크게 강조하는 정책을 전개하기 시작하였는데, 이에 따라 지금까지의 사회복지서비스가 시설수용보호 중심에서 크게 탈피하여 지역복지와 재가복지 서비스가 도입되기 시작하였다.

4. 복지국가의 기반 확충기

1990년대는 사회복지정책의 수립에 있어서 경제개발과정에서 축적된 사회적제 모순을 시정해야 하는 과제를 안게 되었으므로 사회복지정책의 수행에 있어서 중요한 시기였다

이 시기는 급속한 산업화의 진전으로 사회문제의 심각성이 더해 가는 시기였으며, 문민정부의 출범으로 '신한국의 창조', '삶의 질의 세계화'가 주창(1995년)되었다. 세계화추진위원회산하의 국민복지기획단은 다음과 같은 국민복지 기본구상을 발표하였다. 첫째, 성장과 복지를 상호대립적이 아닌 상호보완적이고 상승적인 관계로 정립하고 둘째, 우리나라의 전통적 가치를 서구의 보편적 복지제도와 조화시키며 셋째, 사후적이고 소극적인 복지에서 예방적·생산적인 복지공동체를 구축하는 것 등이었다,

한편 OECD회원국으로 가입되었으나 회원국에 비해 사회복지수준은 상대적으로 낮은 편이었다. 또한 문민정부 말기에는 금융위기를 맞이하면서 대량실업을

경험하게 되었고 사회안전망의 미비로 증가하는 실업자와 저소득계층에 대한 최저생활을 확보하는 정책기조로 바뀌게 되었다. 그 일환으로 한시적 생활보호사업이 도입되었고 고용보험이 제대로 정착되지 않은 상태에서 대량실업자문제를 해결하기 위해 무리하게 고용보험을 확대해 갔다.

이 시기에는 장애인고용촉진법등에 관한 법률(1990년), 영유아보육법, 청소년기본법, 사회복지사업법 개정, 고령자고용촉진법(1991년), 고용보험법(1993년), 성폭력범죄의 처벌 및 피해자보호에 관한 법률(1994년), 여성발전기본법, 사회보장기본법, 정신보건법의 제정, 윤락행위등방지법, 입양특례법의 입양촉진 및 절차에 관한 특별법으로의 개정(1995년), 사회복지공동모금법(1997년), 사회복지공동모금회법(1999년), 청소년보호법, 가정폭력방지 및 피해자보호등에 관한 법률, 국민의료보험법, 장애인·노인·임산부 등의 편의증진보장에 관한 법률(1997년), 국민연금법, 국민건강보험법으로의 개정(1998년), 국민기초생활보장법으로의 개정(1999년) 등 시대상황과 복지수요에 대응한 입법의 제·개정이 이루어졌다.

이 시기에 제도화된 입법의 특징은 사회보험과 관련하여 이전에 제정된 법률의 실시와 그 적용대상의 확대, 사회보장기본법의 제정으로 사회복지관계법 등의 체계화, 사회복지사업법의 개정으로 사회복지의 적용영역이 확대되고, 고용보험의 도입으로 4대 사회보험이 구축되었다. 또한 사회복지사의 임용 확대, 보건복지사무소의 시범 운영, 수익자부담 원칙에 의한 유료복지 서비스 확대, 국민연금의 개보험화, 국민건강보험으로의 통합일원화, 사회보험의 효율성 증진을 위한 제도간의 통합방안 등이 모색되었다.

이 시기는 노인복지사업과 장애인복지사업이 대표적인 사업이 되었다, 이에 따라 치매노인을 위한 각종 사업을 전개하게 되었으며, 일반 노인을 위한 지역복지사업도 활성화되기 시작하였다. 즉, 노인복지와 관련해서는 노인승차권지원제도 도입(1990년), 노령수당제도 도입, 주간보호 및 단기보호사업 실시(1991년), 노인의 집사업(1995년), 가정봉사원양성사업(1996년), 경로연금제도 도입(노령수당제도 폐지)과 노인의 날 제정 (1998년) 등이 이루어졌으며, 장애인복지와 관련해서는 장애인의무고용제(1991년), 장애인 정원 외 대학입학 허용(1995년), 장애인 먼저운동 선포 및 국무총리를 위원장으로 하는 장애인복지위원회 설치, 장애인 주간 및 단기보호시설 설치·운영규정 제정(1996년), 장애인공동생활가정

(group Home) 설치·운영, 장애인보장구에 대한 의료보험 및 의료보호 실시(1997년) 등이 이루어졌으며, 여성복지에 관심이 높아지게 된 것도 바로 이 시기로서 제1차 여성정책 기본계획(1998~2002년) 수립, 대통령직속 여성특별위원회 발족(1998년) 등이 이루어졌다.

이 밖에도 정부의 규제개혁 차원에서 사회복지사업에 있어서 허가제가 신고제로 전환되어 사회복지법인뿐만 아니라 비영리법인, 단체, 개인까지도 사회복지사업의 주체가 될 수 있는 공급주체의 다원주의가 도입되었다.

이와 함께 이 시기는 종교단체의 사회복지사업 참여를 하나의 특징으로 볼 수 있다. 가톨릭, 불교, 원불교, 개신교의 개 교회 등이 사회복지법인을 설립하고 사회복지기관이나 사회복지시설을 직접 설립 운영하거나 사회복지기관을 수탁 운영하게 되어 전체 사회복지법인에서 차지하는 비중이 크게 증가되고 있다. 그러나 종교단체의 사회복지사업 참여는 민간자원의 사회복지자원화라는 측면에서 볼 때 긍정적일 수 있으나 반면 사회복지기관 및 시설의 위탁 운영 면에서 많은 문제점이 나타나고 있다. 또한 종교단체의 자원이 사회복지사업에 투입되는 비율이 매우 낮은 상태에서 정부지원금에 의한 의존적 운영을 탈피하지 못하고 있다는 점이다.

이 시기는 각 대학에 사회복지학과가 많이 신설되었으며, 사회복지교육이 크게 확장되었다.

5. 21세기 사회복지의 내실화 시기

20세기 말과 21세기 초는 문민정부, 국민의 정부, 참여정부 그리고 실용정부로 이어졌다, 21세기를 맞이하는 이 시기는 국내외적으로 많은 변화가 있었고, 이에 따라 사회복지는 변화와 발전의 계기를 맞이하게 되었다.

1) 생산적 복지

국민의 정부가 출범한 1998년은 외환위기로 경제적 위기와 함께 사회적 불평등과 사회해체현상이 심화되는 상황이었다. 1990년대 중반기의 사회복지정책은 삶의 질 향상에 초점이 있었으나, IMF 외환위기로 인한 대규모 실업의 발생으로 사회안전망(social safety net)의 사각지대가 생겨남에 따라 이와 같은 정책은 한계에 봉착하게 되어 한계계층 실업자에게 최저생활을 보장해주는 사회안전망 구축이라는 과제를 해결하는 방향으로의 정책 전환이 요구되었다.

국민의 정부가 발표한 100대 국정과제 중 사회복지부문의 내용을 살펴보면, 여기에서 저소득층·노인·장애인 등 사회취약계층에 대한 복지 확대를 제시했는데 구체적인 추진계획은 다음과 같다. (1) 사회복지 청사진 마련. (2) 저소득층 최저생계를 실질적으로 보장하고 자활지원시스템 구축. (3) 노령화사회에 대비한 노인복지정책의 강화. (4) 장애인과 함께 하는 사회 구축. (5) 아동복지의 내실화 추진. (6) 가정폭력방지 등 여성보호활동 강화. (7) 사회복지행정의 강화 및 전달체계의 확립 등이다.

이와 같은 정책과제를 수행하기 위해 이른바 생산적 복지를 추진하게 되었다. 생산적 복지는 복지의 대상이 인간이며, 인간의 존엄성 및 인간다운 생활을 보장하는 것으로써 복지와 근로를 연계한 근로연계복지(welfare to work)를 강조하며, 복지를 축소하거나 근로를 강제하려는 복지축소지향적 이념이 아니라 자신의 능력을 개발해 스스로 자립할 수 있도록 돕는 역할을 담당하며, 인간개발을 중시하는 이념이다. 국민의 정부는 이와 같은 생산적 복지의 패러다임을 내걸고 사회복지와 보건의료부문의 개혁과제를 선정하게 되었다.

실업자의 양산에 대한 예측과 준비가 덜된 상태에서 노동을 통한 기본적인 생계유지의 과제를 해결하기 위한 생산적 복지정책을 고수해 왔던 우리나라는 사회안전망의 부실로 인해 실업은 곧 생존권의 위협과 이로 인한 사회적 불안을 증폭시키는 현실을 맞이하게 되었는데, 그 이유는 실업이라는 사회적 위험에 대한 제도적 안전장치가 거의 구비되지 않은 상태에서 맞이한 경제위기와 사회적 위기였기 때문이다.

우리나라가 처한 대량실업에 따른 사회적 폐해는 서양 여러 국가의 상황과는 다르게 나타났다. 즉, 서양 여러 국가는 오랜 기간 동안의 산업화과정을 거치면서 실업에 대한 사회안전망이 상당한 수준으로 확립되어 있음에 반해 우리나라는 산업화 역사가 짧고, 산업화과정을 통해 거의 완전고용상태를 유지해 왔기 때문에 실업에 대해 사회복지정책적 배려도 소홀했을 뿐만 아니라 가족 기능이나 민간부문의 역할에 있어서도 실업으로 인한 충격의 대처 기능이 허약하였으며, 사회복지의 욕구가 가장 큰 사회적 약자들의 실질적인 복지 향상에 크게 기여하지 못하는 결정적인 단점을 내재하고 있다는 점이었다.

따라서 실업의 증가에 대처하여 공공근로사업을 확대하고, 교육·훈련 프로그램을 실시하고 한시적 생활보호사업을 실시하였으며, 생활보호사업의 한계성을 해결한다는 차원에서 국민기초생활보장제도와 의료급여제도로의 전환을 가져왔다.

제1차 사회보장 장기발전 계획(1999~2003년)의 기본 목표는 성장과 복지의 조화를 통하여 국민 개개인의 삶을 풍요롭게 하는 균형적 복지국가(balanced welfare state)의 달성에 향후 복지정책의 이념적 목표를 두고 그 실천적 목표로서 첫째, 사회적 권리로서의 국민복지기본선 보장. 둘째, 생산적 복지이념의 추구. 셋째, 복지제도에 있어서의 세계적 보편성과 한국적 특수성의 조화 등을 설정하고 있다. 이와 같은 목표를 실현하기 위한 추진 전략으로는 첫째, 사회보험과 공공부조제도의 상호연계체계 확립을 통한 사회안전망 구축. 둘째, 저소득 취약계층에 대한 국민기초생활의 보장 및 생산적 복지의 강화. 셋째, 보편적이고 질 높은 복지서비스의 제공. 넷째, 정부와 민간이 함께 하는 선진형 복지지원체계의 확립 다섯째, 사회보장관리체계의 효율화 등을 제시하였다.

국민의 정부에서 이루어진 입법조치와 제도 내용을 살펴보면 먼저 입법 내용으로는 국민연금법의 개정, 국민의료보험법을 국민건강보험법으로 개정(1998년), 생활보호법을 국민기초생활보호법으로 개정(1999년), 장애인고용촉진 및 직업재활법, 청소년의 성보호에 관한 법률, 일제하 일본군 위안부 피해자에 대한 생활안정지원 및 기념사업 등에 관한 법률로 개정(2000년), 모성보호관련 3법의 개정, 의료보호법을 의료급여법으로 개정(2001년) 등이 있다.

이러한 입법조치와 더불어 사회복지의 날 제정, 국민기초생활보장제도(2000년)와 의료급여제도(2001년)의 실시, 사회복지전담공무원의 사회복지직렬로 전환(2000년), 여성부 신설, 아동급식(석식)사업 실시, 지역사회 시니어클럽 지정 운영, 아동보호전문기관 및 아동학대신고전화 운영, 노인장기요양보호정책기획단의 구성, 제1차 장애범주 확대, 편의시설 확충 국가종합 5개년 계획(2000~2004년)수립 (2001년), 제2차 여성정책기본계획(2003-2007년) 수립(2002년) 등이 이루어졌다.

한편 사회복지재원과 관련해서 살펴보면 사회복지비의 상당부분은 사회보험 가입자와 고용주의 기여금부담으로 이루어져 국가재정의 증가가 아니므로 국가 책임의 강화라기보다는 신자유주의적 성격이 강했다고 볼 수 있다. 이와 함께 사회복지의 보편화과정에서 국가역할을 축소하기 위한 다양한 민간부문의 참여를 유도함으로써 사회복지공급주체를 다원화해 나갔다. 이 같은 정책 내용은 정부의 적극적 복지 노력이라기보다는 IMF 외환위기 이후 실업의 증가, 빈부격차 등에 반응한 결과로 보아야 할 것이다.

2) 참여 복지

참여정부는 제2차 사회보장 장기발전 계획(2004~2008년)을 통해, 참여복지 5개년 계획을 제시했는데, 참여복지는 정책목표를 참여복지공동체 구축에 두고 ⑴ 전국민에 대한 보편적 복지서비스 제공, ⑵ 상대빈곤 완화, ⑶ 풍요로운 삶의 질 구현으로 설정하였다. 이러한 정책목표를 달성하기 위한 정책 영역은 ⑴ 사회보장제도의 내실화(기초보장체계의 정비, 복지서비스의 선진화, 사회보험의 성숙화), ⑵ 복지인프라 구축(복지전달체계의 구축, 복지재정의 확충, 민간자원의 활성화), ⑶ 복지서비스 확대(문화기본권 신장, 정보격차 해소, 저소득층 주거복지 확충) 등을 제시하였다.

이와 같이 정책의 추진원리로는 ⑴ 국가의 복지역할 강화, ⑵ 국민의 복지활동 및 복지정책과정 참여 확대, ⑶ 경제와 복지의 선순환단계의 구축, ⑷ 지방정부와 지역사회의 복지역량 강화 등이 채택되었다.

이러한 정책들은 기초생활보장사업에 있어서 사회안전망 사각지대 해소, 차상위계층과 신빈곤층에 대한 지원 확대, 노인·아동·장애인 등에 대한 보건복지서비스 면에서는 노인소득보장제도 개선 및 공적 노인요양보험제도 도입 추진, 출산, 이혼, 부모부양, 자녀양육 등 가정문제 적극 대처, 보육서비스의 공공성, 보편성, 다양성, 전문성 제고, 장애인의 생활안정 및 사회참여 확대, 사회복지인프라 면에서는 사회복지사무소 시범사업, 사회복지시설 지원 및 인력운용제도 정비, 민간의 복지참여 활성화, 사회보험제도에 있어서 건강보험의 적정안정 및 보장성 강화, 국민연금의 장기적 안정체계 정착 및 사각지대 해소 등이 세부사업으로 구체화되어 있다.

이 밖에도 참여정부가 제시한 사회복지정책들을 살펴보면 다음과 같다.

빈곤율 및 빈부격차 수준이 외환위기 이후 점차 개선되다가 다시 악화추세에 들어서자 2005년에는 사회안전망의 사각지대를 진단하고 촘촘한 사회안전망을 구축하기 위한 기본방향과 주요 정책을 수립하기 위해 희망한국 21(함께 하는 복지)계획을 발표하였다. 이 계획은 점차 구조화되고 있는 양극화과정에서의 사회안전망 사각지대를 진단하고 사회안전망을 구축하기 위하여 첫째, 적정 사회복지지출 확보. 둘째, 사회안전망 구축. 셋째, 사회안전망 평가. 넷째, 수요자 중심의 복지인프라 혁신 등을 4대 비전으로 하고, 기초생활보장의 내실화, 차상위계층에 대한 빈곤예방 및 탈빈곤정책의 강화, 사회안전망추진체계 개편 등 3개 분야 22개 정책과제를 중점 내용으로 하고 있다.

또한 세계 최저수준의 출산율과 가장 빠른 고령화 진행으로 한국사회의 지속발전가능성에 대한 우려가 확산되자 저출산·고령화대책이 필요하여 새로마지계획(2006~2010년)을 수립하기에 이르렀다. 이 계획은 가족구조의 변화 및 가정 내 돌봄 기능의 약화, 출산율의 저하 및 고령화사회의 도래, 보육의 필요성과 중요성, 육아에 대한 사회적 지원 미흡, 보육서비스에 대한 높은 기대수준 등이 계획 수립의 배경이 되어 보육시설 확충, 보육비용지원 확대, 취업부모에 대한 지원 강화, 보육시설 이용시간 다양화, 장애아보육 활성화, 보육시설환경 개선, 보육인력 전문성 제고 및 처우 개선, 평가인증시스템 구축 등을 추진과제로 제시했다.

이와 함께 참여정부의 비젼 2030은 저출산·고령화, 양극화, 성장잠재력의 저하 등 우리 사회가 안고 있는 위기감을 해결하여 사회복지선진화를 달성하고자 계획되었다. 한편 지역보건법의 제정·시행으로 지방자치단체의 지역보건의료계획(2007~2010년)이 수립되었으며, 2006년에는 사회복지사업법에 근거하여 지역사회복지 계획(2007~2010년)을 수립·시행하였으며, 근로연계형 소득지원제도인 근로장려세제(EITC)를 도입하여 2008년부터 시행되었다.

한편 참여정부 기간 중에는 건강가정기본법(2003년), 윤락행위등방지법의 폐지 및 성매매처벌법과 성매매보호법의 제정, 근로자복지기본법, 장애인고용촉진 및 직업재활법 제정(2004년), 긴급복지지원법, 저출산·고령사회기본법, 근로자퇴직급여보장법의 제정(2005년), 장애인차별금지 및 권리 구제에 관한 법률, 기초노령연금법, 노인장기요양보험법의 제정, 국민연금법, 국민기초생활보장법, 모자복지법을 한부모가족지원법으로 개정, 사회복지사업법, 의료급여법의 일부 개정(2007년) 등이 이루어졌다.

이와 더불어 사회복지사 1급 자격시험 실시, 제2차 장애범주 확대, 의료급여 본인부담부담보상제 실시(2003년), 영유아보육업무 여성부로 이관, 노인학대예방센터 및 노인학대신고센터 운영, 참여복지 5개년 계획(2004~2008년) 수립, 사회복지사무소 시범사업 운영, 의료급여 본인부담상한제 실시(2004년), 여성부를 여성가족부로 개편, 노인수발보험 1차 시범사업, 보육시설 평가인정제 도입, 사회복지업무 지방분권화(2005년), '비전2030' 발표(2006년), 주민생활지원 서비스전달체계로 전환, 보건복지콜센터 개소 및 긴급지원전화 129 개통, 노인수발보험 2차 시범사업 실시, 자활후견기관을 지역자활센터로 명칭 변경, 사회복지사의 날 제정, 사회복지분야 4개 바우처(Voucher)제도 도입, 1종 수급권자 본인부담제 및 선택병의원제 도입(2007년) 등이 이루어졌다.

참여정부는 김대중정부가 기틀을 마련한 복지국가를 내실화하고 미래를 위한 새로운 경제사회정책 패러다임을 마련하고자 하였다. 그런 면에서 참여정부 복지정책은 획기적인 것으로 평가된다. 즉, 국민의 정부 집권 이후 사회복지분야는 경제분야의 구조조정과 함께 사회적 논쟁이 되어 왔다. 참여정부는 사회안전망의 확충이라는 명제하에 새로운 사회복지제도의 도입과 기존 제도의 확장을 추진하면서 필연적으로 재정지출의 증대를 가져왔고, 사회복지업무의 지방분권화를 추진함과 동시에 전달체계의 개편을 단행하기도 했다. 그러나 참여복지는 생산적 복지와 내용 면에서 비슷하고 본질적으로 차이가 없어 생산적 복지를 계승한 신자유주의적 복지 이데올로기에 기초했다고 볼 수 있다. 또한 사회복지정책은 사회적 위험의 확산과 심화를 따라잡지 못했고, 그 결과 상당한 프로그램 확대와 지출 증대에도 불구하고 빈곤 심화와 불평등 확대를 막지 못했다.

3) 능동적 복지

능동적 복지는 이명박 정부의 사회복지정책 모토이다. 이명박 정부는 국가비젼으로 '창조적 실용주의'를 바탕으로 하는 '선진 일류국가 건설'로 설정하였다. 이를 위한 5대 국정지표, 21대 전략을 제시하였다. 능동적 복지는 이들 5대 국정지표의 하나로서 네 개의 전략으로 구성되어 있는데, 능동적 복지를 실현하기 위한 세부전략은 다음과 같다. (1) 평생복지기반 마련. (2) 예방 맞춤 통합형 복지. (3) 시장기능을 활용한 서민생활 안정. (4) 사회적 위험으로부터 안전한 사회 등이다.

또한 능동적 복지의 개념으로 사회적 위험의 예방과 해결을 위해 국가의 책임을 강화하고, 재기와 자립의 기회를 확대하기 위해 개인-사회-국가가 협력하며, 국민기본생활을 보장하여 안정적이고 행복한 삶을 지지하는 복지라고 규정하였다. 즉, 능동적 복지를 통해 예방적, 보편적, 생애주기적 복지를 강조하고 국가의 책임을 강화하는 것을 골자로 하고 있다.

한편, 보건복지부가 발표한 능동적 복지의 2008년 실천계획은 일자리, 기회, 배려에 초점을 두고 계획된 구체적인 정책 목표는 (1) 서민생활안정대책추진. (2) 노인복지 패러다임 전환 (저소득층 위주에서 전체 노인으로). (3) 사회복지전달체계 개편. (4) 수요자 중심의 보육정책 개편. (5) 국민연금 개혁 추진. (6) 기초생활보장급여체계 개편. (7) 산모산전진찰보험급여 확대 등으로 나타났다.

이명박 정부에서 제·개정된 법 제도는 고령친화산업진흥법, 다문화가족지원법의 제정(2008년), 국민연금과 직역연금의 연계에 관한 법률, 장애인연금법의 제정(2009년), 국민건강보험법(사회보험징수업무 통합 일원화) 개정, 청소년의 성보호에 관한 법률을 아동·청소년의 성보호에 관한 법률로 명칭 변경 및 개정(2010년), 장애인복지지원법, 아동의 빈곤예방과 지원 등에 관한 법률, 사회복지사 등의 처우 및 지위향상을 위한 법률 등의 제정, 입양특례법, 사회복지사업법, 노인복지법, 국민연금법, 장애인복지법, 장애인활동지원에 관한 법률, 기초노령연금법, 국민기초생활보장법, 다문화가족지원법 등의 일부 개정(2011년)이 이루어졌다.

이와 더불어 제3차 사회보장장기발전 계획(2009~2013년) 수립, 기초노령연금제도와 노인장기요양보험제도의 실시(2008년), 국민연금과 직역연금의 연계제도 시행, 사회복지사 보수교육 의무화, 수요자 중심의 원스탑서비스 희망복지전달체계 개편, 출산 전 진료비 사용범위 · 기간 확대(2009년), 사회복지통합관리망 본격운영, 노인돌봄종합 서비스와 가사간병방문(노인) 서비스 통합, 장애인등록제도 개선, 국민건강보험 보장성 확대, 정부조직법 개정을 통해 보건복지가족부를 보건복지부로, 여성부를 여성가족부로 직제 개편, 장애인연금제도 시행(2010년), 사회보험료 징수업무 통합, 장애인활동보조지원사업을 장애인활동지원제도로 확대 개편(2011년) 등이 이루어졌다.

한편, 사회복지전달체계를 희망복지전달체계로 전환하여 시·군·구의 민관 합동으로 희망복지지원단을 설치하여 통합 사례관리, 긴급지원, 현장방문, 콜센터 업무를 담당케 하고 있다(2012년).

Chapter 15

우리나라 사회복지의 전망과 과제

Section 1 우리나라 사회복지발달과정상의 특징

1. 서양 사회복지 발달과정상의 특징

인류의 역사는 전쟁, 빈곤, 질병, 고통에 대한 투쟁의 역사라고 할 수 있으며, 사회제도는 이것에 대응하기 위해 생겨난 것이다. 우리는 여러 가지 사회제도 가운데 사회복지의 역사를 통해 인간의 고통과 사회문제의 발생 원인을 이해할 수 있으며 또한 인류가 사회문제에 대하여 어떻게 대처해 왔는지를 알 수 있다. 또 사회문제들이 어떠한 사회적, 경제적, 정치적 배경 아래서 발생하였으며, 이를 극복하기 위해 선조들은 시대적으로 어떠한 사상과 가치를 가지고 대처해 왔는지를 살펴보고, 현대적 사회복지제도의 역사가 얼마 안 된 우리나라 사회복지의 현실을 분석하여 우리의 사회적, 경제적, 정치적 현실에 부합하는 사회복지제도를 구축하는 데 참고로 삼을 수 있다.

전편에서 살펴본 바와 같이 사회복지의 역사적 전개·발달과정은 동·서양을 막론하고 그 기원으로서 자연발생적인 상호부조 활동에서 출발하였다. 그리고 고대와 중세에 이르기까지는 종교적 동기에 의한 기독교·불교·유교적인 자선사업이 행해졌다. 서양의 사회복지 발달과정은 제도적 관점에서 보면 단계적으로 전개·발전되어 왔음을 알 수 있다. 즉, 14세기 중엽에 제도적 차원의 구빈사업이 시작되었고, 17세기 초에 엘리자베스구빈법에 의한 구빈사업이 기독교 자선사업을 대체하게 되었다. 19세기에 들어와서는 제도적 구빈사업의 한계를 보완하기 위해 인도주의적 민간활동으로서 자선조직화운동, 인보사업 등의 박애사업을 통해 제도적 사업을 보완해 갔으며, 이것은 전문 사회사업의 기초가 되었다.

19세기 말과 20세기 초에는 독일과 영국에서 구빈법을 대체하는 사회보험제도가 도입되어 생존권 이념이 사회복지제도에 반영되기 시작했다. 또한 전문직업적 동기에 의한 사회사업의 발전이 이루어졌다. 20세기 전반에는 미국의 경제대공항, 제2차 세계대전 등과 같은 역사적 변혁을 경험하면서 미국의 사회보장법, 영국의 베버리지보고서, 프랑스의 라로크 계획 등에 의해 사회보험제도의 개혁이 이루어져 복지국가를 탄생시켰고, 사회복지의 대상이 경제적 궁핍을 포함한 생활 전반의 문제까지를 포괄하는 '요람에서부터 무덤에 이르기까지'의 포괄적인 제도로 발전하여 현대국가의 필수적인 제도로 정착하였다. 또한 20세기에 들어와서는 예방적 사업에도 주력하여 자본주의 사회에 있어서는 사회사업과 사회정책 즉, 사회복지방법론과 사회복지정책론이 상호보완적으로 발전하게 되었다.

이러한 제도의 발전은 빈번하게 발생한 전쟁, 천연재해와 질병, 산업화의 진전에 따른 경제적 환경의 변화 그리고 이데올로기의 생성과 관련하여 사회복지제도가 생성·개혁·발전되어 왔음을 알 수 있다. 이와 같이 사회복지의 변천은 로마이신(Romanyshin)이 논한 바와 같이 시대와 상황의 변화에 수반하여 제반 욕구에 대한 사회적 개입이 체계화되고 전문화되어 왔다.

2. 우리나라 사회복지 발달과정상의 특징

우리나라의 사회복지는 서양과 같은 단계와 질서적인 발달과정을 거친 것이 아니라 일종의 독특한 발달과정을 거쳐 왔다. 우리나라 사회복지 이전 단계에서 전개되었던 사회복지활동은 이념적 측면에서 홍익인간, 불교의 인과응보, 천명(天命)사상에 바탕을 둔 왕도사상과 유교적 정치 이념의 체계화를 통해 그 기초를 확립하였다. 즉, 서양에서 생성된 자유주의, 계몽주의 등의 이데올로기와는 달리 불교와 유교의 이념을 바탕으로 한 구빈, 구휼, 진궁에 역점을 두어 왔기 때문에 생존권 이념은 고려의 대상이 되지 못한 채 과거의 제도를 답습하거나 일부 보완하는 소극적 대처로 일관되어 왔다.

다시 말하면 서구의 중세에서 나타났던 빈곤의 개인적 책임론에 기초한 억압적, 구빈억제적 제도와는 달리 왕의 책임이라는 책기론이 강하게 작용했다고 볼 수 있다. 또한 구빈정책은 서구의 구빈법과 같은 질서적인 발달과정 즉, 시대상황의 변화에 따른 신속하고 실제적인 대책으로서가 아니라 동양적 전제왕정의 특징과 왕정의 성쇠에 따른 임기적인 제도로 전개되어 왔다.

서구는 흑사병의 만연으로 인한 노동력의 감소, 종획운동으로 인한 부랑인의 증가, 산업혁명으로 인한 노동계급의 탄생 및 실업자의 대량 발생, 도시화 및 인구 집중 등과 같은 시대상황에 대처하는 제도로 변화 · 발전하여 왔으나, 우리나라는 농업노동력의 확보와 조세 수취기반의 안정을 통한 신분질서의 유지와 왕조체제의 강화를 목적으로 제도화되었다고 볼 수 있다.

특히 구한 말 일제의 강점하에서 일본의 식민영향 속에서 외세에 의해 제도가 도입되었고, 미군정기에서는 미국식 사회사업 내지 구호사업이 전개되었으며, 한국전쟁의 피해복구와 관련한 외국민간원조기관의 활동은 사회복지를 자선사업 내지 시설보호사업으로 인식하게 만들기도 했다.

연역적으로 볼 때 우리나라 민생구휼행정이 역사상 뚜렷하게 나타난 것은 삼국시대에 와서이며, 고구려의 진대법, 삼국에서 실시된 여러 가지 구휼책들은 중국의 문화가 유입되면서 함께 도입되어 점차 발달한 것으로 보여진다. 고려조에서는 불교 이념을 바탕으로 불교사회복지가 중심을 이루었고, 조선조에서는 유교 이념하에서 고려조의 제도를 계승 · 발전시켜 왔다. 이와 더불어 민간 차원의 상부상조조직이 오랜 역사를 통해 전승되어 오다가 구한 말 이후 외국제도의 도입으로 전통적인 인보제도는 그 명맥을 유지하지 못한 채 외국의 제도에 함몰되고 말았다.

이러한 역사적 전개과정을 통해 볼 때 우리나라는 홍익인간의 건국 이념을 사회복지발달과정에서 제대로 활용하지 못하였고, 우리나라에서 생겨난 부민론(富民論), 토정의 복지 이념과 같은 고유의 사상과 제도에 대한 연구와 그 승계가 이루어지지 않은 상태에서 근세로 넘어와 외국의 영향하에 서구의 사회복지 이념과 제도를 도입하였으며, 외국의 정책 · 제도의 모방에 급급한 나머지 우리나라 고유한 사회복지 이념을 계승 · 발전시키지 못했으며, 따라서 우리나라 실정에 맞는 사회복지 모형을 개발하지 못한 상태에 있다.

우리나라는 서구 복지국가와는 달리 사회복지를 협의적 · 잔여적 개념으로 보고 있는 것이 특징이다. 즉, 경제사회발전 5개년 계획에 의하면 서구의 사회복지에 해당하는 개념으로 사회개발이라는 개념을 사용해 왔다. 따라서 사회보장은 사회개발의 부분 개념으로 그리고 사회복지는 사회보장의 부분 개념으로 간주하고 있다. 사회보장기본법의 사회보장 구성체계에서도 같은 맥락을 유지하고 있다. 또한 생존권 보장에 대한 국민적 요구도 없었으며, 인권보장 차원의 복지권에 대한 심각한 논의도 이루어지지 않은 상태에서 국가의 일방적 주도하에 사회복지정책과 프로그램이 개발되어 오다가 21세기에 들어오면서 클라이언트의 인권과 선택권이 강조되고 있다. 또한 민간부문의 사회복지에 대한 역할이 강조된 나머지 민간기관은 양적으로 증가했으나 정부의존도가 높고 자생력이 부족하여 사회복지의 욕구가 가장 큰 사회적 취약계층들의 실질적인 복지 향상에 크게 기여하지 못한 체 잔여적인 사업으로 일관되어 왔다.

우리나라 현대 사회사업과 사회복지의 발달과정의 특성은 정부 수립 60년을 경과하면서 정치적, 경제적, 사회적 상황과 깊은 관련하에 규정지울 수 있다.

60년이라는 짧은 역사 속에서 사회체계의 급격한 변화와 정치구조의 개편, 생활구조의 변화, 국민의식과 욕구의 변화가 사회복지를 변화·발전시키게 되었다.

현대 사회복지발달사를 일괄해보면 첫 단계로 정부 수립 이후 1970년대 중반까지는 한국전쟁 및 정치적 혼란상황에서의 대량빈곤과 질병의 시기를 거쳐 1960년대 초부터 사회복지의 틀이 조성되기 시작하였으나 경제적 부담능력의 부족으로 장기적 프로그램이 없는 상태에서 구호사업에 주안점을 두었고 외국민간원조단체에 크게 의존했던 시기였다.

두 번째 단계로 1970년대 중반 이후 현재까지는 그간의 지속적인 경제성장으로 사회복지제도가 단계적으로 도입되어 사회보험, 공공부조 등 사회보장제도와 사회복지사업이 본격적으로 시행되었으나 전체적으로 성숙되지 못하고 내실이 불충실한 형편이었다. 이러한 시기를 거치면서 시대 및 욕구의 변화와 관련하여 특정한 복지 이데올로기의 설정 없이 외국의 제도를 도입하는데 급급하여 제도가 현실성이 부족하고 효과 면에서도 비효율적이었으며 국민의 복지의식을 승화시키는 데도 실패했다. 특히 1990년대 말과 2000년에 들어와 IMF 외환위기상황에 대처하는 정책이 개발되고 새 천년을 맞이하여 새로운 복지 패러다임을 구축하기 위한 노력들이 이루어졌으나 OECD회원국과 비교할 때 월등히 낮은 사회복지수준을 유지하고 있다.

특히 저출산·고령화, 양극화, 높은 복지욕구수준 등의 한국적 특수성을 해결하기 위해 복지국가의 재편과 수정과정에서 나타난 선진국 경험을 고려한 패러다임의 전환이 필요한 시점이다.

여기에서 우리나라의 사회복지법제 제정과 시행에 있어서의 특징을 살펴보면 다음과 같다.

첫째, 법 제정에 있어서 정치적 동기 내지 요인과 밀접한 관련이 있다. 여기에는 맥카로브(Macarov)가 제시한 사회복지의 정치적 동기가 작용했다는 것이다. 즉, 상당수의 법률이 선거와 시기를 같이 하고 있으며, 사회복지정책의 전환 내지 개발도 이와 때를 같이 하고 있다.

둘째, 적용대상에 있어서 선별주의적 접근에서 점차 보편주의적 접근으로 확대되는 경향을 띠고 있으나 사회복지급여를 하나의 권리로 인정하는 성격이 약했다.

셋째, 입법화과정에서 당위성(當爲性)과 명분을 강조한 나머지 여건 및 제도에 대한 사전의 치밀한 준비 없이 추진된 결과 현실성이 미흡하여 시행과정에서 혼란을 경험하게 되었고, 법 개정이 빈번하게 이루어지기도 했다.

넷째, 개별 입법이 독자적으로 제정되어 사회복지제도간의 상호 연계성이 미흡하여 제도 시행의 혼란과 낭비요인이 발생하여 비효율적이었으며, 통합 조정이 어렵게 되었다.

다섯째, 사회복지입법 제정 당시의 사회 경제적 배경과 관련한 특징으로서 일제시대와 미군정기는 응급적이고 임시방편적인 성격의 구호시책, 제1·2공화국 시대인 1950년대는 한국전쟁 피해에 따른 긴급구호와 외국원조의 시기, 제3공화국시대인 1960-1970년대는 공공부조법의 대량 입법화 시기, 1980년대는 산업화에 따른 계층간·지역간의 불평등을 해소하기 위한 선별적인 사회보험의 입법화 및 상대적 빈곤감 해소와 사회적 통합을 위한 사회복지서비스법의 대량 입법화 및 체계화의 시기, 1990년대는 사회보험의 시행 확대 및 제도의 통합화의 시기로 볼 수 있다. 한편 복지국가의 건설, 복지사회의 구현, 삶의 질의 세계화,

OECD의 가입, 생산적 복지, IMF 외환위기에 대처하는 실업대책, 2000년대에는 참여복지, 능동적 복지로의 전환 등 일련의 조치와 정책목표가 제시되어 왔으나 내실 있는 정책개발이 이루어지지 않아 실질적인 정책과 프로그램이 제시되지 못했다.

우리나라 사회복지제도를 (1) 사회복지제도의 포괄성(comprehensiveness). (2) 복지수혜자의 보편성(coverage). (3) 복지혜택의 적절성(adequacy). (4) 복지혜택의 재분배성(redistributive effect). (5) 전달체계(delivery system). (6) 재정(finance) 등의 차원에서 볼 때 많은 문제점을 지니고 있음을 발견할 수 있다. 즉, 우리나라 사회복지체제는 매우 좁은 범위의 사회적 위험만을 대상으로, 또한 한정된 범위의 사람들을 대상으로 하고 있어 복지혜택의 사각지대가 엄연히 존재하고 있으며, 낮은 수준의 복지혜택을 제공함으로써 소득의 재분배 효과를 제대로 나타내지 못하고 있다. 즉, 급여수준에서 열등처우의 원칙이 그대로 적용되고 있어 최저생활수준의 확보가 당면과제로 제기되고 있다.

우리나라는 서구의 복지 이념 모형을 그대로 적용해 왔다. 사회복지 이념에 대한 논쟁은 주로 사회복지행정 범주에 집중되었고 사회적 가치는 사회조직과 같은 보다 근본적이고 철학적인 논점에 대한 논쟁은 적었다. 또한 원칙이나 원리에 대한 논의보다는 행정이나 기술적 문제에 치중되어 왔다(김상균 외, 1999).

1980년대 후반기에 제기된 한국형 복지 모형의 내용에는 그 기본 방향을 첫째, 국가발전수준에서 알맞는 복지시책. 둘째, 서구적 복지병폐의 예방. 셋째, 자립정신에 입각한 복지시책의 전개 등으로 나타났으며, 이러한 사회복지정책은 제6차 경제사회발전 5개년 계획(1987~1991년)의 내용과 맥락을 같이 하고 있다. 즉, 한국형 복지 모형은 국가 개입을 가능한 최소화하고 가족의 기능을 강화하며 요보호자 자신의 자조와 재활을 강조하며, 자원봉사의 참여를 장려하는 내용으로 나타났다.

우리나라 사회복지발달사는 서양 여러 나라의 발달과정과는 상이점이 많고 비슷한 점도 나타났다. 비슷한 점은 사회가 경제적으로나 정치적으로 혼란했던 시기에 사회복지제도가 새롭게 생겨났다는 점이다. 영국의 엘리자베스구빈법을 제정했던 1601년 직전은 경제적으로 침체기였고, 1795년 스핀함랜드제도는 봉건사회가 몰락하는 사회적 위기상황에서 등장한 제도였다.

미국의 1930년대 대공황은 빈곤의 원인을 개인에게서 사회구조적 요인으로 변화시키면서 연방정부의 사회복지에 개입하는 결과를 가져왔으며, 1960년대 정치적 혼란시기는 빈곤과의 전쟁(War on Poverty)을 전개하게 했다.

반면 우리나라는 1980년대 정치적 위기시기와 1990년대 후반 경제적 위기시기에 사회복지의 제도적 변화와 발전이 있었다.

서양과 차별화되는 독자적인 면은 동참적 지역복지사업에서 찾을 수 있다. 우리나라 사회복지역사에서 나타난 점의 하나는 상호이타주의적 공동체 문화를 반영하는 관습이 있었고 이것은 향약, 두레, 계 등의 활동으로 나타났다. 이러한 관습에 담겨있던 가치는 인간의 존엄성, 가족주의 추구, 상호부조 정신 등이다.

그러나, 우리나라는 복지국가를 지향하고 있으면서도 사회복지제도가 성공적으로 정착되지 못하고 있다. 그 이유는 복지 이데올로기의 빈곤으로부터 비롯된 것이라고 할 수 있다. 즉, 정치 이데올로기와 복지 이데올로기가 혼돈 내지 혼합되어 있다는 점이다. 정치 이데올로기는 통치의 이념을 제공하는데 근간이 되는 신념체계인 반면 복지 이데올로기는 사회복지정책의 이념을 제공하는 근본적 신념체계로서 인간의 정치·경제·사회·문화적 기본 욕구를 충족시킴에 있어서 시대적 상황과 여건을 고려하여 가장 적절한 수단과 방법을 제도적으로 선택하는 데에 관련된다. 정치 이데올로기와 복지 이데올로기는 통상 구분되지 않는 경향이 있으나 구분되어야 할 이유는 정치적 대립과 갈등이 사회복지의 실현을 저해할 가능성이 있기 때문이다.

우리나라 사회보장제도는 외형적으로 확대되는 변화에도 불구하고 과거 제도의 특성이 그대로 반영되고 있어 결과적으로 국가재정 개입을 최소화하기 위한 사회보험 위주의 사회보장제도, 국가의 직접적 공급보다는 민간 영역의 활용, 사회복지의 1차적 책임으로서 가족의 강조 등을 특징으로 하고 있다.

Section 2 사회복지의 전망과 과제

1. 사회복지의 전망

오늘날 인류사회는 세계화·정보화 등의 새로운 시대적 가치를 총체적으로 실현해 나가는 문명사적 대전환기를 맞이하고 있다. 이러한 변화는 인간의 사고와 행동양식에도 새로운 가치의 형성을 요구하고 있으며, 동시에 국가와 사회의 변화와 혁신을 요구하고 있다.

20세기 후반기에 들어와 선진국의 사회복지 개혁 방향을 살펴보면, 과도한 복지제도에 의한 근로의욕 저하, 저축동기 저하, 고복지-고부담에 의한 복지병 확산에 따른 세부담 증가로 생산적 복지의 필요성을 강조하게 되었다.

이러한 정책적 변화의 배경은 1990년대 들어와 부닥치게 된 재정적 요인, 재정조달의 한계, 불안정한 인구추계, 사회적 행태의 변화 그리고 사회보장제도 자체가 안고 있는 취약점 등에 기인하고 있는 것으로 분석되고 있다.

한편 우리나라의 개발 전략은 고도성장과 고용증대에 역점을 두어 왔다. 또한 제도의 도입·정비과정에서 분배보다는 성장을, 사회보장보다는 고용기회의 확대, 재정지원에 의한 사회보험보다는 갹출주의에 입각한 사회보험의 성격을 지니게 되었고, 따라서 사회보장문제는 경제성장과정에서 제외되었다. 이러한 개발전략으로 추구해 온 경제성장은 소득증가와 생활수준 향상을 위한 충분조건이 될 수 없다는 것이 역사적 경험이며, 오히려 상대적 소득격차가 심해졌다.

선진국들의 복지제도 개혁의 목적은 복지수요자의 평등원칙과 지속적 복지서비스 제공을 위한 재원 조성에 있으나 우리나라는 아직까지 선진국이 경험한 복지병은 나타나고 있지 않은 상태이므로 선진국이 모색하고 있는 복지서비스 축소방안은 검토대상이 될 수 없을 것이다. 다만 사회복지제도가 경제발전에 순기능을 하고 장기적으로 유지 발전될 수 있는 제도와 서비스 프로그램의 개발에 주안점을 두어야 할 과제를 안고 있다.

앞으로의 사회는 몇 가지 측면의 환경적 변화가 예상된다. 첫째, 경제적 환경의 변화로서 국민생활수준이 크게 향상되는 반면 빈부의 격차가 확대되어 사회안전망의 확충에 따른 재정수요가 증가할 것이다. 둘째, 사회적 환경의 변화로서 지속적 경제성장과 빈부격차의 확대, 노인인구의 급속한 증가에 다른 초고령사회로의 진입, 노인성질환자의 증가, 저출산, 핵가족화, 노인단독가구 등 소가족이 증가할 것이며, 여성의 사회활동 증가로 노인 및 아동에 대한 전통적 형태의 가족부양 기능이 약화되고 이혼 등에 따른 한부모가족의 증가, 국제결혼에 따른 다문화가족의 증가, 환경공해 · 교통사고 · 산업재해 등에 따른 후천적 장애 발생의 증가 및 장애인의 절대수의 증가가 예상된다. 셋째, 신사회적 위험(new social risks)의 등장이다. 즉, 전통적으로 사회복지과제의 핵심을 차지해왔던 빈곤, 질병, 실업, 장애, 차별 등과 같은 문제들과는 달리 새로이 등장하는 사회문제들에 대한 새로운 접근이 요구되고 있다. 넷째, 사회복지수요의 변화를 전망해보면 사회적 위험의 증가, 소득수준이 높아지면서 여가시간의 증가 등 생활의식이나 가치관의 변화, 평균수명 연장 및 노인인구의 증가에 따른 보건의료, 소득보장, 요양비용, 노인의료비 증가, 여성의 사회참여 확대로 출산율 감소, 산업구조 조정과 청 · 장년세대의 사회로부터의 조기은퇴, 정보화 사회 속의 주5일 근무제와 관련된 생활리듬의 변화 등 새로운 사회구조와 생활환경이 예상된다.

이와 같은 외적 환경 변화에 따라 다양한 복지욕구가 표출하고 저소득계층 등 사회소외계층의 사회복지욕구도 크게 증가될 것으로 예상되며, 잠복되어 있던 생존권 보장 요구, 삶의 질 향상에 대한 다양하고 고도한 복지수요가 증가될 것으로 예상된다. 따라서 사회복지의 일대 전환의 시기를 맞고 있다고 볼 수 있다. 이에 새 시대의 복지 패러다임을 어떻게 구축해야 할 것인가에 대한 과제를 안고 있다.

2. 사회복지의 발전과제

앞에서 살펴본 시대상황의 변화에 대처한 우리나라 사회복지의 발전과제를 살펴보기로 한다.

1) 사회복지에 대한 새로운 국민적 인식과 공감대 형성

사회복지의 발전은 국가경제발전수준 및 국민의 소득수준과 밀접하게 관련되어 있다. 우리나라의 경제발전수준에 부응하는 복지정책을 추진하기 위해서는 무엇보다도 복지정책에 대한 국민적 인식의 제고와 공감대 형성이 선행되어야 한다. 이러한 국민적 공감대는 정부정책에 있어 사회복지의 비중을 높이게 하고 국민적 공감대를 형성케 하는 상호 상승작용을 가져올 수 있을 것이다. 최근 들어 국민건강보험으로의 통합, 산재보험, 고용보험의 전사업장으로의 적용범위 확대, 노인장기요양보험제도 도입, 국민기초생활보장제도와 기초노령연금·장애인연금제도의 실시, 무상보육의 확대 등과 관련하여 이러한 사회복지제도의 전개가 마치 정부의 시혜적인 정책으로 인식되어서는 안 된다는 것이다. 이러한 제도의 영속적 발전을 위해서는 국민소득수준에 상응한 비용부담, 제도의 오·남용 방지, 더불어 사는 사회를 이루어 나가는 국민의 복지의식이 개발되어야 할 것이다.

2) 우리나라 고유한 사회복지 이념의 정립 및 한국형 복지 모형의 정착

우리나라는 그동안 서구의 복지 이념 모형을 비판 없이 그대로 수용하여 적용해 왔으나 서구의 복지 이념 모형이 우리 사회에 그대로 적용될 수 없는 모형이므로 정책의 집행과정에서 많은 혼란이 있어 왔다. 따라서 사회복지에 대한 논쟁의 기본 구도와 각 정치 및 사회집단의 입장을 정리하여 우리나라의 실정과 국민의식구조에 맞는 복지 이념 모형이 구도화되어야 할 것이다. 즉, 개화기 이후 외국의 사회복지 이념과 제도에 함몰되어 버린 우리나라 전통적 상호부조의식을 개발하고 국가발전수준에 맞는 사회복지전략을 개발하는 정책적 노력이 있어야 할 것이다.

또한 남북통일에 대비한 통일 후의 사회복지전략을 모색하기 위한 제반 준비도 필요한 시점이다. 사회상황과 이념을 달리하는 체제를 극복하고 민족대화합을 이룰 수 있는 통일 후의 사회복지전략은 장기간의 연구와 준비가 필요하므로 지금부터 그 작업에 착수해야 할 것이다.

세계적인 경쟁체제하에서 효율을 중시하는 신자유주의적 개혁 기조가 사회복지에도 관철되어야 한다는 주장이 정부로부터 제기되고 있는가 하면 사회복지에서는 불평등을 조장하는 효울이나 생산성보다는 평등지향적인 복지제도의 재분배 기능을 강조하는 주장도 제기되고 있다. 따라서 우리나라 사회복지의 발전여부는 신자유주의 이념과 평등주의 이념간의 현실적인 결합을 통해 결정될 것으로 보인다.

최근 정치권에서는 복지논쟁이 벌어지고 있다. 이른바 보편적 복지와 선별적 복지 내지 맞춤형 복지가 이슈로 제기되고 있다.

이와 같은 종합적인 검토를 통해 미래지향적이고 우리나라의 복지 의식에 적합한 복지 모형을 개발하여 선진국이 경험한 복지병의 전철을 경험하지 않고 인간의 존엄성과 가치를 실현하는 생활환경 속의 사회복지제도를 전개해 나가야 할 것이다.

3) 사회보장의 책임과 주체로서 국가의 재정적 기여

국가는 사회보험제도에 있어서 재정중립 원칙을 고수하고 있다. 따라서 정부는 사회복지의 주체적 기능을 담당하여 제도와 프로그램의 확대에 집중적인 투자를 해 나가는 한편 지방자치단체와 민간 사회복지기관의 적절한 역할을 분담할 수 있도록 제도를 개선해 나가야 할 것이다. 또한 사회복지에 대한 재정부담에 역할분담을 명확히 해 나가는 동시에 국고부담비율을 경제발전수준에 상응하는 수준으로 보조를 맞추어 나가야 할 것이다.

복지 증진을 위해서 민간의 참여를 활성화하고 국가와 민간간의 균형적인 역할분담도 바람직하나 복지정책의 성급한 민영화 조치는 복지를 상품화시키고 복지수준에 있어서 사회계층간의 격차를 더욱 심화시킬 우려가 있으므로 의식주와 관련된 기본 수요는 원칙적으로 국가의 책임으로 제도를 운영해 나가야 할 것이며, 사회구성원 개개인이 소득수준에 맞는 비용부담과 사회복지 참여가 가능하도록 정책을 개발해 나가야 할 것이다.

4) 사회보험체계의 통합 및 사회보장제도간의 연계

우리나라의 사회보험제도는 관련부처와 운영주체가 보험별로 목표, 대상집단, 근거법령, 보험운영의 형태, 집행기관이 다원화되어 있다.

이와 같은 다원화된 분립체계로 동일한 대상자를 관리하면서도 제도별로 각기 별도의 시스템을 갖추고 있어 관리의 효율성이나 가입자의 편의성 면에서 모두 낮게 나타나고 있다. 최근 들어 사회보험료 통합징수가 이루어지고 있으나 기능의 중복, 급여의 중복 및 상충현상이 여전히 존재하고 있다.

사회보험 관리운영체계는 가입대상이 유사하거나 운영방법이 같은 성격인 제도간에 행정의 연계를 통하여 비용효과적인 체계로 발전하는 것이 바람직할 것이다. 사회보험 관리운영체계의 관리 효율성이 극대화되기 위해서는 관련 법령체계의 조정 등 상당한 조정과 합의과정이 필요하나 각 제도가 오랜 세월을 거치는 동안에 독자적인 뿌리를 내리고 있어서 이의 조정은 극히 힘든 과제이기도 하다.

사회보험제도의 관리운영체계의 조정문제는 오래 전부터 제도간 통합조정 논의가 있어 왔던 선진 외국에서도 이해관계의 상위로 실현되지 못하고 있는 어려운 과제이다. 따라서 우리나라 사회보험 운영체계의 효율성 제고를 위해서는 이러한 현실적인 한계에 대한 인식 위에 관련 당사자간의 양보와 협조가 필요하고, 기능분담, 조정의 발전단계를 거쳐 점진적이고 민주적인 절차를 통하여 통합 체계화함으로써 제도 개선으로 인한 경제 사회적 충격을 최소화하여야 할 것이다.

또한 사회안전망으로서의 사회보험, 공공부조, 사회복지 서비스 그리고 관련 복지제도는 개별프로그램으로서의 충실만을 기도할 것이 아니라 대상자 본위로 상호 연계 조정되어야만 비용절약적이고 효율적인 제도로 기능하게 될 것이므로 사회보장기본법에 규정되어 있는 사회보장의 연계성을 강화하는 방향으로 제도 개선이 이루어져야 할 것이다.

5) 사회복지사업의 전면적 개혁과 효율적인 전달체계의 확립

사회복지사업법은 헌법상의 생존권적 기본권을 서비스 제공이라는 방법으로 보장하기 위한 기본법이다. 그러나 현행 사회복지사업법은 이러한 권리 실현 및 보장의 책임수행보다는 정부예산의 통제와 관련하여 민간 법인 및 시설에 사업의 책임을 전가하고 규제하려는 목적성이 강하게 드러나고 있다. 규범적인 타당성 면에서 상당히 취약한 면모를 보이고 있으며 실효성 차원에서도 시급히 해결을 요하는 많은 문제점들이 있다. 사회복지사업법은 민간기관에 대한 규제의 법에서 클라이언트의 권리를 보장하는 법으로 그리고 국가책임의 이행을 보장하는 법으로 구조적인 개정이 이루어져야 할 것이다.

최근 사회의 급속한 변화, 세계화 등 국제적 상황의 변화에 대한 준비가 요구되고 있다. 이러한 대응은 정책적 접근과 기술적 접근 양면에 동시에 요구되고 있다. 따라서 다원적 사회를 지향하는 환경에서 사회복지의 증진은 잔여적인 제도뿐만 아니라 제도적 복지수요에 대응하여 사회적 안정과 사회통합을 촉진할 수 있는 사회복지체계로 전환되어야 할 것이며, 사회보장 제 제도간의 균형적인 발전방안이 모색되어야 할 것이다.

사회복지 서비스의 전문화방안으로 사회복지 서비스 인력의 적정수준의 확보가 이루어져야 하며, 뿐만 아니라 앞으로는 국민들의 복잡하고 다양한 비경제적 생활 전반의 욕구를 충족시킬 수 있는 전문인력을 확보해야 하기 때문에 엄격한 자격기준의 통제가 있어야 할 것이다. 이와 아울러 사회복지 서비스가 전문가로서의 역량을 발휘할 수 있는 수준의 처우 개선과 효율적인 전달체계를 확립하여 서비스의 효율성을 높여 나가야 할 것이다.

부록

<부 록> 주요 국가별 사회복지연대표

연도별＼국가별	한 국	일 본	영 국	미 국	독 일	프랑스
A.D18	▶기근 진휼					
28	▶스스로 생활할 수 없는 자(환·과·고·독·노병자) 급양					
38	▶가난하여 생활할 수 없는 자 급양					
194	▶환·과·고·독·노·병· 빈핍자 구휼 ▶진대법 실시					
918	▶흑창 설치					
946	▶광학보 설치					
956	▶노비안검법 실시					
963	▶제위보 설치					
986	▶의창 설치					
988	▶재면지제 실시					
993	▶상평창 설치					
1057	▶동서대비원 설치					
1109	▶구제도감 설치					
1112	▶혜민국 설치					
1275	▶납속보관지제 실시					
1348	▶진제도감 설치		▶1348-1349 흑사병 만연			
1349			▶노동자법령 제정			
1381	▶진제색 설치					
1388			▶구빈법(the Poor Law Act) 제정			
1391	▶혜민전약국 설치(해민국 개칭)					
1392	▶전의감, 혜민서, 동서대비원 설치					
1394	▶기로소 설치					

국가별 / 연도별	한 국	일 본	영 국	미 국	독 일	프 랑 스
1397	▶재생원(의학연구소) 설치					
1419	▶환곡제도 실시					
1461	▶사창 설치					
1485	▶경국대전 완성					
1517	▶향약(呂氏) 실시					
1519	▶ 주자향약 도입					
1531			▶걸인·부랑자 처벌법 제정			
1536			▶건장한 부랑자·걸인처벌법 제정			
1532						▶걸인체포부역령
1544						▶빈궁자사무소 설치
1547			▶부랑자의 처벌 및 빈민과 노동불능자의 구제에 관한 법률 제정			
1548					▶구빈제도 설치 (아우구스부르그시 등)	
1556	▶퇴계의 도산향약 실시					
1562	▶토정복지관 건립					
1563			▶도제법 제정			
1572			▶1572년 구빈법 제정			
1576			▶교정원 설립			
1597			▶1597년 구빈법 제정			
1601			▶엘리자베스구빈법 제정		▶국가구빈협회 설립	
1615		▶인신매매금지				
1647				▶식민지구빈법 제정 (로드아일랜드주)		

국가별 연도별	한 국	일 본	영 국	미 국	독 일	프 랑 스
1656						▶파리 일반 구빈원 설치, 작업장 설립
1657				▶보스턴스코트 자선협회 설립		
1662			▶정주법 제정	▶극빈자보호 구빈원 설립 (메사추세츠주)		▶전국에 일반구빈원 설치
1665					▶고아원 창립(헤르만 브랑케 하래시)	
1675	▶오가작통절목 제정					
1679			▶인신보호법 제정			
1684	▶사창조례 제정					
1692				▶빈민에 관한 부칙 제정(무의무탁 아동도제계약제:매사추세츠주)		
1696	▶수양임시사목 제정		▶작업장법 제정			
1709	▶제생원을 혜민서로 개칭					
1717		▶행려병인취급법 제정				
1722			▶작업장적부심사법 제정			
1729				▶뉴올리안즈 고아원 설립		
1735				▶뉴욕시립구빈원 설립		
1737				▶아일랜드 자선협회 설립		

국가별 / 연도별	한 국	일 본	영 국	미 국	독 일	프 랑 스
1756				▶정신병원 설립(펜실베니아주)		
1764						▶방랑자 분류 (노동능력 있는 빈민·노인·병자·여자·아동)
1765				▶인지법(Stamp Act) 제정	▶함부르크 구빈제도	
1767		▶농민의 영아살해 금지				▶빈민수용소 설립
1773				▶최초 주립정신병원 설립(버지니아주)		
1774						▶박애주의협회 창설
1776			▶아담스미스 국부론 발간	▶ 미국 독립		
1782			▶길버트법(원외구조법) 제정			
1783	▶자휼전칙 (유기아입양법) 공포					
1785			▶공중보건법 제정			
1788					▶함부르크 구빈협회 창설	
1789						▶프랑스 대혁명
1790				▶최초 주립고아원 설립 (남캘리포니아주)		▶빈민위원회 설치
1793						▶공적부조 선언, 상습 유랑자규제 수용소 설치
1794						▶일반연금체제 도입

국가별 / 연도별	한 국	일 본	영 국	미 국	독 일	프랑스
1795			▶스핀함랜드법 제정 (임금보조제)			
1798			▶ 맬서스 인구론 출간	▶공중보건서비스제도 도입		
1799			▶노동자단결금지법 제정			
1802			▶도제건강과 도덕유지법 제정			
1805			▶런던걸식방지협회 설립			
1811						▶기아헌장 제정
1815			▶소년교정협회 설립			
1817				▶최초무료농아학교(갈로데) 설립 (코티네티컷주)		
1818	▶ 「목민심서」 출간		▶공제조합법 제정	▶빈곤예방협회 설립		
1820					▶수산소의 강제노동소화	
1822				▶최초 맹인시설 설립 (켄터키주)		
1824			▶노동자단결금지법 폐지 ▶오웬의 이상촌 창설	▶뉴욕시립감화원 설립 ▶뉴욕주구빈원 제정		
1829				▶뉴잉글랜드 최초 민간연맹인 수용소 설립		

국가별 / 연도별	한 국	일 본	영 국	미 국	독 일	프 랑 스
1832			▶왕립위원회 구성			
1833			▶공장법 제정		▶라우에하우스 (가족적농원감화원) 창설	
1834			▶신구빈법 제정			
1836				▶아동노동금지법 제정 (매사추세츠주)	▶데오도르푸리도나교회 봉사연단 창설	
1837				▶최초 주립맹인시설 설립 (오하이오주)		
1838			▶인민헌장 공포			
1839					▶프로이센아동보호법 제정	
1840			▶아동노동고용위원회 설치			
1841						▶노동시간규제법령 (특히 아동·부녀자) ▶노동시간규제법령 확대
1842					▶프로이센 구빈법 제정	
1843				▶뉴욕빈민생활개선협회 조직		
1844			▶원외구제금지령			
1847			▶구빈청 설치 ▶공장법 개정 ▶부인·아동 10시간 노동제 수립 ▶소년범죄법 제정			
1848			▶공중위생법 제정	▶소년원 설립	▶프로테스탄트 사회사업협회 설립	

연도별＼국가별	한 국	일 본	영 국	미 국	독 일	프 랑 스
1849					▶긴급조례 제정	
1852					▶에르푸르트제도 설립	
1853					▶1839년 칙령 개정	
1855			▶우애조합법 제정			
1861			▶인신보호법 제정	▶남북전쟁 발발		
1862			▶정신병원법 제정			
1863				▶뉴욕가톨릭소년감화원 설립		
1864						▶국제노동회의 개최: 노동운동 시작
1869			▶런던자선조직협회 창립			
1870		▶외국인에 대한 인신매매금지			▶구빈법령 제정	
1871		▶행려병인 취급규칙 제정 ▶기아양육급여법 제정 ▶대판(大阪) 대구빈원 창설 ▶휼구규칙 제정			▶독일제국 통일 ▶독일사회사업협회 성립	
1872		▶동경양육원 개설		▶공중보건협회 조직		
1874				▶아동학대방지협회 설립		▶부녀자 및 아동노동시간법령 제정

국가별 / 연도별	한 국	일 본	영 국	미 국	독 일	프 랑 스
1875			▶직공주택개량법 제정 ▶신공중위생법 제정			
1876		▶육군은급령 제정		▶뉴욕주립감화원설립		
1877				▶최초 COS 설립 (뉴욕주)		
1878		▶대판(大阪) 빈민협회 창립	▶공장법 개정		▶사회주의자 진압법 제정	
1880		▶대판(大阪) 기아양육사 설립 ▶비황비축법 제정			▶구제자선조직협회 성립	
1881					▶양호학교 설립	
1882		▶행려사망인취급규칙 제정				
1883			▶질병예방법 제정		▶질병보험법 제정	
1884	▶세브란스 병원 설립		▶토인비 홀 건립		▶재해보험법 제정	▶노조구성에 관한 기본법 제정
1885	▶광혜원 설립	▶사립예비감화원 설립	▶의료구호법 제정			▶시·군 환자, 장애자 무료입원 의무화
1886			▶부스의 런던사회조사	▶미국인보연맹 창설(뉴욕주) ▶Neighborhood Guild건립		
1887				▶전국자선조직회의 조직		▶염가주택구입제도 제정, 노동법령 개선 및 감독기관 설치

연도별 \ 국가별	한 국	일 본	영 국	미 국	독 일	프 랑 스
1889		▶감화보호원 설립	▶부스의 빈곤조사 보고서 발간	▶시카고 헐하우스 개관	▶노령 및 폐질보험법 제정	▶기아, 부당취급아동 보호에 관한 법률 제정
1890					▶모친에 대한 교육상담소, 양호시설, 보양소 설치 ▶사회주의자 진압법 폐지	▶노동자보호법 제정
1891				▶보스톤 인도버하우스 개관	▶공장법 제정	
1892				▶전국교정회의 조직		▶부녀자 및 아동노동에 관한 신법령 제정
1893						▶의료부조법 제정
1894	▶홍범14조 발표					▶석탄광부연금법 개정
1895					▶제국구조적법 개정	
1896		▶일본빈민구조자선회 설립 ▶사회정책학회 창설		▶정박아특수학급 설치 (로드아일랜드주)		
1897		▶전염병예방법 제정	▶노동재해보상법 제정	▶최초주립신체장애자 병원 개설 (미네소타주)		
1898				▶사회사업훈련학교 개설 (뉴욕COS)		
1899	▶광제원 설치			▶소년재판소 설립 (시카고)		
1899					▶의료보험법 제정 부인사회사업1년 과정 창설	▶노동재해보상법 제정

국가별 연도별	한 국	일 본	영 국	미 국	독 일	프랑스
1900		▶감화법 제정 ▶정신병자감호법 제정				
1901	▶혜민원 설립		▶라운트리의 사회조사			▶결핵환자부조법 제정
1902		▶대판양로원 설립				
1903		▶일본자선동맹회 설립		▶시카고대학 시민박애학교 설치		
1904		▶하사관가족 부조령 제정	▶Hospital Almoner's Association 설립	▶미국아동노동위원회 창설		▶요보호아동부조법 제정
1905			▶실업노동자법 제정 ▶구빈법 조사를 위한 왕립위원회 발족	▶의료사회사업가 및 정신의료사업가 채용 (매사추세츠주)		▶노령부조법 제정
1906	▶경성고아원 설립	▶동북육아원 설립	▶교육법 (빈곤학동급식) 제정			▶주간정기휴일제 채택
1907	▶평양양로원 설립	▶동경질병원 개원 ▶관역직공인부부조령 제정	▶교육법 (학동보건) 제정			
1908		▶중앙자선협회 발기	▶구빈법 개정 ▶노령연금법 제정		▶베를린여자 사회사업학교 설립	
1909			▶최저임금법 제정 ▶왕립구빈법조사위원회 조사보고서 발표	▶최초 백악관아동회의 개최 ▶청소년정신병원 설립		

국가별 / 연도별	한 국	일 본	영 국	미 국	독 일	프 랑 스
1910	▶한일합방					▶양료연금법 제정 (근로자,농민)
1911	▶총독부직영 재생원 개설	▶공장법 제정	▶국민보험법 제정	▶모성구호법 제정 (일리노이주) ▶노동자연금법 제정 (워싱턴주) ▶미국자선조직협회 결성	▶리이히보험법 (국가사회보험법) 제정	
1912	▶토지조사령 발표		▶National Association Almoners 설립			▶소년법정 설치
1913	▶성공회 고아원 설립		▶정신박약아법 제정			▶임산부 및 대가족부조법 제정
1914	▶은사금이재구조 기금관리규칙 제정		▶정산박약자 전국협회 결성			
1915				▶아동원조정보교환국 조직		
1916	▶은사진휼자금궁민구조규정 제정	▶간이생명보험법 제정 ▶공장감독관 설치		▶연방아동노동법안 제정		
1917	▶행려병인구호자금관리규칙 제정	▶제생고문제도 창설 ▶군인구호법 제정		▶미국사회사업협회 조직 ▶리치몬드의 사회진단 발간	▶중앙복지협회 창설	▶8시간 노동법 제정

국가별 / 연도별	한 국	일 본	영 국	미 국	독 일	프 랑 스
1918		▶동경자선협회 설립 ▶구제위원제도 창시	▶임산부유아보호법 제정	▶미국의료사회사업가협회 조직	▶프러시아여자사회사업종사자검정제 실시	▶그루노블가족수당보상금고 설치
1919		▶정신병원법 제정	▶국가건강보험법 제정	▶학교사회사업가협회 조직 ▶전문사회사업훈련학교협회 조직	▶재외난민손해배상청구권 법제화 ▶독일노동자사회사업단 창설 ▶실업보험법 제정	▶아스티에법 제정 ▶1일8시간 노동제 채택 :집단협약에 관한 최초의 법령 제정
1920		▶사회정책강습소 설립	▶실업보험법 제정	▶직업재활법 제정	▶전상자 및 유가족의 부조법령 제정 ▶적십자사 설립	▶노동조합구성에 관한 기본법 제정
1921	▶조선사회사업연구회 발족 ▶태화기독교사회관 설립 (탁아프로그램 개발)	▶중앙사회사업협회 발족 (기존 중앙자선협회) ▶직업소개소법 제정	▶실업보험법 개정 ▶아동법 제정	▶사회사업가연맹 설립 ▶모자법 제정	▶아동복지법 제정	
1922		▶건강보험법 제정 ▶소년법 제정 ▶교정원법 제정			▶청소년복지법 제정	
1923	▶어린이날 제정・실시	▶은근법 제정 ▶공장법 제정	▶주택법 제정 ▶정신복지중앙협회 설립		▶소년재판소법 제정	

국가별 연도별	한 국	일 본	영 국	미 국	독 일	프랑스
1924		▶동경부인소년직업 상담소 설치	▶실업보험확대급부 제도 실시		▶부조양무원 제정	
1925			▶노령, 과부, 유자녀 각출제 연금 도입			
1926	▶6 · 10만세운동	▶건강보험법 시행			▶남자사회사업학교 설립	
1927	▶방면위원제도 도입 ▶사르타데르재단 설립	▶건강보험급부 개시	▶실업보험의 과도적 급여제도 실시	▶노인보장협회 조직	▶직업소개소 및 실업보험법 제정	
1928	▶조선사회사업협회로 개칭	▶사회사업연구생제도 창설 (중앙사회사업협회)				▶사회보험제도 입법화 ▶질병보험법 제정
1929	▶동부인보관 설립	▶구호법 제정		▶경제대공황		
1930						▶사회보험제도 개정(상공인 농업자 분리)
1931		▶노동자재해부조법 제정 ▶전국양로사업협회 설립	▶과도적 지불제도 실시	▶임시긴급구제국 설치(뉴욕주) ▶실업구제(Wicks)법 제정		
1932						▶가족수당법 제정
1933		▶아동학대방지법 제정 ▶소년구호법 제정		▶시민자원보호단 결성 ▶연방긴급구제법 제정		

국가별 / 연도별	한 국	일 본	영 국	미 국	독 일	프 랑 스
1934			▶실업법 제정			
1935				▶사회보장법 제정 ▶와그너(Wagner)법 제정		▶부조법령 제정
1936		▶퇴직적립금, 퇴직수당법 제정 ▶실업갱생훈련시설 설립		▶집단사회사업가협회 조직		▶주간40시간 노동제, 연2주 유급휴가 인정
1937		▶모자보호법 제정 ▶군사부조법 제정	▶노령연금법 제정			
1938	▶조선이재구조기금령 공포	▶사회사업법 제정		▶공정노동기준법 제정		▶주부수당 설치
1939		▶건강보험, 가족급부 개시				▶가족법 제정
1940	▶직업소개법 제정		▶보충연금제도 도입			▶모성 및 아동보호 건강서비스 (PMI) 설치
1941		▶의료보호법 제정 ▶노동자연금보험법 제정				▶실업자부조법 제정
1942			▶베버리지보고서 발표			
1943		▶전시사망상해보험법 제정				

연도별 \ 국가별	한 국	일 본	영 국	미 국	독 일	프랑스
1944	▶조선구호령 공포	▶후생연금보험법 제정	▶장애자고용법 제정			
1945	▶해방 ▶미군정 시작		▶가족수당법 제정 ▶국민산업재해보험법 제정			▶라로크계획 발표 ▶사회보장조직에 관한 법률 제정
1946	▶보건후생부 발족 ▶아동노동법규 공포 ▶이화여대 기독교사회사업학과 설치	▶생활보호법 제정 ▶일본사회사업학교 개설	▶국민보험법 제정 ▶국가보건서비스법 제정		▶난민수용 개시	▶간부일반노조 탄생 ▶노동상해고용주책임원칙 도입
1947	▶미성년자노동보호법 제정 ▶보건사회부 부녀국 설치 ▶공창제 폐지	▶재해구호법 제정 ▶아동복지법 제정 ▶실업보험법 제정 ▶노동자재해보상보험법 제정				
1948	▶대한민국정부 수립	▶민생위원법 제정	▶아동법 제정 ▶국가부조법규정 제정(노인 · 장애자 복지서비스 포함)			▶자영업자노령보험 설치 ▶학생사회보험 실시 ▶주택수당 신설
1949	▶대한적십자사 창립	▶신체장해자복지법 제정			▶긴급원조법 제정	▶직업군인,문필가 사회보험 실시 ▶가족수당금고 분리 설치
1950	▶한국전쟁 발발 ▶군사원호법 제정 ▶후생시설 설치기준령 제정	▶생활보호법 개정		▶사회보장법 개정		▶직업간최저보장임금제도 도입
1951	▶난민수용에 관한 임시조치법 제정	▶사회복지사업법 제정 ▶아동헌장 제정 ▶사회복지사무소 발족				

국가별 연도별	한 국	일 본	영 국	미 국	독 일	프랑스
1952	▶한국사회사업시설연합회 창립	▶모자복지자금대부등에 관한 법률 제정		▶사회사업대학협회회 설립 ▶전국사회사업가협회 조직		▶농업경영자노령보험 실시
1953	▶근로기준법 제정 ▶중앙신학교 사회사업학과 설치	▶일용노동자건강보험법 제정 ▶정신박약아대상기본요강 제정 ▶사회복지사업진흥회법 제정				▶산업수당 신설
1954		▶후생연금법 개정			▶아동수당법 제정	▶전상병자 및 유족보험 설치
1955	▶외국민간원조기관연합회 발족				▶가족수당법 제정 ▶취학폐질아동수당제도 창설	
1956	▶보건소법 제정 ▶국립중앙사회사업종사자훈련소 설립 ▶어린이헌장 제정 (어린이날 · 어머니날 제정) ▶대구대학교(한국사회사업대학)사회복지학과 개설 ▶한국사회사업학회 창립		▶아동·청소년위원회 설치		▶연금수급자질병보험법 제정	▶국민연대기금 설치: 부가적 보충급여 시 가족 및 사회부조법전 제정, 유급휴가 3주 규정
1957	▶서울시립부녀보호소 설치				▶노동장연금보험법 개정 ▶농업경영자노령부조법 제정	
1958	▶소년법, 소년원법 제정 ▶서울시립아동상담소 설치 ▶한노병원 결핵환자 진료 ▶서울대학부속병원 전문적인 임상의료사회사업 시작	▶(신)국민건강보험법 제정				▶실업보험협약
1959	▶보사부 의료국내에 건강보험제도 도입을 위한 연구회 설립	▶국민연금법 제정 ▶복지연금제도 발족 ▶최저임금법 제정	▶정신위생법 개정			▶노동자참여제 채택

국가별 연도별	한 국	일 본	영 국	미 국	독 일	프랑스
1960	▶공무원연금법 제정 ▶서울시립부녀사업관 설치 ▶국립보건원 발족 ▶사회복지관 시대 (1960~1980)개막	▶정신박약자복지법 제정 ▶신체장애자고용촉진법 제정	▶신연금법(보수비례퇴직연금) 제정	▶전국탁아사업위원회 설립 ▶전미사회복지사협회(NASW)사회복지사 윤리강령채택		
1961	▶고아입양특례법 ▶보호시설에 있는 고아의 후견직무에 관한 법률 ▶군사원호보상법 ▶윤락행위등방지법 ▶생활보호법 ▶갱생보호법 ▶미성년자보호법 ▶아동복리법 제정 ▶군사원호청 발족	▶사회복지시설직원 퇴직수당공제법 제정 ▶아동부양수당법 공포	▶국제사회사업훈련원 설립	▶청소년비행 및 청소년범죄통제법 제정		▶농업경영자를 위한 질병 및 출산보험 창설
1962	▶군인연금법 ▶선원보험법 ▶재해구호법 제정 ▶도시영세민생활보호위원회 설치 ▶제1차 경제개발 5개년계획 (1962-1966) ▶사회보장제도심의위원회 규정 제정 ▶보건사회부내 사회보장심의위원회 구성 ▶성매매영업이 가능한 104개 특정지역 지정・관리	▶노인가정봉사원보조제도 실시	▶사회사업가훈련협회 조직			
1963	▶국가유공자등특별원호법 ▶군인연금법 ▶노동조합법 ▶사회보장에 관한 법률 ▶산업재해보상보험법 ▶외국민간원조단체에 관한 법률 ▶의료보험법 제정 ▶사회보장심의위원회 구성 ▶노동청 발족	▶노인복지법 제정	▶아동·청소년법 개정	▶정신박약시설, 지역사회정신건강센터설립법 제정		

국가별 / 연도별	한 국	일 본	영 국	미 국	독 일	프 랑 스
1964	▶의료보호법 시행령, 시행규칙 제정 ▶ 산재보험제도 실시 ▶카나다유니테디안 봉사회 목포사회복지관 개관	▶중도정신박약아 부양수당법 제정 ▶모자복지법 제정		▶경제기회법 제정 ▶식비부조법 제정 (foodstamp프로그램 도입)	▶연방아동수당법 제정	▶각종 사회보장기구 개편 (금고계통 통합)
1965	▶자활지도임시조치법 제정	▶모자보건법 제정	▶주택임대보조법 제정	▶사회보장법에 medicaid와 medicare 추가		
1966	▶외국민간원조기관 철수 시작 ▶한국사회사업대학협의회 창립		▶사회보장성법 제정	▶마약남용자재활법 제정		▶농업경영자를 위한 노동재해보험 설치 ▶자영업자를 위한 질병보험원칙 제정
1967	▶직업안정법 제정 ▶제2차 경제개발 5개년계획(1967-1971) ▶한국사회사업가협회 발족			▶사회보장법에 아동건강법 추가		▶국민고용공사 창설 ▶기존전국사회보험금고 폐지 ▶자치적 전국금고로 분리: (질병보험금고, 노령보험금고, 가족급여금고)
1968	▶자활지도사업에 관한 임시조치법 제정		▶보건 · 사회보장부 설치			
1969	▶제1회 전국사회사업가대회 개최	▶아동수당제도 실시	▶아동청소년법 개정	▶가족부조계획안 제의		
1970	▶사회복지사업법 제정 ▶의료보험법 개정 ▶한국사회복지공동모금위원회 설립 ▶한국사회복지사업연합회가 사회복지법인 한국사회복지협의회로 명칭 변경 ▶새마을 운동 시작	▶심신장애자대책기본법 제정 ▶근로청소년복지법 제정 ▶사회복지시설 긴급정비 5개년계획 실시	▶가족소득보조법 (FIS) 제정 ▶영국사회사업가협회(BASW) 설립 ▶맹인·폐질자 공적부조 통합			▶중앙사회보장기관 자금부 설치

국가별 / 연도별	한 국	일 본	영 국	미 국	독 일	프 랑 스
1971	▶한국공동모금회 설립(사회복지사업법에 근거) ▶사회복지사업종사자 훈련규칙 제정	▶아동수당법 제정		▶아동보호법 제정		
1972	▶제3차 경제사회발전 5개년계획(1972-1976) ▶성매매가능 특정지역 폐지	▶노동안전위생법 제정 ▶근로부인복지법 제정 ▶노인복지법 개정 (70세 이상 의료비 무료화)		▶청소년감화원 폐지 (매사추세츠주) ▶사회보장법 제정 ▶보완적 소득보장 제도 도입		▶모든 피용자의 노령보험보충제도 가입 의무화 ▶농업피용자를 위한 노동재해보험 신설
1973	▶국민복지연금법 ▶사립학교교원연금법 ▶모자보건법 제정 ▶어머니날을 어버이날로 명칭 변경 ▶한국노인문제연구소 설립 ▶의료법 개정 (의료사회사업 시행근거 규정)	▶고용보험법 제정		▶재활법 제정	▶사회보장급부 개선	
1974	▶취로구호사업 실시 ▶사회보장에 social service 포함				▶연방아동수당법 개정	▶노령·질병보험법 비봉급자까지 확대
1975	▶한국보건사회연구원법 제정	▶육아휴업법(여자교직원·간호원·보모) 제정	▶보조급여법 개정	▶아동가정서비스법 제정 ▶전국보건계획개발법 제정		▶사회보장일반화에 관한 법률 공포
1976	▶의료보험법 개정 ▶입양촉진 및 절차에 관한 특례법 제정 ▶불우아동건전육성대책 수립	▶신체장애자고용촉진법 개정				▶공적부조법 제정
1977	▶공무원 및 사립학교 교직원의료보험법 ▶의료보호법 ▶특수교육진흥법 제정 ▶사단법인 한국사회사업가협회 발족 ▶제4차 경제사회발전 5개년계획 (1977-1981) ▶의료보험제도 실시	▶재가장애자 사회적응 훈련사업 실시		▶제1회 장애자 백악관회의 개최		▶부가가족수당 신설

국가별 / 연도별	한 국	일 본	영 국	미 국	독 일	프 랑 스
1978	▶월남귀순용사특별보상법 제정 ▶사회복지관에 보조금 지원 개시 ▶한국사회복지협의회 부설 사회봉사센터 설립					
1979	▶공무원 및 사립학교 교직원의료보험 업무 개시 ▶본격적인 의료보호사업 실시	▶장애자사회참여 촉진 실시		▶주택·교육예산의 대폭 삭감		
1980	▶사회복지사업기금법 ▶산업안전보건법 ▶사회보호법 제정 ▶경로우대제도 도입 (철도, 지하철, 고궁, 목욕, 이발 등 8개 업종)	▶재가장애자 주간보호사업 실시		▶보건·교육·복지부 DHES)를 보건휴먼서비스부 DHHS)로 개칭		
1981	▶심신장애자복지법 ▶노인복지법 제정 ▶아동복지법으로 확대 개정 ▶종합사회복지관시대(1981~1990) 개막 ▶결연사업 민간주도로 전환 ▶UN이 정한 세계장애인의 해	▶모자 및 과부 복지법 제정		▶레이거노믹스 발표		▶국유화법 제정
1982	▶한국사회사업가 윤리강령 채택 ▶유아교육진흥법 제정 ▶경로헌장 제정	▶노인보건법 제정 ▶신체장애자가정 봉사원 파송사업 실시				▶노동시간 주39시간으로 단축 ▶병자실업자수당 삭감
1983	▶사회복지사업종사자자격증제도를 사회복지사로 변경 ▶한국여성개발원 설립 ▶무료노인건강진단제도 도입					
1984	▶국가유공자예우등에 대한 법률 ▶직업훈련 기본법 제정 ▶아동복지법 개정 ▶UN여성차별철폐협약 비준 ▶소년소녀가장세대보호대책 수립 ▶정신질환 관리종합대책 수립					▶주35시간 노동제 도입
1985	▶사회복지사자격증 발급 ▶소년소녀가장에 대한 정부지원사업 지원 실시		▶파울러 위원회 Green Paper 발표			

국가별 / 연도별	한국	
1986	▶갱생보호법 개정 ▶국민연금법으로 개정(국민복지연금법 폐지) ▶의료부조제도 실시	▶공중위생법 ▶최저임금법 제정 ▶국립재활원 개원
1987	▶남녀고용평등법 제정(직장탁아제도 도입) ▶부랑인선도시설운영규정 제정 ▶사회복지전문요원제도 도입 ▶가정봉사원파견사업 시범실시	▶제6차 경제사회발전 5개년 계획(1987-1991) 실시 ▶한방의료보험 전국적 실시 ▶청소년육성법 제정
1988	▶국민연금제도 실시 ▶지방자치단체의 가정복지국, 가정복지과 신설 ▶농어촌지역의료보험 실시 ▶장애인종합대책 수립 ▶실비노인요양시설 설치 및 관리 운영규정 제정	▶최저임금제 도입 ▶정무 제2장관실 발족 ▶사회복지사 윤리강령 제1차 개정 ▶유료양로시설 설치 및 관리 운영규정 제정 ▶보호관찰등에 관한 법률 제정
1989	▶모자복지법 ▶장애인복지법으로 개정 ▶약국의료보험 실시 ▶경로당 등록관리규정 제정 및 운영비 지원 ▶보호관찰제도 법제화	▶노인복지법 개정 ▶의료보험의 개보험화 ▶사회복지관 설치·운영규정 제정 ▶아동복지법에 의한 보육사업 실시
1990	▶장애인고용촉진등에 관한 법률 ▶실비노인복지시설 및 유료노인복지시설 운영규정 제정 ▶학교사회복지제도 도입	▶노인승차권 지급제도 실시 ▶노인교실운영지침 ▶탁아시설의 설치 · 운영규정 제정 ▶의료보호수가를 의료보험수가와 일치시킴
1991	▶영유아보육법 ▶고령자고용촉진법 제정 ▶사회복지관과 재가복지시대(1991~) 개막 ▶주간보호 및 단기보호사업 실시 ▶재가복지봉사센터 설치 · 운영지침 제정 ▶장애인의무고용제 실시	▶청소년기본법 ▶사회복지사업법 개정 ▶기초 및 광역자치단체 의회 구성 ▶노령수당지급제도 도입 ▶영유아보육법에 의한 보육사업으로 확대 발전
1992	▶사회복지관 부설 재가복지봉사센터 설립 ▶사회복지사 윤리강령 제2차 개정	▶결연사업을 거택노인, 장애인, 모자세대 등 기타 저소득층까지 확대
1993	▶고용보험법	▶일제하 일본군 위안부에 대한 생활안정지원법
1994	▶성폭력범죄의 처벌 및 피해자보호등에 관한 법률 제정 ▶의료부조제도 폐지 ▶한국자원봉사단체협의회 창립	▶모자보건법 개정
1995	▶사회보장기본법 ▶국민건강증진법 제정 ▶윤락행위등방지법 개정 ▶보건복지사무소 시범사업 실시 ▶노인의 집 사업 실시 ▶농어민을 국민연금 적용대상자로 확대 ▶장애인편의시설 설치 및 설치기준에 관한 규칙 제정 (장애인시설 설치 의무화)	▶정신보건법 ▶고용보험제도 실시 ▶학교사회사업 시범사업 실시 ▶장애인 정원 외 대학입학 허용 ▶산재보험 근로복지공단으로 이관 ▶기초 및 광역자치단체장 선거(본격적인 지방자치시대 개막)

국가별 연도별	한	국
1996	▶여성발전기본법 제정 ▶삶의 질 세계화를 위한 국민복지기본구상 발표 ▶장애인 먼저운동 선포 ▶가정봉사원 양성사업 실시 ▶장애인 주간 및 단기보호시설 설치 · 운영규정 제정	▶OECD 가입 ▶생활보호사업의 차등급여제 도입 및 자활지원센터 시범사업 실시 ▶국무총리를 위원장으로 하는 장애인복지대책위원회 설치 ▶의료보호 및 의료보험 급여기간 제한 철폐
1997	▶사회복지공동모금법 (사회복지사업기금법 폐지) ▶장애인·노인·임산부등의 편의증진보장에 관한 법률 ▶가정폭력범죄의 처벌등에 관한 특례법 ▶국민의료보험법으로 개정 ▶장애인공동가정(Group Home)설치 · 운영 ▶노인의 날을 법정 기념일로 제정	▶청소년보호법(미성년자보호법 폐지) ▶가정폭력방지 및 피해자보호등에 관한 법률 ▶근로자직업훈련촉진법 제정(직업훈련기본법 폐지) ▶제1차 여성정책 기본계획(1998-2002) 수립 ▶장애인 보장구에 대한 의료보험(보호)급여 실시
1998	▶국민연금법 개정 ▶성폭력범죄의 처벌 및 피해자보호등에 관한 법률 개정 ▶제1차 사회보장 장기발전 계획(1999-2003)수립 ▶위기여성상담특수전화『1366』운영 개시 ▶대통령직속 여성특별위원회 발족 ▶부녀복지관 및 부녀상담소 명칭이 여성복지관 및 모자가정상담소 등으로 변경	▶국민의료보험법으로 개정 ▶한시적 생활보호사업 도입 ▶노령수당이 경로연금으로 변경 ▶장애인인권헌장 제정 · 공포 ▶의료보호대상자에 대한 진료지구 폐지 ▶사회복지공동모금회 설립 ▶비영리법인, 개인도 사회복지사업 참여 가능토록 확대
1999	▶평생교육법 ▶의사상자예우에 관한 법률 ▶사회복지공동모금회법으로 개정(사회복지공동모급법 폐지) ▶생활보호법의 국민기초생활보장법으로 개정 ▶국민건강보험법으로 개정(국민의료법 폐지) ▶장애인복지법 개정(장애인의 날을 법정 기념일로 지정)	▶남녀차별금지 및 구제에 관한 법률 ▶북한이탈주민의 보호 및 정착지원에 관한 법률 제정 ▶도시자영자를 국민연금 적용대상자로 확대 ▶국민연금의 개보험화 ▶한국사회복지협의회 사회복지사업 윤리선언 채택
2000	▶청소년의 성보호에 관한 법률 ▶국민기초생활보장제도 실시 ▶자활사업 실시 ▶장애인고용촉진 및 직업재활법 제정 ▶편의시설 확충, 국가종합5개년 계획(2000~2004) 수립 · 시행 ▶아동보호전문기관 및 아동학대신고전화 운영 ▶한국자원봉사센터협회 창립, ▶부랑인시설 설치 · 운영규칙 제정	▶사회복지의 날 제정 ▶생활보호사업의 긴급보호제도 도입 ▶사회복지전담공무원의 사회복지직렬 도입 ▶국민건강보험법의 시행(완전통합) 및 의약분업 실시 ▶제1차 장애범주 확대 ▶노인장기요양보호정책기획단 구성 ▶아동급식(석식)사업 실시 ▶경로당 활성화 시범사업 실시
2001	▶여성부 신설 ▶사회복지사 윤리강령 제3차 개정 ▶지역사회시니어클럽 지정기관 지정	▶의료급여법으로 개정(의료보호법 폐지) ▶모성보호관련 3법의 개정
2002	▶제2차 여성정책 기본계획(2003-2007) 수립 ▶모 · 부자복지법으로 개정	▶일제하 일본군 위안부 피해자에 대한 생활안정 지원 및 기념사업등에 관한 법률로 관련법 개정
2003	▶사회복지사 1급 자격시험 실시 ▶제2차 장애범주 확대 ▶교육인적자원부에 의해 학교사회복지사업이 공식적으로 확대	▶국민건강보험재정 통합 ▶의료급여 본인부담보상금제 실시 ▶제2차 사회보장장기발전 계획(2004-2008) 수립

국가별 연도별	한	국
2004	▶건강가정기본법 제정 ▶근로자직업훈련촉진법을 근로자직업훈련개발법으로 개정 ▶사회복지사무소 시범사업 운영 ▶영유아보육업무 여성부로 이관 ▶차상위계층에 대한 의료급여 실시 ▶노인학대예방센터 및 노인학대신고센터 운영 ▶의료급여 본인부담상한제 실시 ▶보건소 등에 정신보건센터 설치(지역사회정신보건사업 실시)	▶윤락행위등방지법 폐지(성매매알선등 행위의 처벌에 관한 법률, 성매매방지 및 피해자보호등에 관한 법률로 개정) ▶참여복지 5개년 계획 (2004~2008) 수립 ▶노인장기요양보장제도 도입방안 수립 ▶영유아보육법 개정 ▶농어촌 주민의 보건복지 증진을 위한 특별법 제정
2005	▶근로자복지기본법 ▶긴급복지지원법 ▶저출산 · 고령사회기본법 ▶자원봉사활동기본법 ▶근로자퇴직급여보장법 제정(기업연금제도 도입) ▶노인수발보험 1차 시범사업 ▶보육시설 운영위원회 의무 설치 실시	▶지역사회복지협의체 발족 ▶여성부를 여성가족부로 개편 ▶보육시설 평가인정제도 도입 ▶『새로마지 계획(2006~2010)』수립 ▶『희망한국 21(함께하는 복지) 계획』수립 ▶참여정부의 사회복지분권화(사회복지업부 지방분권사업으로 전환)
2006	▶주민생활지원서비스 전달체계로의 전환 ▶보건복지콜센터 개소 및 긴급지원전화 129 개통	▶자활후견기관의 지역자활센터로 명칭 변경 ▶노인수발보험 2차 시범사업
2007	▶장애인 차별금지 및 권리구제에 관한 법률 ▶가족친화 사회환경의 조성촉진에 관한 법률 ▶국민연금법, 산업재해보상보험법, 국민기초생활보장법, 의료급여법 일부 개정 ▶남녀고용평등법을 남녀고용평등과 일 · 가정양립지원에 관한 법률로 개정 ▶지역사회복지계획(2007~2010) 시행 ▶1종 수급권자 본인부담제 및 선택병의원제 도입 ▶모 · 부자복지법을 한부모가족지원법으로 대체	▶기초노령연금법 ▶노인장기요양보험법 제정 ▶청소년의 성보호에 관한 법률 개정 ▶노인복지법 개정 ▶사회복지분야 4개 바우처(Voucher) 제도 도입 ▶사회복지사업법 일부 개정(사회복지사 보수교육 관련규정 삽입) ▶사회복지사의 날 제정
2008	▶고령친화산업진흥법 ▶정부조직법 개정 (여성가족부를 여성부로, 보건복지부를 보건복지가족부로 직제 개편)	▶다문화가족지원법 제정 ▶기초노령연금제도, 노인장기요양보험제도 도입 ▶제3차 사회보장장기발전 계획(2009-2013)수립
2009	▶국민연금과 직역연금의 연계에 관한 법률 제정 ▶사회복지사 보수교육 의무화 ▶국민건강보험(희귀난치성질환자) 본인부담 경감 ▶무상보육대상 소득범위 50% 이하 가구로 확대	▶국민건강보험법(사회보험료 징수업무 통합 일원화) 개정 ▶수요자 중심의 원스탑 서비스 희망복지전달체계 개편 ▶종합전문요양기관 외래 본인부담율 상향 조정 ▶아동양육비 지원대상 만10세 미만으로 확대

국가별 / 연도별	한국
2010	▶장애인연금법 제정 ▶정부조직법 개정(여성부를 여성가족부로, 보건복지가족부를 보건복지부로 직제 개편) ▶노인돌봄종합 서비스와 가사간병방문(노인) 서비스 통합 ▶국민건강보험(심장질환, 뇌혈관질환, 결핵환자) 본인부담 경감 ▶청소년의 성보호에 관한 법률을 아동·청소년의 성보호에 관한 법률로 명칭 변경 및 개정 ▶장애인연금제도 시행 ▶사회복지통합관리망 본격 운영 ▶장애인등록제도 개선
2011	▶사회복지사 등의 처우 및 지위향상을 위한 법률 ▶노숙인 등의 복지 및 자립지원에 관한 법률 ▶사회복지사업법 ▶국민연금법 ▶장애인복지법 ▶기초노령연금법 ▶사회보험료 징수업무 통합 ▶아동의 빈곤예방과 지원 등에 관한 법률 ▶대한노인회 지원에 관한 법률 제정 ▶노인복지법 ▶한부모가족지원법 ▶장애인활동지원에 관한 법률 ▶다문화가족지원법 등의 일부개정 ▶장애인활동보조지원사업을 장애인활동지원제도로 확대 개편

< 참고 자료 >

구자헌, 1984, 한국사회복지사, 홍익제. 권오구, 2000, 사회복지발달사, 홍익제. 김동국, 1994, 서양사회복지사론, 유풍출판사.

김성의, 2002, 사회복지의 발달과 사상, 이화여자대학교출판부. 류상열, 2002, 사회복지역사, 학지사.

박병현, 2010, 사회복지의 역사, 공동체. 원석조, 2008, 사회복지발달사, 공동체. 최혜지 외, 2008, 사회복지사상, 학지사.

하상락, 1989, 한국사회복지사론, 박영사. 한국복지연구회 편, 1985, 사회복지의 역사, 홍익제.

함세남 외, 1999, 선진국 사회복지발달사, 홍익제.

참고문헌

감정기 · 최원규 · 진재문, 2002, 사회복지의 역사, 나남출판.
구자헌, 1984, 한국사회복지사, 홍익제.
권오구, 2000, 사회복지발달사, 홍익제.
김기원, 2000, 공공부조론, 학지사.
김기태 외, 1999, 사회복지의 이해, 박영사
김덕준, 1968, "한국 사회사업의 철학적 시고", 한국사회복지연구소, 복지연구 창간호.
김동국, 1986, 사회복지사, 에바다출판사.
______, 1994, 서양사회복지사론, 유풍출판사,
김동희, 1980, 프랑스의 사회보장제도, 서울대학교 출판부.
김만두, 1984, 현대사회복지총론. 홍익제.
김상균, 1987, 현대사회와 사회정책, 서울대학교 출판부.
______, 1999, "우리나라 복지이념모형 구축을 위한 기초연구", 한국사회복지연구회, 사회복지연구 제 14호.
김상균 · 오정수 · 유채영, 2003, 사회복지 윤리와 철학, 나남출판.
김상균 · 정원오, 1995, "90년대 한국인의 복지의식에 관한 연구", 한국사회 복지학회, 한국사회복지학 통권 제 25호.
김성이, 2002, 사회복지의 발달과 사상, 이화여자대학교 출판부.
김영모, 1973, 한국사회복지론, 법문사
______, 1983, "동서양 복지관의 본질과 그 구현", 한국정신문화연구원, 복지사회의 본질과 구현, 연구논총 83-6.
김영분, 1979, "카톨릭과 사회복지사업", 한국사회복지협의회, 사회복지 '79 겨울호.
김영순, 1998, 복지국가의 위기와 재편 : 영국과 스웨덴의 경험, 서울대학교출판부
김이진, 1988, "조선후기 실학자의 복지관에 관한 연구", 한림대학 사회사업학회, 사회사업학연구 창간호.
김태성 · 성경륭, 1993, 복지국가론, 도서출판나남.
김태성 · 류진석 · 안상훈, 2005, 현대 복지국가의 변화와 대응, 나남출판.
남세진, 1992, 인간과 복지, 한울 아카데미.
대구대학교 사회복지연구소 편, 1985, 사회복지사전, 경진사.
남찬섭 옮김(Karl de Schweinitz) 2001, 영국사회복지발달사, 인간과 복지.

류상열, 2002, 사회복지역사, 학지사.

문진영, 2004, "영국의 근로복지(workfare)개혁에 관한 연구 : 노동당의 이념적 변화를 중심으로", 한국사회복지학 56(1).

박광준, 1990, 페비안사회주의와 복지국가의 형성. 대학출판사.

박병현, 1994, "영국과 미국의 사회복지제도 발달 비교 : 1850-1930", 인창 신섭중박사 화갑기념논문집 : 사회복지의 역사와 과제.

______, 2010, 사회복지의 역사, 공동체

박세조, 1981, "한국 고대사회의 진휼에 관한 사적 고찰", 미간행, 석사학위논문, 한사대학 대학원.

박명규, 1994, "국제화, 지역화 속의 한국사회", 경제와 사회, 여름호 제22호

박용순, 1999, 사회복지개론, 학지사.

박종삼, 1981, "민간자원 동원과 종교사회복지의 과제", 제1회 전국사회복지대회 자료집, 한국사회복지협의회.

박호성 편역, 1991, 사회민주주의와 민주사회주의. 청람.

보각스님, 1999, 불교사회복지사상사, 중앙승가대학출판부.

서울대 프랑스사연구회 편, 1989, 프랑스 노동운동과 사회주의, 느티나무.

신대순, 1975, 지역사회개발론, 세영사.

신섭중, 1993, 한국사회복지정책론, 대학출판사.

______, 1996, 사회보장정책론, 대학출판사.

신섭중 외 공저, 1986, 각국의 사회보장, 유풍출판사.

신섭중 역(James Midegley 저), 1999, 국제사회복지, 대학출판사.

신용하, 1981, "정약용의 환상제도 개혁사상", 서울대학교 사회과학연구소, 사회과학과 사회정책연구 제3권 제2호.

신채호, 1982, 조선 상고사, 문공사.

아산사회복지재단, 1979, 한국의 사회복지, 경문사.

양옥경 외, 2005, 사회복지의 윤리와 철학, 나눔의 집

엄주정 외, 1990, 산업사회와 윤리, 양서원

원석조, 2001, 사회복지 역사의 이해, 양서원.

______, 2008, 사회복지발달사, 공동체

원용찬, 1998, 사회보장발달사, 신아.

이문수, 1975, "정다산의 지방행정 개선방안에 대한 연구", 미간행, 석사학위논문, 연세대학교 교육대학원.

이민호 외, 1989, 노동계급의 형성 - 영국 · 프랑스 · 독일 · 미국에 있어서, 느티나무.

이영찬, 2000, 영국의 사회복지, 나남출판.

이인재 외 공저, 1999, 사회보장론, 나남출판.

이해영 · 한승수, 1989, 영국의 사회복지, 서울대학교 출판부.

이호영, 1971, “한국 고대사회의 재해와 구빈책”, 단국대학교 사학회, 사학지 제 5집.
임송산, 1983, 불교복지 I , 법수출판사.
장인협 외, 1999, 사회복지학, 서울대학교 출판부.
장 훈, 1984, 사회보장법총론, 대구대학교 출판부,
_____, 1974, “불경에 나타난 복지이념”, 대구대학교 사회복지연구소, 사회복지연구, 제 9집.
전광석, 1997, 한국사회보장법론, 법문사.
전재일 외, 1999, 사회복지개론, 형설출판사.
전준우, 1977, “향약에 나타난 구휼사상에 관한 고찰”, 미간행, 석사학위논문, 한국사회사업대학 대학원.
전준우박사 정년퇴임기념 문집발간위원, 1994, 전준우교수 문집, 성진문화사.
정경배, 1994, “한국형 사회복지모형”, 한국사회복지정책연구원, 신한국의 사회복지정책.
정진영 · 윤종주 · 조휘일 편역, 1983, 사회복지와 사회사업, 서울여자대학 출판부.
정형우, 1970, “조선향약의 실시경위 및 그 내용에 대한 일 고찰”, 연세대학교 인문과학연구소 인문과학 제 23집.
조기준 외 3인, 1971, 일제하의 민족생활사, 민중서관.
주성수, 1992, 사회민주주의와 경제민주주의, 인간사랑.
지 윤, 1985, 사회사업사, 홍익제.
최경구, 1991, 조합주의 복지국가, 한나래.
최명순, 1994, 한국 사회복지 이념의 사적 연구, 백산출판사.
최선화, 1988, “1909년 영국 왕립조사위원회 보고서의 사회적 배경에 대한 소고”, 한국복지연구회, 한국의 사회복지.
최일섭, 1985, 지역사회복지론, 서울대학교 출판부.
최원규, 1998, “초기 사회사업 개념 형성에 미친 외원단체 활동의 영향”, 한국사회복지연구회, 사회복지연구, 제 11호.
최종태, 1981, 서독의 사회복지와 노사관계, 서울대학교 출판부.
최혜지 외, 2008, 사회복지사상, 학지사.
하상락, 1989, 한국사회복지사론, 박영사.
_____, 1970, 우리나라 구빈사업의 변천과 그 사회적 배경, 문교부 학술연구조성비에 의한 연구보고서.
한국국민윤리학회, 1988, 인간과 윤리, 형설출판사.
한국복지연구회 편, 1985, 사회복지의 역사, 홍익제.
한국사회복지협의회, 1991, 한국사회복지총람.
한국정신문화연구원, 1980, 한국의 사회와 문화, 3.
_________________, 1983, 복지사회의 본질과 구현.

__________________, 1986, 복지사회 구현의 당면과제.

한림과학원 편, 1993, 복지국가의 현재와 미래, 나남출판.

한림대학교 사회복지연구소 편, 1993, 비교사회복지, 제 2집 복지국가의 비교, 을유문화사.

한상길, 1988, "고려시대 불교의 사회복지사업", 미간행, 석사학위논문, 대구대학교 사회개발대학원.

한영우, 1997, 우리 역사, 경세원.

함세남 외, 1999, 선진국 사회복지발달사, 홍익제.

Brinton, C., Christopher, J. B., & Wolff, R. L., A History of Civilization, 양병우 외 (공역), 1985, 을유문화사.

Sahakian, S. W., History of Philosophy, 권순홍 (역), 1993, 문예출판사.

Beveridge, W., 1958, Social Insurance and Allied Services, London, Her Majesty's Stationery Office.

Esping-Anderson, Goesta 1990, The Three Works of Welfare State Capitalism, Cambridge, Policy Press.

Bruce, M, 1961, The Comming of the Welfare State, London : B.T. Batsford.

Fraser, D., 1984, The Evolution of the British Welfare State, 2nd. ed, London : Macmillan.

Friedlander, W. A, Apte, R. Z., 1974, Introduction to Social Welfare, 4th. ed, New Jersey : Prentice Hall.

_________, W.1977, Concept and Methods of Social Work, NewYork, Engewood Cliffs : Prentice Hall.

Furniss, N., and Tilton, T., 1979, The Case for the Welfare State, Indiana University Press, Bloomington.

George, V. N., and Wilding, P., 1976, Ideology and Social Welfare, Routledge & Kegan Paul, London.

Gilbert, N. and Specht. H., 1984, Dimensions of Social Welfare Policy, Englewood Cliffs, New Jersey : Pretice-Hall, Inc.

Gough, I, 1979, The Political Economy of the Welfare State, London and Bashing stoke : Macmillan Press, Ltd.

Handler, J. F., 1995, The Poverty of Welfare Reform, Yale University.

Hay, J. R., 1978, The Origins of the Liberal Welfare Reform : 1906~1914, London, Edward Arnold.

Heckscher, G., 1984, The Welfare State and Beyond, University of Minnesota Press.

Hefferman, W. G., 1979, Introduction to Social Welfare Policy : Power, Scarcity and Common Needs, ITASCA, Illinois : F. E. Peacock Publishers, Inc.

Jones, C., 1985, Patterns of Social Policy-An Introduction to Comparative Analysis, Tabistock Publications, London and New York.
Jones, K.,1991, The Making of Social Policy in Britain 1860-1990. London : Athlone.
Mishra, R., 1984, The Welfare State in Crisis, Wheatsheaf, Brighton
Myrdal, G., 1965, Beyond the Welfare State, Yale University Press.
NASW, 1995, Encylopedia of Social Work, 19th, NASW Press.
Pinker, R., 1979, The Idea of Welfare, Heinemann, London
Reamer. F ; G, 1995, Socialwork Values and ethics, N.Y: Columbia University Press.
Rimlinger, G. A., 1971, Welfare Policy and Industrialization in Europe, America and Russia, New York and London, John Wiley and Sons.
Romanyshyn, J. M., 1971, Social Welfare : Charity to Justice, New York ; Random House.
Titmuss, R. M., 1974, Social Policy, George Allen & Unwin, London.
Trattner. W.I, 1999, From Poor Law to Welfare State : A History of Social Welfare in America. 6th. ed. N.Y Free Press.
Wickenden, E., 1965, Social Welfare in a Changing World, Washington D. C., Public Affairs Press.
Wilding, P., 1976, Ideology and Social Welfare, Routledge & Kegan Paul.
Wilensky, H, L., and Lebeaux, C., 1958, Industrial Society and Social Welfare, New York : .Free Press,
Woodard, C., 1962, Reality and Social Reform : The Transition from Laissez-faire to Welfare State, Yale Law Journal, Vol, 72, No, 2.

찾아보기

(ㄱ)

(ㄹ)

(ㅁ)

(ㅂ)

(ㅅ)

(ㅇ)

(ㅈ)

(ㅊ)